당신을 현혹하는 투자 전략의 허와 실

다모다란의
투자
전략
바이블

당신을 현혹하는 투자 전략의 허와 실

다모다란의
투자
전략
바이블

애스워드 다모다란 지음 | 이건·홍진채 옮김

에프엔미디어

이 책에 쏟아진 찬사들

★★★★★

투자 세계에는 온갖 투자 기법이 공존한다. 어지간한 개인 투자자는 혼란에 빠질 수밖에 없다. '밸류에이션의 신' 애스워드 다모다란 교수는 이 책에서 제대로 교통정리를 해준다. 가장 널리 사용되는 13개 투자 전략을 백테스트를 통해 철저하게 검증해서 강점과 약점을 파헤치고 대안까지 제시한다. **주식 투자 방법론을 체계적으로 공부하려는 투자자에게 최고의 길잡이다.**
– **강환국** 퀀트 투자 마니아

고배당주가 좋을까, 저PER주가 좋을까? 이 책에서는 이런 질문의 답을 어느 정도 제시하지만 그 결과에 집착할 필요는 없다. 더 주목해야 할 것은 다모다란 교수의 '생각법'이다. 막연한 가설을 검증하기 위해 어떤 데이터들을 봐야 할까? 데이터로 검증했을 때 원하는 결과가 나오지 않는다면 어떤 세부 가설을 더 세울까? **저자의 끊임없는 질문을 따라가다 보면 독자는 더욱 현명한 투자자로 거듭나게 되리라고 확신한다.**
– **김동주** 이루다투자일임 대표

기업 가치 평가의 대가가 쓴 투자 전략서다. 탄탄한 지식과 실증 데이터를 바탕으로 시장의 통념과 편견을 통쾌하게 논파한다. 원서가 출간된 지 오래됐지만 이는 오히려 책의 가치를 높인다. 시공을 초월하는, 바이블로 불리기에 부족함이 없는 책이다. 마지막 장의 '10가지 교훈'만 읽어도 책값을 하고 남을 것이다.
– 김학균 신영증권 리서치센터장

항상 높은 수익을 내는 만능 투자 전략은 없다. 투자 전략마다 잘 맞는 시기가 있고 부진한 시기가 있다. 다모다란 교수는 대표적인 투자 전략 13가지의 장단점을 치밀하게 분석해놓았다. 수많은 투자 조언과 성공담에 혼란을 느끼는 투자자들에게 필독을 권한다.
– 박성진 이언투자자문 대표

가치 평가의 달인 다모다란의 저서들은 내가 투자 철학을 정리하는 데 큰 영감을 주었다. 이번 책은 금융시장이 태동할 때부터 우리와 함께한 13개 투자 전략의 민낯을 가감 없이 드러낸다. 전략의 약점이 무엇인지 알아야 그 전략을 더욱 견고하게 만들 수 있다. 독자 여러분의 투자 전략도 이 책으로 점검, 보수해 바로 세우기를 추천한다.
– 서준식 숭실대 금융경제학과 교수

주식시장에는 고배당주, 저PER주, 저PBR주 등에 투자하면 돈을 벌 수 있다는, 신화에 가까운 투자 전략들이 존재한다. 실제 데이터로 엄밀하게 검증해보면 이 전략들이 유력할 때도 있었지만 기대를 벗어나는 경우도 있었다. 하지만 약점을 보완하면 유용한 것으로 밝혀졌다. 이 책은 세계적 석학 다모다란 교수가 친절하게 알려주는 주식 투자 전략의 사용 설명서다. 건전하다고 알려진 투자 전략으로도 만족스러운 투자 성과를 거두지 못했다면 이 책에서 해답을 찾을 수 있다.
– 신진오 밸류리더스 회장

부자가 되기 위해서라기보다 살아남기 위해 투자해야 하는 시기다. 요즘 같은 혼돈의 시기에 살아남으려면 다모다란의 말에 더욱 귀 기울여야 한다. 실패하지 않는 투자법은 없다. **나를 유혹하는 모든 투자법을 검증하고 10가지 조언을 받아들이자.** 시장의 오류를 알아차리고 기회를 잡을 수 있다. 부는 당연히 뒤따라올 것이다.

– 윤지호 이베스트투자증권 리서치센터장

금융시장이 시작된 이후 전해져 내려온 다양한 투자 전략에 대해 이론적인 근거와 장단점, 주의 사항을 가감 없이 제시해준다. 또 **실증 분석을 통해 투자자들의 오해와 편견을 보기 좋게 무너뜨린다.** 다른 책에서 보기 드문 '드라이함'이 너무 매력적이다.

– **이건규** 르네상스자산운용 대표

다모다란 교수는 전문적으로 주식 가치를 평가하는 세계 애널리스트들에게 지대한 영향을 끼쳐온 인물이다. 추상적인 이론만 늘어놓는 학자가 아니다. 그의 말은 실전 투자에 적용할 수 있는, 한 마디도 놓치기 아까운 투자 지침서와 같다. **"나는 왜 이 주식을 사게 되었는가?"라는 근본적인 질문에 대해 이 책을 읽기 전과 후의 답이 명확히 달라질 것이다.**

– **이경수** 메리츠증권 리서치센터장

투자 전략을 다룬 책은 많지만 지나치게 재무 이론에 치중해 일반 투자자가 이해하기 어렵거나 단편적인 사례를 나열한 경우가 대부분이다. 이 책은 풍부한 재무 이론과 실험적인 방법론으로 무장한 동시에 친근한 화법으로 독자에게 쉽게 접근한다. **밸류에이션 부문에서 세계 애널리스트들의 실질적 스승인 다모다란 교수가 또 한 건 했다!**

– **이효석** SK증권 자산전략팀장

아마추어 테니스 경기에서는 코너를 찌르는 멋진 공보다는 실수하지 않고 따박따박 넘기는 공으로 이기는 경우가 많다. 투자도 비슷하다. 치명적인 실수를 줄이고 기본에 충실하다 보면 좋은 전략과 시간이 돈을 벌어준다. 이 책은 다양한 투자 전략의 약점과 보완책을 잘 설명한다. **투자자들이 자신만의 필승 전략을 찾는 데 큰 도움이 되리라 확신한다.**
– 정채진 개인 투자자

자신의 투자 전략이 더 옳다고 외치는 백가쟁명의 시대에 다모다란 교수가 '투자 전략 바이블'을 들고 홀연히 나타났다. **따끔한 충고는 정신이 번쩍 들게 만들고, 친절한 원포인트 레슨은 무릎을 치게 만든다.** 역시 현존하는 최고의 투자 이론가답다. 진정 독보적인 책이다!
– 최준철 브이아이피자산운용 대표

명색이 재무학자로서 논문도 여러 편 쓴 만큼 배당을 잘 안다고 자부해왔다. 그러나 **이 책을 읽고 나니 내가 알던 것이 빙산의 일각 같았다.** 이 책은 주요 투자 전략마다 다양한 가설을 소개하고 '정말 그런지 살펴보자'는 태도를 견지하며 금융시장의 여러 이론과 속설을 낱낱이 파헤친다. 주식시장의 진지한 투자자들에게 또 한 권의 '바이블'이 추가되었다.
– 홍춘욱 EAR리서치 대표

(가나다순)

★★★★★

'투자의 정석'이 품은 '독'을 제거하는 방법

동서고금을 통틀어 성경 다음으로 많이 읽혔다고 알려진 이솝 우화에 '메뚜기를 잡는 아이와 전갈' 이야기가 있다.

한 아이가 성벽 앞에서 메뚜기를 잡고 있었다. 메뚜기를 잔뜩 잡은 아이 앞에 전갈이 나타났다. 전갈을 메뚜기로 착각한 아이는 손바닥을 오므리고 잡으려 들었다. 그러자 전갈이 독침이 달린 꼬리를 세우며 말했다. "네가 잡은 메뚜기마저 다 잃고 싶거든 나를 잡아봐라."

2020년 코로나19 위기로 인한 주식 폭락과 급반등을 겪으면서 국내 개인 투자자는 1년 반 동안 200조 원에 가까운 국내외 주식을 매수했다. 코로나19 위기로 미국을 비롯한 기축통화국이 구제 금융 또는 경기 부양을 명분으로 천문학적인 돈을 찍어냈고, 이러한 대규모 유동성 공급 정책 이후에 반드시 따라오는 인플레이션 리스크를 헤지하기 위해 개인 투자자는 부동산, 주식, 심지어 가상화폐 시장으로 몰려갔다.

국내 부동산시장은 정부의 강력한 부동산 규제 정책으로 다소 기세가 꺾인 반면 주식시장은 그 어느 때보다 많은 투자자가 몰리면서 좀처럼 열기가 식지 않고 있다. 이를 반영하듯 전국의 유명 서점에는 주식 투자에 관한 책이 주요 매대를 가득 채우고 있고, 주식 투자 관련 유튜브 채널도 우후죽순 생겨나면서 2021년 9월 현재 100개가 넘는 경제 유튜브 채널이 활발하게 운영되고 있다.

이러한 뜨거운 주식 투자 열기 속에서 현재 국내 주식 계좌는 5,000만 개, 해외 주식 계좌는 330만 개를 넘겼다. 불과 2~3년 전만 해도 회사에서 주식 투자 이야기를 꺼내면 자칫 썰렁한 분위기가 되고는 했지만 지금은 회사는 물론 대학교, 군대 등에서도 휴식 시간이나 식사 시간의 주된 화젯거리가 되었다.

메뚜기와 전갈을 분별할 수 있는 선구안

과연 이러한 주식 투자 열풍은 괜찮은 걸까? 나는 지금도 주식이나 부동산에 투자하지 않는 분을 보면 안타까운 마음이 든다. 의사로 살든, 반도체 연구원으로 살든, 단순 육체노동자로 살든 자신의 소중한 시간을 투자해서 번 노동 소득은 은행의 예금 금리를 훨씬 웃도는 인플레이션에 의해 계속 가치가 하락하고 있다. 현대 자본주의 체제에서 중산층이 몰락하고 빈부 격차가 갈수록 심해지는 것도 임금 상승률보다 훨씬 가파르게 올라가는 '자산 가격의 상승' 때문이다. 이렇듯 물가 상승으로 인해 내 노동 소득의 가치가 녹아버리는 것을 방지하기 위해 우리는 부동산이든 주식이든 평생 투자해야 한다.

그런데 주식 투자는 부동산 투자와 달리 많은 사람이 실패를 경험한다. 자산 가격의 장기 차트를 보면 주식 투자 수익률은 부동산 투자 수익률보다 높고 예금 수익률보다 훨씬 더 높지만 상당수 투자자가 주식시장에 뛰어들었다가 크고 작은 손실을 경험하고 좌절한다. 그동안 수많은 주식 투자 대가의 투자 원칙과 조언을 접했을 텐데도 왜 주식 투자 성과는 다른 투자에 비해 만족스럽지 못한 것일까? 그 이유는 바로 우리가 철석같이 믿고 있는 여러 '투자 원칙의 오류'에 있다. 이른바 '성공하는 투자 전략'에 숨겨진 '전갈의 독침' 때문이다.

《다모다란의 투자 전략 바이블》에서 다모다란 교수는 우리가 주식 투자의 정석처럼 믿고 있는 13가지 투자 전략이 어떤 단점과 위험 요소를 가지고 있는지 미국 주식시장의 실제 사례를 통해 조목조목 분석한다.

'배당 수익률이 높은 주식이 수익률도 높은가?'

'벤저민 그레이엄이 강조했던 저PER 투자와 저PBR 투자는 과연 시장 대비 초과수익을 창출하는가?'

'이익이 안정적인 회사 또는 초우량 기업에만 투자하는 것이 과연 유리한가?'

'가격이 합리적인 성장주 투자 방법과 고위험 종목 제거 방법은 무엇인가?'

'역발상 투자 전략의 이론적 기초와 위험은 무엇인가?'

'달리는 말에 올라타는 모멘텀 투자의 위험은 무엇이고 어떠한 교훈을 얻어야 하는가?'

미국의 대문호 마크 트웨인은 이렇게 이야기했다. "우리를 곤경에 빠뜨리는 것은 우리가 확실하다고 생각하는 것이 사실이 아닐 경우다."

이 책을 읽다 보면 내가 메뚜기라고 생각했던 투자 전략이 경우에 따라 '독침을 가진 전갈'이 될 수 있다는 것을 알게 된다. '투자의 정석'으로 여겨온 여러 전략이 왜 모든 상황에 적용되는 만병통치약이 될 수 없는지, 이들 전략이 어떻게 치명적인 손실을 안기는 '악수(惡手)'가 되는지를 깨달으면서 그동안 내가 얼마나 위험한 투자를 해왔는지 실감하게 된다.

이솝 우화의 아이가 메뚜기와 전갈을 쉽게 분별할 수 있는 '선구안'을 가졌다면 잔뜩 잡은 메뚜기를 안고 행복하게 집으로 돌아갔을 것이다. 주식 투자에도 '메뚜기처럼 보이는 전갈'인 각 투자 전략의 위험 요소를 분별할 수 있는 선구안이 필요하다. 이 책이 바로 그 선구안 역할을 해줄 것이다.

이 책을 읽고 '주식 투자를 망치는 투자 전략 속의 함정'을 잘 가려낼 능력을 갖추시기를 바란다. 평생 알토란 같은 투자 수익만 가득 담는 행복한 투자자가 되시기를 진심으로 기원한다.

2021년 10월 어느 멋진 가을날에

박세익

체슬리(주) 대표이사 전무

다시 읽어도 너무나 훌륭한 투자 전략 교과서

이 책과 맺은 인연은 2009년으로 거슬러 올라간다. 《서울대투자연구회의 성공투자노트》 출간 후 다음 책을 고민하던 중 가치 평가의 구루(guru)인 애스워드 다모다란의 《Investment Fables》가 아직 한국에 출간되지 않은 것을 발견했다. 내용이 좋아 출간을 시도했지만 2008년 금융위기의 여파가 최악으로 치닫던 상황이라 여건이 좋지 않았다.

그렇게 잊히고 나서 어느덧 12년의 시간이 흘렀다. 시장은 뜨겁게 달아오르고 주식 투자에 대한 전 국민의 관심이 커져가는 와중에 우연한 계기로 번역가 이건 선생과 투자 전문 출판사 에프엔미디어의 김기호 대표를 만나게 되었다. 한국에 아직 출간되지 않은 좋은 책에 대해 이야기를 나누다가 이 책에 얽힌 사연을 이야기했고, 지금 시기에 꼭 필요한 책이라는 데 모두의 의견이 모이면서 결국 출간에 이르게 되었다.

주식 투자의 세계에서 우리는 수많은 조언을 접한다. "싼 주식을 사야 한다", "성장성이 높은 주식을 사야 한다", "모멘텀이 있는 주식을 사야 한다" 등등 셀 수 없이 많은 조언과, 조언을 해주겠다고 나서는 자칭 '전문가'가 있다. 문제는 이러한 전략 대부분이 모호하고, 검증되지 않았으며, 틀린 이야기라는 점이다.

싸다는 것, 성장성이 높다는 것, 모멘텀이라는 것은 도대체 무엇인가. 각 전략의 기본 개념부터 모호하며 세부적인 기준을 설정해서 검증하면 신통치 않은 결과가 나온다. 모의 실험에서 좋은 결과가 나오더라도 실전에 접목하면 성과가 현저히 떨어지거나 아예 접목 자체가 불가능한 경우가 대부분이다.

《다모다란의 투자 전략 바이블》은 우리가 접할 수 있는 다양한 전략의 실체를 낱낱이 파헤친다. 각 전략에 등장하는 용어의 의미는 무엇이고 이들 전략은 어떠한 맥락에서 그럴싸하게 들리는지 등을 살펴보며 실제 성과를 철저히 검증한다. 이것만으로도 크나큰 선물인데, 이 책은 더 나아가 각 전략을 직접 적용하거나 개량해 적용할 수 있도록 세부 지침까지 알려준다. 막연히 특정 전략이 좋고 나쁜 것을 언급하는 데 그치지 않고, 어떻게 해야 성과를 더 높이고 리스크를 줄일 수 있는지, 실전에서 조금이라도 유익하게 쓸 수 있는 방안을 애써서 알려준다.

어떤 전략을 접해도 허와 실을 들춰낼 수 있다

우리는 어떠한 주장을 할 때 '일화적 증거'와 '통계적 유의성'을 구분해야 한다. 예를 들어 '내가 좋아하는 아이돌 그룹의 새 음반이 마음에 들어서 관련 주식을 샀더니 돈을 벌었다'라는 것은 하나의 일화다. 이것이 '생활 주변에서 아이디어를 얻어서 투자하라'라는 일반 명제로 승격하기 위해서는 훨씬 어려운 과정을 거쳐야 한다. 아이돌 그룹과 관련된 모든 주식을 망라하고 각 그룹의 새 음반 출시 후 순위 변동에 따라 주가가 어떻게 움직였는지를 파악해야 한다. 음반 순위는 주가보다 먼저 움직여야 하며, 아니면 순위 변동을 예측할 수 있는 다른 지표를 찾아야 한다. 단순히 수익이 나는 것으로는 부족하며 전체 시장 대비 초과수익이 나야 한다. 이 모든 조건이 만족되었을 때 '아이돌 그룹의 새 음반 출시를 이용한 투자 전략'이라는 이야기를 꺼낼 수 있는 것이다.

이 책은 각 전략을 실제로 활용하는 데 필요한 여러 기준값을 제시하고 그에 해당하는 실제 기업을 선별해 보여준다. 이는 자칫 '초과수익을 낼 수 있는 종목을 찍어주는 것'으로 착각할 수 있다. 그러나 이 책의 진짜 의미는 일화적 증거에서 일반화된 투자 전략을 도출하는 방법론에 있다. 이 방법론에 익숙해지고 나면 누가 어떤 전략을 가지고 오더라도 그 허와 실을 들춰낼 질문을 던질 수 있게 된다.

이 책의 원서는 2004년에 출간되었고 이제 거의 20년이 되어간다. 그렇다고 해서 이 책의 의미가 퇴색하는 것은 전혀 아니다. 책의 마지막 장에도 나오지만, 투자 전략은 과거에 했던 이야기를 용어만 재단장해 내놓은 것에 지나지 않는 경우가 많다. 친절하게도 이 책의 웹사이트(http://pages.stern.nyu.edu/~adamodar/New_Home_Page/invfables.htm)에서는 각 장의 예시 자료를 최근까지 업데이트해주고 있다.

아무래도 미국 기업의 사례가 대부분이다 보니 낯설게 느끼는 독자가 많을 것이다. 동일 기준을 적용한 한국 기업의 사례를 싣고자 하는 욕심도 없지 않았으나, 이는 별도의 책으로 출간해야 할 정도의 분량이 예상되어 다음 기회로 미루었다. 다행히 요즘에는 퀀트킹, 젠포트, 인텔리퀀트, 포트폴리오 비주얼라이저 등 개인 투자자가 직접 퀀트 스크리닝을 돌려볼 수 있는 툴이 다양하게 나와 있으니, 각자가 실제로 적용하면서 자신만의 전략을 만들어나가는 것도 투자자로서 큰 재미라 생각한다.

번역을 진행하면서 다시 진중하게 읽어보아도 역시나 너무나 훌륭한 내용이었다. 이 훌륭한 책을 독자 여러분에게 소개할 수 있어서 매우 기쁘다. 특히 14장의 마켓 타이밍만 잘 읽어보아도 우리가 흔히 범하는 실수의 절반 이상을 줄일 수 있을 것이라 생각한다.

늘 존경하던 번역가 이건 선생님과 함께 작업한 것도 크나큰 영광이었다. 첫 번역이기에 부족한 부분이 많을 터라 잘못된 부분은 가감 없이 연락 주시기 바란다. 부족한 실력 탓에 공동 역자인 이건 선생의 명성에 누를 끼칠까 우려된다. 오역이 있다면 모두 제가 번역한 부분이리라.

한국의 투자자가 이 책을 발판으로 한 걸음 성장할 수 있게 되기를 희망한다.

2021년 10월
홍진채
라쿤자산운용 대표

현혹되지 않는 판단 기준

《다모다란의 투자 전략 바이블》은 원서가 출간된 지 20년이 되어가지만 출간된 시점보다 오히려 현재 시점에 더 어울리는 책이다. 검증되지 않은 엉터리 투자 전략은 20년 전보다 더 다양하고 현란한 방법으로 여전히 투자자를 현혹하고 있기 때문이다.

이 책은 '고수익', '손실 없는 투자' 등 투자자가 흔히 듣는 황당한 주장에 대해 구체적으로 살펴본다. 본문에서 분석하고 검증했다시피, 매우 단순하고 독특해 투자자의 귀를 솔깃하게 하는 이들 주장은 언뜻 보면 일리가 있는 것 같지만 결국은 투자자에게 손실만 안겨줄 뿐이다.

이러한 손실을 피하기 위해서는 잘못된 투자 방법을 정량적으로 분석하는 데 그치지 않고 다양한 질문과 테스트를 통해 각각의 방법이 가진 장점과 단점을 파악할 수 있어야 한다. 더 나아가 투자자 개개인이 처한 환경에 맞게 적용할 만한 올바른 판단 기준도 세울 수 있어야 한다. 이것이 바로 이 책이 독자에게 전하고자 하는 내용이다.

이 책은 지금 유행하는 거창한 정량 분석 기법이나 설득 기법을 열거하지 않으며 특정 투자 전략에 찬성하거나 반대하지도 않는다. 모든 투자 방법을 의심하고 검증하며 이해하는 노력을 통해 투자 결과의 일부가 아니라 투자 과정 전체를 보고 그 안에서 자신에게 맞는 투자 방법을 찾을 수 있도록 돕는다.

이 책을 쓴 목적은 종목을 추천하거나 종목 선정 기법을 알려주는 것이 아니지만 본문에 정리되어 있는 다양한 포트폴리오 분석 사례와 각 장 마지막에 부록으로 수록된 포트폴리오 구성은 올바른 판단 기준, 내게 맞는 투자 방법을 세우는 데 도움이 될 것이다. 지난 20년간의 업데이트에 대한 정보가 필요하다면 이 책의 웹 사이트(http://pages.stern.nyu.edu/~adamodar/New_Home_Page/invfables.htm)에서 '달라진 숫자'를 확인할 수 있다.

2021년 9월
애스워드 다모다란

《다모다란의 투자 전략 바이블(Investment Fables)》 업데이트 정보

투자 전략의 약점과 보완책

주식 중개인, 친구, 투자 상담사는 엄청난 수익을 안겨줄 주식이라고 주장하면서 사람들에게 투자를 권유한다. 이들이 권유하는 투자 전략은 타당하게 들릴 뿐 아니라 증거(일화적 증거나 통계)로 뒷받침되기도 한다. 그러나 그 투자 전략을 실행했을 때 실제로 그런 수익이 나오는 경우는 거의 없다. 오히려 손실을 보고서 후회하는 경우가 너무나 많다. 그래서 다시는 그런 꼬임에 넘어가지 않겠다고 다짐하게 된다. 하지만 우리는 과거 실수에서 배운 교훈을 망각한 채 대박 주식 이야기에 또다시 넘어갈 때가 많다.

시중에 떠도는 고수익 투자 전략은 수백 가지나 되지만, 이들은 모두 주식 거래가 시작된 이래 계속 사용된 십여 개 기본 투자 전략에서 변형된 것이다. 즉 다양한 주제에 맞게 수정하고 새 이름을 붙이면서 새 세대 투자자에게 새로운 투자 전략이라고 권유했던 것이다. 이러한 투자 전략이 지금까지 유지된 것은 인간의 본능과 약점(탐욕, 공포, 자만 등)에 호소하는 요소를 갖추었기 때문이다. 이 책에서는 이러한 투자 전략이 사람들을 어떻게 현혹해 투자에 실패하게 하는지를 살펴보고 성공하려면 어떻게 해야 하는지 알아보기로 한다.

이제부터 살펴보겠지만, 각 투자 전략에는 그럴듯하게 들리는 일말의 진실이 들어 있으며 일각에서는 재무 이론으로 타당성을 뒷받침하기도 한다. 각 장에서는 먼저 투자 전략의 기본 원리를 조사하고 그 투자 전략을 뒷받침하는 이론도 살펴본다. 왜 번거롭게 이론을 다루는가? 각 투자 전략의 작동 원리를 파악할 수 있을 뿐 아니라 약점도 파악할 수 있기 때문이다.

고수익 투자 전략 권유를 받아보았다면 그 수익의 근거가 되는 분석과 증거도 들어보았을 것이다. 그러나 당연한 말이지만 대부분 분석은 진실의 일부만 알려줄 뿐이다. 이제부터 보겠지만 어느 투자 전략이든 일정 기간 일부 주식에서는 성과를 보여주었다. 그러나 투자 전략을 정확하게 평가하려면 장기간에 걸쳐 다양한 업종의 주식에서 성과가 나오는지 분석해보아야 한다. 그래서 우리는 (지지자와 반대자 양쪽이 제시한) 기존의 경험적 증거를 살펴볼 것이며 각 투자 전략의 문제점도 알아볼 것이다.

우리는 각 투자 전략을 선택했을 때 과연 어떤 투자를 하게 되는지도 숙고해야 한다. 저PER주 투자 전략을 선택한다면, 저PER이 주는 의미가 무엇인지, 저PER주의 특성이 무엇인지 파악해야 한다. 소형주 투자 전략이 유리하다고 믿는다면, 기업 규모를 측정하는 척도(매출, 시가총액 등)를 결정해야 하며 소형주의 기준도 설정해야 한다. PER이 8배이면 저PER이라거나, 시가총액이 1억 달러 미만이면 소형주라고 분류하는 어림셈법도 있지만 시간이 흐르면 시장 자체가 바뀌므로 이러한 셈법은 위험하다. 이 책에서는 판단 기준을 제공하려고, 전체 시장에 걸쳐 다양한 척도 (PER, PBR, 시가총액 등)의 분포를 살펴본다. 그러면 그 차이를 감지해 판단의 기준을 설정할 수 있을 것이다.

전략을 검증하는 가장 좋은 방법은 그 전략을 따랐을 때 얻게 되는 포트폴리오 실적을 측정하는 것이다. 이 책에서는 이 방법으로 다양한 전략을 검증하므로 각 전략이 자신에게 잘 맞는지 스스로 판단할 수 있다. 어떤 전략이 불편하게 느껴진다면 그 전략은 자신에게 적합하지 않다는 위험 신호다. 이때 신중하게 투자하려면 해당 전략의 약점을 세밀하게 분석해서 위험을 최소화해야 한다.

이 책이 다루는 내용과 다루지 않는 내용도 미리 밝혀두겠다. 이 책은 특정 투자 전략을 추천하거나 반대하지 않는다. 이미 많은 애널리스트와 주식 중개인이 각종 투자 전략을 추천하고 있으며 수많은 냉소적 투자자와 학자가 각종 투자 전략에 반대하고 있기 때문이다. 그래서 이 책에서는 투자자가 스스로 강약점을 판단할 수 있도록 각 투자 전략의 전체 모습을 제시한다.

이 책은 지금까지 제기된 모든 질문에 답하지 않는다. 그런 통찰을 갖춘 사람은 아무도 없다. 대신 누군가 투자 전략을 권유할 때 올바른 질문을 던질 수 있도록 무기를 제공한다. 이 책은 종목 선정이 쓸모없다고 확신하는 비관론자에게는 적합하지 않다. 대신 투자 전략을 신중하게 사용하면 보상받는다고 확신하는 낙관론자에게 적합하다. 이 책은 투자 성공 확률은 높일 수 없으니 높이려 하지 말라는 관점이 아니라, 높일 수 있으니 노력해야 한다는 관점이다.

벼락부자 전략으로 투자자를 유혹하는 돌팔이와 사기꾼은 금융시장이 시작될 때부터 존재했다. 이들에게 속아 실패하는 사람은 흔히 법이나 정부의 보호를 기대한다. 그러나 '절대 손해 없는 주식'이나 '대박 주식'이라는 유혹에 대응하는 가장 좋은 방법은 의심 많고 박식한 투자자가 되는 것이다. 그 과정에 이 책이 유용하길 바란다.

차례

1장　　　　　　　　　실패하지 않는 투자 전략은 없다

2장　　　　　　　　　고배당주는 가격이 상승하는 채권?

3장   이 주식 정말 싸다! 저PER주 이야기

4장   장부가치보다 싸다고? 저PBR주 이야기

5장   이익이 안정적인 회사가 더 유리할까?

6장   우량 기업이 투자에 유리할까?

7장   아가야, 무럭무럭 자라라! 성장주 이야기

8장   최악은 지나갔다! 역발상 투자

9장   다음 대박을 노려라! 신성장 산업과 신생 회사

10장   다 집어삼켜라! 인수 합병 거물

11장   확실한 한 방! 무위험 절대 수익

12장   달리는 말에 올라타라! 모멘텀 투자

13장   전문가를 따르라

14장   장기적으로는 말이야… 전체 시장에 대한 미신

15장 열 가지 교훈

일러두기

1. 저자의 주석은 숫자로 표기해 미주 처리했고, 역자의 주석은 기호(*)로 표기해 각주 처리했다.
2. 단행본은 《 》, 잡지와 일간지, 영화는 〈 〉 기호를 사용했다.

Aswath Damodaran

1장

실패하지 않는
투자 전략은 없다

Investment Fables

투자의 세계에서는 많은 조언을 들을 수 있는데, 이들은 일견 그럴듯하게 들리지만 엄밀하게 살펴보면 그렇지 못하다. 몇 가지 예를 들어보자. 좋은 기업의 주식을 사면 수익은 저절로 따라온다. 부정적인 뉴스에 사라. 긍정적인 뉴스에 사라. 장기 투자하면 반드시 수익을 거둔다. 내부자를 따르라. 배당금이 많은 주식을 사라. 주가가 크게 떨어진 주식을 사라. 주가가 크게 오른 주식을 사라.

이러한 투자 아이디어는 부분적으로 진실을 이야기하고 있기 때문에 꽤 매력적으로 들리지만 사실 그 어떤 것도 완전무결하지는 않다. 이 책에서는 주변에서 흔히 들을 수 있는 다양한 투자 전략을 검증해보고 어떻게 하면 잠재적인 위험을 줄일 수 있을지 알아본다.

이야기의 힘

인간은 그래프나 수치보다는 잘 짜인 이야기에 더 쉽게 마음이 움직이기 마련이다. 실제 사례가 가미된 설득력 있는 투자 전략이야말로 투자 아이디어를 전달하는 데 가장 효과적이다. 설득력 있는 투자 전략이란 어떤 것일까? 투자 전략이 설득력 있어 보이는 것은 단지 그럴듯하게 포장되어서뿐만 아니라 다음과 같은 공통점을 지니기 때문이다.

- '좋다는' 투자 전략은 탐욕, 희망, 공포, 질투 등 인간의 본성에 호소한다. 투자를 권유할 때 투자자를 설득할 수 있느냐를 판가름하는 요소는 투자자의 약점을 파악하고 이를 적극 활용하는 능력이다.
- '좋다는' 투자 전략에는 사례가 따라다닌다. 최소한 투자 아이디어를 권유하는 당사자의 성공 사례가 제시된다. 이 책에서 앞으로 살펴보게 되겠지만, 사례는 투자 전략의 일부분만을 이야기해줄 뿐이다. 확고부동하다고 생각했던 투자 전략 중 대부분은 면밀히 검토해보면 허점이 드러난다.

이 책의 각 장에서는 투자 전략이 투자자의 공감대를 이끌어낼 수 있었던 이론적 배경을 먼저 살펴본다. 이 부분을 읽다 보면 주식 중개인, 투자 상담사, 혹은 이웃으로부터 유사한 투자 아이디어를 들은 기억이 떠오를 것이라 믿어 의심치 않는다.

투자 전략의 분류

투자 전략에는 다양한 형태가 있다. 어떤 투자 전략은 위험을 감수하기 싫어하는 투자자를 대상으로, 주식시장에서 위험을 덜 짊어지면서 투자할 수 있는 방안을 이야기한다. 또 다른 전략은 빨리 부자가 되기 위해서 위험을 감내할 수 있는 투자자를 대상으로, 잠재적인 이익을 강조하며 위험에 대해서는 거의 언급하지 않는다. 남보다 좀 더 똑똑하거나 대비책을 잘 세워놓는다면 아무런 위험 없이 이익을 얻을 수 있다고 생각하는 사람을 위한 전략도 있고, 장기간 투자하면 언제나 이익을 거둘 수 있다고 믿는 낙천주의자를 위한 전략도 있다. 여기서는 앞으로 면밀하게 고찰해볼 전략을 전반적으로 간략히 짚고 넘어가고자 한다.

위험 회피형 전략

선천적으로 리스크를 싫어하는 투자자가 있는가 하면 주변 환경에 의해서 이를 싫어하게 된 투자자도 있다. 고용이 불안정한 상태에 있거나 은퇴를 앞둔 사람은 금전 손실에 훨씬 더 예민해지기 마련이다. 계속되는 하락장을 견디지 못하고 위험 회피 성향을 띠게 된 사람도 있다. 위험을 회피하는 이유가 무엇이든 간에 이들은 기존의 안전한 투자에 비해 높은 수익을 가져다주면서도 위험이 낮은 투자 전략에 솔깃해한다.

고배당주

일반적으로 위험 회피형 투자자는 위험한 주식보다는 안전한 국채나 높은 등급의 회사채를 선호한다. 이들은 투자 원금이 손상되지 않으면서 이자의 형태로 이익을 기대할 수 있는 채권을 보유하는 것이 안전하다고 느낀다. 이 투자자를 주식시장으로 데려오기 위해서는 채권에 상응하는 이익과 안정성은 물론이고 위험을 부담하는 것에 대한 프리미엄도 제시할 수 있어야 한다.

높은 배당을 주는 주식은 채권과 유사하면서도 가격 상승에 따른 추가 이익을 얻을 수 있기 때문에 위험 회피형 투자자에게 매력적이다. 채권의 이자율보다 높은 배당 수익률을 제시하면서 위험이 덜한 주식도 있다. 주식에 투자된 원금은 채권만큼 안전하게 보호받지 못하지만, 투자 대상이 된 회사가 대기업이고 많은 자산을 보유하고 있다면 상대적으로 위험이 적다.

저PER주

이익 대비 낮은 수준의 주가 배수를 적용받는 주식은 전통적으로 싸고 안전한 투자처로 인식되었다. 이익의 5배 수준 주가에 거래되는 주식이 왜 저렴하면서도 안전한 투자처인가? 여기에는 그 기업이 장기적으로 현재와 동일한 이익을 낼 수 있을 것이며, 이익을 꾸준히 창출한다면 주가가 일정 수준 이하로 떨어지지 않는다는 전제가 깔려 있다. 벤저민 그레이엄 같은 가치투자자는 PER이 낮은 주식을 사는 것이 저위험 고수익 전략에 부합한다고 오랜 기간 주장했다. 주식의 위험성을 걱정하는 투자자 처지에서는 이러한 전략이 위험을 줄이면서 주식시장에 접근하는 좋은 방식으로 보인다.

장부가치 이하의 주가

낮은 PER과 유사하게, 싼 주식을 찾는 기준으로 장부가치와 비교하는 방법이 있다. 어떤 투자자는 주식의 장부가치가 기업 자기자본의 가치를 측정하는 회계사의 도구에 그치는 것이 아니라, 주식의 가치를 측정하는 데 투자자의 변덕과 유행에 좌우되는 시장 가격에 비해 더욱 믿을 만한 지표라고 여긴다. 이에 따르면 장부가치 이하로 거래되는 주식은 저평가 주식이라 볼 수 있다.

장부가치가 곧 청산가치와 같다고 믿는 위험 회피형 투자자에게 장부가치 이하의 주가는 곧 보험을 의미한다. 만약 주가가 오르지 않는다 하더라도 기업을 청산한다면 장부가치에 상응하는 (또는 더 높은) 대가를 지불받을 수 있기 때문이다.

꾸준한 이익을 내는 기업

주식을 산다는 것은 기업의 미래 이익에 대한 불확실성을 감내해야 한다는 것을 의미한다. 최고의 기업이라 하더라도 이익은 변동하게 마련이며 예측하기도 어렵다. 꾸준하면서 예측 가능한 이익을 내는 기업에 투자할 수 있다면 주주로서 권익과 채권의 안정성을 동시에 향유할 수 있을 것이다.

기업이 안정적인 이익을 내려면 어떻게 해야 할까? 다양한 사업 분야(또는 국가)로 진출해 거대 복합 기업(또는 다국적 기업)이 되는 것이 한 방법이다. 한 사업부(또는 국가)의 불황은 다른 사업부의 호황으로 상쇄되어 장기적으로 꾸준한 이익을 낼 수 있다. 금융시장에 존재하는 다양한 상품(선물, 옵션 등 여러 파생상품)을 활용해 이자율, 환율, 원자재 가격의 변동에 따른 위험에서 회사를 지켜 이익을 좀 더 예측하기 쉽도록 만들 수도 있다. 회계상의 교묘한 조정을 통해 꾸준한 이익을 내는 것처럼 보이게 만드는 불건전한 방법도 있다.

위험 추구형 전략

주식시장이 흥분한 상태에서 투자자는 종종 높은 수익률을 기대하면서 위험을 추구한다. 이들에게 채권과 유사한 주식은 관심거리가 아니다. 대신 이들은 위험하더라도 잠재적 수익률이 가장 높은 기업을 찾아나선다. 이들을 위한 투자 전략으로는 위험을 강조하는 것이 제격이다.

물론 사냥당하는 쪽의 위험(다운사이드 리스크)이 아니라 사냥하는 쪽의 위험(업사이드 리스크) 말이다.

위대한 기업

좋은 기업을 사면 수익은 저절로 따라온다는 이야기를 들은 적이 있을 것이다. 무엇이 좋은 기업인가에 대한 정의는 투자자마다, 투자 서적마다 다양하다. 심지어 그 다양한 정의도 회계 기간이 돌아올 때마다 바뀐다. 회계상으로 드러난 이익 비율이 높고 주주에게 좋은 과실을 제공한 기업이 주로 새로운 기준이 된다.

최근에는 사회적 기여라는 새로운 범주까지 포함하면서 좋은 기업에 대한 정의가 좀 더 넓어졌다. 넓은 의미의 좋은 기업에 부합하려면 주주, 직원, 고객은 물론 사회에도 이익을 안겨주어야 한다. 이러한 기업에 투자하면 기업이 위기에 처해도 뛰어난 경영진이 이를 기회로 활용하면서 두 가지 목표(낮은 위험과 높은 수익)를 동시에 달성할 수 있다.

성장주

이익이 빠른 속도로 늘어나는 기업에 투자하는 사람은 기하급수적인 수익(혹은 완전한 손실)을 맞이할 수 있는 게임을 하는 것이다. 성장하는 기업은 배당을 많이 지급하지 않고 높은 PER을 적용받으며 위험도 높지만, 위험 추구형 투자자는 이러한 것에 굴하지 않는다. 이들은 배당보다 주가 상승을 통해 수익을 거두기를 바라며, PER이 높다 하더라도 이익이 늘어나면 결국 주가는 더욱 높아질 수 있을 것으로 생각한다. 기대하는 만큼 기업이 성장하지 못할 경우를 충분히 고민해보아야 하지만, 이들은 자신이 적절한 기업(장기적으로 꾸준한 성장을 이루어낼 수 있는 요소를 지닌)을 구분해낼 수 있으니 괜찮다고 생각한다.

낙폭 과대주

위험을 기꺼이 감당할 수 있는 사람이라면 최근에 주가가 급격히 하락한 주식에서 괜찮은 기회를 잡을 수도 있다. 이러한 기업은 대부분 심각한 문제(경쟁력 상실, 부채 과잉, 전략적 실패 등)에 직면해 있지만, 이것을 감안한다 하더라도 지나치게 주가가 하락했다면 더 떨어질 여지는 적다. 위험 추구형 투자자는 시장이 부정적인 소식에 과민하게 반응한다고 믿기에 이러한 주식이 반등하기를 노리며 주식을 매수한다.

숨겨진 바겐세일

저평가된 주식을 찾아다니는 사람에게 최고의 주식은 남이 모르는 주식이다. 미국 주식시장에서는 수천 명의 전문적인 자산 운용사와 애널리스트가 주식을 지켜보기 때문에 이러한 주식을 찾아내는 것은 무리라고 생각할 수도 있다. 그러나 주식시장에는 어떤 애널리스트도 분석하지 않고 어떤 기관투자가도 보유하지 않은 주식이 수천 개나 된다. 새로운 주식이 계속해서 상장되면서 이러한 주식은 갈수록 늘어난다.

위험 추구형 투자자는 다음 세대의 훌륭한 성장 기업(마이크로소프트나 시스코 같은)이 될 만한 기업을 남보다 빨리 찾겠다는 일념으로 남이 잘 들여다보지 않는 작은 영역, 작은 규모의 유망한 기업을 찾아 헤맨다. 가용 자금이 많은 투자자는 때때로 좀 더 빠른 시점에 투자하기 위해 벤처 캐피털리스트가 되거나 사모 펀드의 형태로 소규모이거나 비상장인 기업에 투자하기도 한다. 제대로 된 기업을 골라내기만 한다면 기업이 상장될 때 큰돈을 벌 수 있다.

탐욕형 전략

탐욕은 인간의 악덕 중에서 최상층을 차지하곤 한다. 철학자와 성직자는 오랜 세월에 걸쳐 탐욕을 경계했지만, 탐욕은 금융시장을 이끄는 원동력이기도 하다. 투자자가 높은 수익에 욕심을 내지 않는다면 주식에 대한 수요는 그다지 많지 않을 것이다. 투자 아이디어를 팔고 다니는 사람은 투자자의 탐욕스러운 본성을 약간만 자극해도 쉽사리 관심을 이끌어낼 수 있다는 것을 잘 알고 있다. 탐욕스러운 투자 전략에는 한 가지 공통점이 있다. "아무런 대가 없이 무엇인가를 얻을 수 있는 기회가 존재한다."

속성 코스에 올라타기

성장하는 기업은 장기적인 관점에서 좋은 투자처가 될 수 있지만, 작은 기업이 큰 기업으로 성장하는 데에는 대개 오랜 시간이 걸린다. 당장의 수익을 원하는 성미 급한 투자자가 보기에 그 기간은 영겁에 가깝다.

몇몇 기업은 본래의 사업 분야와 새로운 분야에서 인수 합병을 통해 성장을 채찍질한다. 신규 주식을 발행해 인수 합병을 진행하는 경우에 성장 속도는 더욱 빨라진다. 투자자가 이러한 기업에 눈독을 들이는 데는 다음과 같은 두 가지 이유가 있다. 첫째, 인수 합병은 언론의 주목을 끌기 때문에 어떤 시장에서든 화젯거리가 된다. 둘째, 인수 합병 회계가 완전하지 못해 이러한 기업이 경쟁 업체에 비해 더욱 매력적으로 보이는 때가 종종 있다. 회계 원칙을 합법적으로 지키면서도 이러한 성장이 거의 비용이 들지 않는 것처럼 보이게 할 수 있다.[1] 투자자는 성장이 주가 상승으로 귀결되기를 바라며 매수자 측 주식을 사거나, 인수 합병 시 지불되는 프리미엄을 나누어 갖기를 기대하며 잠재적인 인수 합병 대상 회사에 투자하는 등 인수 합병 게임의 양쪽 측면에서 모두 이득을 노린다.

무자본, 무위험, 고수익

공짜 점심(위험을 전혀 동반하지 않으면서 얻을 수 있는 수익률, 최소한 국채 투자 같은 건실한 무위험 투자에 비해 높은 수익률)은 모든 투자자의 꿈이다. 이러한 '차익 거래' 기회가 존재하기 위해서는 두 가지 동일한 자산이 같은 시점에서 다른 가격에 거래되고 있어야 하며, 이 가격 차이가 좁혀질 것이라는 보장이 있어야 한다. 당연히 이러한 순수 차익 거래 기회는 거의 없으며 그나마도 선물 옵션 시장에서나 볼 수 있다. 이 시장에서 낮은 거래 비용으로 많은 양을 거래할 수 있는 투자자는 많지 않다.

완전히 동일하지는 않더라도 상당히 유사한 자산이 다른 가격에 거래되고 있는 경우에 사용할 수 있는 근사 차익 거래, 혹은 좀 더 투기적인 차익 거래 기회는 순수 차익 거래보다 더 자주 발견할 수 있다. 이 경우 두 가격이 수렴한다는 보장이 없기 때문에 아무리 정교한 기술을 가진 투자자라 해도 위험이 남아 있으며, 부채를 차입해 투자할 경우 위험은 더욱더 커진다.

흐름 따르기: 모멘텀 전략

주가가 오르고 있는 주식을 사서 상승세에 편승하면 적은 위험으로 높은 수익률을 거둘 수 있다고 생각하는 사람도 있다. 이 전략은 주식 가격에 유의미한 모멘텀*, 즉 오르는 주식은 계속해서 올라가고 떨어지는 주식은 계속해서 떨어지게 하는 어떤 요인이 주식시장에 존재한다는 가정을 담고 있다.

이른바 '차티스트'와 기술적 분석가는 차트의 패턴(추세선, 지지선, 저항선, 그 외 아주 다양한 것들)을 사용해 추세를 읽어내고 나아가 추세의 전환을 예측하려는 시도를 수십 년간 해왔다. 어쨌거나 잠깐 동안 수익을 가져다준 모멘텀은 너무나 빠르게 뒤돌아선다. 이제 모멘텀 투자자는 거래량도 분석하기 시작했다. 거래량이 증가하면서 상승하는 주식은 주가와 거래량 모두 모멘텀을 가진 것으로, 거래량이 적은 채로 상승하는 경우보다 더욱 좋다고 주장한다.

'행복 회로' 전략

부진한 성과를 거두었던 과거는 잊어버리고 다른 투자자를 이기기 위한 또 다른 길을 찾아나서는 투자자가 있다. 일부는 투자 전문가를 찾아 그들을 따라 하면서 성공을 거두려 한다. 한편 주식은 장기적으로 언제나 상승하며 성공을 위해 필요한 것은 단지 인내심뿐이라는 종교 수준의 믿음을 가진 사람도 있다.

전문가 따라 하기

금융시장에는 스스로 대단하다고 생각하는 전문가가 넘쳐난다. 고급 정보 및 경영진과의 친분을 자랑하며 어떤 주식을 사고팔지 추천하는 주

---

* 움직임을 변화시키기 위해 작용한 힘의 누적치를 뜻하는 물리량.

식 애널리스트가 그중 한 부류다. 다른 한 부류인 기업 내부자, 즉 최고 경영자나 이사회 임원은 대외적으로 치어리더처럼 행동하지만 직접 주식을 사고팔 때 그들이 기업을 진정으로 어떻게 생각하는지를 드러낸다.

훌륭한 주식을 찾아내는 비법을 찾아냈다고 떠드는 투자 관련 뉴스레터나 상담 서비스는 일일이 챙겨 보지도 못할 정도로 쏟아진다. 시장에 대한 엇갈리는 전망과 주식 관련 뉴스에 치이다 지친 투자자는 전문가에게 주식을 고르는 부담을 위임해 안정을 찾기도 한다.

항상 승리하는 장기 투자

주식시장이 단기적으로 몇 년씩 안 좋은 실적을 보인다 해도 장기적으로는 반드시 수익을 돌려준다는 조언은 거의 고전적인 지혜의 반열에 올라 있다. 미국 주식시장에서 과거 어떤 시점에서든 10년간을 추출해서 보면 주식이 국채보다 좋은 수익률을 거두었다는 것을 알 수 있다.

이 전략이 옳다면 주식에 장기간 투자하기만 하면 위험이 더 낮은 투자 대상보다 더 높은 수익을 올릴 수 있다는 의미이므로, 장기적으로 기다릴 여유가 있는 투자자라면 모든 자금을 주식에 넣어야 할 것이다. 물론 시장이 호황일 때만 주식을 사고 그렇지 않은 기간에는 시장에서 빠져나와 수익률을 더욱 높일 수 있다. 주식을 사야 할 때와 팔아야 할 때를 알려주는 지표는 슈퍼볼 우승팀에서 이자율까지 매우 다양하다. 마켓 타이밍을 제대로 잡았을 때의 보상은 어마어마해서 개인이든 기관이든 주식 투자자라면 모두가 이러한 타이밍을 잡아내려 노력한다.

투자 전략 해체

이 책에 등장하는 모든 투자 전략은 우리 주위에 수십 년간 존재해온 것이다. 이들 전략이 그렇게 오랜 기간 생존할 수 있었던 이유 중 하나는 이들이 부분적으로 진실을 담고 있다는 점이다. 예를 들어 낮은 PER을 적용받는 주식을 사는 전략의 근본적인 원리를 생각해보자. 이러한 주식은 저평가되어 있을 가능성이 높다고 들었을 것이다. 이 주장은 직관적으로도 그럴듯할 뿐만 아니라 이를 뒷받침하는 사례도 종종 찾아볼 수 있다. 이를테면 과거 70년간 저PER주로 구성된 포트폴리오의 수익률이 고PER주로 구성된 포트폴리오를 연간 7%가량 앞섰다는 연구 결과가 있다. 어떤 주장과 그에 대한 반론을 듣다 보면 투자가 정말 혼란스러워지기 때문에 각각의 전략을 체계적으로 분리해 강점과 약점을 파악하는 것은 중요한 작업이다.

앞으로 나올 각 장의 전략 분석 단계를 짚어보겠다.

1. 이론적 근거: 진실 분리하기

투자 전략을 논하는 사람은 대부분 이론가를 업신여긴다. 이들은 이론이 단지 학자와 기타 상아탑 거주자, 즉 생계를 위해 투자 의사 결정을 하지 않아도 되는 사람의 도구라고 믿는다. 아이러니하게도 오랜 기간 살아남은 투자 전략은 재무 이론에 깊은 토대를 두고 있다. 낮은 PER에 거래되는 주식이 왜 저평가되어 있으며 훌륭한 경영진이 있는 기업이 왜 높은 가치로 평가받아야 하는지를 입증하는 데 가치 평가 모델을 사용하는 것만 보아도 이 사실을 알 수 있다.

이 책에서는 모든 전략에 대해 우선적으로 이론적인 토대를 검토해본다. 예를 들어 지금까지 주가가 많이 오른 주식이 앞으로도 계속해서 상승할 것이라는 전략(전통적인 모멘텀 전략)을 가지고 있다면, 이러한 일이 일어나려면 투자자와 주식시장에 대해 어떤 가정을 세워야 하는지를 고민해보자. 이러한 작업은 먼 길을 둘러서 가는 것처럼 보이겠지만, 전략의 저변에 깔린 이론적 토대를 이해하는 것은 다음과 같은 이유에서 유용하다.

- 궁극적인 투자 전략을 발견했다 하더라도 그 전략이 작동하는 이유를 살펴본다면 주변 환경이 변할 때 그 전략을 수정해 적용할 수 있다. 예를 들어 투자자가 새로운 정보를 습득하는 것이 늦기 때문에 주가가 모멘텀을 지닌다고 믿는다면, 뉴스가 투자자에게 전달되는 속도가 과거보다 훨씬 빠른 오늘날에는 그 전략을 다른 방향으로 수정해야 한다는 것을 깨달을 수 있다.

- 모든 시기에 들어맞는 투자 전략은 없다. 배경 이론을 이해해야 시기별로 어떤 전략이 적절하고 어떤 전략이 실패할 가능성이 높은지 판단할 여지가 생긴다. 예를 들어 고배당주를 채권보다 선호한다면, 채권의 이자율이 낮은 시기에는 이 전략을 좀 더 과감하게 실행할 수 있다.

- 어떤 전략이든 약점이 있다. 이론적인 연구를 진행해나가면서 어떤 투자 전략을 실행할 때 무엇을 주의해야 하는지, 그러한 주의 사항을 어떻게 다루어야 하는지 익힐 수 있다. 예를 들어 가치 평가 모델을 이용해 PER을 평가해보면 저PER주는 내세울 만한 성장성이 없으며 상당히 위험할 수 있다는 사실이 빠르게 파악된다.

투자 전략을 분석하는 데 필요한 이론은 단순하기 때문에 계량적인 방법에 익숙하지 않다 해도 걱정할 필요는 없다.

2. 증거 확인: 전체 그림 그리기

금융시장을 과거 한 세기 정도까지 거슬러 올라가는 수준의 엄청난 자료는 투자자에게 축복이자 고통이다. 주어진 데이터 내에서라면 일단 어떤 투자 아이디어라도 검증을 시도해볼 수 있다. 한편 고성장 기업이 저성장 기업보다 좋은 투자 대상이라든가 하는 어떤 관점을 관철하고 싶다면 과거의 특정 시기, 특정 주식에서 이를 뒷받침하는 사례를 얼마든지 찾아낼 수 있다. 어떤 투자 전략을 뒷받침하거나 반박하기 위한 거의 모든 사례가 어느 정도는 편향되어 있다는 것을 감안해, 이 책의 각 장에서는 다음과 같은 시도를 할 것이다.

- 각 전략이 장기 시계열, 다양한 그룹의 주식에서 유효한지 살펴본다. 임의로 나눈 구간에서 몇몇 그룹의 주식을 사례로 사용하는 것에서 벗어나, 미국 주식시장에 상장된 모든 주식에 대해서 가능한 한 긴 기간을 정해 검증해본다. 예컨대 장부가치 이하로 거래되는 주식이 오랜 기간에 걸쳐 평균적으로 훌륭한 투자 대상이었는지 알아보기 위해서는 1926년부터 지금까지 이러한 특성을 가진 모든 주식의 수익률을 조사해볼 것이다. 대단히 칭송받던 투자 전략 중 일부는 이러한 엄격한 수준의 조사를 거치면 허물어지고 만다.
- 세부 기간을 정해 전략이 성공한 기간과 실패한 기간을 나누어본다. 이 책에 나오는 모든 전략은 막대한 수익을 가져다주었던 성공적인 시기가 있었던 반면에 실패로 점철된 불행한 시기도 거쳤다.

낮은 PER의 주식을 사는 전략을 선택했다면 이 전략이 다른 것보다 우월했던 기간이 언제인지 찾을 수 있다. 각 시기의 시장 상황(이자율과 GDP 성장률 등)에 대해 면밀히 조사하면 전략을 조율해 좀 더 효율적으로 만들 수 있다.

■ 전략의 결과로 얻은 수익률이 단지 운이 좋았던 결과는 아닌지 알아본다. 전략이 가져오는 결과는 변동성이 심해서 시장을 크게 이기는 해가 있는 반면 시장에 심하게 뒤처지는 해도 있다. 따라서 분석의 최종 결과를 받아들일 때는 조심해야 한다. 예를 들어 과거 10년간 소형주가 대형주보다 평균적으로 2% 더 나은 수익률을 보여주었다 해도 이 특별한 수익률은 단지 운에 따른 것일 수도 있다. 다행히 우리는 그것을 평가해볼 수 있는 통계적인 실험 방안을 가지고 있다.

마지막으로, 이 책에서 검증해본 모든 전략은 과거에 각 전략을 지지하는 측과 반대하는 측이 독자적으로 연구한 적이 있었다는 것을 밝힌다. 이러한 연구 중 일부는 시간이 꽤 지났지만 서로 다른 관점의 연구를 살펴보면서 전략의 유효성에 대한 전체적인 그림을 그릴 수 있을 것이다.

3. 데이터 정밀 분석: 준거 기준 정립하기

투자 전략은 경험적인 기준(이익의 여덟 배는 싸다, 예상 성장률보다 낮은 PER을 적용받고 있으면 싸다 등)에 기초한 경우가 많으며 많은 투자자가 이러한 기준을 따르곤 한다. 미국에 상장된 수많은 종목을 다루다 보면 투자자는 막대한 양의 정보에 짓눌려 버린다. 정보 과부하에 직면한 투자자는 일을 단순하게 만들 수 있는 규칙을 쉽사리 받아들이고는 한다. 경험적인 기준을 채택하는 데는 그럴 만한 이유가 있겠지만 그것을 그대로 사용했다가는 대가를 치르게 된다.

경험적인 기준은 시장의 종류나 소건이 변하면 금세 효력을 상실한다. 여덟 배의 이익 배수가 싸다는 기준을 생각해보자. 1960년대에는 이러한 기준이 잘 들어맞았지만 1981년에는 미국 주식의 거의 절반이 여덟 배 미만에 거래되고 있었고(싸다는 기준이 너무 느슨해졌고), 1997년에는 그러한 주식이 전체의 단 10%도 되지 않았다(싸다는 기준이 너무 엄격해졌다).

경험적인 기준은 전체 그림을 대체할 수 없다. 전체 그림을 대체하는 차원에서 경험적인 법칙을 사용하다 보면 때때로 좀 더 나은 전략을 수립하는 데 도움이 되는 중요한 정보를 놓치게 된다. 그렇다면 수많은 주식과 관련해 쏟아지는 정보를 어떻게 취합해 기준을 산정할 것인가? 우리는 각각의 투자 전략을 적용하는 기준이 이 책이 쓰인 시기의 여러 시장에서 어떻게 달라지는지 알아볼 것이다. 예를 들어 고성장 기업의 주식을 산다는 전략을 분석할 때에는 미국 기업의 이익 성장률이 어떻게 분포되어 있는지(성장률이 25% 이상인 기업이 몇 개인지, 20%와 25% 사이는 어떠한지 등)를 살펴본다. 물론 이러한 지표는 시간이 지나면서 변할 것이다 (달라진 숫자는 계속 업데이트해 책의 웹 사이트 http://pages.stern.nyu.edu/~adamodar/ New_Home_Page/invfables.htm에 게시할 것이다).

투자 전략을 제대로 알고 적용하기 위해서는 각 전략을 이용해 구성한 포트폴리오를 살펴보아야 한다. 이 책에서는 각 전략에 대해서 해당 시점에 선택 가능한 모든 투자 대상을 찾아 분석해볼 것이다. 예를 들어 저PER주를 사는 전략이라면, 2002년 말 미국 시장에 있는 주식 중 낮은 PER 순으로 100종목을 뽑아서 만든 포트폴리오를 사용할 것이다. 이렇게 하는 데는 두 가지 이유가 있다.

첫째는 개별 사례 배제다. 개별적인 사례를 넘어 생각하면 각 전략의 강점과 약점에 대해서 전체적인 그림을 완성할 수 있다. 예를 들어 전형적인 저PER주 군에는 (지지자의 주장과 달리) 안전하고 성숙한 기업이 아니라 한 번도 들어보지 못한 작고 위험한 기업이 속해 있다는 것을 깨닫게 될 것이다.

둘째는 위험 검사다. 투자 전략이 제구실을 하려면 그 전략을 이용해 구성한 포트폴리오를 자유자재로 다룰 수 있어야 한다. 그러기 위해서는 각 전략에 부합하는 주식이 적절한 자격을 갖추었는지 검증해보는 것이 유일한 방안이다.

4. 추가할 이야기: 약점 파악하기

모든 투자 전략에는 강점과 약점이 있다. 어떤 투자 전략이 옳다고 주장하는 사람은 그 강점은 자세히 분석해놓지만 약점은 거의 언급하지 않는다. 투자 전략을 효과적으로 사용하기 위해서는 그 전략을 통해 얻을 수 있는 수익 못지않게 한계도 잘 알아두어야 한다.

모든 장의 후반부에서는 각 전략에 따라 포트폴리오를 구성하고 전략이 잘못될 수 있는 모든 가능성을 검토해볼 것이다. 저PER 전략에 따라 구성한 100개의 저PER주를 예로 들어보자. 만약 저PER 기업이 시장의 다른 기업보다 위험한지 걱정된다면 저PER 포트폴리오의 위험도를 다른 포트폴리오의 위험도와 비교해볼 수 있고, 가장 위험한 주식군을 배제하려면 포트폴리오에서 얼마 정도의 주식을 줄여야 하는지(이를테면 위에서부터 4분의 1) 측정해볼 수 있다.

신경 쓰이는 부분이 많아서 각각의 위험을 피하기 위해 계속 주식을 줄여나간다면 결국 포트폴리오에 남아 있는 주식은 거의 없을 것이다. 그러나 이러한 과정을 통해 각 선략이 전혀 효과적이지 못한 경우가 언제인지를 배울 수 있다.

5. 투자자에게 주는 교훈

어떤 전략을 사용하더라도 투자에 성공할 수 없다는 것이 이 책을 통해 얻은 교훈이라면, 이 책은 그 목적을 다하지 못한 것이다. 투자자의 위험 선호도와 투자 가능 기간에 따라 적절하게 취사선택하고 주의 깊게 사용한다면 각각의 전략은 성공할 잠재력을 지니고 있다. 각 장의 마지막에서는 그 장의 교훈(부정적인 부분 못지않게 긍정적인 부분도)과 성공 가능성을 높이는 방안을 요약 제시했다. PER이 낮은 기업에 투자하는 전략을 예로 들어보자. 이 전략의 약점(저PER 기업은 이익 지속성과 성장성이 낮고 위험이 높다)을 살펴본 다음에는 저PER주를 이용해 이익의 지속성이 높고 적당한 성장성이 있으면서 위험에 적게 노출된 포트폴리오를 구성하는 법을 알아볼 것이다. 이러한 과정을 통해 도출한 포트폴리오는 각 장 끝에 수록했다.

이들 기업의 주가와 내재 가치는 여러분이 이 책을 읽는 동안 변할 것이다. 따라서 이 포트폴리오대로 투자하라는 것으로 이해해서는 안 된다. 어떤 시장, 어떤 시점에서든 자신에게 가장 적합한 주식을 찾아내는 것이 투자자로서 지속적으로 수행해야 할 과제다. 수록된 포트폴리오는 이 과정의 일부로서 받아들이기 바란다.

결론

투자 전략의 역사는 금융시장의 역사만큼 오래되었고 놀랄 만한 생존력을 보여주었다. 세대가 흘러가면서 동일한 전략이 모습을 바꾸어 마치 새로운 것처럼 나타나기도 했다. 이 책에 등장하는 전략은 공포(위험 회피), 희망, 탐욕 등 강력한 인간 감성에 따라 분류되어 있다. 각 장에서는 전략의 타당성을 검증하기 위해 우선 일화를 제시하고, 이론적 토대를 살펴보며, 실제 효과가 있다는(혹은 무의미하다는) 증거를 찾아본 후 잠재적 약점(그리고 그에 대응하는 방법)을 언급하며 마무리한다.

2장

고배당주는 가격이 상승하는 채권?

은퇴자 샘의 사라진 배당

옛날 옛적에 샘이라는 은퇴자가 걱정 없이 행복하게 살고 있었다. 건강한 샘은 놀면서 즐겁게 지냈다. 다만 아쉬운 점 하나는 힘들게 번 돈으로 투자한 국채에서 나오는 이자가 연 3%에 불과하다는 사실이었다. 하루는 투자 조언을 즐기는 친구 조가 샘에게 국채를 팔아 주식에 투자하라고 권유했다. 샘이 위험을 떠안기 싫고 안정적인 이자 소득이 필요하다고 말하면서 난색을 표하자, 조는 고배당주 10종목을 추천했다. 조가 말했다. "고배당주에 투자하면 일거양득이야. 채권 이자 같은 배당을 받으면서 주가 상승도 기대할 수 있거든." 샘은 조언을 따랐고, 덕분에 한동안 배당 수익률 5%를 받으면서 행복하게 지냈다.

그런데 1년도 채 지나기 전에 문제가 발생했다. 투자한 회사 하나가 배당을 지급하지 않은 것이다. 회사에 전화해보니 재정난에 빠져서 배당 지급을 중단했다고 말했다. 알고 보니 지난 수십 년 동안 배당을 지급했더라도 회사는 배당을 지급할 법적 의무가 없었다. 샘이 투자한 회사 10종목 중 4종목은 부동산투자신탁이었는데, 어떤 사업을 하는 회사인지 모르고 있었다. 그런데 불과 1주일 사이에 부동산투자신탁 업종이 30% 하락하자 그의 포트폴리오 평가액도 하락했다. 그는 이것이 평가손에 불과하며 계속 배당을 받을 수 있을 것이라고 스스로 위안했지만, 그래도 평가손이 발생했다는 사실에 마음이 불편했다. 게다가 나머지 6개 종목의 이익도 지금까지 거의 성장하지 않았다. 3년이 지났을 때, 그의 포트폴리오 평가액은 하락했고 배당 수익률도 2.5%로 하락했다. 잘못을 깨달은 그는 주식을 팔아 다시 채권에 투자했다. 그리고 다시는 조의 말에 귀를 기울이지 않았다.

▶ 교훈: 고배당주도 배당 지급을 중단할 수 있다.

위험을 회피하는 투자자는 주식보다 국채나 안전한 회사채를 선호한다. 채권은 지속적인 이자 지급을 보장하기 때문이다. 대신 채권은 가격 상승 잠재력이 크지 않다. 금리가 하락하면 채권 가격이 상승하지만, 채권 투자에서 얻는 수익 대부분은 만기까지 받는 이자에서 나온다. 그러나 위험을 회피하는 투자자도 간혹 이른바 탁월한 조합(채권 이자에 필적하는 배당과 주가 상승 가능성)에 끌려 주식에 투자하기도 한다. 2장에서는 일부 주식이 고배당을 지급하는 이유, 고배당과 채권 이자의 차이, 고배당주에 숨어 있는 위험을 살펴본다.

이야기의 핵심

주식에 투자했을 때 기대되는 수익의 원천은 두 가지다. 첫째는 주식을 보유하는 동안 받는 배당이고, 둘째는 주가 상승으로 얻게 되는 자본 이득이다. 일반적으로 주식 투자로 받는 배당은 같은 금액을 채권에 투자했을 때 받는 이자보다 적다. 그래서 채권과 주식 사이에 전형적인 균형이 이루어진다. 즉 이자 소득은 채권이 훨씬 높지만 가격 상승 가능성은 주식이 훨씬 높고, 안전성은 채권이 더 높지만 기대 수익률은 주식이 더 높은 것이다. 그런데 채권 이자에 필적하는 고배당주가 있다면?

고배당주가 유리하다는 주장은 두 가지다.

- 낙관론자가 주장하는 '일거양득': 고배당주에 투자하면 채권의 장점과 주식의 장점을 모두 얻을 수 있다고 말한다. 요컨대 고배당주는 채권 이자 이상으로 높은 배당을 지급하는 주식이다. 고배당주에 투자하면 장기간 높은 배당을 기대할 수 있다. 그리고 주가가 상승하면 추가 보너스까지 얻게 된다. 주가가 상승하지 않더라도 채권 이자보다 높은 배당을 받는다. 고배당주 다수가 안전성 높은 대기업이라는 사실이 이 주장을 뒷받침한다.

- 비관론자가 주장하는 '방어적 투자': 약세장일 때 공감을 얻는 주장이다. 주식시장이 전반적으로 하락할 때는 고배당주가 위안을 준다. 고배당주도 주가가 하락하겠지만 배당은 계속 기대할 수 있다. 위기 기간에는 모든 시장에서 안전 자산 선호 현상(flight to safety)이 전반적으로 나타난다. 자금이 주식에서 국채로 이동하지만, 고위험주(대개 배당이 거의 없는 고성장주)에서 저위험주(대개 안정적인 고배당주)로도 이동한다.

위 두 가지 주장은 위험을 회피하면서 안정적인 소득 흐름도 기대하는 투자자에게 가장 매력적이다. 흔히 은퇴한 고령자가 이러한 주장을 잘 수용한다.

이론적 근거: 배당과 주가

배당을 더 많이 지급하는 기업이 더 매력적인 투자 대상일까? 기업 금융 이론에서는 이에 대한 논쟁이 놀라울 정도로 치열하다. 가장 널리 인용되는 주장 하나는 모딜리아니-밀러 정리(Modigliani-Miller theorem, MM 이론)로, 배당은 중립적이어서 수익률에 영향을 미치지 못한다는 주장이다.[1]

어떻게 그럴 수 있는지 의심스러울 것이다. 예컨대 주가의 2%를 배당으로 지급하던 기업이 주가의 4%를 배당으로 지급하면 당연히 투자 총수익(total return)이 증가하지 않겠는가. 그러나 MM 이론에 의하면 증가하지 않는다. 주가 상승률이 배당 증가율만큼 감소한다고 보기 때문이다. 즉 배당이 2%에서 4%로 증가하면 주가 상승률이 10%에서 8%로 감소해 투자 총수익은 12%로 유지된다고 보는 것이다.

이 견해에는 지지자만큼 반대자도 많다. 반대자는 배당 인상이 미래 실적에 대한 기업의 자신감을 보여주는 신호라고 해석한다. 따라서 배당이 인상되면 주가도 상승하고, 배당이 인하되면 주가도 하락한다고 본다. 한편 배당이 인상되면 투자자의 세금 부담이 증가하므로 주가가 하락한다는 견해도 있다. 세 가지 주장에 의하면, 배당에 따라 주가는 상승할 수도, 하락할 수도, 그대로일 수도 있다.

배당은 중요하지 않다: MM 이론

배당이 중요하지 않다는 주장의 근거는 단순하다. 기업이 배당을 더 지급하면 그만큼 주가 상승률이 낮아지므로 주주의 투자 총수익은 동일하다는 것이다. 기업의 가치는 예컨대 공장, 설비 등 투자에서 창출되기 때문이다. 배당을 더 지급하면 기업은 그만큼 주식을 발행해서 조달한 자금으로 똑같은 투자를 할 수 있으므로 기업의 가치에 영향을 미치지 않는다. 배당을 인상하든 인하하든 기업이 보유한 자산과 창출하는 이익은 변함없다는 말이다.

이 주장을 받아들인다면 투자자는 배당 인상과 주가 상승이 마찬가지라고 생각해야 한다. 그러나 배당에 적용되는 세율이 자본 이득에 적용되는 세율보다 높으면 투자 총수익이 똑같더라도 세금이 증가하므로 배당 인상이 달갑지 않을 것이다. 그러므로 배당이 중요하지 않으려면 배당과 자본 이득에 적용되는 세율이 똑같아야 한다.

배당이 주가에 영향을 미치지 않는다는 주장은 가정이 매우 비현실적이어서 검증도 없이 거부하고 싶어질 정도다. 신주 발행과 배당 지급에는 비용이 발생하며, 지금까지 배당과 자본 이득에 적용되는 세율도 달랐기 때문이다. 그래도 이 이론에는 다음과 같이 값진 메시지가 담겨 있으므로 무조건 거부해서는 안 된다. 즉 수익성 낮은 부실 사업에 투자하는 기업은 배당을 인상해도 주주의 투자 총수익이 증가하지 않으며, 수익성 높은 사업에 투자하는 기업은 배당을 지급하지 않더라도 주주의 투자 총수익이 유지될 수 있다는 것이다.

배당은 불리하다: 세금 논쟁

지금까지 미국 과세 당국은 자본 이득보다 배당에 더 높은 세금을 부과했다. 지난 100년 중 대부분 기간에 배당을 경상 소득으로 간주해 자본이득보다 훨씬 높은 세율을 적용했다. 그 결과 배당을 받으면 주주의 세후 수익률이 더 낮아진다. 따라서 배당을 지급하는 기업의 주가는 그만큼 하락해야 마땅하다. 이러한 상황에서는 기업이 이익을 유보하거나 자사주를 매입하는 편이 낫다.

최근까지도 미국 과세 당국은 배당에 대한 이중 과세 문제(기업에 법인세를 부과하고도 투자자에게 배당 소득세를 다시 부과하는 문제)에 대처하지 않고 있다.[2] 그러나 다른 나라는 두 가지 방식으로 이중 과세 문제에 대처한다. 영국 등은 개인 투자자가 지급받은 배당에 대해 법인세만큼 세액 공제를 허용한다. 독일 등은 배당에 대해 법인세보다 낮은 세율을 적용한다.

2003년, 미국에서 획기적인 변화가 일어났다. 배당에 대한 세율이 15%로 인하되어 자본 이득에 대한 세율과 같아진 것이다. 거의 100년 만에 처음으로 배당에 대한 세율이 자본 이득에 대한 세율 수준으로 인하되었다. 나중에 배당주 관련 과거 사례(고배당주의 세전 수익률이 저배당주나 무배당주보다 높았던 사례)를 살펴볼 때 이 사실을 기억하기 바란다. 당시 배당에 대한 세금 불이익을 보상받으려고 투자자가 더 높은 수익률을 요구했다면 앞으로는 이러한 요구가 당연히 사라질 것이다. 또한 높은 소득세율 때문에 고배당주를 외면하던 개인도 앞으로는 고배당주에 매력을 느낄 것이다.

배당은 좋다: 고객 효과와 신호 효과

세금 면에서 불리했는데도 배당을 계속 지급해온 기업은 여전히 많으며, 배당 지급을 선호하는 투자자도 여전히 많다. 일부 학자와 전문가는 배당이 기업의 가치를 높여준다고 주장한다. 이들이 제시하는 근거는 다음 세 가지다.

■ 일부 투자자는 배당을 좋아한다: 소득세율이 높지 않아서 배당이

세금 면에서 불리해도 그다지 개의치 않는 사람이 있다. 또한 배당 형식의 현금흐름이 필요한 사람도 있다. 이들은 현금이 필요할 때도 주식을 매도하지 않는다. 거래 비용이 부담스러울 수도 있고 보유 수량이 적어서 나누어 매도하기 어려울 수도 있다.[3] 시장에는 매우 다양한 개인 투자자와 기관투자가가 있으므로 이들이 선호하는 배당 정책도 다양할 수밖에 없다. 소득세율이 높고 배당 형식의 현금흐름이 필요하지 않은 투자자는 저배당주를 선호하는 경향이 있다. 반면 소득세율이 낮고 배당 형식의 현금흐름이 필요한 투자자는 고배당주를 선호하는 경향이 있다. 이렇게 기업의 배당 정책에 따라 투자자가 몰리는 현상을 고객 효과(clientele effect)라고 부른다. 그래서 일부 기업은 배당을 지급할 뿐만 아니라 지속적으로 인상하기도 한다.

- 시장은 배당을 신호로 받아들인다: 시장은 기업의 모든 행동을 분석해서 미래 실적을 예측하고자 한다. 기업이 배당 정책을 변경한다고 발표하면 이는 의도하지 않았더라도 시장에 정보로 전달된다. 배당을 인상하면 기업은 장기간 인상된 배당을 지급하겠다고 약속하는 셈이 되는 것이다. 그리고 시장은 이 배당 인상을 기업이 장기간 현금흐름을 더 창출할 수 있다는 자신감의 신호로 받아들인다. 이는 긍정적인 신호이므로 주가 상승으로 이어진다. 반면 배당 삭감은 부정적인 신호다. 기업이 배당을 삭감하면 시장은 이 기업이 심각한 재정난에 빠졌다고 간주한다. 그 결과 배당 삭감은 주가 하락으로 이어진다.

- 자금을 맡길 수 없는 경영자가 있다: 모든 기업의 경영자가 투자를

잘하는 것은 아니다. 기업의 투자 전망이 어둡고 경영자가 주주의 자금을 신중하게 관리하지 못한다면 배당 지급을 통해서 투자 실패 위험을 줄이는 편이 낫다.

증거 확인

지난 수십 년 동안 분석가는 배당 실적을 기준으로 주식을 선정하는 전략이 효과적인지를 조사했다. 일부 분석가는 '배당 수익률이 더 높으면 투자 총수익도 더 높을까?'라는 개괄적인 질문을 던졌다. 만일 배당이 유리한 것이라면 배당 수익률이 높은 주식이 수익률도 높을 것이다. 다른 분석가는 배당 수익률이 가장 높은 주식만 집중적으로 조사했다. 한 가지 예가 다우의 개(Dow Dogs) 전략으로, 다우 30종목 중에서 배당 수익률이 가장 높은 10종목에 투자하는 방식이다. 그리고 최근에는 일부 분석가가 (배당 수익률 대신) 배당 성장률이 가장 높은 주식에 투자하는 전략도 조사하고 있다. 여기서는 세 가지 조사에서 축적된 경험적 증거를 살펴보기로 한다.

배당 수익률이 높은 주식이 수익률도 높은가?

배당 수익률은 일반적으로 '주당 연간 배당'을 '현재 주가'로 나누어 산출한다.

배당 수익률 = 주당 연간 배당 / 현재 주가

그런데 연간 배당을 계산하는 방식에 따라 배당 수익률이 달라질 수 있다. 연간 배당으로는 최근 회계 연도에 지급된 배당, 최근 4개 분기 동안 지급된 배당, 다음 회계 연도에 예상되는 배당 등이 사용된다. 배당이 높을수록 매력적이라면 '배당 수익률이 높은 주식'의 수익률이 '비당 수익률이 낮은 주식'보다 높아야 한다.

지난 40년 동안 분석가는 배당 수익률이 더 높은 주식이 투자에 더 유리한지를 조사했다. 이를 검증하는 가장 단순한 방법은 배당 수익률을 기준으로 포트폴리오를 구성해 장기 수익률을 조사하는 것이다. 그림 2.1은 매년 초 배당 수익률을 기준으로 구성한 10개 포트폴리오의 연 수익률(주가 상승률+배당 수익률) 평균을 나타낸 것이다. 여기서는

그림 2.1 배당 수익률 등급별 수익률(1952~2001년)

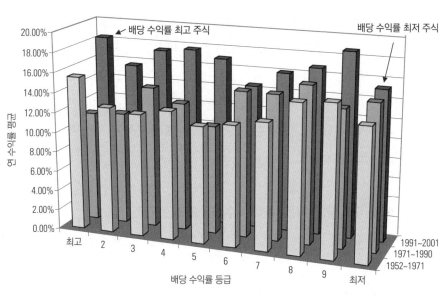

자료: 다트머스대학교 케네스 프렌치(Kenneth French) 교수. 매년 초 배당 수익률을 기준으로 주식의 등급을 분류하고 그해 연 수익률을 계산했다. 위 수익률은 해당 기간의 연 수익률을 평균한 값이다.

1952~2001년을 3개 기간(1952~1971년, 1971~1990년, 1991~2001년)으로 나누었다.

1952~1971년에는 배당 수익률 최고 포트폴리오의 연 수익률이 약 16%로, 배당 수익률 최저 포트폴리오보다 약 3% 높았다. 같은 기간 배당 수익률 중간 포트폴리오는 연 수익률이 가장 낮았다. 1971~1990년에는 배당 수익률 최저 포트폴리오의 연 수익률이 배당 수익률 최고 포트폴리오보다 높았다. 1991~2001년에는 다시 배당 수익률 최고 포트폴리오의 연 수익률이 더 높았다. 전체 기간으로 보면 배당 수익률이 높은 포트폴리오의 연 수익률이 배당 수익률이 낮은 포트폴리오보다 약간 높았다.

이렇게 기간에 따라 우열이 바뀌는 현상을 어떻게 해석해야 할까? 첫째, 위험 신호로 해석할 수 있다. 배당 수익률이 높은 주식(이하 고배당주)에 투자하는 전략의 실적은 기간에 따라 좋기도 하고 나쁘기도 했다. 둘째, 고배당주의 실적이 가장 좋았던 기간을 조사해 공통점을 찾아내면 이 전략을 세밀하게 가다듬을 수 있다. 예컨대 금리가 상승하는 인플레이션 기간에는 고배당주의 주가 흐름이 채권과 비슷해져서 가격이 하락할 수 있다. 그래서 1971~1990년에 고배당주의 실적이 가장 저조했다고 볼 수 있다.

고배당주가 방어적 투자에 유리한지 검증하려면 약세장 기간에 저배당주보다 더 잘 버티는지 확인하면 된다. 1927~2001년 동안 최고 배당주(상위 20%)와 최저 배당주(하위 20%)의 수익률을 비교한 자료가 그림 2.2다. 여기서 강세장은 시장의 투자 총수익이 10%를 초과한 기간, 약세장은 0% 미만인 기간, 횡보장은 0~10%인 기간이다.

특히 약세장 기간에 고배당주가 저배당주보다 방어적 투자에 유리하

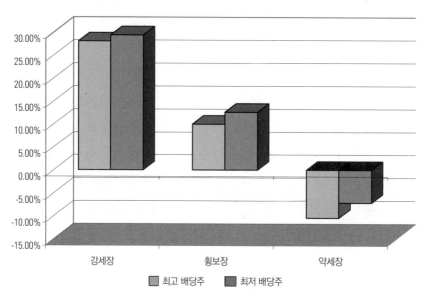

그림 2.2 최고 배당주와 최저 배당주의 수익률(1927~2001년)

자료: 다트머스대학교 케네스 프렌치 교수. 최고 배당주와 최저 배당주의 연 수익률 평균을 비교한 자료임. 여기서 강세장은 시장의 투자 총수익이 10% 초과, 횡보장은 0~10%, 약세장은 0% 미만인 기간임.

다는 증거는 거의 없다. 1927~2001년의 약세장 기간에 고배당주의 실적은 저배당주보다 나빴다.

고배당주

고배당주 포트폴리오의 극단적인 예가 '다우의 개' 투자 전략으로, 다우 30종목 중에서 고배당주 10종목으로 구성하는 포트폴리오다. 지지자는 다우 30종목의 실적만 비교하면서 이 전략의 수익률이 높다고 주장한다. 예컨대 이 전략을 옹호하는 한 웹 사이트(dogsofthedow.com)의 주장에 의하면, 1973~2002년 동안 다우 종목 중 고배당주 10종목에 투자했다면 연 수익률 17.7%가 나왔으며 나머지 다우 종목에 투자했다면 연 수익률 11.9%가 나왔다.

그러나 이 분석은 비교 대상이 지나치게 협소할 뿐 아니라 오해의 소지도 있다. 다우 30종목 중 일부는 나머지 종목보다 위험이 크고, 일부의 수익률이 높은 것은 단지 더 큰 위험에 대한 보상일 수 있다. 게다가 이 기간에 고배당주에 투자한 사람은 배당에 대한 세금 부담이 컸다. 결국 위험 차이와 세금 효과까지 고려한 여러 분석에서는 다우의 개 주식의 우월한 실적이 망상에 불과하다고 결론지었다.[4]

이 전략을 검증하는 가장 좋은 방법은 이 전략에 따라 선정하는 주식을 보유해도 불안하지 않은지 자신에게 물어보는 방법일 것이다. 2003년 5월 다우 30종목을 배당 수익률 기준으로 순위를 매겨 선정한 다우의 개 목록이 표 2.1이다.

표 2.1 다우의 개(2003년 5월)

기업명	주가(달러)	배당 수익률
Altria	42.31	6.05%
GM	33.26	6.01%
Eastman Kodak	30.28	5.94%
SBC Communincations	25.15	4.49%
JP Morgan Chase	30.90	4.40%
AT&T	19.25	3.90%
DuPont	40.99	3.42%
Honeywell	24.47	3.06%
ExxonMobil	35.98	2.78%
GE	27.64	2.75%

이 포트폴리오를 고려하는 투자자는 스스로 다음 질문을 던져야 한다.

■ 통신주 2개가 포함된 불과 10종목에 모든 재산을 투자할 수 있겠는 가? 분산 투자 관점에서는 신중한 투자로 보이지 않는다.

■ 세상에서 가장 많이 거래되는 종목들인데도 심하게 저평가된 상태 일까? 다시 말해서 내가 이들 종목에서 보는 수익 기회를 왜 다른 투자자는 보지 못할까?

■ 이 10종목 중에는 커다란 악재를 지닌 종목이 많다. 알트리아(필립 모 리스의 모회사)에는 담배 소송이 걸려 있고, JP모간 체이스는 엔론Enron 관련 법률 문제에 직면했다. 상황이 악화해도 이들 기업이 계속 배당 을 지급할 수 있을까?

이러한 위험을 고려해도 보상이 충분하다고 판단할 수도 있지만, 분석 을 거른 채 성급하게 판단해서는 안 된다.

배당 인상

배당을 인상한 주식이 배당을 유지하거나 삭감한 주식보다 투자에 유 리하다는 주장도 있다. 이러한 주장을 검증한 방법은 두 가지다. 첫 번째 방법에서는 회사가 배당 인상이나 삭감을 발표했을 때 나타난 주가 흐름 을 조사했다. 이 조사에서 일치된 의견은, 배당을 인상하면 주가가 상승 하고 배당을 삭감하면 주가가 하락한다는 것이다. 그림 2.3은 배당 인상 과 배당 삭감을 발표한 기업의 주가 흐름을 보여준다.[5]

배당 삭감을 발표하면 주가가 평균 약 4.5% 하락했고 배당 인상을 발표 하면 약 1% 상승했다. 상승률이 하락률보다 훨씬 낮은 것은 배당을 인상 하는 기업이 삭감하는 기업보다 훨씬 많기 때문이라고 설명할 수 있다.

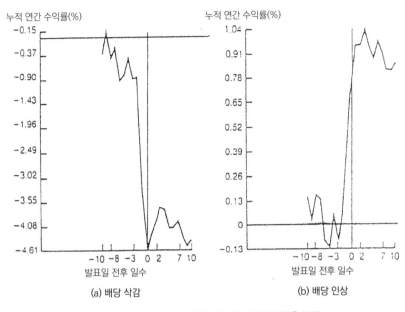

그림 2.3 미국 기업의 배당 변경 후 주가 흐름

누적 연간 수익률(%)

(a) 배당 삭감

누적 연간 수익률(%)

(b) 배당 인상

발표일 전후 일수

발표일 전후 일수

자료: Aharony & Swary. 1970년대에 배당 변경을 발표한 수백 개 기업을 분석.

    두 번째 방법에서는 배당 인상률이 가장 높은 종목으로 구성한 포트폴리오의 장기 수익률을 조사했다. 여기서는 엇갈리는 결과가 나왔다. 배당 인상 직후 주가가 급등하고 나서 몇 주 동안에는 주가가 계속 상승했지만 그 상승률은 낮은 수준에 그쳤다.[6] 다시 말해서 최근 배당을 인상한 종목에 투자했다면 장기 수익률은 높지 않았을 것이다.

    다시 강조하지만 여기 제시한 분석 결과는 모두 배당에 대한 세율이 자본 이득에 대한 세율보다 높았던 시절에 나온 것이다. 당시 배당에 대한 세율이 자본 이득에 대한 세율이 같았다면 분석 결과가 달라졌을 것이므로 이제는 분석 결과를 다시 살펴보아야 할 것이다.

데이터 정밀 분석

분석을 위해서 고배당주가 투자에 유리하다고 가정해보자. 여기서는 먼저 미국 기업의 일반적인 배당 수익률 수준을 살펴보고 이어서 시간이 흐름에 따라 배당 수익률이 전반적으로 어떻게 변화했는지 알아보자. 그리고 2002년 10월 미국에서 배당 수익률 기준으로 유망 종목을 선정해보자.

배당 수익률: 기업별 수준과 추이

미국 기업의 배당 수익률은 일반적으로 어떤 수준이며 시간이 흐름에 따라 어떻게 변화했는가? 고배당주 투자 전략을 생각한다면 먼저 답해 보아야 할 질문이다. 그림 2.4는 2002년 10월 미국 기업의 배당 수익률 분포를 나타낸다.

첫째, 아마도 가장 흥미로운 통계는 배당을 지급하지 않은 기업의 숫자일 것이다. 7,100개 표본 기업 중 5,173개 기업이 배당을 지급하지 않았다. 둘째, 배당을 지급한 기업 사이의 배당 수익률 차이도 흥미롭다. 배당 지급 기업의 평균 배당 수익률은 약 3.32%지만, 이는 배당 수익률이 매우 높은 (8% 이상) 일부 기업 때문에 높아진 수치다. 더 의미 있는 배당 수익률 통계는 중앙값인 2.54%다.

그동안 미국 기업의 배당이 감소한 사실에 대해서는 많은 이야기가 있었다. 그림 2.5는 1960~2001년 미국 주식의 배당 수익률 추이를 나타낸다.

1950년대에 3~4%였던 미국 주식의 배당 수익률은 1990년대 말에

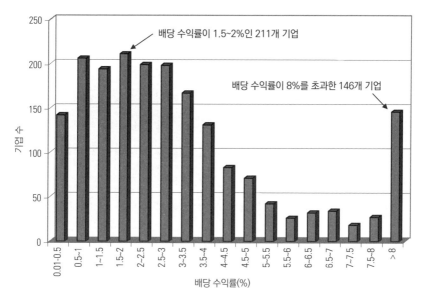

그림 2.4 미국 주식의 배당 수익률 분포(2002년 10월)

자료: 밸류 라인(Value Line). 배당 수익률 = 최근 4개 분기 동안 지급된 주당 배당 / 분석 시점의 주가.

그림 2.5 미국 주식의 배당 수익률 추이(1960~2001년)

자료: 블룸버그(Bloomberg). 1960~2001년 연말 미국 주식 전체의 배당 수익률 평균임.

1~2%로 떨어졌다. 1999~2002년에는 주가가 하락했는데도 2001년 말 배당 수익률은 1.37%로 최저 수준에 머물렀다. 그러나 배당에만 주목하면 기업의 중요한 움직임 하나를 간과하게 된다. 1980년대와 1990년대에는 자사주 매입을 통해서 주주에게 이익을 돌려준 기업이 계속 증가했다. 그림 2.6은 1989~1998년 미국 기업이 지급한 배당 합계액과 자사주 매입 합계액을 나타낸다. 1998년 자사주 매입 형태로 주주에게 돌려준 이익 규모가 배당으로 지급한 금액에 육박한다는 점에 주목하라. 자사주 매입은 그 10년 전부터 비약적으로 증가했으므로 자사주 매입을 배당 수익률에 합산해야 기업이 주주에게 돌려준 이익 규모를 더 합리적으로 측정할 수 있다.

그림 2.6 미국 기업의 배당과 자사주 매입 합계액(1989~1998년)

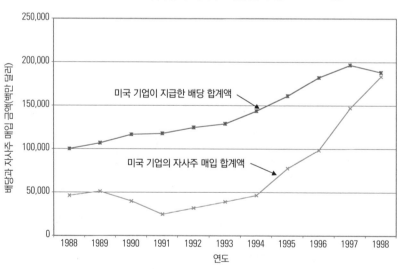

자료: 컴퓨스탯(Compustat). 미국 기업 전체가 실행한 배당과 자사주 매입 합계액임.

업종별로 다른 배당 정책

기업의 배당 정책은 업종별로 뚜렷한 차이가 있다. 은행업과 공익사업utilities 등 일부 업종에서는 오래전부터 관례적으로 높은 배당 성향(배당금/당기 순이익)과 배당 수익률을 유지했다. 반면 기술 등 일부 업종에서는 전통적으로 배당을 거의 지급하지 않았다. 표 2.2는 2002년 10월 미국에서 배당 수익률이 가장 높은 업종과 가장 낮은 업종을 나타낸다.

이러한 업종별 차이에 대해서 두 가지를 유념해야 한다. 첫째, 업종에 따라 고배당의 기준이 달라진다. 배당 수익률 2%가 전력 산업에서는 저배당으로 간주될 수 있지만 소프트웨어 산업에서는 고배당으로 분류될 수 있다. 둘째, 배당 수익률이 가장 높은 종목으로 포트폴리오를 구성하

표 2.2 배당 수익률이 높은 업종과 낮은 업종(2002년 10월)

배당 수익률 최저 업종		배당 수익률 최고 업종	
업종	평균	업종	평균
생명공학	0.00%	은행	2.22%
전자 상거래	0.00%	화학(기초)	2.41%
인터넷	0.00%	해운	2.61%
반도체 자본 장비	0.00%	수도	2.69%
통신 장비	0.00%	기초 화학	2.99%
교육 서비스	0.02%	전력	4.11%
케이블TV	0.04%	천연가스	4.40%
무선 네트워크	0.06%	담배	5.48%
정보 서비스	0.07%	투자회사	6.30%
컴퓨터 소프트웨어	0.07%	부동산투자신탁	6.63%

면 금융 서비스, 공익사업, 부동산투자신탁 주식의 비중이 과도하게 높아진다.

앞에서 언급했듯이 배당 정책이 나브면 몰려드는 투자자도 다르다. 고배당 종목에 투자하는 사람은 대개 배당이 많을수록 좋다고 생각하므로 고배당주를 선호한다. 반면 기술이나 바이오 종목에 투자하는 사람은 그렇게 생각한다고 볼 수 없다.

업종별로 배당 수익률이 다른 이유는 무엇일까? 산업의 역사에서도 이유를 찾을 수 있겠지만, 주로 펀더멘털이 다르기 때문이라고 설명할 수 있다. 성장 잠재력이 높고 이익의 변동성이 큰 산업은 배당을 적게 지급하는 경향이 있다. 성장을 위해서 이익을 재투자해야 하며 이익이 안정적이지 않아서 배당을 계속 지급하기 어려울 수도 있기 때문이다. 반면 성장 잠재력이 낮고 이익이 안정적인 산업은 배당을 많이 지급하는 경향이 있다. 부동산투자신탁은 법규에 의해서 이익의 95%를 배당으로 지급해야 하므로 특별한 경우에 해당한다.[7]

고배당주 포트폴리오

고배당주 포트폴리오를 이해하는 가장 좋은 방법은 고배당주 포트폴리오를 구성해서 그 특성을 분석하는 것이다. 2002년 10월 미국 기업 7,100개 중에서 배당 수익률이 가장 높은 기업들로 포트폴리오를 구성할 수 있다. 표 2.3(74~75쪽)에 99개 기업을 열거했다. 업종별로 배당 정책이 다르다는 것은 앞에서 논의했으므로 몇몇 업종의 비중이 매우 높다는 사실이 놀랍지 않을 것이다. 이 포트폴리오에서 부동산투자신탁의 비중이 40%이고 공익사업(전력 및 가스), 금융 서비스(은행, 투자회사, 보험)의 비중이 각각 약 20%다.

이 표에서 볼 수 있는 또 하나의 충격적인 측면은 배당 수익률 수준이다. 배당 수익률이 10%를 초과하는 주식이 많다. 2002년 10월 국채의 수익률은 약 4%이고 투자 등급 회사채의 수익률은 5~6% 수준이므로 높은 수익률을 찾는 투자자에게는 이들 주식이 매력적으로 보일 것이다. 그러나 배당은 최근 회계 연도에 지급된 금액이고 주가는 현재 주가라는 점에 유의해야 한다. 주가에는 회사에 관한 최신 정보가 반영되어 있다고 보아야 한다. 최근 회사에 관련된 악재가 나왔다면 주가가 하락해 배당 수익률이 높아졌을 것이다. 특히 배당 수익률이 20% 이상인 주식이 여기에 해당한다. 그러므로 이러한 주식에 투자하기 전에 최근 뉴스를 주의 깊게 살펴보아야 한다.

추가할 이야기

고배당주 투자 전략을 채택할 때 고려해야 하는 핵심 요소는 세 가지다. 첫째, 일부 고배당주는 감당하지 못할 정도로 과도한 배당을 지급하고 있을 것이다. 그렇다면 배당 삭감은 시간문제일 뿐이다. 둘째, 배당 성향이 높은 기업은 재투자가 적으므로 미래 이익 성장률이 훨씬 낮을 것으로 예상해야 한다. 따라서 고배당을 선택하려면 낮은 이익 성장을 감수해야 한다. 셋째, 최근까지 배당에 대한 세율이 자본 이득에 대한 세율보다 높았으므로, 이 전략을 선택하면 세금 비용이 더 높아질 수 있다.

표 2.3 미국 고배당주(2002년 10월)

기업명	업종	배당 수익률	기업명	업종	배당 수익률
Koger Equity Inc	부동산투자신탁	8.87%	Mission West Pptys	부동산투자신탁	9.51%
Telesp Celular Participacoes	통신 서비스	8.91%	AmneriGas Partners	천연가스(유통)	9.54%
Equity Inns Inc	호텔, 게임	8.92%	RFS Hotel Investors	부동산투자신탁	9.56%
Plains All American Pipeline L	유전 서비스, 장비	8.96%	Sizeler Prop Inv	부동산투자신탁	9.58%
Apartment Invt & Mgmt Co	부동산투자신탁	9.00%	Chateau Cmntys Inc	부동산투자신탁	9.61%
Arden Rlty Group	부동산투자신탁	9.02%	Crown American Rlty	부동산투자신탁	9.61%
Entertainment Pptys	부동산투자신탁	9.07%	R. J. Reynolds Tobacco	담배	9.65%
DNP Select Inc Fund	투자회사	9.08%	Redwood Trust Inc	부동산투자신탁	9.71%
Glenborough Rlty Trust	부동산투자신탁	9.11%	Heritage Propane	유전 서비스, 장비	9.83%
National Health Rlty Inc	의료 서비스	9.17%	U.S. Restaurant Ppptys	부동산투자신탁	9.83%
Great Northern Iron Ore	철강(일반)	9.18%	Mid-Amer Apt Cmntys	부동산투자신탁	9.98%
EPCOS AG	전자	9.19%	Aberdeen Asia-Pac Fd	투자회사	10.00%
Ramco-Gershenson Pptys	부동산투자신탁	9.20%	San Juan Basin Rlty	천연가스(다각화)	10.00%
National Health Invs. Inc	부동산투자신탁	9.23%	Crescent Real Est	부동산투자신탁	10.01%
Tanger Factory OUtlet	부동산투자신탁	9.26%	JDN Realty Corp	부동산투자신탁	10.14%
Star Financial Inc	부동산투자신탁	9.27%	Ferrellgas Partners L P	천연가스(유통)	10.16%
PICO Hldgs Inc Insurance	손해, 재해보험	9.30%	British Airways ADR	항공운송	10.22%
Town & Ctry Tr	부동산투자신탁	9.33%	Kratmont Realty Trust	부동산투자신탁	10.32%
Kilroy Rlty Corp	부동산투자신탁	9.38%	CMS Energy Corp	전력(중부)	10.36%
AMLI Res. Prop Tr	부동산투자신탁	9.39%	TCW Conv. Sec. Fund	투자회사	10.37%
Great Lakes REIT	부동산투자신탁	9.39%	Allied Capital Corp	금융 서비스(다각화)	10.39%
First Indl Rlty Tr Inc	부동산투자신탁	9.41%	Plum Creek Timber	제지, 임산물	10.49%
Public Serv Enterprise	전력(동부)	9.43%	Gables Residential Tr	부동산투자신탁	10.60%
OGE Energy	전력(중부)	9.47%	American First Apt Inv L P	투자회사	10.66%
New Plan Excel Rlty	부동산투자신탁	9.49%	Permian Basin Rty Tr	부동산투자신탁	10.90%

기업명	업종	배당 수익률	기업명	업종	배당 수익률
Summit Pptys Inc	부동산투자신탁	11.05%	Knightsbridge Tankers	해운	15.00%
Gilmcher Tlty Trust	부동산투자신탁	11.08%	Cornerstone Realty	부동산투자신탁	15.09%
Highwood Pptys Inc	부동산투자신탁	11.25%	AmeriservFinl Inc	은행	15.25%
Nationwide Health Pptys Inc	부동산투자신탁	11.36%	Airlese Ltd	트럭운송	15.39%
Alliant Energy	전력(중부)	11.65%	Annaly Mortgage Mgmt.	부동산투자신탁	16.19%
Royce Value Trust	투자회사	11.72%	Gabelli Equity	투자회사	16.22%
MicroFinancial Inc	금융 서비스(다각화)	11.77%	NovaStar Financial	부동산투자신탁	16.42%
Allegheny Technologies	금속, 광업(다각화)	11.85%	Associated Estates	부동산투자신탁	16.56%
Books-A-Million	소매(전문점)	11.95%	NorthWestern Corp	전력(중부)	17.28%
Westar Energy	전력(중부)	11.96%	Fila Hldgs S P A ADR	신발	17.62%
Williams Coal Sm Gs	천연가스(다각화)	12.00%	Bovar Inc	환경	18.00%
Vector Group Ltd	담배	12.19%	Aquila	전력(중부)	19.18%
Liberty All-Star	투자회사	12.21%	Terra Nitrogen	화학(특수)	19.28%
Nordic Amer Tanker Shp	해운	12.39%	Scheid Vineyards	식품 가공	19.69%
ACM Income Fund	투자회사	12.48%	Scott's Liquid Gold Inc	욕실 용품, 화장품	20.83%
ABN Amro Holdings	은행(외국)	12.67%	Apex MortgageCapital	금융 서비스(다각화)	23.01%
TECO Energy	전력(동부)	12.77%	Cookson Group PLC	기계	23.93%
Advanced Tobacco Products	담배	12.82%	General Chem Group	화학(기초)	25.00%
Thornburg Mtg	부동산투자신탁	12.83%	AES Corp	전력	26.32%
Amer Elec Power	전력(중부)	13.06%	Etz Lavud Ltd	다각화 기업	26.32%
Sharp Corporation	전자	13.07%	Capstead Mtg Corp	부동산투자신탁	29.04%
Post Pptys Inc	부동산투자신탁	13.12%	Harbor Global Co LTD	부동산투자신탁	32.31%
American Cap Strategies	금융 서비스(다각화)	13.63%	Telefonica de Argentina SA	통신 서비스	32.56%
MICROWAVE FILTER	전자	13.86%	Dynegy Inc 'A'	천연가스(다각화)	37.04%
MFA Mortgage	부동산투자신탁	14.45%			

지속 불가능한 배당

고배당주는 채권을 대체하는 투자 대상이 될 수 있지만 중요한 차이점이 하나 있다. 전통적인 채권은 이자 지급을 보장한다. 다시 말해서 표면금리가 8%인 채권이라면 발행자는 채권 만기까지 연 8% 이자를 지급할 법적 의무가 있다. 발행자가 부도날 수는 있어도 임의로 지급 이자를 삭감할 수는 없다는 말이다. 반면 기업은 배당을 유지하거나 인상할 법적 의무가 없다. 올해 배당으로 2달러를 지급하는 기업은 향후 임의로 배당을 줄일 수도 있고 아예 중단할 수도 있다. 투자자는 배당 삭감에 실망해 주식을 매도할 수는 있어도 기업이 배당을 지급하도록 강제할 수는 없다.

그러면 고배당주가 투자자에게 주는 의미는 무엇인가? 고배당주는 매력적인 투자 대상이 될 수 있지만, 배당이 지속될 경우에만 그렇다. 배당이 지속 가능한지는 어떻게 알 수 있는가? 세 가지 기법이 있다. 첫째는 가장 단순한 방법으로, 최근 기업이 지급한 배당과 이익을 비교해 배당이 과도하지 않은지 살펴보는 것이다. 둘째는 이익이 변동한다는 사실을 고려해서 첫째 기법을 수정하는 것이다. 최근 기업이 지급한 배당을 정상 이익(normalized earnings)이나 평균 이익과 비교해 과도하지 않은지 판단한다. 셋째는 기업이 지금까지 배당으로 얼마를 지급할 수 있었는지 측정하는 것이다. 기업이 성장하려면 재투자를 해야 하므로, 이익을 모두 배당으로 지급할 수 없다는 현실을 고려하는 방법이다.

배당을 실제 이익이나 정상 이익과 비교

배당이 지속 가능한지를 평가하는 가장 단순한 기법은 최근 지급된 배당을 이익과 비교하는 것이다. 이렇게 배당금을 당기 순이익으로 나눈 비율이 배당 성향이다. 그림 2.7은 2002년 10월 미국 주식의 배당 성향 분포를 나타낸다.

배당 성향이 100%를 초과하는 기업은 최근 회계 연도에 배당을 이익보다 많이 지급했다. 기업의 이익이 빠르게 증가하지 않는다면 이 배당 성향은 장기간 지속될 수 없고 기업의 회계와 경제에 심각한 악영향을 미칠 수 있다. 회계 관점에서 보면 배당 성향이 100%를 초과하면 주식의 장부가치가 감소한다. 경제 관점에서 보면 이 기업은 재투자를 하지 않을 뿐 아니라 자산 기반도 감소하므로 미래 성장 능력도 감소한다.

배당 성향이 100%를 초과하는 기업을 투자 대상에서 제외하려면 종목

그림 2.7 미국 주식의 배당 성향(2002년 10월)

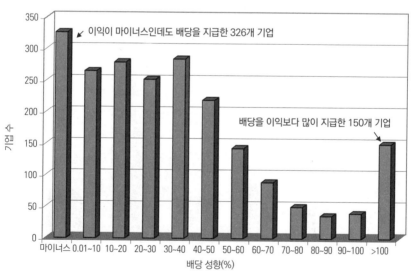

자료: 밸류 라인. 배당 성향 = 배당금/당기 순이익 × 100. 당기 순이익이 마이너스이면 배당 성향을 계산할 수 없음.

선정 조건을 더 엄격하게 설정해야 한다. 예컨대 일부 보수적인 투자자
와 재무 상담사는 배당 성향이 일정 기준을 초과하는 기업은 투자 대상
에서 제외하라고 권유하면서, 흔히 경험 법칙으로 67%를 제시한다. 기업
의 이익은 늘 변동하므로 배당 성향이 일정 기준을 초과하면 배당이 삭
감될 위험이 있기 때문이다.

배당 수익률이 가장 높은 99개 기업으로 구성된 표 2.3을 다시 살펴보
자. 여기서 연간 배당금을 후행 이익(최근 4개 분기 이익)으로 나누어 정리
한 자료가 그림 2.8이다.

포트폴리오에 포함된 99개 기업 중 배당 성향이 100%를 초과(연간 배
당금이 최근 4개 분기 이익을 초과)하는 기업이 57개였고, 이익이 마이너스인

그림 2.8 후행 이익으로 나눈 연간 배당금(2002년 10월)

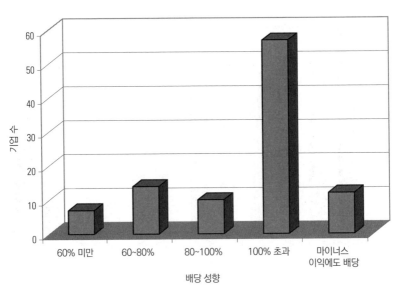

자료: 밸류 라인. 배당 성향 = 배당금/당기 순이익 × 100.

데도 배당을 지급한 기업이 12개였다.

일부 애널리스트는 이러한 분석이 지나치게 신중하다고 비판할 수 있다. 이들은 최근 경제가 전반적으로 침체했으므로 배당을 최근 이익 대신 정상 이익이나 지속 가능한 이익과 비교해야 한다고 주장할 것이다. 또 과거 일정 기간의 평균 이익(예컨대 과거 5년 평균 이익)과 비교하라고 제안할 수 있다. 이 주장은 일견 타당해 보이지만 고배당주 투자는 보수적인 전략이므로 배당이 지속 가능한지를 판단할 때 가장 엄격한 기준을 사용해야 합리적이다.

표 2.3을 다시 살펴보자. 종목 선정 조건으로 배당 성향 67% 기준을 사용하면 포트폴리오에 포함되는 기업이 약 15개로 감소한다. 배당 성향 기준을 80%로 완화해도 포트폴리오에 포함되는 기업은 표 2.4에서 보듯이 21개에 불과하다.

이 표에서도 위험 신호가 보이므로 유의해야 한다. 첫째, 에너지회사가 매우 많다. 이 포트폴리오를 구성한 시점이 엔론의 분식 회계 사건 직후이므로, 이들 기업이 발표한 이익도 과대평가되었을 가능성이 있다. 그렇다면 향후 이들 기업의 배당은 삭감될 수밖에 없을 것이다. 둘째, 담배회사 두 개도 유의해야 한다. 대규모 소송이 실적에 악영향을 미칠 수 있기 때문이다. 몇몇 소송에서 패하면 배당이 감소하거나 중단될 수 있다.

그렇다고 이러한 주식을 피해야 한다는 것은 아니다. 투자하기 전에 충분히 분석해야 한다는 것이다. 현실적으로 말하면, 에너지회사의 재무제표를 조사(부채 은폐나 가공 이익 계상 등)해서 엔론 방식의 분식 회계 징후가 있는지 확인해야 한다. 조사 후에는 시장의 우려가 틀렸고 이들 기업이 투자에 유리하다고 판단할 수도 있다. 담배회사에 대해서도 채무 증

표 2.4 배당 성향 80% 미만의 고배당 기업(2002년 10월)

기업명	연간 배당(달러)	후행 12개월 EPS(달러)	배당 성향
MicroFinancial Inc	0.20	1.26	15.87%
Telesp Celular	0.15	0.90	16.67%
Dynegy Inc 'A'	0.30	1.46	20.55%
AES Corp	0.25	1.17	21.37%
El Paso Corp	0.87	2.93	29.69%
Mission West Properties	0.96	2.52	38.10%
Koger Equity Inc	1.40	2.94	47.62%
R. J. Reynolds Tobacco	3.80	6.32	60.13%
TECO Energy	1.42	2.31	61.47%
Advanced Tobacco	0.05	0.08	62.50%
Apex Mortgage Capital	2.00	3.11	64.31%
Permian Basin Rty Tr	0.56	0.85	65.88%
Williams Coal Sm Gs	0.88	1.33	66.17%
Public Serv Enterprise	2.16	3.20	67.50%
Allegheny Energy	1.72	2.51	68.53%
CMS Energy Corp	0.72	1.04	69.23%
MFA Mortgage	1.12	1.58	70.89%
Aquila Inc	0.70	0.95	73.68%
UIL Holdings	2.88	3.77	76.39%
NorthWestern Corp	1.27	1.62	78.40%
Redwood Trust Inc	2.52	3.18	79.25%

가 가능성에 대해 비슷한 분석을 해야 한다.

실제로 지급 가능한 배당 규모는?

배당을 단순히 이익과 비교하는 방식에는 두 가지 문제가 있다.

- 이익은 현금흐름이 아니다: 회계사는 매출에서 회계 비용을 차감해

이익을 산출한다. 그러나 회계 비용 중 일부는 비현금 비용(감가상각비, 무형 자산상각비 등)이다. 재무제표는 현금주의 회계(cash accounting, 현금을 수취했을 때는 수익으로 인식하고 현금을 지출했을 때는 비용으로 인식하는 회계 처리 방식) 기준이 아니라 발생주의 회계(accrual accounting, 거래가 발생한 시점을 기준으로 수익과 비용을 인식하는 회계 처리 방식) 기준에 따라 작성되므로 재무제표의 이익은 실제 현금흐름과 일치하지 않는다.

- 기업에는 재투자가 필요하다: 이익이 현금흐름과 비슷한 경우에도 기업은 배당을 지급하지 못할 수 있다. 흔히 기업은 자산을 유지하려면 재투자를 해야 하며 이러한 자본적 지출은 (손익계산서에 표시되지 않지만) 현금흐름을 감소시키기 때문이다.

실제로 배당이 지속 가능하려면 자본적 지출 후 남는 현금흐름이 배당보다 커야 한다. 그러면 배당으로 지급 가능한 현금흐름은 어떻게 측정하는가? 하나는 '주주잉여현금흐름(Free Cash Flow to Equity, FCFE)' 기법으로, 재투자 후 남는 현금을 측정하는 방법이다. FCFE를 측정하려면 당기순이익을 다음과 같이 조정해야 한다.

- 감가상각비와 무형 자산상각비 등 비현금 비용을 다시 가산한다.
- 자본적 지출은 현금 유출이므로 차감한다. 일부 애널리스트는 자본적 지출을 필수 자본적 지출과 임의 자본적 지출로 구분하지만 FCFE를 계산할 때는 둘 다 차감해야 한다.
- 비현금 운전 자본 변동액을 차감한다. (예컨대 재고 자산이나 매출 채권 등) 운전 자본이 증가하면 현금흐름이 감소하고 운전 자본이 감소하면 현금흐름이 증가한다. 이렇게 조정하면 발생 이익이 현금 이익

으로 전환된다.

- 부채에서 비롯되는 순현금흐름을 차감한다. 부채를 상환하면 현금
  이 유출되고 부채를 조달하면 현금이 유입된다. 부채 상환과 부채
  조달의 차액이 FCFE에 영향을 미친다.

  **FCFE = 당기 순이익 + 감가상각비 및 무형 자산상각비 - 자본적 지출 - 비현
  금 운전 자본 변동액 - (부채 상환 - 부채 조달)**

부채 조달이 부채 상환보다 많으면 부채에서 비롯되는 순현금흐름이
FCFE를 증가시킬 수 있다. 부채 조달에 의한 배당 지급을 원하지 않는
보수적인 애널리스트는 다음과 같이 보수적으로 FCFE를 계산한다(부채
에서 비롯되는 순현금흐름을 무시한다).

  **보수적 FCFE = 당기 순이익 + 감가상각비 및 무형 자산상각비 - 자본적 지
  출 - 비현금 운전 자본 변동액**

FCFE는 손익계산서와 재무상태표를 이용해서 계산할 수도 있지만 현
금흐름표에서 얻을 수도 있다.

표 2.4에서 배당 성향이 80% 미만인 21개 기업의 배당을 FCFE와 비교
해보면 어떤 모습일까? 여기서는 보수적 FCFE를 사용했다(부채에서 비롯
되는 순현금흐름을 무시한 FCFE). 그 결과를 요약한 자료가 표 2.5다.

배당을 FCFE와 비교해보면 부동산투자신탁과 담배회사는 배당의
지속 가능성이 더 양호해 보인다. 예컨대 RJ레이놀즈타바코R. J. Reynolds
Tobacco는 FCFE가 주당 10.75달러인데 3.80달러를 배당으로 지급했으므
로 지급 여력이 충분해 보인다. 그러나 소송과 법적 규제에 대한 우려 때
문에 투자하기는 여전히 부담스럽다.

EPS[주당순이익(Earning Per Share) = 당기 순이익/유통 주식 수] 와 FCFE의 차

표 2.5 배당 성향이 80% 미만인 기업의 배당과 FCFE(2002년 10월)

기업명	주당 배당(달러)	EPS(달러)	주당 FCFE(달러)
MicroFinancial Inc	0.20	1.26	2.25
Telesp Celular Participacoes	0.15	0.90	0.14
Dynegy Inc 'A'	0.30	1.46	−2.67
AES Corp	0.25	1.17	−3.17
El Paso Corp	0.87	2.93	−7.17
Mission West Pptys	0.96	2.52	3.31
Koger Equity Inc	1.40	2.94	3.12
R. J. Reynolds Tobacco	3.80	6.32	10.75
TECO Energy	1.42	2.31	−2.47
Advanced Tobacco Products	0.05	0.08	0.08
Apex Mortgage Capital	2.00	3.11	3.11
Permian Basin Rty Tr	0.56	0.85	1.05
Williams Coal Sm Gs	0.88	1.33	1.33
Public Serv. Enterprise	2.16	3.20	−4.24
Allegheny Energy	1.72	2.51	1.36
CMS Energy Corp	0.72	1.04	−4.46
MFA Mortgage	1.12	1.58	1.63
Aquila Inc	0.70	0.95	−1.23
UIL Holdings	2.88	3.77	7.22
NorthWestern Corp	1.27	1.62	2.54
Redwood Trust Inc	2.52	3.18	2.98

이가 가장 큰 기업은 에너지회사다. 이들 기업은 모두 FCFE가 EPS보다 훨씬 낮으며 5개 기업은 FCFE가 마이너스다. 배당으로 지급할 수 있는 현금을 가리키는 FCFE가 마이너스인데 이 5개 기업은 어떻게 배당을 지급했을까? 1990년대 말 에너지회사는 자금을 차입하거나 주식을 발행해

서 배당 재원을 마련했다. 그 결과 부채 비율이 높아졌다. 이러한 기업은 높은 배당을 유지하기 어렵다고 판단할 수 있다. FCFE가 0에 가까운 텔레스프 셀룰라Telesp Celular Participacoes도 유지하기 어렵다고 판단할 수 있다.

저성장

기업이 배당을 인상할수록 사업에 대한 재투자는 감소한다. 그러면 장기적으로는 EPS 성장률이 낮아진다고 보아야 한다.[8] EPS의 장기 성장률은 배당 성향과 자기자본 이익률(ROE, Return On Equity, 순이익/자기자본)의 함수로 나타낼 수 있다.

> EPS의 장기 성장률 추정치 = (1 - 배당 성향) × ROE

예를 들어 한 기업의 배당 성향이 40%이고 ROE가 20%라면 EPS의 장기 성장률 추정치는 12%가 된다.

> EPS의 장기 성장률 추정치 = (1 - 0.4) × 0.2 = 0.12 또는 12%

고배당주에 투자하는 사람은 대가를 각오해야 한다. 이러한 기업은 대개 이익 성장률이 훨씬 낮기 때문이다.

표 2.5의 고배당 기업 중에서 배당이 FCFE보다 많은 기업을 제외하면 배당이 지속 가능한 기업만 남는다. 표 2.6은 이들 기업의 EPS 장기 성장률 추정치를 애널리스트의 성장률 추정치와 비교한 자료다.

모든 기업의 장기 성장률 추정치가 낮다. 배당 성향은 높고 ROE는 낮기 때문이다. 애널리스트의 5년 성장률 추정치 역시 낮다. 종목 선정 기준을 장기 성장률 추정치 3% 이상으로 설정하면 남는 종목은 3개에 불과해서 부동산투자신탁 2개(Mission West Properties, Koger Equity)와 담배회사 1개(Advanced Tobacco)뿐이다. 요컨대 배당이 지속 가능하고 성장률이 적

표 2.6 배당 지속 가능 기업의 펀더멘털과 성장률 추정치(펀더멘털은 2002년 10월 기준)

기업명	ROE	배당 성향	장기 성장률 추정치	애널리스트의 5년 성장률 추정치
MicroFinancial Inc	1.71%	15.87%	1.44%	–
Mission West Pptys	6.55%	38.10%	4.05%	–
Koger Equity Inc	7.66%	47.62%	4.01%	–
R. J. Reynolds Tobacco	2.81%	60.13%	1.12%	5.50%
Advanced Tobacco	10.53%	62.50%	3.95%	–
Apex Mortgage Capital	4.53%	64.31%	1.62%	–
Permian Basin Rty Tr	4.16%	65.88%	1.42%	–
Williams Coal Sm Gs	5.44%	66.17%	1.84%	–
Allegheny Energy	−1.25%	68.53%	−0.39%	3.00%
MFA Mortgage	3.38%	70.89%	0.98%	–
UIL Holdings	1.81%	76.39%	0.43%	3.80%
NorthWestern Corp	3.74%	78.40%	0.81%	2.70%
Redwood Trust Inc	5.35%	79.25%	1.11%	–

정 수준인 기업을 가려내면 99개 기업 중 3개만 남게 된다.

세금

흔히 하는 말이지만, 세상에서 피할 수 없는 것 두 가지가 죽음과 세금이다. 우리는 자신의 포트폴리오에서 나오는 세전 수익률을 감탄하면서 바라볼 수 있지만, 손에 들어오는 것은 세후 수익률뿐이다. 세전 수익률이 매력적이어도 세후 수익률은 수준 이하가 될 수 있다.

세금은 투자 수익률을 얼마나 끌어내릴까? 미국 주식시장과 국채시장의 수익률을 조사해보면 주식의 수익률이 단기 국채나 장기 국채보다 훨씬 높다는 것을 확인할 수 있다. 1928년 주식에 100달러를 투자했다면

2001년 말에는 12만 5,599달러가 되었고, 같은 기간 단기 국채에 투자했다면 1,713달러, 장기 국채에 투자했다면 3,587달러가 되었다. 인상적인 수익률이지만 이는 세금과 거래 비용을 차감하지 않은 실적이다.

세금이 이들 수익률에 미치는 영향을 생각해보자. 이 기간에 적용된 세율이 배당에는 35%, 자본 이득에는 20%라고 가정하자. 세금이 수익률에 미치는 영향을 계산하려면 투자자의 매매 빈도를 고려해야 한다. 투자자가 연말에 포트폴리오를 통째로 교체한다고 가정하면 매년 배당과 자본 이득에 대해 세금을 납부해야 한다. 그림 2.9는 세금이 연말 포트폴리오 평가액에 미치는 영향을 나타낸다.

그림 2.9 주식에 투자한 100달러의 평가액: 세전과 세후

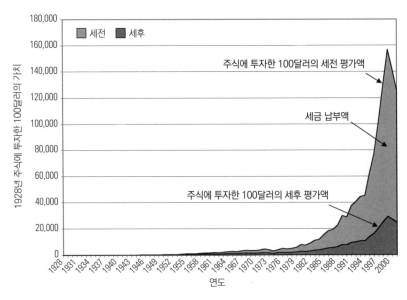

자료: 연방준비은행. 1928년 주식에 투자한 100달러의 누적 가치 평가액(배당과 가격 상승분 포함).

세금이 수익률에 미치는 영향을 고려하면 기말 포트폴리오의 평가액이 12만 5,598달러에서 3만 9,623달러로 3분의 2 이상 감소한다.

세금은 모든 투자에 영향을 미친다. 그런데 왜 고배당주 투자 전략에 미치는 영향이 더 중요할까? 자본 이득에 대한 세금은 매매하지 않으면 이연할 수 있지만 배당에 대한 세금은 배당을 받을 때마다 납부해야 하기 때문이다. 따라서 고배당주 투자 전략은 장기적으로 납부해야 하는 세금도 더 많고 납부 시점을 조절하기도 더 어렵다. 그림 2.10은 투자 총수익이 똑같고 배당 수익률만 다른(하나는 배당 수익률이 시장의 절반이고 다른 하나는 두 배인) 두 포트폴리오의 실적을 보여준다.[9]

그림 2.10 주식에 투자한 100달러와 배당 수익률

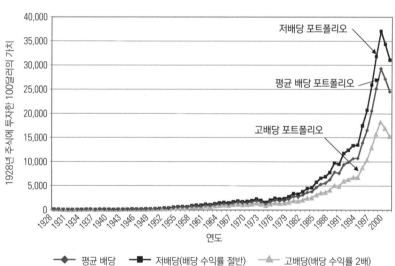

자료: 연방준비은행. 1928년 세 포트폴리오(고배당주, 평균 배당주, 저배당주)에 투자한 100달러의 누적 가치 평가액(세후).

2001년 말 저배당 포트폴리오의 평가액은 3만 달러가 넘었지만 고배당 포트폴리오의 평가액은 그 절반 수준에 불과했다. 애널리스트는 고배당 포트폴리오에서 '초과수익'이 나온다고 주장하지만, 장기적으로 이 초과수익 중 상당 부분이 높은 세금에 잠식될 수 있다.

그러면 높은 세율이 적용되는 투자자에게는 고배당주 전략이 불리하다는 말인가? 항상 불리한 것은 아니다. 이유는 두 가지다. 첫째, 추가 세금을 납부한 후에도 고배당주 전략의 수익률은 여전히 높을 수 있다. 둘째, 똑같은 포트폴리오에도 다른 세율이 적용될 수 있다. 높은 세율이 적용되는 사람도 연금 계좌를 통해서 투자하면 퇴직 시점까지 세금이 이연되므로 고배당주 전략으로도 세금 혜택을 누릴 수 있다.

과거를 돌아볼 때에는 그동안 세상에서 일어난 중대한 변화를 누락하지 않도록 유의해야 한다. 과거에는 배당이 세금 면에서 매우 불리했지만 그동안 변화가 있었다. 2003년 5월 세법 개정에 따라 배당에 대한 세율이 15%로 인하되어 자본 이득에 대한 세율과 똑같아졌다. 세금 면에서 배당에 불리했던 요소가 모두 사라지지는 않았지만, 확실히 대폭 감소했다. 이 변화는 배당주의 가치에 영향을 미칠 뿐만 아니라 배당에 대한 기업의 관점도 바꿔놓을 것이다. 2003년 초 마이크로소프트와 오라클Oracle 등 배당을 지급한 적이 없는 기술회사가 배당 지급을 시작한다고 발표했다.

투자자에게 주는 교훈

2장이 주는 교훈을 생각해보자. 지금까지 고배당주는 초과수익을 안겨주었고 배당을 인상하면 주가가 상승했다. 반면 성장률이 훨씬 낮았고(그래서 주가 상승률도 낮았고) 장기간 배당을 유지하지 못하는 경우가 많았다.

배당의 지속 가능성과 성장률 추정치를 고려하면 고배당주 포트폴리오 편입 대상이 대폭 감소했다. 처음에 99개였던 고배당 기업 중 78개가 적자를 기록했거나 배당 성향이 80%를 초과했다는 이유로 탈락했다. 나머지 21개 중 8개는 FCFE가 마이너스였거나 배당보다 작았다는 이유로 탈락했다. 나머지 13개 중 성장률 추정치가 3%를 넘는 기업은 3개에 불과했다.

이 과정을 돌아보면, 처음부터 고배당주만 살펴보는 대신 다양한 기준(고배당, 지속 가능한 이익, 적정 EPS 성장률)을 충족하는 주식 중에서 종목을 선정하는 편이 나았다. 예컨대 미국 주식 전체에서 다음 기준을 통과하는 주식을 선정할 수도 있다.

- 배당 수익률이 장기 국채 수익률을 초과: 장기 국채 수익률은 무위험 투자 수익률에 해당하므로 비교에 유용한 척도가 된다. 장기 국채 수익률을 초과하는 배당을 영원히 지급하는 주식을 보유한다면 주가가 상승하지 않아도 본전을 유지하게 된다.
- 배당 성향이 특정 기준 미만: 앞에서 고려한 임의적 기준은 67~80%였다. 이 기준의 목적은 감당하지 못할 정도로 배당을 과도하게 지급하는 기업을 제외하는 것이다.
- 적정 EPS 성장률: 고배당에 더해서 주가 상승까지 바란다면 이익이

성장하는 기업에 투자해야 한다. 고배당주에 두 자릿수 성장률을 기대하는 것은 비현실적이지만, 전반적인 경제 성장률 수준이라면 기대해도 좋다.

예컨대 2002년 10월에 설정할 수 있는 종목 선정 기준은 배당 수익률 4%(당시 장기 국채 수익률) 초과, 배당 성향이 60% 미만, FCFE 미만의 배당, 5년 EPS 성장률 추정치 4% 초과 주식이다. 부동산투자신탁은 구조가 전혀 다른 기업이므로 투자 대상에서 모두 제외해야 한다. 이 기준을 통과하는 30종목 포트폴리오를 2장 부록에 실었다. 이 포트폴리오는 처음에 소개했던 고배당 기업 99개보다 업종 구성이 훨씬 다양하다. 이 포트폴리오의 평균 배당 수익률은 훨씬 낮지만 배당의 지속 가능성은 훨씬 높으며, 성장 잠재력도 어느 정도 있다.

결론

고배당주는 지속적인 소득(배당)과 주가 상승 가능성이라는 탁월한 조합을 제공하는 것처럼 보인다. 특히 약세장에서는 주가가 하락할수록 고배당주의 매력이 더 증가한다. 경험적 증거도 고배당주의 장기 수익률이 더 높다는 주장을 뒷받침하는 것처럼 보인다.

고배당주 투자에 따르는 위험은 무엇일까? 첫째, 배당은 채권 이자와 달라서 보장된 현금흐름이 아니다. 둘째, 이익이나 현금흐름보다 지나치게 높은 배당은 지속되기 어려우므로 조만간 삭감되거나 중단될 수밖에 없다. 셋째, 흔히 고배당주는 EPS 성장률 추정치가 낮다.

요컨대 지금까지 고배당주 투자 전략은 소득 세율이 낮은 투자자나 연금 기금 같은 면세 기관에 가장 타당한 전략이었다. 이제는 세법이 개정되었으므로 이 전략에 매력을 느끼는 투자자가 증가했다. 그러나 고배당주 전략을 채택하더라도 배당의 지속 가능성(배당 성향과 FCFE 확인)과 적정 EPS 성장률 조건을 설정해야 한다.

부록: 배당 필터를 통과하는 기업(2002년 10월)

배당 수익률 > 4%, 배당 성향 < 60%, 배당 < FCFE, EPS 성장률 추정치 > 4%

기업명	업종	주가 (달러)	배당 (달러)	배당 수익률	배당 성향	주당 FCFE (달러)	EPS 성장률 추정치
Alexander & Baldwin	해운	23.37	0.90	4.11%	54.01%	1.08	9.00%
AmSouth Bancorp	은행	19.86	0.88	4.39%	58.10%	1.64	8.00%
Arch Chemicals	화학(특수)	17.15	0.80	4.68%	0.00%	0.82	5.00%
Banco Santander ADR	은행(유럽)	6.06	0.29	5.30%	52.89%	0.47	10.50%
Bay St Bancorp	은행	19.01	0.88	4.64%	19.89%	1.29	8.00%
Books-A-Million	소매(전문점)	3.26	0.41	11.95%	0.00%	0.48	12.00%
Citizens Banking	은행	23.41	1.14	4.75%	52.65%	2.12	8.00%
Cleco Corp	전력	12.20	0.90	7.97%	56.77%	2.01	6.50%
Colonial BncGrp 'A'	은행	12.05	0.52	4.29%	43.71%	1.20	9.00%
Comerica Inc	은행(중부)	42.10	1.92	4.82%	37.31%	3.61	9.50%
Commonwealth Industries	광업	5.90	0.20	4.44%	52.52%	0.48	15.00%
Electronic Data Sys	소프트웨어	13.72	0.60	4.38%	25.13%	3.09	13.00%
Equity Inns Inc	호텔	5.23	0.52	8.92%	0.00%	0.67	5.00%
FirstEnergy Corp	전력(중부)	30.13	1.50	5.70%	55.94%	2.88	9.00%
FirstMerit Corp	은행(중부)	22.16	1.00	4.73%	48.96%	2.00	9.50%
Goodrich Corp	방위산업	16.74	0.80	4.51%	37.12%	2.85	7.00%
Goodyear Tire	타이어	9.18	0.48	5.85%	0.00%	0.79	34.00%
May Dept Stores	소매	24.60	0.95	4.04%	42.07%	1.63	5.00%
Merchants Bancshares Inc	은행	22.08	0.96	4.24%	34.85%	2.12	10.00%
MicroFinancial Inc	금융	2.09	0.20	11.77%	14.88%	2.26	7.50%
NICOR Inc	천연가스	29.61	1.84	6.63%	57.81%	2.26	7.00%
Petroleo Brasileiro ADR	석유	12.25	0.52	5.47%	48.75%	0.89	10.00%
Philip Morris	담배	42.65	2.56	6.63%	55.71%	4.64	9.00%
Provident Bankshares	은행	22.39	0.86	4.10%	45.85%	1.80	9.50%
Quaker Chemical	화학(특수)	19.55	0.84	4.34%	54.49%	1.31	8.00%
Snap-on Inc.	기계	26.00	0.96	4.07%	52.11%	2.13	4.50%
Standex Int'l	다각화 기업	19.72	0.84	4.43%	49.54%	1.92	9.50%
Tasty Baking	식품 가공	11.59	0.48	4.33%	52.09%	0.80	8.00%
Tupperware Corp.	가정용품	15.95	0.88	5.23%	54.26%	1.42	7.50%
Westar Energy	전력(중부)	10.47	1.20	11.96%	21.63%	5.59	16.00%

3장

이 주식 정말 싸다!
저PER주 이야기

그레이엄 신봉자 제러미

제러미는 가치투자자여서 성장주를 터무니없는 가격에 추격 매수하는 사람을 경멸했다. 하루는 〈포브스(Forbes)〉를 읽던 중 흥미로운 학계 연구 결과를 발견했다. 저 PER주에 투자하면 초과수익을 얻을 수 있다는 연구로, 가치투자자가 매우 선호하는 투자 기법이었다. 야후(Yahoo!)의 파이낸스(Finance) 페이지에 들어가서 PER 8 미만(CNBC에서 어림셈법이라고 알려준 저PER주의 기준)인 주식을 찾아보니 수십 개가 쏟아졌다. 돈이 부족해서 이들을 모두 살 수는 없었으므로 그는 앞에서부터 20개 종목에 투자했다.

투자 1년 후 실적을 살펴보니 학계에서 예측한 높은 수익률은 고사하고 시장 수익률에도 못 미쳤다. 기술주에 투자해서 훨씬 좋은 실적을 얻은 친구들 모두 그를 놀렸다. 포트폴리오 종목을 자세히 들여다본 그는 안전하고 견실한 종목보다 실적이 급변해 위험한 소형주가 많다는 사실을 발견했다. 게다가 분식 회계와 스캔들을 일삼는 종목도 많았다. 환멸을 느낀 그는 가치투자가 소문만 요란할 뿐이라고 판단하고 저PER주를 모두 팔아 성장주 펀드에 투자했다.

▶ 교훈: 저PER주가 모두 싼 것은 아니며, 실적을 내기까지 매우 오랜 시일이 걸릴 수 있다.

지난 수십 년 동안 투자자는 주식이 싼지 비싼지를 평가하는 척도로 PER을 사용했다. 흔히 PER이 낮은 주식은 싸다고 평가받았고 투자 상담사와 애널리스트는 어림셈법을 개발했다. 애널리스트 중에는 절대 척도(예컨대 PER 8 미만이면 싸다고 간주)를 사용하는 사람도 있고 상대 척도(예컨대 시장 PER의 절반 미만이면 싸다고 간주)를 사용하는 사람도 있다. 또한 비교 대상을 시장으로 삼는 경우도 있고 기업이 속한 산업 분야로 삼는 경우도 있다.

3장에서는 PER이 가치를 알려주는 좋은 지표인지, 그리고 저PER주 투자 전략이 높은 수익을 안겨주는지 살펴보기로 한다. 이제부터 보겠지만, 저PER주도 저평가되지 않았을 수 있으며 성장 잠재력과 기업의 위험을 무시하는 저PER주 집중 투자 전략은 실패할 가능성이 있다. 성장 전망이 어둡거나 위험이 커서 PER이 낮은 주식은 싼 주식이 아니기 때문이다.

이야기의 핵심

주식이 싼지 비싼지는 어떻게 판단하는가? 주가를 보고 판단할 수도 있다. 그러나 유통 주식 수를 변경하면 주가도 쉽게 바뀔 수 있다. 2 대 1 주식 분할을 통해 유통 주식 수를 두 배로 늘리면 주가는 절반 수준으로 내려가지만, 이 주식이 더 싸지는 것은 아니다. 그런데 주가가 1달러 미만이면 싸다는 주장에 넘어가는 투자자도 있다.

주가를 이익으로 나누어 평가 척도를 통일해 고가주와 저가주를 비교하는 것은 가치 평가 방법 중 하나다. 이에 기초한 저PER주 투자 전략은 널리 사용되고 있다. 이 전략을 정당화하는 주장은 다음과 같다.

- 가치투자자는 저PER주를 산다: 가치투자자는 전통적으로 PER을 이용해서 가치를 평가한다. 그러므로 주식을 비교할 때 PER 5배인 주식이 PER 10배인 주식보다 싸다고 평가한다.

- 저PER주는 채권을 대신해서 투자하기에 매력적인 대상이다: 주식 투자와 채권 투자를 저울질하는 사람이 저PER주를 고려할 만한 이유가 하나 더 있다. 흔히 저PER주의 이익 수익률(earnings yield, 주당 순이익/주가, PER의 역수)이 채권 수익률보다 높기 때문이다. 예컨대 PER이 8인 주식의 이익 수익률은 12.5%로, 수익률이 4%에 불과한 국채보다 매력적이다.

- 비슷한 주식보다 PER이 낮은 주식은 확실히 저평가되었다: PER은 업종별로 달라서 일부 업종은 다른 업종보다 항상 낮게 유지된다. 따라서 PER로 주식을 평가할 때에는 그 주식이 속한 업종의 평균 PER과 비교해야 한다. 기술주의 평균 PER이 22라면 PER 15인 기술주는 싸다고 평가할 수 있다. 반면 전력회사의 평균 PER이 7에 불과하다면 PER 10인 전력회사는 비싸다고 볼 수 있다.

이론적 근거: PER 결정 요소

사람들은 투자를 판단할 때 항상 PER을 사용한다. PER은 단순하고 직관적이라는 장점이 있어서, 주식 공모가 산정 등 다양한 투자 판단은 물론 기업의 펀더멘털 분석에도 사용되고 있다. 그러나 여기에서 보겠지만, PER이 낮다고 해서 그 주식이 꼭 저평가된 것은 아니다.

PER이란?

PER은 주가를 일정 기간의 EPS로 나눈 값이다.

    PER = 주가 / EPS

PER은 대개 현재 주가를 EPS로 나누어 산출하는데, 문제는 PER 산출에 다양한 EPS가 사용된다는 것이다. 가장 흔히 사용되는 것은 최근 회계 연도의 EPS이며 이때 산출되는 PER이 '현행 PER'이다. 최신 EPS를 선호하는 사람은 최근 4개 분기의 EPS를 사용하는데 이때 산출되는 PER이 '후행 PER'이다. 일부 애널리스트는 더 나아가 다음 회계 연도의 예상 EPS를 사용하며 이때 산출되는 PER이 '선행 PER'이다.

특별 항목을 반영하는 경우도 있고 반영하지 않는 경우도 있다. 실제 유통 주식 수를 기준으로 산출하기도 하고 스톡옵션이 모두 행사된다고 가정하는 완전 희석 기준으로 산출하기도 한다. 한 종목의 PER이 출처에 따라 다르더라도 놀랄 필요가 없다. 그러므로 주식의 가치와 관련된 투자 전략을 수립할 때는 PER을 구체적으로 정의해야 한다.

회계 이익의 첫걸음

주식이 싼지 비싼지를 평가하는 척도로 PER을 사용할 수 있는지 살펴보기 전에, 재무제표에서 순이익을 어떻게 산출하는지 알아둘 필요가 있다. 손익계산서는 기업의 특정 기간 영업 활동에 관한 정보를 제공한다. 여기서는 회계에서 이익을 측정하는 원칙과 기법을 조사한다.

회계 이익과 수익성을 측정하는 기본 원칙은 두 가지다. 첫째는 발생주의 회계 원칙이다. 발생주의 회계는 제품이나 서비스 판매가 이루어지는 기간에 매출이 발생한다고 인식한다. 비용도 같은 기간에 발생한다고 인식해 매출에 대응시킨다.[1] 반면 현금주의 회계는 대금이 회수되는 시점에 매출을 인식하고 비용도 지급하는 시점에 인식한다. 그 결과 기업의 발생 이익이 많아도 현금 이익은 적을 수 있고 반대로 발생 이익이 적어도 현금 이익은 많을 수 있다.

둘째는 비용을 영업비, 금융비, 자본적 지출로 분류하는 원칙이다. 영업비는 원칙적으로 그 혜택이 발생하는 당기에 인식한다. 예컨대 인건비와 재료비는 제품이 생산·판매되는 당기에 인식한다. 금융비는 (자기자본이 아니라) 타인 자본으로 사업 자금을 조달할 때 발생하는 비용이다. 가장 대표적인 예가 이자 비용이다. 자본적 지출은 그 혜택이 장기간에 걸쳐 창출된다고 예상될 때 발생하는 비용이다. 예컨대 토지 및 건물 구입비가 자본적 지출로 분류된다.

당기 매출에서 영업비를 차감하면 영업 이익이 산출된다. 영업 이익에서 금융비를 차감하면 주주 이익 또는 순이익이 산출된다. 자본적 지출은 내용 연수에 걸쳐 감가상각하거나 상각한다. 그림 3.1은 전형적인 손익계산서를 분석한 자료다.

그림 3.1 손익계산서

제품·서비스 매출에 의한 총매출액	매출
매출액 창출 과정에서 발생한 비용 / 이전 연도에 발생한 자본적 지출 관련 감가상각비와 상각비도 포함	− 영업비
당기 영업 이익	= 영업 이익
차입 등 자금 조달 비용	− 금융비
과세 소득에 대한 미지급 법인세	− 법인세
당기 보통주 및 우선주 이익	= 특별 항목 차감 전 순이익
영업과 무관한 손익	± 특별 손익
회계 규정 변경 관련 손익	− 회계 변경 관련 손익
우선주에 지급된 배당	− 우선주 배당
	= 보통주 순이익

모든 손익계산서에 일반적으로 적용되는 형식이며, 사업 유형에 따라 형식이 달라질 수 있음.

순이익을 측정하는 원칙은 단순하지만 기업은 다음 여러 요소에 대해 재량권을 행사할 수 있다.

- 매출 인식: 여러 해에 걸쳐 매출이 발생하는 제품을 판매할 때 보수적인 기업은 오랜 기간을 두고 매출을 인식하지만 공격적인 기업은 첫해에 매출을 인식하기도 한다. 예컨대 마이크로소프트는 전통적으로 (윈도 등) 프로그램 업데이트에서 발생하는 매출을 보수적으로

인식해왔다. 반면 1990년대 말 매출 성장에 집착하던 몇 개 통신회사는 매출을 조기에 인식했다.

- 영업비와 자본적 지출: 일부 비용은 영업비와 자본적 지출 사이의 모호한 영역에 놓이게 된다. 한 유선 방송 회사가 신규 가입자를 유치하는 과정에서 비용이 발생했다고 가정하자. 공격적인 기업이라면 이들 신규 가입자로부터 장기간 수익이 발생한다고 가정하고 비용을 장기간으로 분산해 인식할 것이다. 반면 보수적인 기업이라면 모든 비용을 발생한 연도에 인식할 것이다.

- 감가상각과 상각: 자본적 지출은 장기간에 걸쳐 감가상각비나 무형자산상각비로 인식되는데, 기업은 상각 기간과 속도를 재량껏 정할 수 있다. 공격적인 기업은 장기간에 걸쳐 천천히 상각하는 방식을 채택해 초기에 이익을 높일 수 있다.

요컨대 동일한 회계 기준이 모든 기업에 적용되더라도 그 기준에 대한 충실도는 기업마다 달라질 수 있으므로 기업들의 EPS와 PER을 비교하기는 쉽지 않다. 주의하지 않으면 이익을 공격적으로 측정하는 기업이 보수적으로 측정하는 기업보다 저평가되었다고 성급하게 판단하기 쉽다. 회계 기준이 다른 시장(예컨대 일본, 독일, 미국)에서 기업의 EPS를 비교할 때 이러한 문제가 더 심각해진다.

PER 결정 요소

주식의 가치를 평가하는 가장 단순한 모형은 주식의 가치가 미래 예상 배당의 현재 가치라고 가정하는 방법이다. 상장 기업 주식은 이론상 영원히 존속할 수 있으므로 배당이 일정 속도로 영원히 성장한다고 가정하면 현재 가치를 쉽게 계산할 수 있다. 이것이 고든 성장 모형(Gordon Growth Model)으로, 주식의 가치는 다음과 같이 나타낼 수 있다.

$$현재\ 주식의\ 가치 = \frac{내년\ 예상\ 배당}{(자기자본\ 비용 - 기대\ 성장률)}$$

자기자본 비용은 주식 투자자가 위험을 고려해서 요구하는 수익률이다. 예컨대 뉴욕시에 전력 및 가스를 공급하는 공익 기업 콘솔리데이티드 에디슨(Consolidated Edison, 이하 콘 에드)에 투자한다고 가정하자. 내년에 예상되는 배당은 (예상 EPS 3.30달러 중) 연 2.20달러이고, 자기자본 비용은 8%며, 영구 기대 성장률은 3%다. 이 주식의 가치는 다음과 같이 나타낼 수 있다.

$$콘\ 에드\ 주식의\ 가치 = \frac{\$2.2}{(0.08 - 0.03)} = \$44.00$$

지난 수십 년 동안 가치 평가 수업을 들었던 학생 중 일부는 절망에 빠지며 이 모형을 포기했다. 이들은 (과거) 마이크로소프트처럼 배당을 지급하지 않는 기업을 어떻게 평가할 것인지 고심했다. 기대 성장률이 자기자본 비용보다 높아서 가치가 마이너스로 나오는 경우도 마찬가지였다. 두 가지 문제에 대한 답은 간단하다.

첫째, 기대 성장률이 경제 성장률보다 영원히 높은 수준으로 유지될 수는 없다. 따라서 예컨대 기대 성장률 15%는 이 모형에 사용할 수 없다. 경제 전문가가 미국의 장기 경제 성장률을 매우 낙관적으로 예측하더라도 기대 성장률은 4~5% 미만이 되어야 한다.[2] 둘째, 이렇게 성장률이 안정적인 기업은 주주에게 배당을 지급할 수 있어야 마땅하다. 배당을 지급하지 않는 기업 대부분은 고성장을 위해서 이익을 사업에 재투자한다.

이 모형에서 방정식의 양변을 '내년 예상 EPS'로 나누면 선행 PER 값을 구할 수 있다. 이때 나오는 선행 PER은 미래 현금흐름 할인액이 된다.

$$\frac{\text{현재 주식의 가치}}{\text{내년 예상 EPS}} = \text{선행 PER} - \frac{\text{예상 배당 / 예상 EPS}}{\text{자기자본 비용} - \text{기대 성장률}} = \frac{\text{예상 배당 성향}}{(\text{자기자본 비용} - \text{기대 성장률})}$$

이 공식을 이용해서 콘 에드의 선행 PER을 계산해보자.

콘 에드의 선행 PER = ($2.20 / $3.30) / (0.08 - 0.03) = 13.33

기대 성장률이 상승하면 PER도 증가하므로 고성장 기업은 PER이 높다. 직관적으로 이해가 될 것이다. 기업의 위험이 커서 자기자본 비용이 높으면 PER이 낮아진다. 끝으로 배당 성향이 상승하면 PER도 상승한다. 다시 말해 (ROE가 높아서) 효율적으로 성장할수록 PER도 높아진다.

고성장 기업의 PER도 기업의 펀더멘털 분석을 통해서 계산할 수 있다. 다소 따분하지만 대수학을 이용해서 PER 결정 요소(자기자본 비용, 기대 성장률, 예상 배당 성향)를 분석하면 된다. 단지 성장 단계마다 이들 요소를 별도로 추정해야 한다는 점만 다를 뿐이다.[3] 즉 향후 몇 년 고성장 후 안정 성장이 예상되는 경우라면 고성장 기간과 안정 성장 기간 각각의 자기자본 비용, 기대 성장률, 예상 배당 성향을 추정하면 된다. 이는 현재 배당을 지급하지 않는 기업 등 어느 기업에나 적용할 수 있는 보편적인 기법이다.

PER 결정 요소를 보면 저PER 자체는 의미가 거의 없음을 분명히 알 수 있다. 기대 성장률이 낮고 위험이 큰 기업은 PER이 낮기 마련이다. 저PER주가 저평가된 주로 판명이 나려면 흠이 없어야 한다. 즉 기대 성장률이 낮지 않거나 위험이 크지 않으면서 PER이 낮아야 한다. 저평가된 저PER주와 저평가되지 않은 저PER주의 구별은 뒤에서 저PER주 포트폴리오를 조사하며 확인해볼 것이다.

증거 확인

저PER주 포트폴리오에서 초과수익이 나오는 것일까? 이 질문에 대한 답이 3장의 핵심이므로 여기서는 저PER주 포트폴리오의 지난 수십 년 실적을 살펴볼 것이다.

벤저민 그레이엄의 가치 필터

가치투자자는 벤저민 그레이엄을 조상으로 받들면서 1934년 그가 데이비드 도드와 공저한 《증권분석(Security Analysis)》을 투자의 바이블로 사용한다.[4] 그레이엄은 《증권분석》 초판에서 저평가 주식을 찾아내는 필터를 열거하며 시장을 보는 자신의 관점을 제시했다. 아래 필터의 숫자는 개정판을 거듭하면서 약간씩 변경되었지만 골격은 원래의 모습을 유지하고 있다.

1. PER이 AAA등급 채권 수익률의 2배
2. PER이 전체 주식 최근 5년 PER 평균의 40% 미만
3. 배당 수익률이 AAA등급 회사채 수익률의 3분의 2 초과
4. 주가가 주당순유형자산의 3분의 2 미만[5]
5. 주가가 주당순유동자산의 3분의 2 미만
6. 부채 비율이 100% 미만
7. 유동자산이 유동 부채의 2배 초과

8. 부채가 순유동자산의 2배 미만[순유동자산(Net Current Asset Value, NCAV): 유동자산에서 부채를 모두 차감하며 공장과 기타 자산도 포함하지 않음]

9. 최근 10년 EPS 성장률이 7% 초과

10. 최근 10년 중 이익이 감소한 해가 2년 이하

첫 번째 필터가 PER이라는 점에 주목하라. 저PER주만 그레이엄의 필터를 통과할 가능성이 있다는 뜻이다. 흥미롭게도 나머지 필터 중 다수가 (저성장, 고위험 등) 흠 있는 저PER주를 제거하는 것이다.

그레이엄의 필터는 종목 선정에 얼마나 효과적이었을까? 헨리 오펜하이머Henry Oppenheimer는 이들 필터로 구성한 포트폴리오의 1974~1981년 실적을 분석하고 나서 상당한 초과수익이 나왔다고 결론지었다.[6] 학계에서 저PER과 고배당 수익률 등 개별 필터를 최근 연도 데이터로 검증했을 때에도 초과수익이 나오는 것으로 밝혀졌다. 마크 헐버트Mark Hulbert가 투자 뉴스레터의 실적을 분석했을 때도 그레이엄 방식을 따르는 뉴스레터의 수익률이 다른 뉴스레터보다 훨씬 높았다.

유일한 실패 사례는 뮤추얼 펀드에서 나왔다. 1970년대에 제임스 리James Rea라는 투자자는 그레이엄의 필터를 신봉해 이 방식을 따르는 이른바 리-그레이엄Rea-Graham 펀드를 설립했다. 초기에는 어느 정도 성공적이었으나 1980년대와 1990년대 초에 고전해 하위 25% 실적을 기록했다.

저PER주의 초과수익

저PER주의 초과수익을 조사한 연구에 의하면 장기적으로 저PER주의 수익률은 고PER주보다 항상 훨씬 높았다. 그러나 일부 연구는 20년 이상 지났으며 결과도 표본 기간에 따라 차이가 매우 크므로 가능한 한 최장 기간의 데이터를 찾아내서 미가공 데이터를 재검토해보는 편이 바람직하겠다.

그림 3.2는 미국 주식을 1952~2001년 PER 기준으로 10개 등급으로 구분해 각 등급의 연 수익률을 나타낸다. 주식의 등급은 매년 초 PER을 기준으로 구분했고 이 기간 10개 포트폴리오의 투자 총수익(배당+주가 상승)을 계산했다.

평균으로 보면 최저 PER 등급의 수익률이 최고 PER 등급보다 거의 2배나 높았다. 이러한 차이가 포트폴리오의 구성에 따라 얼마나 달라지는지 조사하려고 포트폴리오를 두 가지 방식으로 구성했다. 첫째, 각 종

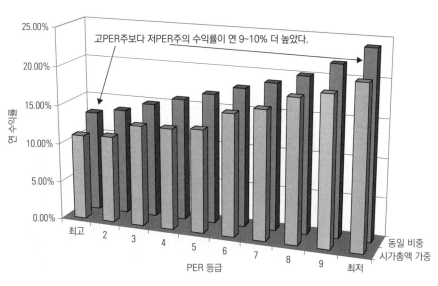

그림 3.2 PER과 수익률(1952~2001년)

자료: 파마·프렌치(Fama/French). 1952~2001년 동안 매년 초 PER 기준으로 미국 주식을 10개 등급으로 구분해 각 연도의 수익률을 계산함.

목에 동일 금액을 투자하는 동일 비중 포트폴리오를 구성했다. 둘째, 각 종목에 시가총액에 비례해서 투자하는 시가총액 가중 포트폴리오를 구성했다. 수익률 차이는 동일 비중 포트폴리오에서 약간 더 크게 나타났는데, 최저 PER주의 수익률은 연 24.11%였고 최고 PER주의 수익률은 13.03%였다. 시가총액 가중 포트폴리오에서 최저 PER주의 수익률은 연 20.85%였고 최고 PER주의 수익률은 11.00%였다. 둘 다 저PER주의 수익률이 고PER주보다 확실히 높았다.

그림 3.3은 1952~2001년을 3개 기간(1952~1971년, 1971~1990년, 1991~2001년)으로 나누고 기간별 수익률 차이를 보여준다. 이번에도 매년

그림 3.3 PER 등급별 수익률(1952~2001년)

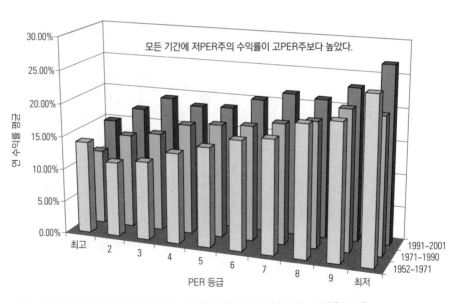

자료: 파마·프렌치. 매년 초 PER 기준으로 포트폴리오를 구성해 각 연도의 수익률을 계산함.

초 PER 기준으로 포트폴리오를 구성해 각 연도의 수익률을 계산했다.

1952~1971년에는 최저 PER 등급의 수익률이 최고 PER 등급보다 연 10% 높았고, 1971~1990년에는 연 9% 높았으며, 1991~2001년에는 연 12% 높았다. 다시 말해서 최근 저PER주의 수익률은 하락하지 않았다. 따라서 장기적으로 저PER주의 수익률이 고PER주보다 높다는 증거가 매우 강력하다. 종목별 위험 차이를 고려한 연구에서도 저PER주의 수익률이 고PER주보다 여전히 높은 것으로 나온다. 앞에서는 미국 주식만으로 구성된 포트폴리오를 분석했지만, 다른 나라 주식으로 구성된 포트폴리오를 분석해도 저PER주에서 초과수익이 나온다.

데이터 정밀 분석

앞에서 PER 8 미만이면 싸다고 판단하는 어림셈법을 언급했다. 시장에는 이러한 어림셈법 기준이 무수히 많은데 대부분 구식이며 명확한 근거도 없기 때문에 주의해야 한다. 여기서는 먼저 주식의 PER 분포를 살펴보면서 저PER, 고PER, 평균 PER이 어느 수준인지 감을 잡아보자. 이어서 업종별 PER 차이가 어느 정도이며 시간이 흐름에 따라 PER이 어떻게 변화했는지 알아보자. 마지막에는 저PER주 포트폴리오를 구성해서 이 전략에 결함이 있는지 정밀하게 분석해보자.

전체 주식의 PER 분포
PER에 대해서는 수많은 어림셈법이 있는데, 제대로 이해하려면 전체 주식의 PER 분포를 살펴보아야 한다. 그림 3.4는 2002년 10월 미국 전체 주식의 PER 분포를 나타낸다. 현행 PER, 후행 PER, 선행 PER이 모두 나와 있다.

분포를 살펴보면, PER 8~20에 속하는 기업도 많지만 PER 100을 초과하는 기업도 적지 않다. 이들 중 일부는 장차 이익이 대폭 증가할 것으로 기대되는 고성장 기업이다. 그리고 일부는 경기 침체 탓에 이익이 급감한 경기 순환 기업이다. 경기가 회복되면 이들 기업의 이익도 회복될 것이라는 기대 때문에 PER이 높은 것이다.

반면 PER이 12 이하인 기업도 있다. 2002년 10월 현재 이들의 PER만 보면 싸다고 생각하기 쉽다. 끝으로 주목할 포인트는 EPS가 마이너스여

그림 3.4 시장의 PER 분포(2002년 10월)

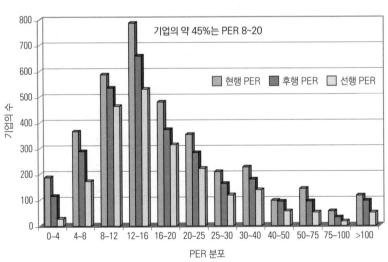

자료: 밸류 라인. 각 PER 구간에 속하는 미국 기업의 수.

서 PER 계산이 불가능한 기업이다. 이 표본에서 7,102개 기업 중 3,489개
는 최근 회계 연도 EPS가 마이너스여서 현행 PER을 계산할 수 없었다. 똑
같은 이유로 후행 PER과 선행 PER 약 40%도 계산할 수 없었다.

PER은 마이너스가 될 수 없지만 매우 높은 숫자가 될 수는 있다. 이 때
문에 PER 통계가 왜곡될 수 있다. 모든 기업의 평균 PER을 계산하다 보
면 일부 기업에서 나타나는 극단적으로 높은 PER이 평균 PER을 밀어 올
리는 경우가 있다. 그러므로 PER 중앙값(크기 순서로 정렬했을 때 가장 중앙에
위치하는 값)이 훨씬 더 의미 있는 통계가 된다. 표 3.1은 미국 주식의 PER
통계를 요약해서 보여준다.

세 개의 PER 모두 평균이 중앙값보다 높다. 앞에서 언급한 것처럼
PER이 마이너스가 될 수는 없어도 매우 높은 숫자가 될 수는 있기 때문
이다. 주식 매수를 추천하는 애널리스트가 그 주식의 PER이 업종 평균보
다 낮다고 주장하는 것도 놀라운 일이 아니다. 이러한 주장에 효과적으
로 응수하려면 그 주식의 PER이 업종 중앙값보다 낮은지 물어보면 된다.

표 3.1 요약 통계: 미국 주식의 PER(2002년 10월)

	현행 PER	후행 PER	선행 PER
평균	31.08	30.99	23.44
중앙값	15.30	15.00	14.99
최솟값	0.01	0.01	0.90
최댓값	7,103.00	6,589.00	1,081.00
상위 10%	69.02	53.74	36.86
하위 10%	4.22	5.69	7.94

업종별 PER

PER은 업종별로 차이가 크므로 한 업종에서는 낮은 PER이 다른 업종에서는 높은 PER일 수 있다. 표 3.2는 2002년 10월 미국 주식 중 PER이 가장 낮은 업종과 가장 높은 업종 10개를 보여준다.

표 3.2 PER 최저 업종과 최고 업종(2002년 10월)

PER 최저 업종		PER 최고 업종	
업종	평균 PER	업종	평균 PER
에너지	6.94	신문	41.14
철강(종합)	7.98	오락	41.43
주택 건설	9.46	통신 서비스	43.14
전력	10.18	정밀 기계	44.17
자동차 부품	10.75	반도체	47.10
담배	10.82	출판	49.06
보험(생명)	10.90	전자 상거래	50.32
의류	11.18	케이블 TV	53.49
가전제품	11.70	무선 네트워크	60.49
저축 은행	11.97	화학(기초)	60.76

업종별로 PER 차이가 큰 이유는 무엇일까? 앞에서 언급했듯이 PER 결정 요소인 자기자본 비용(위험), 기대 성장률, 예상 배당 성향(ROE)이 다르기 때문이다. 일반적으로 PER이 낮은 업종은 기대 성장률이 낮을 뿐 아니라 ROE도 낮다. 반면 PER이 높은 업종은 위험이 높지만 기대 성장률과 ROE도 높다. 표 3.3은 PER 최저 업종과 최고 업종의 위험, 기대 성장률, 수익률을 비교한 자료다.

ROIC와 ROE는 최근 5년 실적 평균을 사용했는데, 2002년 경기 침체

표 3.3 펀더멘털 비교: PER 최저 업종과 최고 업종(2002년 10월)

	위험 척도		기대 성장률		수익률	
	베타*	표준편차	5년 EPS	5년 매출	ROIC**	ROE***
PER 최저 업종	0.61	0.48	11.61%	5.56%	7.64%	9.30%
PER 최고 업종	1.76	0.84	17.01%	7.65%	14.66%	16.50%

* 베타(beta, β): 주가의 흐름을 시장지수의 흐름과 비교해서 위험을 측정하는 척도.
** ROIC: 투하 자본 이익률(Return On Invested Capital) = 세후 영업 이익/평균 투하 자본.
*** ROE: 자기자본 이익률(Return On Equity) = 순이익/자기자본(자기자본 = 순자산).

에 의한 이익 감소 효과를 완화하려는 의도다. PER 최저 업종은 PER 최고 업종보다 기대 성장률과 수익률이 모두 낮았다.

PER의 변화 추이

지금 시장에서는 PER 12가 낮은 수준으로 간주되지만, 1981년 시장에서는 높은 수준으로 간주되었을 것이다. PER은 시간이 흐르면서 변화하므로 PER이 높은지 낮은지 판단하는 기준도 시간이 흐르면 변화한다. 그림 3.5는 전체 미국 주식의 평균 PER 변화 추이를 보여준다.

시간이 흐르면서 PER이 크게 변화했다는 점에 주목하라. 1975년에는 PER이 약 7까지 내려가 저점을 기록했고 1999년에는 PER이 33까지 상승해 고점에 도달했다.

시간이 흐르면서 PER이 변화하는 이유는 무엇일까? 개별 기업의 PER을 결정하는 요소[자기자본 비용(위험), 기대 성장률, 예상 배당 성향(ROE)]도 시간의 흐름에 따라 변화하기 때문이다. 1970년대 중반에는 석유 파동으로 인플레이션이 발생해 경제 성장이 둔화했기 때문에 PER이 낮았다. PER

그림 3.5 전체 주식의 평균 PER(1960~2001년)

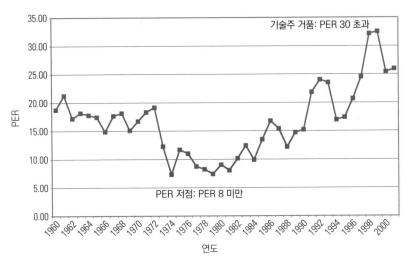

자료: 블룸버그.

이 낮게 유지된 1975~1981년에는 미국 장기 국채 수익률이 사상 최초로 두 자릿수에 이르렀다. 그러나 1990년대에는 금리가 하락하고 생산성이 향상되면서 경제가 빠르게 성장하자 PER이 훨씬 높아졌다.

PER은 시간이 흐르면서 변화하므로 PER이 높은지 낮은지를 판단하는 기준도 변화한다. 그림 3.6은 1951~2001년 뉴욕증권거래소 전체 상장 주식 중 저PER주 상위 5%, 10%, 25%의 매년 PER을 조사한 자료다.

PER이 저점을 기록한 1975년에는 저PER주 상위 5%의 PER이 2.18 미만이었고, 저PER주 상위 10%의 PER은 2.64 미만이었으며, 저PER주 상위 25%의 PER은 3.56 미만이었다. 반면 PER이 고점을 기록한 1998년에는 저PER주 상위 5%의 PER이 9.42 미만이었고, 저PER주 상위 10%의 PER은 11.64 미만이었으며, 저PER주 상위 25%의 PER은 14.88 미만이

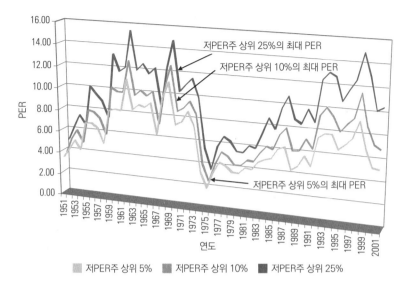

그림 3.6 PER: 시점별 변화 추이(1951~2001년)

저PER주 상위 25%의 최대 PER

저PER주 상위 10%의 최대 PER

저PER주 상위 5%의 최대 PER

■ 저PER주 상위 5%   ■ 저PER주 상위 10%   ■ 저PER주 상위 25%

자료: 파마·프렌치.

었다. 그러므로 (PER이 8 미만이면 싸다고 판단하는) 어림셈법을 함부로 맹신해서는 안 된다. 1998년에는 이 어림셈법이 타당했지만 1975년에는 PER 8 미만 주식이 과반수였으므로 타당하지 않았다.

저PER주 포트폴리오

저PER주 투자 전략을 선택한다면 포트폴리오는 과연 어떤 모습일까? 저PER주 포트폴리오를 구성해보면 그 답을 확인할 수 있다.

전체 미국 상장 주식 중에서 PER이 가장 낮은 주식을 걸러낸다고 가정하자. PER 척도는 세 가지로 현행 PER(주가를 최근 회계 연도의 EPS로 나누어 산출), 후행 PER(주가를 최근 4개 분기의 EPS로 나누어 산출), 선행 PER(주가를 다음 회계 연도의 예상 EPS로 나누어 산출)이다. 세 척도 모두 나름의 의미가 있으므로 이 기준으로 PER이 모두 10 미만인 주식을 걸러낼 수 있다. 표 3.4(116~117쪽)는 이러한 방식으로 구성한 포트폴리오다.

현행 PER, 후행 PER, 선행 PER이 모두 10 미만인 주식은 7,000여 상장 주식 중 115개다. 전력 주식과 금융 서비스 주식의 비중이 다소 높지만 대체로 잘 분산된 포트폴리오로 보인다.

추가할 이야기

저PER주가 수익률이 높다고 하니 서둘러 저PER주를 매수해야 할까? 이렇게 구성하는 포트폴리오에는 저평가 주식이 포함되겠지만 바람직하지 않은 주식도 포함될 수 있다. 첫째, 이익의 질이 기업마다 똑같은 것은 아니다. 일부 기업은 교묘한 솜씨로 회계를 조작해서 일회성 이익으로 실적을 높이기도 한다. 저PER주 중에는 이러한 기업도 포함된다. 둘째, 일부 기업은 이익의 변동성이 크며 이러한 위험이 반영되어 저PER주가 되는 경우도 있다. 셋째, 성장 전망이 어두워서 저PER주가 되는 사례도 있다. 이러한 주식에 투자하면 좋은 실적을 기대하기 어렵다.

위험과 PER
앞에서는 저PER주의 수익률을 다른 주식과 비교해보았고 그 수익률이 평균보다 높다고 결론지었다. 그러나 저PER주의 위험도 평균보다 높을 수 있기에 그 보상으로 수익률도 평균보다 높은 것일지 모른다. 주식의 위험을 평가하는 가장 단순한 방법은 일정 기간 주가의 표준편차를 측정하는 것이다. 앞에서 구성한 저PER주 포트폴리오를 생각해보자. 여기서 각 종목 주가의 표준편차를 계산하면 다음과 같다. 그림 3.7은 3년, 5년 동안 저PER주와 전체 주식의 평균 표준편차를 보여준다.

놀랍게도 저PER주의 변동성이 시장보다 낮다(일부 저PER주의 변동성은 시장보다 높지만 말이다).

일부 연구에서는 위험을 반영한 수익률을 계산하는 방식으로 저PER주에서 초과수익이 나오는지를 확인했다. 여기서는 위험-수익 모형을 이용해서 위험을 측정하고 기대 수익률을 평가했다. 예컨대 일부 연구에

그림 3.7 주가의 표준편차

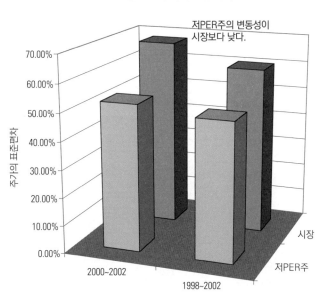

자료: 밸류 라인. 주간 주가의 표준편차를 연평균 표준편차로 환산함.

표 3.4 PER 10 미만 미국 주식(2002년 10월)

기업명	업종	현행 PER	후행 PER	선행 PER
Acclaim Entertainment	엔터 기술	7.45	3.88	5.73
AES Corp	에너지	0.70	0.70	1.31
Aftermarket Tech	자동차-OEM	8.14	6.44	6.29
Allegheny Energy	전력(동부)	1.22	1.74	2.68
Allied Waste	환경	6.93	6.81	6.57
Allmorica Financial	손해보험	2.57	4.91	3.23
Amer Axle	자동차-OEM	9.53	7.59	7.31
Aquila Inc	전력(중부)	2.83	5.55	6.81
Argosy Gaming	호텔, 게임	8.18	6.30	7.16
Ashland Inc	석유 화학	4.27	8.76	7.59
Astoria Financial	저축 은행	9.66	9.66	7.88
Bally Total Fitness	레크리에이션	2.75	2.84	3.01
Beverly Enterprises	의료 서비스	4.75	4.84	4.30
Building Materials	건축자재	6.16	6.16	7.02
CAE Inc	방위산업	5.76	5.76	6.60
Calpine Corp	에너지	1.16	1.40	2.31
Can. Imperial Bank	은행(캐나다)	7.62	7.62	8.55
Centex Corp	주택 건설	7.02	6.80	5.61
Chromcraft Revington	가구	7.11	7.47	6.84
Cleco Corp	전력(중부)	7.34	6.81	7.87
CMS Energy Corp	전력(중부)	5.92	6.90	5.48
CryoLife Inc	의료 장비	6.01	6.01	4.19
Del Monte Foods	식품 가공	8.23	8.23	8.47
Dixie Group	직물	0.00	9.33	6.22
Dominion Homes Inc	주택 건설	7.14	5.04	5.55
Downey Financial	저축 은행	8.46	9.14	9.76
DPL Inc	전력(중부)	8.34	8.34	9.22
Duke Energy	전력(동부)	7.78	8.27	7.65
Dura Automotive 'A'	자동차-OEM	5.99	5.90	3.62
Dynegy Inc 'A'	가스	0.46	0.56	3.87
El Paso Electric	전력(서부)	8.17	8.17	9.43
Electronic Data Sys	소프트웨어	5.84	5.14	4.37
ENDESA ADR	전력(외국)	8.13	9.77	8.01
ePlus Inc	인터넷	7.70	7.87	7.80
Federated Dept Stores	소매	9.62	9.05	8.63
Fidelity Nat'l Fin'l	금융	9.09	7.26	6.48
First Amer Corp	금융	9.03	8.11	9.55
FirstFed Fin'l-CA	저축 은행	8.90	8.96	9.28
Fleming Cos	식품 도매	2.47	2.47	2.23
Flowserve Corp	기계	8.78	6.88	5.31
Foot Locker	소매(전문점)	9.48	8.94	8.53
Gadzooks Inc	소매(전문점)	7.58	6.74	7.02
Genesco Inc	신발	7.15	7.61	9.02
Gerber Scientific	계기	9.29	9.29	5.69
Goodrich Corp	방위산업	5.92	5.92	6.78
Greater Bay Bancorp	은행	8.24	6.33	6.45
Green Mountain Pwr	전력(동부)	7.78	7.78	9.43
Group 1 Automotive	소매(전문점)	8.89	8.89	6.93
Gulfmark Offshore	해운	7.09	9.88	8.78
Handleman Co	레크리에이션	5.87	5.78	5.74
Haverty Furniture	소매(전문점)	9.70	8.40	9.45
HEALTHSOUTH Corp	의료 서비스	4.41	4.41	3.84
Helen of Troy Ltd	화장품	9.01	9.01	7.27
Household Int'l	금융	6.59	7.06	4.52
Imperial Chem ADR	화학(다각화)	7.01	7.01	8.97
InterTAN Inc	소매(전문점)	9.00	9.00	8.59
KB Home	주택 건설	8.51	7.13	6.32
Kroger Co	식료품점	9.70	9.70	7.87

기업명	업종	현행 PER	후행 PER	선행 PER
Lafarge No America	시멘트	8.59	7.53	7.70
LandAmerica Finl	금융	6.29	5.79	6.52
Lennar Corp	주택 건설	8.54	7.98	6.65
M.D.C. Holdings	주택 건설	6.22	6.27	6.15
Magna Int'l 'A'	자동차-OEM	8.51	8.42	8.52
Marathon Oil Corp	석유	5.12	8.07	9.41
May Dept Stores	소매	9.60	9.60	9.80
McDermott Int'l	다각화 기업	5.69	5.69	3.59
Metro One Telecom	산업 서비스	8.02	7.91	3.94
MGIC Investment	금융	6.96	6.81	6.34
MicroFinancial Inc	금융	1.34	1.34	3.17
Mirant Corp	에너지	0.68	0.77	1.33
Nash Finch Co	식품 도매	7.52	6.00	5.73
Nationwide Fin'l	생명보험	8.02	8.20	7.77
Nautilus Group Inc	소매(전문점)	7.17	5.49	5.18
New Century Financial	금융	9.94	4.21	3.44
Petroleo Brasileiro ADR	석유	2.97	2.97	3.23
Petroleum Geo ADR	유전	3.15	3.65	2.35
Philip Morris	담배	9.59	8.58	9.17
Pinnacle West Capital	전력(서부)	6.67	6.67	8.23
PMI Group	손해보험	8.71	8.71	7.29
PNM Resources	전력(서부)	4.97	6.60	9.60
Precision Castparts	방위산업	5.44	5.41	6.55
Public Serv Enterprise	전력(동부)	5.62	6.49	6.01
Pulte Homes	주택 건설	8.49	7.10	6.20
Quaker Fabric	직물	9.16	7.23	7.34
Quanta Services	산업 서비스	1.89	1.89	4.21
R. J. Reynolds Tobacco	담배	8.03	5.99	5.65
Radian Group Inc	금융	9.39	8.46	7.80
Radiologix Inc	의료 서비스	7.35	6.67	7.77
Republic Bancorp Inc 은행	은행	9.87	8.64	9.09
Ryland Group	주택 건설	7.21	6.26	6.87
Salton Inc	가전제품	2.76	2.76	6.52
Sears Roebuck	소매	7.77	7.13	4.69
Shaw Group	엔지니어링	8.90	6.31	5.84
Sola Int'l	의료 장비	6.95	7.27	9.23
Sprint Corp	통신 서비스	8.47	8.47	8.85
Stillwater Mining	광업	3.25	3.25	5.28
SUPERVALU INC	식품 도매	9.02	8.19	7.03
TECO Energy	전력(동부)	5.71	5.71	5.79
Telefonos de Mexico	통신	8.04	8.04	8.03
Toll Brothers	주택 건설	6.51	6.18	6.66
Tommy Hilfiger	의류	5.76	6.67	5.50
Trans World Entertain	소매(전문점)	7.50	7.50	7.52
Triumph Group Inc	계기	8.41	8.92	7.94
TXU Corp	전력(중부)	3.58	3.19	2.70
Tyco Int'l Ltd	다각화 기업	5.01	5.00	7.52
UIL Holdings	전력(동부)	7.08	7.88	8.35
United Rentals	기계	3.96	3.96	3.11
Universal Amern Finl	생명보험	8.99	9.76	8.31
Universal Corp	담배	8.35	8.35	8.62
URS Corp	산업 서비스	7.37	6.24	7.37
Warrantech Corp	산업 서비스	7.59	5.61	3.00
Westar Energy	전력(중부)	0.00	3.34	9.43
Westpoint Stevens	직물	0.00	5.29	1.60
Whirlpool Corp	가전제품	8.41	7.49	7.13
World Acceptance	금융	6.45	6.10	6.98

서는 자본자산가격결정모형(Capital Asset Pricing Model, CAPM)을 이용해서 저PER주와 고PER주의 베타를 추정했다. 이 연구의 결론도 위험을 고려하지 않고 분석한 결과와 똑같았다. 즉 위험을 고려하더라도 저PER주의 수익률이 고PER주보다 훨씬 높다는 결론이다. 그림 3.8은 3년, 5년 동안 저PER주와 전체 주식의 평균 베타를 보여준다.

이렇게 위험을 평가해도 저PER주의 평균 베타가 시장보다 낮으므로 더 안전한 것으로 나온다. 그러나 저PER주의 평균 베타와 표준편차가 시장보다 낮더라도 위험이 큰 주식은 포트폴리오에서 제거하는 편이 좋다. 예컨대 베타나 표준편차가 상장 주식 중 상위 25%에 속하는 주식은

그림 3.8 저PER주의 베타

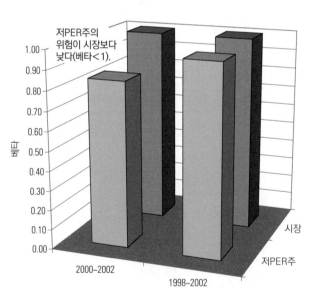

자료: 밸류 라인. 저PER주와 전체 주식의 평균 베타(3년, 5년 동안 주간 수익률로 계산).

모두 제거할 수 있다. 2002년 10월 상장 주식의 경우 베타 1.25와 표준편차 80%가 기준이 된다. 베타 1.25나 표준편차 80%을 초과하는 주식을 모두 제거하면 포트폴리오 종목은 115개에서 91개로 감소한다. 표 3.5는 이 기준으로 제거되는 종목을 나타낸다.

표 3.5 저PER주 포트폴리오에서 제거된 기업(위험 기준, 2002년 10월)

기업명	업종	베타	표준편차
Beverly Enterprises	의료 서비스	1.27	75.58%
Allmerica Financial	손해보험	1.31	49.50%
Precision Castparts	방위산업	1.33	52.58%
Federated Dept Stores	소매	1.34	46.00%
Telefonos de Mexico ADR	통신(외국)	1.40	43.74%
Petroleum Geo ADR	유전	1.40	74.49%
Shaw Group	엔지니어링	1.44	69.20%
United Rentals	기계	1.68	58.13%
Flowserve Corp	기계	1.71	54.84%
InterTAN Inc	소매(전문점)	1.73	61.29%
Dynegy Inc 'A'	가스(다각화)	1.78	77.24%
Tyco Int'l Ltd	다각화 기업	1.87	60.57%
Stillwater Mining	광업	1.87	65.61%
Salton Inc	가전제품	2.05	73.57%
CryoLife Inc	의료 장비	-0.34	81.08%
Dura Automotive 'A'	자동차-OEM	2.35	81.56%
Quanta Services	산업 서비스	2.48	82.67%
Calpine Corp	에너지	1.95	85.18%
Metro One Telecom	산업 서비스	1.74	86.70%
AES Corp	에너지	2.26	89.64%
Aftermarket Tech	자동차-OEM	1.02	100.83%
ePlus Inc	인터넷	1.57	113.77%
Westpoint Stevens	직물	0.74	126.22%
Acclaim Entertainment	엔터테인먼트 기술	3.33	237.57%

위험 기준 둘 중 하나에만 해당되어도 제거된다는 점에 유의하라. 예컨대 (웨스트포인트 스티븐스처럼) 베타가 1.25 미만이더라도 표준편차가 80%를 초과하면 포트폴리오에서 제거된다.

저성장과 PER

주식이 저PER주가 되는 이유 중 하나는 낮은 기대 성장률이다. 저PER주 중에는 성장 잠재력이 거의 없는 성숙기 기업이 많다. 따라서 저PER주에 투자하면 성장성이 거의 없거나 마이너스인 주식을 보유할 위험이 있다. 그러므로 저성장을 감수하더라도 저PER주가 과연 유리할지 생각해보아야 한다.

위험과 마찬가지로 성장성도 여러 가지 방식으로 측정할 수 있다. 최근 몇 분기나 몇 년의 이익 증가율을 볼 수도 있지만 이는 과거를 돌아보는 방식이다. 최근 몇 년 동안은 이익이 부진했지만 고성장을 목전에 둔 기업도 있고, 최근 몇 년 동안은 이익이 급성장했지만 앞으로의 성장 전망이 어두운 기업도 있다. 그래서 흔히 투자자는 과거를 돌아보는 방식 대신 미래 기대 성장률에 주목하는 방식을 선호한다. I/B/E/S나 잭스Zacks 등은 애널리스트의 성장률 추정치를 수집하고 요약해서 제공한다. 그림 3.9는 2002년 10월 저PER주의 과거 성장률과 기대 성장률 평균을 나머지 주식과 비교해서 보여준다.

저PER주의 최근 1년, 5년 EPS 성장률은 나머지 주식보다 높았다. 그러나 저PER주의 향후 매출과 EPS 성장률 추정치는 나머지 주식보다 훨씬 낮다. 바로 이 문제 때문에 저PER주가 되었다고 볼 수도 있다. 그러므로 성장률이 낮거나 마이너스인 주식을 저PER주 포트폴리오에서 제거하는

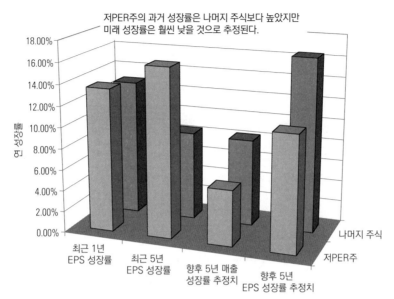

그림 3.9 성장률: 저PER주와 나머지 주식(2002년 10월)

저PER주의 과거 성장률은 나머지 주식보다 높았지만
미래 성장률은 훨씬 낮을 것으로 추정된다.

자료: 밸류 라인. 향후 5년 매출과 EPS 성장률 추정치는 애널리스트 추정치임.

것도 고려해야 한다.

　EPS 최저 기대 성장률 10% 기준을 도입하면 저PER주 포트폴리오 종목이 52개 감소한다. 그리고 EPS 최저 기대 성장률 5% 기준을 도입하면 27개 감소한다. 애널리스트 추정치가 지나치게 낙관적이라고 판단되어 과거 EPS 최저 성장률 5% 기준을 추가로 도입하면 종목이 13개 더 감소한다. 표 3.6은 과거 EPS 최저 성장률 5% 기준과 EPS 최저 기대 성장률 5%를 도입했을 때 제거되는 40개 종목을 보여준다.

표 3.6 저PER주 포트폴리오에서 제거되는 기업들: 성장률 5% 이하(2002년 10월)

기업명	종목 코드	EPS 성장률 추정치	최근 5년 EPS 성장률
성장률 추정치가 5% 이하라서 제거되는 기업			
Aquila Inc	ILA	−10.00%	7.00%
CMS Energy Corp	CMS	−4.00%	−0.50%
PNM Resources	PNM	−1.50%	11.50%
UIL Holdings	UIL	−1.00%	4.00%
Trans World Entertain	TWMC	−0.50%	0.00%
Stillwater Mining	SWC	0.50%	0.00%
Allegheny Energy	AYE	1.00%	8.50%
Allmerica Financial	AFC	1.00%	11.50%
Marathon Oil Corp	MRO	1.00%	28.00%
Imperial Chem ADR	ICI	1.50%	−3.50%
Pinnacle West Capital	PNW	2.00%	9.00%
El Paso Electric	EE	2.50%	15.50%
Salton Inc	SFP	2.50%	72.50%
Calpine Corp	CPN	3.50%	0.00%
Sprint Corp	FON	3.50%	0.00%
Ashland Inc	ASH	3.50%	14.50%
Universal Corp	UVV	3.50%	15.50%
Westpoint Stevens	WXS	4.00%	0.00%
ENDESA ADR	ELE	4.00%	1.00%
Quanta Services	PWR	4.50%	0.00%
TECO Energy	TE	4.50%	4.50%
Lafarge No. America	LAF	4.50%	17.50%
Del Monte Foods	DLM	5.00%	0.00%
May Dept. Stores	MAY	5.00%	6.00%
Tommy Hilfiger	TOM	5.00%	15.00%
Precision Castparts	PCP	5.00%	20.50%
AES Corp	AES	5.00%	28.50%

기업명	종목 코드	EPS 성장률 추정치	최근 5년 EPS 성장률
과거 성장률이 5% 이하라서 제거되는 기업			
Westar Energy	WR	16.00%	−25.50%
Green Mountain Pwr	GMP	20.50%	−19.50%
Petroleum Geo ADR	PGO	15.00%	−14.50%
Beverly Enterprises	BEV	9.50%	−12.50%
Gerber Scientific	GRB	14.00%	−9.50%
Quaker Fabric	QFAB	18.17%	−5.50%
Sola Int'l	SOL	6.00%	−3.50%
Nash Finch Co	NAFC	17.50%	−3.50%
Aftermarket Tech	ATAC	8.50%	2.00%
TXU Corp	TXU	9.50%	2.00%
Electronic Data Sys	EDS	13.00%	2.50%
Chromcraft Revington	CRC	13.00%	4.00%
Gadzooks Inc	GADZ	18.33%	5.00%

이익의 질과 PER

PER은 EPS에 초점을 두므로 회계사가 EPS를 어떻게 측정하느냐에 따라 크게 달라질 수 있다. 회계사가 설사 실수를 저지르더라도 EPS 추정치가 기존 회계 기준에서 벗어나지 않는다면 우리는 큰 걱정 없이 PER을 사용할 수 있을 것이다. 그러나 그동안 발생한 분식 회계 사건을 고려하면 회계 이익은 조작되기 쉽다고 주장할 수도 있다. 영업의 효율성 때문이 아니라 (자산 매각이나 연금 기금 관련 소득 등) 일회성 항목 때문에 이익이 많다면 이러한 이익은 대폭 낮추어서 평가해야 한다.

이렇게 이익이 의심스러운 종목은 어떻게 걸러낼 수 있을까? 쉽지 않다. 문제가 발생한 뒤에야 알 수 있기 때문이다. 그러나 과거의 분식 회계 사례를 통해서 실마리를 찾을 수는 있다.

첫째, 이익 수정이 빈번한 기업, 특히 수정 후 이익이 급감하는 기업을 찾아내는 것이다.[7] 둘째, 일회성 비용으로 반복해서 이익을 줄이는 기업도 조심해야 한다. 예컨대 제록스는 1990년대에 해마다 일회성 비용으로 이익을 축소했다. 셋째, 매출 성장과 이익 성장이 따로 노는 기업도 조심해야 한다. 1~2년 정도라면 매출 성장률이 낮아도 이익 성장률이 높을 수 있지만, 매출 성장률이 5%에 불과한데도 이익 성장률이 장기간 계속해서 20%를 유지하는 기업은 존재하기 어렵다.

투자자에게 주는 교훈

3장의 주요 교훈은 저PER주가 싸지 않을 수 있고 투자에 불리할 수도 있다는 것이다. 게다가 저성장주와 고위험주 대부분이 저PER주라는 사실도 고려해야 한다. 그러므로 저PER주 포트폴리오를 구성하고자 한다면, 동시에 이익의 질과 성장 잠재력이 높고 위험은 낮은 포트폴리오를 구성해야 한다. 그 열쇠는 다양한 필터를 이용해서 이러한 요소를 모두 갖춘 포트폴리오를 구성하는 것이다.

- 저PER: 두 가지를 결정해야 한다. 첫째, PER을 계산하는 척도를 선택해야 한다. 현행 PER, 후행 PER, 선행 PER 중에서 선택해야 하며 기본 EPS와 희석 EPS 중에서도 하나를 선택해야 한다. 둘째, 저PER의 기준도 정해야 한다. 다시 말해서 PER이 12 미만일 때 저PER로 간주할 것인지, PER이 8 미만일 때 저PER로 간주할 것인지

를 정해야 한다. 앞에서도 언급했지만 저PER은 상대적인 개념이다. 즉 PER 12는 PER 중앙값이 25라면 저PER이지만 그 값이 7이라면 고PER이 된다. 시장 수준에 맞추어 기준을 설정하려면 저PER 상위 10%나 20%를 기준으로 삼을 수 있다. 어느 쪽을 선택하느냐는 다른 필터가 얼마나 엄격한지, 포트폴리오에 포함하려는 종목 수는 얼마인지에 좌우될 것이다.

- 저위험: 역시 두 가지를 결정해야 한다. 첫째, 필터에 사용할 위험 척도를 선택해야 한다. 앞에서는 주가의 표준편차와 베타를 위험 척도로 사용했다. 그러나 다른 정량 척도를 사용할 수도 있다. 예컨대 금융 레버리지의 위험 척도로 부채 비율을 사용할 수도 있다. 아니면 정성 척도로 위험을 평가하는 방법도 있다. 예컨대 스탠더드 앤드 푸어스(Standard and Poor's, S&P)는 회사채에 문자 등급을 부여하듯이 주식에도 문자 등급을 부여한다. S&P가 평가한 A등급 주식은 BBB등급 주식보다 훨씬 안전하다. 둘째, 포트폴리오에서 제거할 주식의 위험 기준도 선택해야 한다. 예컨대 시장 표준편차의 중앙값이나 평균을 기준으로 삼을 수 있고 기준을 더 낮출 수도 있다.

- 합리적인 EPS 기대 성장률: 저PER주 중에서 기대 성장률이 높은 주식을 찾기는 매우 어렵겠지만 그래도 기대 성장률의 기준은 설정할 수 있다. 예컨대 EPS 기대 성장률이 5% 미만인 주식은 모두 포트폴리오에서 제거할 수 있다. 이 기준은 어떻게 설정해야 할까? 전체 시장의 중앙값이나 평균을 지침으로 삼을 수 있다.

- 이익의 질: 아마도 검증하기 가장 어렵고 시간도 많이 드는 요소다. 제대로 검증하려면 각 기업의 여러 해 재무제표를 자세히 조사해야

한다. 더 간단하게 검증하려면 이익의 질이 의심스러운 기업을 제거하면 된다. 예컨대 다음과 같은 기업을 제거할 수 있다.

- 최근 몇 년 동안 반복해서 이익을 수정한 기업: 이는 분식 회계를 알려주는 신호가 될 수 있다.
- 내부 투자 대신 기업 인수를 통한 성장: 기업 인수를 통해서 성장하는 기업은 (구조 조정 비용 등) 일회성 비용과 (영업권 상각 등) 비현금 비용이 많아서 EPS의 신뢰도가 낮다.
- 스톡옵션 부여나 일회성 거래 이익이 많은 기업: 스톡옵션이 많으면 EPS 예측이 매우 어렵고, 일회성 거래 이익이 많으면 '정상 이익'을 파악하기 어렵다.

2002년 10월 현재 상황에서 이들 기준은 다음과 같이 설정할 수 있다.

- PER(현행, 후행, 선행) 12 미만(저PER주 상위 20%).
- 베타 1 미만, 최근 5년 주가의 표준편차 60% 미만(전체 주식 표준편차의 중앙값). 이들 중 일부는 부채가 과도할 수 있으므로 부채 비율 60%를 초과하는 기업은 모두 제거한다.
- 향후 5년 EPS 기대 성장률(애널리스트 추정치)이 5%를 초과하고 최근 5년 EPS 성장률도 5% 초과.

아울러 최근 5년 동안 이익 수정이 있었거나[8] 대규모 구조 조정 비용이 3회 이상[9] 있었던 기업도 제거한다. 이렇게 해서 27종목으로 구성된 포트폴리오를 3장 부록에 실었다. 이 포트폴리오는 밸류 라인이 정의한 23개 업종에 잘 분산되어 있다.

결론

일반 통념에 의하면 저PER주는 싸서 투자에 유리하다. 저PER주의 수익률이 고PER주보다 상당히 높다는 경험적 증거가 이를 뒷받침한다. 그러나 PER과 펀더멘털의 관계를 살펴보면 저PER주는 위험이 크고 기대성장률이 낮게 나오기도 한다. 3장에서는 저PER주 포트폴리오를 구성하고 위험과 성장률 기준에 미달하는 종목을 제거해 이들의 관계를 확인해보았다. 현행, 후행, 선행 PER이 10 미만인 115개 종목 중 위험이 평균보다 높거나 성장률이 평균보다 낮아서 제거된 종목이 60%를 초과했다.

요컨대 저PER만을 기준으로 삼는 투자 전략은 위험할 수 있다. 장기투자자라면 위험도 평균보다 낮고 기대 성장률도 합리적인 저PER주에 투자하는 전략이 더 바람직하다.

부록: PER 기준을 통과하는 미국 기업(2002년 10월)

기업명	종목코드	업종	PER			위험 척도			EPS 성장률		스톡옵션 (유통 주식 수 기준)
			현행	후행	선행	베타	표준편차	부채비율	최근 5년	향후 5년	
Washington Federal	WFSL	저축 은행	11.22	10.90	10.89	0.90	32.84%	0.00%	7.50%	11.50%	0.00%
CEC Entertainment	CEC	음식점	10.28	11.30	9.65	0.90	38.87%	13.36%	65.00%	17.00%	2.57%
Magna Int'l 'A'	MGA	자동차 부품	8.77	9.30	8.44	0.90	27.78%	24.01%	9.50%	10.50%	17.21%
Bank of Nova Scotia	BNS.TO	은행 (캐나다)	10.65	10.80	10.05	0.90	24.71%	29.40%	15.00%	10.00%	1.68%
Centex Construction	CXP	시멘트	9.87	10.90	9.04	0.75	38.04%	29.89%	20.50%	8.50%	0.38%
Zions Bancorp	ZION	은행	11.46	11.60	10.83	0.95	31.70%	30.94%	15.00%	11.50%	1.07%
Nat'l Bank of Canada	NA.TO	은행 (캐나다)	10.09	11.50	9.38	0.80	22.60%	31.25%	13.00%	9.50%	0.48%
V.F. Corp	VFC	의류	11.03	11.20	10.72	0.90	35.17%	31.76%	6.50%	8.50%	3.11%
Right Management	RMCI	인적자원	8.97	9.30	8.69	0.60	53.97%	35.38%	9.00%	23.50%	9.19%
Tredegar Corp	TG	화학(특수)	9.46	11.40	8.64	0.80	43.01%	35.63%	16.50%	14.00%	1.90%
Ryan's Family	RYAN	음식점	9.00	9.70	8.70	0.75	34.50%	35.97%	15.00%	14.00%	3.53%
Loews Corp	LTR	금융 서비스 (다각화)	8.12	10.60	6.71	0.90	37.83%	39.40%	5.50%	8.00%	0.00%
Building Materials	BMHC	건축 자재	7.66	7.60	7.25	0.85	39.13%	40.80%	7.50%	8.00%	0.85%
Ameron Int'l	AMN	건축 자재	7.23	7.10	6.78	0.75	33.63%	42.33%	14.50%	5.00%	3.18%
IHOP Corp	IHP	음식점	10.86	12.00	9.87	0.85	32.28%	43.17%	15.00%	12.00%	1.77%
Universal Forest	UFPI	건축 자재	9.60	9.80	8.46	0.75	32.67%	43.28%	14.00%	12.00%	2.91%
TBC Corp	TBCC	타이어	9.88	9.90	9.29	0.85	45.08%	43.84%	7.00%	10.00%	1.84%
Haverty Furniture	HVT	소매 (전문점)	10.57	10.20	9.70	0.85	51.68%	45.48%	17.50%	14.00%	2.39%
Brown Shoe	BWS	신발	9.52	10.90	9.05	0.75	51.55%	45.73%	9.00%	8.00%	1.97%
Philip Morris	MO	담배	9.02	9.10	8.94	0.65	36.31%	50.60%	10.50%	9.00%	0.00%
Smithfield Foods	SFD	식품 가공	11.77	11.00	9.93	0.90	39.34%	52.06%	26.00%	10.00%	2.15%
Sealed Air	SEE	포장	7.17	7.00	6.93	0.75	53.38%	52.12%	5.50%	15.00%	0.00%
SUPERVALU INC	SVU	식품 도매	8.21	8.70	7.31	0.75	37.58%	54.11%	8.00%	10.00%	0.81%
Duke Energy	DUK	전력(동부)	8.79	11.00	8.48	0.70	36.49%	55.13%	6.00%	7.50%	0.70%
Safeway Inc	SWY	식료품점	8.16	8.90	7.75	0.75	31.68%	55.68%	25.00%	12.00%	1.97%
Hovnanian Enterpr	HOV	주택 건설	8.19	10.40	8.45	0.95	52.20%	57.91%	22.00%	22.50%	3.70%
CAE Inc	CAE.TO	방위산업	8.92	7.50	6.86	0.75	59.44%	59.97%	17.50%	12.00%	1.17%

4장

장부가치보다 싸다고?
저PBR주 이야기

회계사를 불신하게 된 헬가

심리학자인 헬가는 늘 회계사가 되고 싶었다. 심리학은 주관적이고 정밀하지 않아서 불만이었으므로 원칙과 규정이 명확한 분야에서 일하고 싶었다. 하루는 〈월스트리트 저널〉에서 글로벌 텔레콤(Global Telecom)에 관한 기사를 읽었는데, 이 주식이 장부가치(순자산가치, 장부 가격)의 절반에 거래되고 있다는 내용이었다. 회계 지식이 부족한 헬가는 이 장부가치를 회계사가 추정한 주식의 가치라고 생각했다. "주가가 장부가치보다 낮으니까 싼 게 틀림없어"라고 말하면서 그는 이 주식에 거액을 투자했다.

그는 안전한 주식에 투자했다고 확신하고 주가가 장부가치까지 상승하기를 기다렸다. 그러나 주가는 오히려 하락했다. 글로벌 텔레콤을 자세히 들여다보니 경영진의 평판이 형편없었고 최근 10년 동안 수익이 거의 없거나 적자였다. 그는 여전히 장부가치를 믿었으므로 최악의 경우에도 누군가 이 회사를 장부가치에 인수할 것이라고 확신했다. 그러나 연말이 되자 그의 꿈은 산산조각 났다. 과거 회사의 부실 투자를 반영해 주식의 장부가치를 인하한다는 회계사의 발표가 난 것이었다. 이렇게 장부가치가 주가 밑으로 내려갔으므로 이제는 주가가 장부가치보다 높아졌다. 이제 그는 회계사가 전혀 되고 싶지 않았다.

▶ 교훈: 장부가치는 의견일 뿐, 사실이 아니다.

주식의 장부가치는 회계사가 평가한 주식의 가치다. 지난 몇 년 동안 회계사의 신뢰성이 하락했는데도 투자자는 여전히 회계사가 제공하는 주식의 장부가치가 시장 가격보다 더 보수적이고 현실적인 주식의 가치라고 믿는다. 시장 가격은 변덕스러운 분위기에 좌우된다고 보기 때문이다. 그래서 주가가 장부가치보다 훨씬 낮은 주식은 저평가되었다고 생각하고, 주가가 장부가치보다 높은 주식은 고평가되었다고 생각한다. 4장에서 보겠지만, 이러한 생각은 맞을 때도 있고 틀릴 때도 있다. 회사의 부실 투자나 높은 위험 탓에 주가가 장부가치보다 내려간 주식도 많기 때문이다.

이야기의 핵심

주가가 장부가치보다 낮은 주식은 저평가된 것이라는 생각은 수십 년 동안 계속되었다. 투자자와 펀드 매니저는 이 생각을 이용해서 주식을 걸러냈다. 펀드 평가 회사(모닝스타, 밸류 라인, 리퍼 등)는 이러한 생각을 토대로 펀드를 가치주 펀드와 성장주 펀드로 분류한다. 가치주 펀드는 저PBR주에 투자하고 성장주 펀드는 고PBR주에 투자한다[PBR: 주가순자산 배수(Price-to-Book Ratio) = 주가/주당순자산(낮을수록 저평가, 주당순자산 = 주당장부가치)]. 이렇게 주가가 장부가치보다 낮은 주식은 저평가되었다고 보는 방식도 어림셈법의 하나다.

이러한 생각이 투자자들에게 그토록 잘 통하는 이유는 무엇일까? 여러 이유 중에서 두 가지는 다음과 같다.

- 시장보다 회계사의 가치 평가가 더 믿을 만하다: 시장은 불합리하고 변덕스러운 반면 회계사는 가치를 늘 보수적으로 평가한다고 믿기에 당연히 시장의 추정치(시장 가격)보다 회계사의 추정치(장부가치)에 더 비중을 두게 된다. 따라서 주가가 장부가치보다 낮으면 주가(시장의 추정치)가 틀렸다고 믿고 싶어진다.
- 장부가치는 청산가치다: 회사가 청산되면 장부가치는 회수된다고 믿는다. 그래서 주가가 장부가치보다 낮으면 자산을 매각해 부채를 상환하고도 남으므로 싸다고 생각한다. 주가가 장부가치에 접근할 때 이렇게 믿는 사람을 이용하면 이득을 얻을 수 있다.

이론적 근거: PBR과 펀더멘털

3장에서는 단순한 평가 모형을 통해서 PER 결정 요소를 살펴보았다. PBR에 대해서도 똑같은 방식으로 접근하기로 한다. 먼저 PBR의 정의를 알아보고 PBR을 높이거나 낮추는 변수들도 살펴보자.

PBR의 정의

PBR은 주가를 주당순자산(= 주당장부가치)으로 나누어 산출한다.

PBR = 주가 / 주당순자산

여기서 분자는 현재 주가가, 분모는 주당순자산이 된다. 주당순자산은 주식의 순자산(장부가치)을 유통 주식 수로 나누어 산출한다. PBR은 PER 보다 변수가 훨씬 적다. 주당순자산은 실제 유통 주식 수를 근거로 산출할 수도 있고(기본 주당순자산), 스톡옵션이 모두 행사된 것으로 가정해 계산한 유통 주식 수를 근거로 산출할 수도 있다(희석 주당순자산). 그러나 PER과 달리 현행, 후행, 선행 PBR은 사용하지 않는다. 다만 가급적 최신 주당순자산을 사용하는 것이 관행이다. 즉 매년 실적을 발표하는 기업이라면 최근 연차 보고서 숫자를 근거로 주당순자산을 계산한다. 분기마다 실적을 발표하는 기업이라면 최근 분기 숫자를 근거로 계산한다.

회계사가 순자산을 평가하는 방법

주당순자산을 이해하려면 먼저 재무상태표를 살펴보아야 한다. 그림 4.1은 기업이 보유한 자산, 이들 자산의 가치, 이들 자산 확보에 사용한 부채와 자기자본의 구성을 요약해서 보여준다.

자산이란 무엇인가? 미래에 현금 유입을 창출하거나 현금 유출을 축소할 수 있는 자원을 가리킨다. 이는 거의 모든 자산에 적용할 수 있는 매우 광범위한 정의이고, 회계사는 여기에 몇 가지 단서를 추가한다. 자원은 기업이 거래를 통해서 획득한 것이어야 자산이 될 수 있다. 그리고 그 자원이 미래에 가져다줄 이득은 정량화되어야 한다.

회계사가 자산을 평가하는 근거는 대개 취득 원가(historical cost) 개념이

그림 4.1 재무상태표

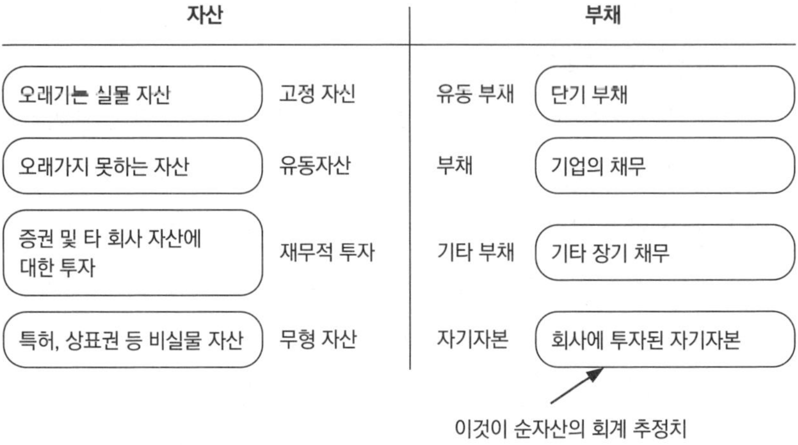

자산		부채	
오래가는 실물 자산	고정 자산	유동 부채	단기 부채
오래가지 못하는 자산	유동자산	부채	기업의 채무
증권 및 타 회사 자산에 대한 투자	재무적 투자	기타 부채	기타 장기 채무
특허, 상표권 등 비실물 자산	무형 자산	자기자본	회사에 투자된 자기자본

이것이 순자산의 회계 추정치

이것이 미국 재무상태표의 전통적인 형식이며 다른 나라는 다소 다른 형식을 사용하기도 한다. 아시아 일부 국가는 자산을 오른쪽에, 부채를 왼쪽에 표시한다. 독일 기업은 연금 기금 자산과 부채를 재무상태표에 연결해서 표시한다.

다. 즉 자산 취득에 들어간 원가를 기준 삼아, 취득 이후 자산이 개선되었으면 상향 조정하고 노후화 등으로 가치가 손상되었으면 하향 조정한다. 이 취득 원가를 장부가치라고 부르기도 한다. 특히 토지, 건물, 장비 등 고정 자산에 이러한 방식이 적용된다. 회계사는 재고 자산과 매출 채권 등 유동자산에 대한 재평가를 쉽게 수용한다. 일부 유가 증권은 현재 시장 가격으로 평가(이른바 시가 평가)하는데, 재무상태표 전체 자산의 장부 가치는 시장 가격과 전혀 다른 경우가 많다.

자산과 마찬가지로 부채도 취득 원가로 평가되므로 시장 가격과 불일치하기 쉽다. 즉 재무상태표에 표시된 부채는 은행 대출이나 채권 발행을 통해서 조달한 원금이지, 최근 시장 가격이 아니다. 그러면 자기자본의 장부가치는 어떨까? 재무상태표에 표시된 자기자본은 회사가 주식을 발행해서 받은 자금을 기준으로, 이후 발생한 손익을 더하고 이후 지급한 배당을 차감한 금액을 나타낸다.

이 외에 자기자본의 장부가치에 영향을 미치는 항목은 다음과 같다.

- 기업이 주식을 재발행하거나 스톡옵션 행사에 대응할 목적으로 자사주를 매입해서 단기간 보유하면 이 주식은 자사주로 표시된다. 그러나 기업은 자사주를 장기간 보유할 수 없으므로 매입한 자사주만큼 자기자본의 장부가치가 인하된다. 자사주 매입은 현재 시장 가격에 이루어지므로 자기자본의 장부가치가 대폭 인하될 수 있다.
- 기업이 장기간에 걸쳐 대규모 손실을 기록하거나 대규모 자사주 매입을 실행하면 자기자본의 장부가치는 마이너스가 될 수도 있다.
- 기업이 보유한 매도 가능 유가 증권 규모가 크면 그 평가 손익에 의해 자기자본의 장부가치가 증감될 수 있다.

기업이 발표하는 재무제표에는 주주 지분 변동 내역이 포함되며, 자기자본의 장부가치 변동 사항도 모두 요약해서 제시된다.

이익과 마찬가지로 자산의 장부가치도 기업의 결정에 따라 바뀔 수 있다. 기업은 일부 항목을 비용으로 처리하거나 자본화할 수 있는데, 비용으로 처리한 항목은 자산으로 표시되지 않는다. 그리고 항목을 자본화하더라도 감가상각 방법에 따라 자산의 장부가치가 달라질 수 있다. 가속상각을 선택하면 초기 연도에 감가상각을 더 많이 하게 되므로 자산의 장부가치가 더 낮아진다. 기업이 구조 조정이나 일회성 비용을 선택하면 자산의 장부가치는 더 많은 영향을 받을 수 있다. 요컨대 자기자본의 장부가치를 근거로 투자할 때는 이러한 문제 해결에 노력해야 하므로 PBR

은 기업의 가치를 나타내는 훌륭한 지표가 아닐지도 모른다.

PBR 결정 요소

이번에도 배당이 일정 속도로 영원히 성장한다고 가정하는 고든 성장 모형으로 주식의 가치를 평가해보자. 이 모형에서 주식의 가치는 다음과 같이 나타낼 수 있다.

$$\text{현재 주식의 가치} = \frac{\text{내년 예상 배당}}{\text{자기자본 비용} - \text{기대 성장률}}$$

이 모형에서 PBR을 계산하려면 방정식의 양변을 현재 주식의 순자산가 치로 나누면 된다. 그러면 PBR이 미래 현금흐름 할인 형식으로 표시된다.

$$\frac{\text{현재 주식의 가치}}{\text{현재 주식의 순자산가치}} = PBR = \frac{\dfrac{\text{내년 예상 배당}}{\text{현재 주식의 순자산가치}}}{\text{자기자본 비용} - \text{기대 성장률}}$$

$$= \frac{\dfrac{\text{내년 예상 배당}}{\text{내년 예상 EPS}} \times \dfrac{\text{내년 예상 EPS}}{\text{현재 주식의 순자산가치}}}{\text{자기자본 비용} - \text{기대 성장률}}$$

$$= \frac{\text{예상 배당 성향} \times \text{ROE}}{\text{자기자본 비용} - \text{기대 성장률}}$$

앞에서 소개했던 콘 에드 사례를 다시 생각해보자. 내년에 예상되는 배당은 (예상 EPS 3.3달러 중) 연 2.2달러이고, 자기자본 비용은 8%며, 영구 기대 성장률은 3%다. 여기서 이 주식의 순자산가치는 33달러라고 추가로 가정하자. 그러면 이 주식의 PBR은 다음과 같이 나타낼 수 있다.

$$\text{콘 에드 주식의 PBR} = \frac{\text{예상 배당 성향} \times \text{ROE}}{\text{자기자본 비용} - \text{기대 성장률}}$$

$$= \frac{(2.2 \,/\, 3.3) \times (3.3 \,/\, 33)}{(0.08 - 0.03)} = 1.33$$

기대 성장률이 상승할수록 PBR도 상승하므로 성장주는 PBR이 높다. 이는 직관적으로 이해가 되는 말이다. 반면 위험이 크고 자기자본 비용이 높을수록 PBR이 낮아진다. 배당 성향이 높아질수록 그리고 ROE가 높아질수록 PBR도 높아진다. 이번에는 배당 성향을 다음과 같이 바꿔서 표현해보자.

$$\text{배당 성향} = 1 - \frac{\text{기대 성장률}}{\text{ROE}}$$

$$\text{PBR} = \frac{(1 - \text{기대 성장률} \,/\, \text{ROE}) \times \text{ROE}}{(\text{자기자본 비용} - \text{기대 성장률})} = \frac{(\text{ROE} - \text{기대 성장률})}{(\text{자기자본 비용} - \text{기대 성장률})}$$

PBR을 결정하는 핵심 요소는 'ROE와 자기자본 비용의 차이'임을 알 수 있다. 즉 ROE가 자기자본 비용보다 계속 낮을 것으로 예상되는 주식은 순자산가치보다 낮은 가격에 거래된다.

이 분석은 고성장 기업에도 쉽게 적용할 수 있다. 방정식이 더 복잡해지겠지만, PBR 결정 요소는 똑같이 ROE, 기대 성장률, 배당 성향, 자기자본 비용이다. 주가가 순자산가치보다 낮은 주식이 모두 싼 것은 아니다. 특히 ROE가 낮고, 위험이 크며, 기대 성장률이 낮은 주식일수록 PBR이 낮다고 보아야 한다. 저평가 주식을 발굴하고자 한다면 저PBR주 중에서도 위험이 평균 이하이고 ROE도 적정 수준을 유지하는 주식을 찾아야 한다.

증거 확인

일부 투자자는 저PBR주가 저평가되었다고 주장하며 이러한 저PBR주 투자 전략을 지지하는 연구도 여럿 있다. 여기서는 먼저 미국 시장에서 PBR과 장기 수익률 사이의 관계를 살펴보고 다른 시장에서 둘의 관계도 살펴보기로 한다.

미국에서 발견한 증거

저PBR주 투자가 유리한지 검증하는 가장 쉬운 방법은 저PBR주의 수익률을 다른 주식과 비교하는 것이다. 1973~1984년 미국 주식 수익률 조사에 의하면 저PBR주 투자 전략의 초과수익률은 연 4.5%였다.[1] 다른 연구에서는 PBR 기준으로 12개 포트폴리오를 구성해 1963~1990년 수익률을 분석했다. 여기서 최고 PBR주 포트폴리오의 평균 월 수익률은 0.30%였고 최저 PBR주 포트폴리오는 1.83%였다.[2]

저PBR주 투자 전략이 지금도 유효한지 확인하려고 같은 방식으로 1991~2001년 수익률도 분석해 이전 기간의 수익률과 비교해보았다. 전년 말 PBR 기준으로 10개 포트폴리오를 구성해서 연 수익률을 계산했다. 그림 4.2는 그 결과를 요약한 것이다.

3개 기간의 수익률을 보면 최저 PBR주의 수익률이 최고 PBR주보다 항상 높았다. 1927~1960년에는 최저 PBR주와 최고 PBR주의 수익률 차이가 연 3.48%였다. 1961~1990년에는 둘의 수익률 차이가 연 7.57%로 확대되었다. 그리고 1991~2001년에는 둘의 수익률 차이가 5.72%였다. 그러므로 저PBR주의 수익률 우위가 장기간 지속되었다.

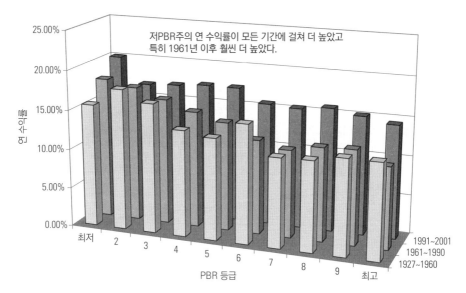

그림 4.2 PBR과 수익률(1927~2001년)

저PBR주의 연 수익률이 모든 기간에 걸쳐 더 높았고
특히 1961년 이후 훨씬 더 높았다.

자료: 파마·프렌치. 매년 초 PBR 기준으로 미국 주식을 10개 등급으로 구분해 각 연도의 연 수익률을
계산함. 연 수익률의 평균을 그래프로 표시함.

3장의 PER 분석에서도 언급했지만, 위 분석 결과를 보고 저PBR주의
수익률이 모든 기간에서 더 높았다고 받아들여서는 안 된다. 그림 4.3은
1927~2001년 최저 PBR주와 최고 PBR주의 연도별 수익률 차이를 나타
낸다.

평균적으로 저PBR주의 수익률이 고PBR주보다 높았지만 저PBR주의
수익률이 장기간 더 낮았던 적도 있다. 저PBR주의 수익률이 탁월했던 기
간(1930년대 초, 제2차 세계대전 기간, 1970년대 말, 1990년대 초)을 보면 시장이
전반적으로 침체할 때 저PBR주의 실적이 탁월하다고 판단할 수 있다. 즉
저PBR주는 방어주(defensive stocks)라는 뜻이다.

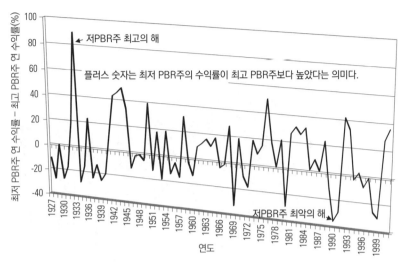

그림 4.3 최저 PBR주와 최고 PBR주(1927~2001년)

자료: 파마·프렌치. 최저 PBR주(PBR 하위 10%)와 최고 PBR주(PBR 상위 10%)의 연 수익률 차이.

투자에서는 거래 비용도 유의해야 한다. 한 연구에서는 거래 비용 차감 후에도 저PBR주에서 초과수익이 나오는지 조사했다.[3] 이 연구에 의하면, 1963~1988년 동안 저PBR 소형주에 투자해 거래 비용으로 1%를 차감하면서 매년 리밸런싱을 한다고 가정했을 때 초과수익이 4.82% 나오는 것으로 밝혀졌다. 이 포트폴리오의 최적 리밸런싱 주기, 즉 거래 비용 이상으로 갱신 이익이 나오는 기간은 2년이었다.

다른 나라에서 발견한 증거

저PBR주의 장기 수익률이 고PBR주보다 높은 현상은 다른 나라에서도 발견되었다. 1991년 분석에 의하면 일본 주식의 평균 수익률 횡단면 분석에 PBR이 중요한 역할을 했다.[4] 1981~1992년 동안 세계 모든 시장에서도 저PBR주의 수익률이 고PBR주보다 높았다.[5] 표 4.1은 각 시장에서 저PBR주의 시장지수 대비 초과수익률을 나타낸다.

표 4.1 국가별 저PBR주의 초과수익률(1981~1992년)

국가	저PBR주의 초과수익률
프랑스	3.26%
독일	1.39%
스위스	1.17%
영국	1.09%
일본	3.43%
미국	1.06%
유럽	1.30%
세계	1.88%

한국 시장 역시 저PBR주의 수익률이 더 높은 것으로 밝혀졌다.[6]

저PBR주 투자 전략은 매우 유망해 보인다. 그렇다면 이 전략을 사용하는 투자자가 더 많아야 하지 않을까? 이제 이 전략의 잠재적 문제점을 살펴보고 이러한 문제점을 제거할 필터도 알아보자.

데이터 정밀 분석

여기서는 먼저 미국 주식의 PBR 분포를 살펴보고 이어서 업종별 PBR 차이를 알아본다. 마지막에는 저PBR주 포트폴리오를 구성해 자세히 들여다보기로 한다.

전체 주식의 PBR 분포

저PBR, 고PBR, 평균 PBR이 어느 수준인지 감을 잡아보려고 미국 모든 상장 주식의 PBR을 계산했다. 그림 4.4는 2002년 10월 PBR 분포를 나타낸다.

2002년 10월 전체 미국 주식의 평균 PBR은 3.05였는데 이 평균은 PBR 4가 넘는 약 600개 기업 때문에 왜곡된 숫자다. 더 의미 있는 PBR은 중앙값인 1.30이다. 전체 미국 주식의 약 절반은 PBR이 1.30 미만이다.

PBR에 관해서 유의할 사항 또 하나는, (지속적인 적자 탓에) 순자산가치가 마이너스여서 PBR 계산이 불가능한 기업이 많다는 사실이다. 이 표본

그림 4.4 PBR: 미국 상장 기업(2002년 10월)

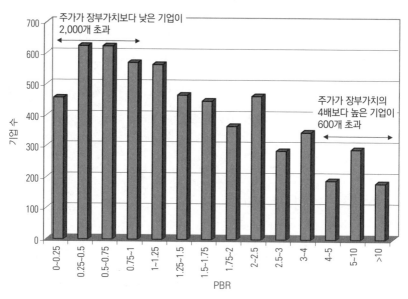

자료: 밸류 라인.

에서는 7,102개 기업 중 1,229개가 그런 경우였다. 3장에서 EPS가 마이너스여서 PER 계산이 불가능한 기업은 2,045개였다.

업종별 PBR

PBR은 업종별로 큰 차이가 난다. 일부 업종에는 PBR 1 미만인(주가가 장부가치보다 낮은) 주식이 많다. 반면 다른 업종에는 PBR 5~10인 주식이 흔하다. 업종별 PBR 차이를 조사하려고 2002년 10월 전체 미국 기업의 업종별 평균 PBR을 계산했다. 표 4.2는 PBR 최고 업종과 최저 업종 10개를 나타낸다.

업종별로 PBR이 크게 다른 이유는 무엇일까? 앞에서 분석했듯이 PBR 결정 요소가 다르기 때문이다. 고위험, 저성장, 특히 저ROE 주식은 PBR

표 4.2 PBR 최저 업종과 최고 업종(2002년 10월)

PBR 최저 업종		PBR 최고 업종	
업종	PBR	업종	PBR
에너지	0.30	생명공학	4.27
투자회사(외국)	0.63	교육 서비스	4.50
해운	0.74	트럭운송, 리스	4.51
오락	0.83	정보 서비스	4.83
전력(서부)	0.86	약제 서비스	4.84
철강(종합)	0.87	의약품	5.84
부동산투자신탁	0.89	의료 장비	5.85
통신(외국)	0.94	음료(알코올)	6.04
직물	0.98	음료(청량음료)	6.67
타이어, 고무	0.99	가정용품	7.99

이 낮을 것이라고 예상해야 한다. 표 4.3은 PBR 최저 업종과 최고 업종 10개의 ROE, 베타, 부채 비율, 기대 성장률 평균을 나타낸다.

표 4.3 저PBR 업종과 고PBR 업종 10개의 펀더멘털

	ROE	베타	부채 비율	기대 성장률
저PBR 업종	1.90%	0.93	50.99%	12.28%
고PBR 업종	13.16%	0.89	10.33%	20.13%

결과는 예상대로다. 저PBR 업종은 고PBR 업종보다 평균 ROE가 훨씬 낮고, 위험(특히 부채 비율)은 더 크며, 기대 성장률은 훨씬 낮다. 다시 말해서 업종별로 PBR이 크게 다른 데는 충분한 이유가 있다.

PBR에 관해서 유의할 사항이 하나 더 있다. 대개 고PBR 업종에 속한 기업은 주요 자산이 장부에 표시되지 않는다는 사실이다. 특히 생명공학 회사와 제약회사는 연구 개발비를 비용으로 처리하므로 장부가치가 실제보다 적게 표시된다. 대개 음료회사와 가정용품회사의 가장 중요한 자산은 브랜드(상표)인데, 무형 자산이어서 재무상태표에 표시되지 않는다. 그러므로 이러한 기업은 ROE가 높고 PBR도 높다.

저PBR주 포트폴리오

PBR이 가장 낮은 주식으로 포트폴리오를 구성하면 어떤 모습일까? 2002년 10월 전체 미국 상장 주식 중 순자산가치가 플러스이고 주가가 형성된 주식은 5,883개였다. 표 4.4(146~147쪽)는 주가가 순자산가치의 50% 미만인 주식 197개를 열거한 것이다.

추가할 이야기

저PBR주 중에는 저평가되지 않은 주식도 있다. 앞에서 언급했듯이 고위험이나 저ROE 탓에 저PBR주가 되었을 수도 있기 때문이다. 여기서는 저PBR주 포트폴리오의 특성을 살펴보고 저PBR주 투자 전략의 잠재적 문제점도 조사해본다.

고위험주

저PBR주의 수익률이 더 높은 것은 위험이 평균 이상이기 때문일 수 있다. 일부 연구에서는 이 가설을 검증하려고, 위험을 고려했을 때도 초과수익이 나오는지 분석했다. 초기 연구에서는 베타를 고려해 저PBR주의 수익률을 분석했는데 그래도 여전히 초과수익이 나온다고 판단했다. 즉 전통적인 방식으로 위험과 수익률을 측정하면 저PBR주의 수익률이 고PBR주보다 높다.

최근 연구에서는 위험을 측정하는 전통적인 방식이 불완전하다고 주장한다. 저PBR 기업은 재정난에 빠지거나 파산하기 쉬우므로 이 연구는 저PBR 자체가 위험 척도라고 말한다. 그렇다면 투자자는 저PBR주에서 나오는 추가 수익이 추가 위험을 충분히 보상해주는지 평가해보아야 한다.

그림 4.5는 앞에서 구성한 저PBR주 포트폴리오의 세 가지 위험(베타, 표준편차, 부채 비율)을 시장 위험과 비교한 것이다.

- 베타: 베타는 주가의 흐름을 시장지수의 흐름과 비교해서 위험을 측정한다. 베타가 1보다 크면 그 주식의 위험은 평균보다 크다는 뜻

표 4.4 미국 저PBR주(2002년 10월)

기업명	PBR	기업명	PBR
SpectraSite Hldgs Inc	0.01	Digital Lightwave	0.33
WorldCom Inc	0.01	Net Perceptions Inc	0.32
Vina Technologies Inc	0.18	PECO II Inc	0.16
Jupiter Media Metrix Inc	0.11	Ventiv Health Inc	0.26
Metawave Communications	0.08	Lexent Inc	0.35
Beacon Power Corp	0.20	Travis Boats & Motors Inc	0.14
DDi Corp	0.07	AES Corp	0.09
Mississippi Chem Corp	0.05	NMS Communications Corp	0.24
Sorrento Networks Corp	0.14	EOTT Energy Partners-LP	0.26
BackWeb Technologies Ltd	0.14	Ceres Group Inc	0.28
Leap Wireless Intl Inc	0.02	ACT Teleconferencing	0.37
SBA Communications Corp	0.02	Atlas Air Inc	0.14
TranSwitch Corp	0.10	MetaSolv Inc	0.26
iBasis Inc	0.14	Management Network Grp Inc.	0.35
Alamosa Hldgs Inc	0.05	Sapient Corp	0.37
UbiquiTel Inc	0.13	Electroglas Inc	0.15
Inktomi Corp	0.09	SatCon Technology	0.38
Cylink Corp	0.31	KANA Software Inc	0.36
ATS Medical	0.10	Pegasus Communications	0.29
T/R Systems Inc	0.20	SIPEX Corp	0.22
AHL Services	0.09	Factory 2-U Stores Inc	0.21
724 Solutions Inc	0.16	Aspen Technology Inc	0.24
Gilat Satellite	0.05	America West Hldg	0.08
Critical Path	0.35	Mail-Well Inc	0.28
Petroleum Geo ADR	0.05	Pantry Inc	0.26
Genaissance Pharmaceuticals	0.19	Armstrong Holdings	0.07
Synavant Inc	0.16	Mirant Corp	0.08
Evergreen Solar Inc	0.12	Ditech Communications Corp	0.23
Therma-Wave Inc	0.08	eBenX Inc	0.37
Corvis Corp	0.27	Analysts Int'l	0.35
Finisar Corp	0.13	Quovadx Inc	0.27
Airspan Networks Inc	0.15	Aclara Biosciences Inc	0.37
Seitel Inc	0.07	Metalink Ltd	0.34
i2 Technologies	0.23	Value City Dept Strs	0.28
Mobility Electronics Inc	0.37	QuickLogic Corp	0.34
Time Warner Telecom Inc	0.09	Corning Inc	0.26
Vascular Solutions Inc	0.28	Artesyn Technologies Inc	0.28
Optical Communication Prods	0.39	Digi Int'l	0.35
Allegiance Telecom	0.15	MicroFinancial Inc	0.20
SMTC Corp	0.14	Calpine Corp	0.28
Dynegy Inc 'A'	0.06	EXFO Electro-Optical Engr	0.25
Charter Communications Inc	0.15	MasTec Inc	0.30
Lucent Technologies	0.24	Hypercom Corp	0.37
U.S. Energy Sys Inc	0.31	Champion Enterprises	0.39
Braun Consulting Inc	0.32	Tesoro Petroleum	0.15
Latitude Communications Inc	0.24	Hawk Corp	0.32
AXT Inc	0.13	Spectrian Corp	0.24
Digital Generation Sys	0.34	Trenwick Group Ltd	0.35
Titanium Metals	0.10	GlobespanVirata Inc	0.26
Pemstar Inc	0.22	Spartan Stores Inc	0.22

기업명	PBR	기업명	PBR
SonicWALL Inc	0.35	TTM Technologies Inc	0.42
Discovery Partners Intl Inc	0.40	Oglebay Norton Co	0.42
Integrated Silicon Solution	0.37	Standard Management Corp	0.43
Quanta Services	0.15	Chart Industries	0.43
REMEC Inc	0.40	Technology Solutions	0.43
eXcelon Corp	0.39	Tweeter Home	0.43
CyberOptics	0.32	Captaris Inc	0.43
Olympic Steel Inc	0.28	Net2Phone Inc	0.44
McDermott Int'l	0.29	Resonate Inc	0.44
Qwest Communic	0.12	Chartered Semiconductor Mfg	0.44
Metris Cos	0.15	Massey Energy	0.44
Trans World Entertain	0.28	Oregon Steel Mills	0.44
DiamondCluster Intl Inc	0.26	Caliper Technologies Corp	0.44
Dixie Group	0.37	Pinnacle Entertainment Inc	0.44
Sierra Wireless Inc	0.36	Proxim Corp Cl A	0.44
FPIC Insurance	0.37	Innotrac Corp	0.44
Alcatel ADR	0.20	R. J. Reynolds Tobacco	0.44
Park-Ohio	0.33	SportsLine.com Inc	0.45
Aquila Inc	0.26	Sonus Networks Inc	0.45
Integrated Elect Svcs	0.28	Stolt-Nielsen ADR	0.45
AAR Corp	0.40	JNI Corp	0.45
Milacron Inc	0.33	Point 360	0.45
HEALTHSOUTH Corp	0.38	Books-A-Million	0.45
Hi/fn Inc	0.38	Cirrus Logic	0.45
MPS Group	0.35	Zygo Corp	0.46
Three-Five Sys	0.37	Edge Petroleum	0.46
Sierra Pacific Res	0.32	Fleming Cos	0.46
Allegheny Energy	0.20	Goodyear Tire	0.47
Advanced Micro Dev	0.34	Callon Pete Co	0.47
Applica Inc	0.39	PDI Inc	0.47
United Rentals	0.35	IMCO Recycling	0.47
Cont'l Airlines	0.27	Chesapeake Corp	0.47
Bally Total Fitness	0.39	Docent Inc	0.47
AmeriCredit Corp	0.37	Salton Inc	0.47
Gentiva Health Services Inc	0.32	DigitalThink Inc	0.48
Allmerica Financial	0.18	RSA Security	0.49
Sea Containers Ltd 'A'	0.37	Deltagen Inc	0.49
Avnet Inc	0.30	Applied Extrusion Tech	0.49
Dura Automotive 'A'	0.36	Vignette Corp	0.49
Westar Energy	0.39	Marimba Inc	0.49
Delta Air Lines	0.28	TELUS Corp	0.49
Carpenter Technology	0.38	Arris Group Inc	0.50
TXU Corp	0.38	MSC.Software	0.50
Integrated Information Sys	0.22	answerthink inc	0.50
Click Commerce Inc	0.25	Ascential Software	0.50
G't Atlantic & Pacific	0.41	CNH Global NV	0.50
XETA Corp	0.41	Maxtor Corp	0.50
Interface Inc 'A'	0.41		
RWD Technologies	0.41		
Descartes Sys Group Inc	0.42		

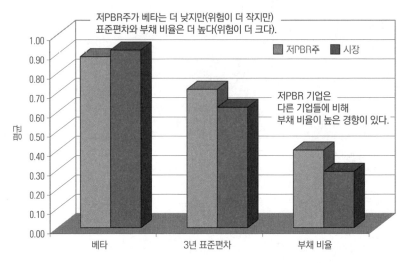

그림 4.5 저PBR주와 시장의 위험 비교(2002년 10월)

자료: 밸류 라인. 저PBR주와 시장의 세 가지 위험: 베타, 3년 표준편차, 부채 비율(총부채의 장부 가격/총
자본의 장부 가격).

이다.

- 3년 주가의 표준편차: 주가의 변동성을 나타내는 척도다.

- 부채 비율: '총부채(장기 부채+단기 부채)의 장부 가격'을 '총자본(부채
  +자기자본)의 장부 가격'으로 나누어 산출한다. 재정난이나 파산이
  우려되는 기업의 부채 규모를 알려주는 중요한 척도다.

저PBR주의 베타 평균이 시장의 베타 평균보다 약간 낮으므로 베타 기
준으로는 저PBR주의 위험이 과도해 보이지 않는다. 그러나 주가 변동성
과 부채 비율 면에서는 저PBR주의 위험이 시장보다 커 보인다.

저PBR주 포트폴리오에서 위험이 과도한 주식을 제거하려면 세 가지
위험 척도로 만든 필터를 이용하면 된다. 표 4.5는 각 필터를 이용할 때

표 4.5 위험 기준에 따라 제거되는 종목 수(2002년 10월)

필터	제거되는 종목 수
베타 1 미만	162
베타 1.25 미만	129
베타 1.5 미만	93
표준편차 60% 미만	169
표준편차 70% 미만	152
표준편차 80% 미만	127
부채 비율 50% 미만	61
부채 비율 60% 미만	47
부채 비율 70% 미만	21

제거되는 종목의 수를 나타낸다.

베타와 표준편차를 필터로 이용하면 포트폴리오의 197개 종목 중 대부분이 제거된다. 부채 비율을 필터로 사용할 때는 제거되는 종목이 상대적으로 적다. 세 가지 위험 필터를 모두 포함한(베타 1.5 미만, 표준편차 80% 미만, 부채 비율 70% 미만) 종합 위험 필터를 적용하면 저PBR주 포트폴리오 종목이 51개로 감소한다.

저가주

저PBR주 중에는 주가가 급락해서 포함된 경우도 많다. 저PBR주 중 다수가 (주가가 1달러에도 못 미치는) 저가주라는 사실도 놀랄 일이 아니다. 저가주라는 사실이 왜 중요할까? 저가주는 거래 비용이 고가주보다 훨씬 높기 때문이다. 여기에는 세 가지 이유가 있다.

첫째, 일반적으로 증권사는 100주 단위로 고정 수수료를 받는다. 그러므로 주가가 낮을수록 거래 금액에서 수수료가 차지하는 비중이 높아진다. 수수료가 건당 30달러라면 주가가 100달러인 주식 100주를 매수할 때 수수료 비중이 0.3%다. 그러나 주가가 10달러인 주식 100주를 매수하면 수수료 비중이 3%로 높아지고, 주가가 1달러인 경우에는 비중이 30%로 높아진다. 매수 수량이 많으면 협상을 통해서 수수료를 낮출 수 있겠지만 그래도 주가가 낮을수록 수수료 비중은 높아진다.*

둘째, 주가가 일정 수준 밑으로 내려가면 대부분 기관투자가는 그 주식을 모두 처분한다. 그러면 그 주식은 유동성이 감소하므로 거래가 가격에 미치는 영향(시장 충격 비용)이 증가한다. 조금만 매수해도 가격이 상승하고 조금만 매도해도 가격이 하락한다.

셋째, 주가가 낮을수록 '매수 호가와 매도 호가의 차이'가 차지하는 비중이 증가한다. 그 주식을 버리는 투자자가 증가할수록 유동성이 감소해 문제가 더 심각해진다.

저가주는 거래 비용이 얼마나 될까? 수수료, 호가 차이, 시장 충격 비용을 모두 고려하면, 주가 1달러 미만 주식은 거래 금액에서 거래 비용이 차지하는 비중이 25%를 쉽게 초과하고 주가 2달러 미만 주식은 비중이 15%를 넘어간다. 거래 비용은 장기 보유를 통해서 분산할 수 있으므로 보유 기간이 길어질수록 부담이 감소한다. 예컨대 보유 기간이 10년이면 거래 비용이 10년에 걸쳐 분산되므로 초기 비용 25%가 연 2.5%로

---

* 미국 거주자들이 현지 증권사에서 거래할 경우 적용되었던 수수료 체계다. 현재 한국인이 한국 증권사를 통해서 미국 주식을 거래할 때 적용되는 수수료는 거래 금액 기준으로 부과된다. 단, 원화를 달러로 환전하는 과정에 들어가는 수수료도 추가 비용으로 고려해야 하고, 각 증권사의 수수료 이벤트를 이용하면 비용을 절감할 수 있다.

감소한다.

그림 4.6은 저PBR주 포트폴리오 종목의 가격 분포로, 각 가격 구간에 속하는 종목의 수를 나타낸다.

주가가 1달러 미만인 종목이 포트폴리오의 약 4분의 1에 해당하는 50개이고, 주가가 1~2달러인 종목도 50개다. 이 포트폴리오에 투자하면 거래 비용이 매우 높아서 단기적으로는 이 전략에서 얻는 이점이 모두 사라질 것이다. 그러므로 주가 수준을 기준으로 일부 종목을 걸러내는 편이 타당하다. 표 4.6은 다양한 가격 필터를 사용했을 때 제거되는 저 PBR주 포트폴리오의 종목 수를 나타낸다.

그림 4.6 저PBR주의 가격 분포(2002년 10월)

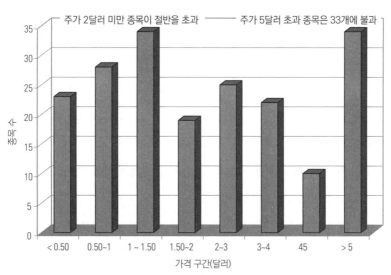

자료: 밸류 라인. 주가가 각 가격 구간에 속하는 종목의 수임. 기관투자가는 주가가 5달러 미만인 종목을 피한다. 거래 비용이 매우 높기 때문이다.

표 4.6 가격 수준 필터와 저PBR주(2002년 10월)

필터	제거되는 종목 수
10달러 초과	186
5달러 초과	160
2달러 초과	104

어느 필터를 선택해야 할까? 보유 기간이 짧아질수록 더 엄격한(기준 주가가 더 높은) 필터를 선택해야 한다. 보유 기간을 5년으로 가정하면 기준 주가는 최소 2달러가 되어야 한다. 이 주가 필터를 추가하면 처음에 197개였던 포트폴리오 종목은 39개로 감소한다.

어두운 전망: 낮은 ROE

저PBR주 투자 전략의 가장 중대한 한계는 저PBR주의 현재 ROE는 물론 미래 예상 ROE가 낮아도 전혀 이상하지 않다는 것이다. PBR과 ROE 사이의 관계는 이미 앞에서 논의한 바 있다. ROE가 낮은 주식은 PBR도 낮기 마련이다. 요컨대 저PBR주에 투자하려면 ROE가 적당하면서 위험이 크지 않은 저PBR주를 찾아내야 한다.

저PBR주 포트폴리오 197개 종목의 ROE를 조사해보았다. 그림 4.7은 이들 종목의 ROE 분포를 나타낸다.

보다시피 종목 대부분의 ROE가 초라한 수준이다. 197개 종목 중 143개는 ROE가 마이너스였으며 그중 71개는 -20% 이하였다. ROE가 전체 미국 주식의 평균(약 10%)보다 높은 종목은 15개에 불과했다. 물론 1년에 불과한 ROE 실적으로는 판단을 그르칠 수 있으며 특히 최근 회계 연도(2001년)가

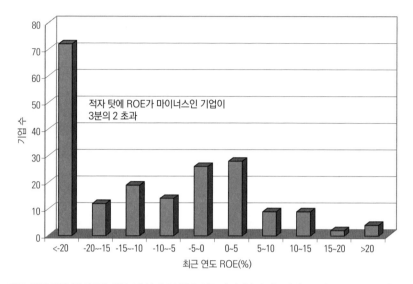

그림 4.7 저PBR주의 ROE(2001년)

적자 탓에 ROE가 마이너스인 기업이
3분의 2 초과

최근 연도 ROE(%)

자료: 밸류 라인. 각 기업의 최근 4개 분기 순이익을 연초 자기자본의 장부 가격으로 나누어 ROE를 산출함.

침체기였다는 점도 고려해야 한다. 하지만 최근 5년 ROE를 살펴보더라도 전반적인 판단은 바뀌지 않을 듯하다. 결국 저PBR주는 ROE가 낮거나 마이너스이기 때문에 저PBR주라는 뜻이다.

저PBR주 투자 전략에 관심이 있다면 포트폴리오 종목의 ROE를 확인해보는 편이 좋다. 표 4.7은 ROE 필터를 사용했을 때 제거되는 종목의 수를 나타낸다.

ROE 10% 기준과 함께 주가 2달러, 베타 1.5, 표준편차 80%, 부채 비율 70% 기준을 사용하면 197개 종목 중 7개만 남는다. 표 4.8은 이렇게 남는 종목이다. 이들 7개 종목에서도 위험 신호가 감지된다. RJ레이놀즈타바코는 담배 소송 때문에 거액의 채무를 떠안을 수 있고, 에너지회사는 엔론처럼 분식 회계 문제에 직면할 수 있다.

표 4.7 ROE 필터와 저PBR주(2002년 10월, ROE는 2001년)

필터	제거되는 종목 수
ROE 0% 초과	143
ROE 5% 초과	171
ROE 10% 초과	180

표 4.8 가격, 성장률, ROE 기준을 충족하는 저PBR주(2002년 10월, ROE는 2001년)

기업명	주가(달러)	PBR	ROE	베타	표준편차	부채 비율
R. J. Reynolds Tobacco	42.20	0.44	7.41%	0.70	44.01%	17.26%
McDermott Int'l	3.16	0.29	5.06%	1.25	74.42%	28.69%
Healthsouth Corp	4.72	0.38	8.59%	1.25	67.81%	44.36%
Bally Total Fitness	6.92	0.39	13.67%	1.20	48.64%	56.47%
Allegheny Energy	5.86	0.20	11.77%	0.80	40.56%	64.05%
Westar Energy	10.47	0.39	11.79%	0.50	0.00%	64.87%
MicroFinancial Inc	2.09	0.20	14.74%	0.75	46.20%	65.20%

투자자에게 주는 교훈

저PBR주의 경우 위험이 평균을 초과하거나 ROE가 평균 미만이라면, 더 통찰력을 발휘해 위험은 낮고 ROE는 높은 저PBR주를 찾아내는 전략이 필요하다. 파산 위험 지표로 부채 비율을 사용하고 미래 ROE 지표로 전년도 ROE를 사용하면, 위험은 낮고 ROE는 높은 저평가 저PBR주를 찾아낼 수 있을 것이다.

이 주장을 다음과 같이 부분적으로나마 검증했다. 뉴욕증권거래소 전체 상장 주식에서 1981~1990년 매년 연말에 PBR 기준과 ROE 기준을 모두 충족하는 종목을 선정했다. 이로부터 저평가 포트폴리오(PBR 하위 25%, ROE 상위 25%)와 고평가 포트폴리오(PBR 상위 25%, ROE는 하위 25%)를 구성했다. 그리고 두 포트폴리오의 이듬해 수익률을 계산했다. 표 4.9는 1982~1991년 두 포트폴리오의 수익률을 나타낸다.

저평가 포트폴리오의 수익률이 고평가 포트폴리오보다 높았던 해가 10년 중 8년이었다. 1982~1991년 수익률 평균은 저평가 포트폴리오가 고평가 포트폴리오보다 연 14.99% 더 높았으며 S&P500보다도 훨씬 높았다. 이 검증에서 파산 위험은 고려하지 않았지만, 원하면 종목 선정의

표 4.9 저평가 포트폴리오(저PBR, 고ROE)와
고평가 포트폴리오(고PBR, 저ROE)의 수익률(1982~1991년)

연도	저평가 포트폴리오	고평가 포트폴리오	S&P500
1982	37.64%	14.64%	40.35%
1983	34.89%	3.07%	0.68%
1984	20.52%	-28.82%	15.43%
1985	46.55%	30.22%	30.97%
1986	33.61%	0.60%	24.44%
1987	-8.80%	-0.56%	-2.69%
1988	23.52%	7.21%	9.67%
1989	37.50%	16.55%	18.11%
1990	-26.71%	-10.98%	6.18%
1991	74.22%	28.76%	31.74%
1982~1991	25.60%	10.61%	17.49%

세 번째 기준으로 쉽게 추가할 수 있다.

2002년 10월 뉴욕증권거래소 전체 상장 주식의 경우 다음과 같은 필터로 포트폴리오를 구성할 수 있다.

- 1단계: PBR 0.8 미만인 종목을 선정한다. 이 필터는 앞에서 197종목을 선정한 필터(PBR 0.5 미만)보다 기준이 다소 느슨하지만 대신 위험과 ROE에 더 엄격한 필터를 사용할 수 있다.
- 2단계: 위험을 통제하기 위해서 베타가 1.5를 초과하거나 부채 비율(시장 가격 기준)이 70%를 초과하는 종목은 모두 제거한다. 저PBR주는 시장 가격이 장부가치보다 낮으므로 부채 비율 산정에서는 시장 가격이 더 엄격한 기준이 된다. 표준편차 기준을 적용했을 때는 제거되는 종목이 소수에 불과했으므로 여기서는 사용하지 않았다.
- 3단계: 주가 수준을 통제하기 위해서 주가가 3달러 미만인 종목은 모두 제거한다. 3달러 기준은 앞에서 사용한 2달러 기준보다 약간 더 엄격하지만 대신 거래 비용이 감소한다.
- 4단계: 저성장을 통제하기 위해서 최근 회계 연도 ROE가 8% 미만인 종목은 모두 제거한다. 이렇게 해서 53종목으로 구성되는 포트폴리오를 부록에 실었다.

결론

주가가 장부가치(순자산가치)보다 낮으면 싸다고 생각하는 투자자가 많다. 이들은 장부가치가 주가보다 더 신뢰도 높은 척도이며 청산가치와 같다고 믿는다. 저PBR주의 과거 수익률이 시장 수익률보다 훨씬 높았으므로 경험적 증거도 이를 뒷받침하는 듯하다. 그러나 이 전략은 위험하다. 장부가치는 회계 측정치에 불과해서 회사가 보유한 자산의 가치나 자산의 청산가치와 무관하기 때문이다. 특히 감가상각 방법, 구조 조정 비용 등 비용 처리 방법, 자사주 매입 등 회계적 선택이 장부가치에 큰 영향을 미칠 수 있다.

펀더멘털 측면을 볼 때 위험이 크고 성장 전망이 어두우며 ROE가 낮은 기업의 PBR이 낮다. 이러한 기업은 저평가된 것이 아니다. 위험이 크지 않고 ROE가 낮지 않은 저PBR주 포트폴리오를 구성해보았다. 이 포트폴리오로 저PBR주 투자 전략을 실행하면 손실 위험은 축소하면서 수익 기회는 확대할 수 있을 것이다.

부록: 저평가된 저PBR주

기업명	종목 코드	주가(달러)	PBR	ROE	부채 비율	베타
Aecon Group Inc	ARE.TO	4.59	0.74	20.81%	52.11%	0.55
AirNet Systems Inc	ANS	4.70	0.71	9.49%	38.82%	0.85
Amer. Pacific	APFC	8.42	0.56	10.95%	41.94%	0.50
Americas Car Mart Inc	CRMT	13.68	0.72	15.06%	35.46%	0.80
Anangel-American Shipholdings	ASIPF	5.00	0.46	9.92%	63.89%	0.45
Andersons Inc	ANDE	12.70	0.68	9.29%	67.81%	0.45
Atl. Tele- Network	ANK	14.45	0.74	15.61%	10.38%	0.70
Badger Paper Mills Inc	BPMI	7.24	0.34	18.81%	41.52%	0.75
Building Materials	BMHC	14.06	0.62	8.78%	50.39%	0.85
California First Natl Bancorp	CFNB	10.75	0.76	11.96%	56.93%	0.75
Carver Bancorp Inc	CNY	10.89	0.58	8.60%	0.00%	0.70
Cascades Inc	CAS.TO	15.32	0.74	13.35%	47.47%	0.80
Chromcraft Revington	CRC	13.47	0.76	8.73%	0.00%	0.50
CKF Bancorp Inc	CKFB	18.61	0.75	8.17%	0.00%	0.55
Classic Bancshares	CLAS	24.49	0.75	10.00%	0.00%	0.40
Clean Harbors	CLHB	15.80	0.64	12.09%	33.23%	0.55
Cont'l Materials Corp	CUO	26.10	0.71	13.49%	26.21%	0.50
Department 56 Inc	DFS	13.51	0.72	10.18%	34.29%	0.95
Everlast Worldwide Inc	EVST	4.12	0.53	16.37%	33.10%	1.25
Finlay Enterprises Inc	FNLY	11.96	0.69	12.42%	64.52%	0.95
First Cash Inc	FCFS	10.05	0.76	10.81%	31.32%	0.65
Hampshire Group Ltd	HAMP	20.40	0.47	12.58%	22.93%	0.60
Harris Steel	HSG/A.TO	23.00	0.69	16.52%	2.27%	0.45
Hawthorne Fin'L Corp	HTHR	28.50	0.78	14.42%	19.82%	0.70
Ilx Inc	ILX	6.10	0.55	8.65%	65.50%	0.50
Integramed Amer Inc	INMD	5.83	0.41	20.95%	13.58%	1.05
Jos A Bank Clothiers Inc	JOSB	22.80	0.72	12.48%	10.83%	0.95
Korea Electric ADR	KEP	8.78	0.66	13.60%	66.44%	1.00
Lakes Entertainment Inc	LACO	6.03	0.48	14.86%	12.62%	0.85
Logansport Finl Corp	LOGN	17.00	0.77	8.03%	7.44%	0.45
Maxcor Finl Group Inc	MAXF	6.09	0.60	30.92%	1.46%	0.90
McGraw-Hill Ryerson Ltd	MHR.TO	32.00	0.67	12.17%	0.00%	0.50
National Sec Group Inc	NSEC	14.88	0.68	9.20%	5.30%	0.50
Northwest Pipe Co	NWPX	14.46	0.78	9.39%	40.70%	0.50
Novamerican Steel	TONS	6.84	0.51	8.04%	59.92%	0.40
Nutraceutical Intl	NUTR	9.75	0.49	10.75%	23.32%	0.95
O.I. Corp	OICO	4.06	0.73	12.65%	0.00%	0.40
Ohio Casualty	OCAS	13.19	0.64	12.19%	0.00%	0.75
Old Dominion Freight	ODFL	25.48	0.65	8.71%	33.98%	0.60
Paulson Capital	PLCC	4.80	0.49	21.24%	0.09%	0.95
PC Mall Inc	MALL	4.05	0.48	10.19%	9.75%	1.45
Q.E.P. Company Inc	QEPC	4.06	0.56	8.94%	65.75%	0.60
Racing Champions	RACN	15.50	0.63	12.84%	23.29%	1.35
Reitmans (Canada) Ltd	RET.TO	23.50	0.79	11.94%	0.00%	0.45
Seaboard Corp	SEB	230.00	0.59	10.11%	52.75%	0.65
Sportsmans Guide Inc	SGDE	7.17	0.56	16.84%	0.04%	0.95
Stackpole Ltd	SKD.TO	23.05	0.75	9.11%	11.99%	0.75
Stratasys Inc	SSYS	8.30	0.66	8.02%	5.66%	0.75
Supreme Inds Inc	STS	4.50	0.72	8.91%	25.87%	0.80
Todd Shipyard Cp Del	TOD	14.20	0.67	10.63%	0.00%	0.50
Todhunter Int'l	THT	10.70	0.70	10.13%	51.57%	0.40
Tommy Hilfiger	TOM	7.28	0.77	8.98%	48.50%	1.30
United Auto Group	UAG	13.37	0.67	8.67%	65.84%	1.20

5장

이익이 안정적인
회사가 더 유리할까?

래리의 무위험주riskless stock 투자 전략

래리는 늘 주식에 투자하고 싶었지만 너무 위험하다고 생각했다. 주식이 왜 위험한지 오랫동안 숙고한 그는 이익의 변동성이 크기 때문이라고 결론지었다. 그러므로 이익이 안정적인 주식으로 포트폴리오를 구성할 수 있으면 위험 없이 높은 수익을 얻을 거라고 확신했다. 그는 각 업종에서 지난 5년 동안 이익이 가장 안정적이었던 기업을 어렵지 않게 찾아낼 수 있었고, 이들 주식에 투자했다.

그런데 이러한 주식 중에는 PER이 높은 고가주가 많았다. 다른 투자자도 래리처럼 이들 주식이 저위험 고수익 종목이라고 판단했다는 뜻이다. 투자하고 보니 이들 중 일부는 이익이 안정적인데도 주가의 변동성이 컸다. 래리의 포트폴리오에는 금광주도 하나 있었는데, 중동 위기로 금값이 급등해 다른 금광회사의 이익이 증가할 때도 그가 투자한 금광회사는 이익이 증가하지 않았다. 경영진에게 문의하자 금 선물 계약으로 위험을 헤지(hedge)했다고 답변했다. 이러한 선물 계약에 의해서 손실 위험이 축소되었지만 수익 기회도 축소되었다. 포트폴리오의 실적을 평가해보니 그는 여전히 위험에 노출되어 있었는데도 거의 보상을 받지 못했다. 공짜 점심을 얻으려던 그의 시도는 실패로 끝났다.

▶ 교훈: 손실 위험이 없으면 수익 기회도 없다.

주식에 투자하면 그 기업이 역경에 처해 이익이 감소하면서 주가가 하락할 위험이 있다. 업종을 선도하는 기업에 투자해도 이러한 위험이 있다. 일부 기업은 이 위험에 대응해서 사업을 다각화한다. 여러 사업에 투자함으로써 위험을 분산해 이익 급락 가능성을 축소하는 것이다.

미국에서는 GE가 대표적인 사례다. 최근에는 국내 경제 침체에서 오는 위험을 축소하려고 사업을 국제적으로 분산하는 기업도 있다. 1980년대에는 코카콜라가 이 전략을 사용했다. 성장이 정체된 미국 청량음료 시장에서 벗어나 이익을 높이려는 목적이었다. 분산 투자가 위험을 줄여준다는 주장에는 반박의 여지가 없어 보인다. 그러면 다각화 기업에 대한 투자도 과연 좋은 전략일까? 일부 투자자는 그렇게 생각하는 듯하다.

그러나 일부 비다각화 기업은 경제 혼란기에도 이익을 안정적으로 유지한다. 이들 중에는 금융 파생상품으로 위험을 헤지하는 기업도 있고, 회계 기법을 이용하는 기업도 있다. 이익 흐름이 더 안정적이면 기업의 가치도 더 높아질까? 이익을 안정화하는 기법이 다르면 시장의 평가도 다를까? 5장에서는 이러한 문제를 다루기로 한다.

이야기의 핵심

주식은 채권보다 위험하다. 기업의 이익이 모두에게 지급하고 남는 돈이어서 변동성이 크기 때문이다. 기업의 이익을 더 안정화할 수 있다면 어떨까? 그러면 주식이 더 안전해져서 투자에 더 유리해질 것이다. 만일 이익이 안정적인 기업에 투자해서 변동성이 큰 기업에 투자할 때만큼 높은 수익을 얻을 수 있다면, 저위험 고수익이므로 일거양득이라고 주장할 만하다. 다음은 이 이야기의 세 가지 요소다.

- 이익이 안정적인 주식은 이익이 변덕스러운 주식보다 안전하다: 이 주장이 말이 되려면 이익의 변동성이 주식의 위험을 평가하는 척도라고 인정해야 한다. 다행히 이 주장으로 상대를 설득하기는 어렵지 않다. 주가의 변동성이나 베타 등 금융계에서 사용하는 위험 척도는 모두 시장에 기초한다. (예컨대 시장은 분위기와 투기에 쉽사리 휘둘린다고 생각해) 시장을 신뢰하지 않는 사람에게는 이익의 안정성이 더 신뢰도 높은 위험 척도가 될 수 있다.

- 기업의 이익이 안정적일수록 투자자의 수익률도 더 안정적이다: 이 주장에 의하면 이익이 안정적인 기업은 뜻밖의 실적 발표로 투자자를 혼란에 빠뜨릴 가능성이 낮다. 이 기업이 안정적인 이익을 바탕으로 매 분기 더 많은 배당을 지급한다면 이 주식의 수익률은 시장보다 훨씬 더 안정적일 것이다.

- 이익이 안정적인 주식은 시장에서 저평가되는 경향이 있다(세 가지 주장 중 반박당하기 가장 쉬운 주장이다): 이익이 안정적인 기업은 대개 따분해서 유행과 스타를 찾는 투자자의 관심을 끌지 못하기 때문이다. 그

결과 이익이 안정적인 기업은 변덕스러운 기업보다 저평가된다.

이익의 안정성 측정

이익의 안정성을 측정하는 방법은 크게 세 가지다. 우선 가장 직접적인 측정 방법은 이익의 변동성을 보는 것이다. 극단적인 예로 해마다 이익이 똑같아서 변동성이 전혀 없는 주식도 있을 것이다. 반면 대규모 흑자와 대규모 적자 사이를 오가면서 이익이 크게 변동하는 주식도 있을 것이다. 이 척도의 문제점은, 이익 규모가 큰 기업은 이익의 변동성이 크고 이익 규모가 작은 기업은 이익의 변동성이 작다는 점이다.

이익 규모에서 오는 편향 문제를 해결하려면 기간별 이익 변동 비율을 계산해 이 비율이 낮은 기업을 찾아내면 된다. 그러면 기업의 안정적인 이익 관점에서 벗어나 안정적인 이익 성장률에 주목하게 된다. 이 척도는 통계적으로 매력적이지만 첫 번째 척도처럼 심각한 문제도 있다. 위험을 측정할 때 이익 증가도 이익 감소와 똑같은 방식으로 다룬다는 것이다.[1] 일반적으로 투자자는 이익 증가를 위험으로 간주하지 않는다. 이익 감소만 위험으로 간주한다.

세 번째 척도는 이익 감소에만 초점을 맞춘다. 해마다 이익이 계속 증가하는 기업은 안전하다고 간주된다. 반면 어떤 해에는 이익이 증가하고 어떤 해에는 이익이 감소하는 기업은 위험하다고 간주된다. 실제로 우리는 이익 감소만 다루는 이익 변동 척도를 만들 수 있다.

이익의 안정성 척도를 선택한 다음에는 어느 이익에 초점을 맞출 것인지 결정해야 한다. 선택 대안은 여러 개다. 이자 및 법인세 차감 전 이익인 영업 이익을 선택할 수도 있다. 영업 이익에는 장점도 있지만, 부채가 많은 기업이라면 이익의 변동성을 오도할 수 있다는 단점도 있다. 대신 주식 투자자의 몫에 해당하는 순이익을 선택할 수도 있고 유통 주식 수를 반영하는 EPS를 선택할 수도 있다. EPS의 장점은 신주 발행을 통해서 이익을 늘리는 기업과 유보 이익 재투자를 통해서 이익을 늘리는 기업을 구별할 수 있다는 점이다. 다른 조건이 동일하다면 유보 이익 재투자로 이익을 늘리는 기업이 더 가치 있다.

이론적 근거: 이익의 안정성과 가치

직관적으로는 이익이 더 안정적인 기업이 가치도 더 높을 듯하지만 이익의 안정성과 가치 사이의 상관관계는 약하다. 여기서는 먼저 분산 포트폴리오가 위험을 보는 관점에 어떻게 영향을 미치는지 살펴보고, 이익의 안정성을 높이면 기업의 가치도 높아지는지 조사해본다.

분산 투자와 위험

달걀을 한 바구니에 담으면(한 종목에 집중 투자하면) 위험하다는 말이 있다. 실제로 분산 투자는 현대 포트폴리오 이론의 핵심이다. 노벨상을 받은 해리 마코위츠Harry Markowitz의 혁신적인 논문에 의하면, 포트폴리오 구성 종목의 주가가 나란히 움직이지 않는다면 포트폴리오의 위험은 구성 종목의 위험보다 낮아질 수 있다.

분산 투자자는 포트폴리오의 평가액과 평가액의 변동성에 관심이 있다. 따라서 위험을 측정할 때 그 투자가 포트폴리오의 전체 위험에 미치는 영향을 살펴본다. 대부분 위험 수익 모형의 전제에 의하면 주요 투자자는 분산 투자를 하므로 시장은 분산 불가능한 위험(분산 투자로도 제거할 수 없는 위험)에 대해서만 보상한다.

그러면 분산 투자는 이익이 안정적인 주식이 유리하다는 주장과 어떤 관계가 있을까? 이익이 불안정한 종목 50개로 포트폴리오를 구성해보자. 이들 기업의 이익 변동성이 기업 특유의 영업 활동이나 경영 탓이라면 포트폴리오 전체의 이익 변동성은 훨씬 더 낮아질 수 있다. 그렇다면 단지 이익이 불안정하다는 이유로 기업의 가치를 낮게 평가할 필요가 없어진다. 아울러 단지 이익이 안정적이라는 이유로 기업의 가치를 높게 평가할 필요도 없어진다.

그러면 이익이 안정적인 기업은 언제 가치가 높아질까? 첫째, 이익의 안정성 덕분에 실제로 위험이 낮아질 때다. 다시 말해서 그 기업의 이익이 안정적이어서 포트폴리오의 이익이 더 안정될 때다. 둘째, 잘 분산된 포트폴리오가 아니어서 소수 기업의 이익 흐름에 따라 위험이 결정될 때다.

이익의 안정성, 위험, 가치

이번에도 배당이 일정 속도로 영원히 성장한다고 가정하는 고든 성장 모형으로 이익 안정성과 가치의 관계를 살펴보자. 이 모형에서 주식의 가치는 다음과 같이 나타낼 수 있다.

$$현재\ 주식의\ 가치 = \frac{내년\ 예상\ 배당}{(자기자본\ 비용 - 기대\ 성장률)}$$

자기자본 비용을 측정하려면 자기자본의 위험을 평가해야 한다. 여기서 이익의 안정성이 '현재 주식의 가치'에 영향을 미치려면 자기자본의 위험이 이익의 안정성에 좌우되어야 한다. 즉 이익이 더 안정적인 기업은 자기자본의 위험이 더 작고 이익이 더 불안정한 기업은 자기자본의 위험이 더 커야 한다. 전통적인 위험 수익 모형을 따른다면, 시장 위험이 커질수록 자기자본 비용이 높아지고 시장 위험이 작아질수록 자기자본 비용이 낮아진다. 이 모형을 채택하면 이익의 안정성이 낮을수록 시장 위험이 커진다는 사실을 밝혀야 한다.

자기자본 비용이 이익의 안정성에 좌우된다면 다른 조건이 동일할 때 이익의 안정성이 높을수록 주식의 가치도 높아진다. 그런데 다른 조건이 동일할 수 있을까? 이익이 안정적인 기업은 보통 성숙기에 진입한 저성장 기업이다. 이러한 기업을 선정하면 이익의 안정성은 높아지지만(자기자본 비용은 낮아지지만) 성장성(기대 성장률)은 낮아진다. 따라서 이익의 안정성을 얻는 대가로 포기하는 성장성의 가치가 더 크면 주식의 가치가 더 낮아질 수도 있다.

이익의 안정성을 얻으려고 성장성을 포기했는데도 위험이 감소하지 않는다면 큰 손해를 보게 된다. 즉 이익의 안정성이 높아지더라도 자기자본 비용은 그대로이고 성장률만 하락한다면 주식의 가치는 하락한다.

증거 확인

기업이 이익의 안정성을 높이는 방법은 다양하다. 일부 기업은 경쟁이 거의 없는 안전한 사업이어서 이익이 안정적이다. 또 일부 기업은 사업 다각화를 통해서 이익의 안정성을 높이려고 시도한다. 즉 어떤 사업에서 이익이 감소하면 다른 사업에서 이익이 증가할 것으로 기대한다. 같은 개념으로 일부 기업은 지리적 다각화를 시도하기도 한다. 즉 어떤 지역에서 이익이 감소하면 다른 지역에서 이익이 증가할 것으로 기대한다. 또 일부 기업은 다양한 옵션과 선물 계약을 이용해서 위험을 축소하거나 제거한다. 회계 기법을 이용해서 이익의 기복을 축소하는 기업도 있다. 이른바 이익 관리로, 1990년대에 유행한 방식이다. 이러한 기법이 주가와 수익률에 미치는 영향을 살펴보자.

경쟁이 없는 안정적인 사업

지난 수십 년 동안 위험을 꺼리는 투자자는 이익이 안정적이고 배당을 많이 주는 공익 기업(전화, 수도, 전력회사) 주식을 선호했다. 실제로 이러한 공익 기업은 이익이 매우 안정적이어서 많은 배당을 지급할 수 있었다. 공익 기업의 이익이 안정적인 이유는 쉽게 이해할 수 있다. 이들은 기초적 필수 서비스를 제공하는 독점 기업이기 때문이다. 이들의 제품과 서비스는 경기의 영향을 받지 않는 필수 소비재이며 경쟁도 없어서 매출이 안정적이다. 이렇게 독점을 누리는 대가로 공익 기업은 가격 결정권을 규제 당국에 양보했다.

여기서 관건은 '공익 기업의 이익이 다른 기업보다 더 안정적인가'가 아니라 '공익 기업의 이익이 안정적이어서 투자자의 수익률이 더 높아지는가'다. 이 답을 찾는 간단한 방법은 공익 기업의 수익률과 시장 수익률을 비교하는 것이다. 그림 5.1은 두 수익률을 비교해서 보여준다.

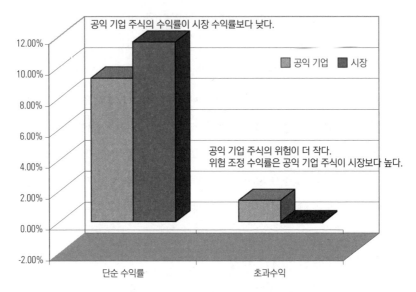

그림 5.1 공익 기업과 시장의 연 수익률 평균(1928~2002년)

자료: 연방준비은행. 위험 조정 수익률은 베타를 고려한 기대 수익률로 계산함.

공익 기업 주식의 연 수익률 평균은 시장보다 낮지만 위험 역시 시장
보다 작다. 그러므로 위험을 고려한 수익률을 비교해야 공정하다. 그림
5.1은 공익 기업과 시장의 위험 조정 수익률(risk-adjusted return)도 비교해
서 보여준다. 공익 기업 주식은 지난 50년 동안 무려 연 1.4% 수준의 초
과수익을 냈다. 바로 이러한 이유로 흔히 고배당주 포트폴리오는 공익
기업 주식의 비중이 매우 높다. 그러나 고배당주 포트폴리오는 배당 소
득에 대한 세금 부담이 크므로 적정 수익을 얻으려면 장기 투자가 필요
하다.

사업 다각화: 복합 기업의 매력

경영이 아무리 뛰어난 기업도 해당 업종이 역경에 처하면 실적이 악화할 수 있다. 반도체 업종이 침체하면 인텔의 실적이 악화하고, 소프트웨어 수요가 감소하면 마이크로소프트의 실적이 악화한다. 이러한 업종 위험을 피하려고 기업은 사업 다각화를 통해서 복합 기업으로 변신하기도 한다.

지난 수십 년 동안 복합 기업으로 변신하면 가치가 창출되는지에 대해 논쟁이 이어졌다. 1960년대와 1970년대 상당 기간에는 복합 기업이 가치를 창출한다는 견해가 우세했다. 사람들은 개별 기업의 강점을 모아 복합 기업으로 변신하면 더 강력해진다고 보았다. 개별 기업의 위험을 분산할 수 있으므로 위험이 감소해 가치가 높아진다고 보았기 때문이다. 그러나 금융 이론가는 개인 투자자가 훨씬 더 낮은 비용으로 개별 기업의 위험을 분산할 수 있으므로 이 주장은 틀렸다고 지적했다. 이후에는 경영 능력이 우수한 기업이 다른 업종의 다양한 기업에 경영 능력을 이전하면 모종의 시너지가 창출된다는 주장이 등장했다.

분석가는 이 문제를 다른 관점에서 접근했다. 이들은 복합 기업의 시가총액이 각 사업부 시가총액의 합보다 큰지 살펴보았다. 이들은 해당 업종 개별 기업의 가치 평가 배수를 복합 기업 사업부에 적용해서 가치를 평가했다. 예컨대 GE를 9개 사업부로 나누고 해당 업종 개별 기업의 가치 평가 배수를 각 사업부에 적용해서 가치를 평가하는 식이다. 이어서 각 사업부 가치의 합을 복합 기업의 가치와 비교했다. 이러한 비교 분석에 의하면 복합 기업의 가치가 '각 사업부 가치의 합'보다 확실히 (5~10%) 낮은 것으로 나온다.[2] 이는 측정상의 문제 때문이라고 반박할 수도 있지만(예컨대 다양한 비용 배분 문제 탓에 GE캐피털의 이익을 정확하게 측정하기는 쉽지 않다), 일부 복합 기업의 가치는 '개별 기업 가치의 합'보다 확실히 낮다. 복합 기업이 개별 기업보다 이익이 더 안정적인데도 가치가 낮은 이유는 무엇일까? 여기에는 적어도 두 가지 이유가 있다. 첫째, 상장 기업을 인수하는 과정에서 시장 가격보다 높은 가격을 지불한다. 이때 지불하는 프리미엄이 안정적인 이익으로 창출되는 가치보다 크다. 둘째, 흔히 복합 기업이 되면 사업의 초점이 흐려져서 경영이 부실해진다. 대개 복합 기업 사업부의 실적은 유사 개별 기업의 실적에 못 미친다.

종합적으로 증거를 살펴보면 복합 기업에 투자해서 높은 수익률을 기대하기는 힘들다. 그러나 가능성이 없는 것은 아니다. 자회사 매각이나 기업 분할spin off을 통해서 개별 기업으로 분할되는 복합 기업에 투자하면 복합 기업 할인이 사라지면서 가치가 상승하므로 이익을 얻을 수 있다. 다시 말해서 개별 기업이 복합 기업으로 전환될 때보다 복합 기업이 개별 기업으로 분할될 때 수익 기회가 많다.

글로벌 사업 지역 다각화

복합 기업으로 전환하는 사업 다각화의 대안은 사업 지역 다각화(geographical diversification)다. 사업 지역을 여러 국가로 확대하면 한 국가에서 감소하는 이익을 다른 국가에서 증가하는 이익으로 상쇄할 수 있다. 그 결과 영업 이익의 변동성이 감소한다. 그러나 사업 지역 다각화에는 사업 다각화에서 나타나지 않던 부작용이 발생한다. 여러 국가에 걸쳐 사업을 확장하면 환 위험에 노출되기 때문이다. 미국 기업은 달러의 강세나 약세에 따라 이익이 증감한다. 하지만 선물과 옵션 계약을 이용하면 환 위험을 부분적으로나마 회피할 수 있다.

사업 지역 다각화에 대해서도 두 가지 기본적 질문에 답해야 한다. 첫째, 사업 지역 다각화를 통해서 실제로 이익의 안정성이 높아지는가? 둘째, 글로벌 사업 지역 다각화 기업에 투자하면 수익률이 높아지는가? 스웨덴 기업 분석 사례에 의하면 사업 다각화 기업과 달리 글로벌 사업 지역 다각화 기업은 가치가 증가했다.[3] 미국 기업 분석 사례에서도 똑같은 결과가 나왔다.[4] 그러나 증가하는 가치는 크지 않아서, 이미 글로벌 사업 지역 다각화를 실행한 기업에 투자하면 초과수익이 거의 나오지 않는다. 그러므로 충분한 수익을 얻으려면 그 기업이 글로벌 사업 지역 다각화에 착수하기 직전에 투자해야 한다.

위험 헤지

금리, 원자재 가격, 환율 등 외부 요소도 기업의 매출, 이익, 가치에 영향을 미친다. 유가가 급등하면 경영이 탁월한 항공사의 실적도 악화할 수 있다. 근래에는 기업이 금융 상품을 이용해서 이러한 위험의 상당 부분을 헤지할 수 있었다. 여기서는 다음 두 가지 질문에 대해 답을 찾아보기로 한다. 첫째, 기업은 위험을 관리해야 하는가? 둘째, 기업의 위험 관리는 투자자의 수익을 높여주는가?

프로젝트 위험을 관리해야 할까?

기업은 투자 과정에서 다양한 거시 경제 위험에 노출된다. 금리나 환율 변동에 의해서 기업의 이익이 증감할 수 있다. 경영자는 주주가 이러한 위험을 효과적으로 분산할 수 있다고 가정해 위험을 관리하지 않을 수도 있고, 다양한 금융 상품을 이용해서 위험을 관리할 수도 있다.

기업이 위험을 관리해야 하는지 판단하려면 다음 세 가지 요소를 고려해야 한다. 첫째, 위험이 커서 기업의 이익과 가치에 큰 영향을 미칠 수 있는가? 예컨대 유가 변동에 의해서 항공사 이익은 30%나 오르내릴 수 있지만 철강회사의 이익은 불과 5% 오르내리는 데 그칠 것이다. 이익이 크게 변동하면 기업은 연체나 파산 등 심각한 문제에 직면할 수 있으므로 위험이 크면 관리해야 한다. 둘째, 글로벌 사업 지역 다각화를 통해서 위험이 얼마나 감소하는가? 예컨대 코카콜라와 시티코프Citicorp는 사업 지역이 수십 개 국가이므로 환율 변동에 의해서 일부 국가에서 감소하는 이익은 다른 국가에서 증가하는 이익으로 상쇄된다. 이러한 기업은 환 위험을 관리할 필요가 없다. 셋째, 기업에 발생하는 환 위험을 주주가 분산 투자를 통해서 효과적으로 회피할 수 있는가? 예컨대 홈디포Home Depot와 보잉Boeing 주주 중에는 분산 투자자가 많아서, 위험을 기업이 관리하는 대신 주주에게 전가하면 훨씬 낮은 비용으로 회피할 수 있다.

아울러 위험 관리에 들어가는 비용도 고려해야 한다. 위험 유형에 따라 헤지 비용이 다르다. 환율과 금리 위험은 헤지 비용이 낮고, 정치 위험은 헤지 비용이 높으며, 단기보다 장기가 헤지 비용이 높다. 다른 조건이 동일하다면 위험 헤지 비용이 높을수록 기업은 헤지를 꺼리게 된다. 요컨대 대규모 프로젝트를 고려하는 비상장 소기업은 프로젝트 위험을 관리해야 한다. 반면 여러 국가에 걸쳐 사업 중인 상장 대기업이라면 프로젝트 위험을 관리할 필요가 거의 없다.

프로젝트 위험을 관리하는 방법은?

프로젝트 위험을 관리해야 하는 기업이 다양한 대안을 검토 중이라고 가정하자. 금리, 환율, 원자재 가격 변동 위험을 선물이나 선도 거래 (forward contract, 거래 당사자가 미래 일정 시점에 특정 상품을 미리 정한 가격으로 매매하기로 하는 일종의 장외 거래)나 옵션으로 관리할 수 있다. 아니면 보험 상품을 통해서 사건 위험(event risk)을 관리할 수도 있다. 프로젝트 자금 조달 방식을 현명하게 선택해서 위험을 관리하는 방법도 있다.

- 프로젝트 위험을 헤지하는 가장 단순한 방법은 프로젝트의 현금흐름에 맞추어 자금을 조달하는 것이다. 예컨대 월마트가 멕시코에서 매장을 확장할 때 멕시코 페소 표시 대출을 이용하는 방식이다. 페소의 가치가 하락하면 보유 자산(멕시코 매장)의 가치가 하락하지만 부채(대출)의 가치도 감소하므로 환율 변동의 영향이 축소된다. 자산에 맞추어 자금을 조달하는 위험 관리 방식은 일반적으로 비용이 적게 든다. 그러므로 기업은 가급적 이 방식을 우선적으로 시도해야 한다.

- 위험 관리에 가장 널리 이용되는 상품이 선물, 선도 거래, 옵션, 스와프다. 이들의 가치는 기초 자산에서 나오므로 파생상품으로 분류된다. 요즘은 원자재 가격 위험, 환 위험, 금리 위험 등을 선물, 옵션 거래로 헤지할 수 있다.

- 보험 상품을 통해서 특정 사건 위험을 관리할 수도 있다. 주택 소유자가 보험에 가입해 화재 등 손해 위험에 대비하듯이 기업도 보험에 가입해 손실에 대비할 수 있다. 요즘은 파생상품을 이용한 위험 관리가 주목받고 있지만 아직도 전통적인 보험 상품이 위험 관리에 주로

이용된다. 보험은 위험을 제거하지 않는다. 다만 위험을 보험 매수자로부터 보험회사로 이전할 뿐이다. 그러나 이 과정에서 양쪽 모두 이득을 보게 된다. 첫째, 보험사는 인수하는 위험으로 포트폴리오를 구성해 위험을 분산할 수 있다. 둘째, 보험사는 똑같은 위험을 반복해서 관리하므로 위험을 전문적으로 평가하고 배상 요구도 효율적으로 처리할 수 있다. 셋째, 보험사가 제공하는 검사와 안전 서비스는 양쪽 모두에 이득이 된다. 제3자가 똑같은 서비스를 제공할 수도 있지만 보험사에는 양질의 서비스를 제공하려는 동기가 있다.

위험 관리가 주는 이익

기업은 다양한 상품으로 위험을 관리해 이익의 변동성을 축소할 수 있다. 그러면 그 혜택이 주주에게 돌아갈까? 파생상품을 이용해서 환 위험을 헤지한 사례 분석에 의하면 해당 기업은 이익의 안정성도 높아졌고 주가도 상승했다.[5, 6] 후속 연구에 의하면 대부분 이익은 단기 거래 위험 헤지에서 나왔고 환산 위험 헤지에서는 거의 나오지 않았다.[7]

위험 관리를 상대적으로 많이 하는 기업을 분석한 연구에서는 흥미로운 사실이 발견되었다. 파생상품으로 위험을 관리하는 기업 중에는 세금 부담을 축소하거나, 필수적인 투자를 유지하거나, 재정 악화 위험을 덜어내려는 기업이 많다는 사실이다. 또한 경영진의 위험 회피 성향도 파생상품을 이용한 위험 관리에 영향을 미친다. 연구에 의하면 경영진의 보유 지분이 많을수록 파생상품을 더 많이 이용한다.

요컨대 위험을 관리하는 기업이 관리하지 않는 기업보다 가치가 높은 것으로 밝혀졌다. 그러나 다음 두 가지를 유의해야 한다. 첫째, 위험 관리에 대한 보상은 크지 않아서, 세밀하게 분석해야 파악할 수 있다. 둘째, 그 보상을 얻으려면 기업이 위험 관리를 시작하기 전에 투자해야 한다.

이익 다듬기

기업은 분기마다 매우 능숙하게 애널리스트 추정 이익을 충족시키거나 초과한다. 추정 이익 초과는 긍정적 신호로 간주할 수 있지만 일부 기업은 의심스러운 회계 기법을 동원하기도 한다. 이러한 기업의 가치를 평가할 때는 회계 조작을 고려해서 영업 이익을 조정해야 한다.

이익 관리 현상

1990년대에는 마이크로소프트와 인텔이 기술회사의 본보기가 되었다. 마이크로소프트는 40분기 중 39분기 동안 애널리스트 이익 추정치를 초과했고 인텔도 못지않은 실적을 기록했다. 다른 기술회사도 이들처럼 단 몇 센트나마 애널리스트 추정치를 초과하려고 노력했다. 당시에는 이러한 현상이 확산되었다. 1996~2000년 동안 18분기 연속해서 애널리스트 이익 추정치를 초과한 기업이 초과하지 못한 기업보다 많았다.[8] 유례없는 현상이었다. 다른 방식으로도 이익 관리 조짐이 나타났다. 지난 10년 동안 기업이 국세청에 보고한 이익과 주주에게 보고한 이익의 차이가 계속 증가했다.

애널리스트 추정치와 실적은 왜 차이가 날까? 애널리스트가 자신의 실수를 도무지 깨닫지 못해서 계속 이익을 과소평가하는 것일까? 그럴 수도 있겠지만 10년 동안 계속 과소평가할 가능성은 지극히 낮아 보인다. 아니면 기술회사에 이익 측정에 대한 재량권이 매우 많아서 이를 이용해 추정치를 초과할지도 모른다. 특히 연구 개발비를 영업비로 처리할 수 있으므로 기술회사는 이익 관리에 유리하다.

이익을 관리하면 실제로 주가가 상승할까? 분기마다 애널리스트 추정치를 초과할 수는 있을 것이다. 그런데 과연 시장도 속아 넘어갈까? 시장은 속지 않는다. 기업이 계속해서 이익 추정치를 초과하자 시장에는 '비공식 이익 추정치(whispered earnings estimates)'가 등장했다. 이것은 실제로 시장의 기대를 뛰어넘으려면 달성해야 하는 암묵적 이익 추정치다. 이 추정치는 애널리스트 추정치보다 몇 센트 높다. 예컨대 1997년 4월 10일 인텔이 발표한 이익은 주당 2.10달러로 애널리스트 추정치 2.06달러보다 높았는데도 주가는 5포인트 하락했다. 비공식 이익 추정치가 2.15달러였기 때문이다. 다시 말해서 지금까지 인텔이 달성한 초과 이익만큼을 시장이 추가로 기대했다는 뜻이다.

이익 관리 기법

기업은 이익을 어떻게 관리할까? 훌륭한 이익 관리 기법 중 하나는 애널리스트의 기대를 관리하는 것으로, 마이크로소프트가 1990년대에 만들어낸 관행이다. 기업 경영자가 애널리스트 추정치를 추적 관찰하다가 추정치가 지나치게 높다고 판단하면 개입해서 낮추는 방법이다.[9] 여기서는 가장 널리 사용되는 이익 관리 기법을 다루기로 한다. 이들 기법이 모두 기업에 해로운 것은 아니어서, 일부는 신중한 관리로 간주될 수도 있다.

- 미리 계획한다: 미리 투자와 자산 매각 계획을 수립해 이익을 계속 매끄럽게 증가시킨다.

- 수익 인식 시점을 전략적으로 결정한다: 기업은 수익 인식 시점을 어느 정도 임의로 선택할 수 있다. 예컨대 1995년 마이크로소프트는 윈도95 매출의 수익을 인식하는 데 지극히 보수적인 기법을 사용했다. 모두 수익으로 인식할 수 있었는데도 대부분을 수익으로 인식하지 않은 것이다.[10] 회사는 1996년 말까지 이렇게 누적된 선수수익(先受收益, unearned revenue) 11억 달러를 이용해서 실적이 부진한 분기의 이익을 늘릴 수 있었다.

- 수익을 앞당겨서 인식한다: 기업은 실적이 부진한 분기 말일에 제품을 실어 보내면서 수익을 인식하기도 한다. 1998년에 상장된 기술회사 마이크로스트래티지MicroStrategy가 그런 사례다. 1999년 마지막 두 분기에 이 회사는 수익이 20%와 27% 증가했다고 발표했지만 대부분이 분기 마감 직전에 실행한 대규모 거래 덕분이었다. 이 전략을 정교하게 변형하는 경우도 있는데, 수익을 늘리려고 두 회사가 수익 스와프 거래를 하기도 한다.[11]

- 영업비를 자본화한다: 기업은 소프트웨어 연구 개발비 등의 비용을 임의로 영업비나 자본 비용으로 분류할 수 있다. 예컨대 AOL은 잡지 부록으로 제공하는 홍보용 CD 비용을 자본화해 상각함으로써 1990년대 말 대부분 기간에 흑자를 유지할 수 있었다.

- 구조 조정 비용과 인수 비용을 상각한다: 대규모 구조 조정 비용이 발생하면 당기 순이익은 감소하지만 기업은 두 가지 이득을 얻게 된다. 영업 이익은 구조 조정 비용 차감 전 기준 및 차감 후 기준으로 발표되므로 상각을 하더라도 영업 이익에서 구조 조정 비용을 구별할 수 있다. 상각을 하면 이후 분기에 초과수익을 달성하기 쉬

워진다. IBM이 구조 조정 비용을 이용해서 이익을 늘린 사례를 살펴보자. IBM이 공장을 폐쇄하는 해에 그 공장과 설비를 상각하자 1990~1994년 매출에서 평균 7%를 차지했던 감가상각비가 1996년에는 5%로 감소했다. 1996년 그 차액은 16억 4,000만 달러로, 전년도 세전 이익 90억 2,000만 달러의 18%에 달했다. 기술회사는 특히 인수 비용 대부분을 흔히 '외부 조달 연구 개발(in-process R&D)'로 상각해 이후 분기의 이익을 늘렸다. 1990~1996년 동안 외부 조달 연구 개발을 상각한 389개 기업 분석에 의하면 이들의 평균 상각액은 인수 가격의 72%에 달했고 인수한 해의 4분기 이익은 22% 증가했다.[12]

- 준비금을 사용한다: 기업은 불량 채권, 반품, 기타 손실에 대비해서 준비금을 적립할 수 있다. 일부 기업은 보수적으로 추정해 실적 좋은 해에 적립한 초과 준비금으로 다른 해의 이익을 관리한다.
- 투자 자산을 매도한다: 일부 기업이 보유한 유가 증권은 장부 가격이 시장 가격보다 훨씬 낮다. 이러한 유가 증권을 매도해 자본 이득을 실현하면 이익을 대폭 늘릴 수 있다. 인텔 등 기술회사는 이러한 방식으로 이익 추정치를 초과했다.

이익을 관리하면 보상을 받을까?

일반적으로 기업은 애널리스트 추정치를 초과하는 이익을 지속적으로 내면 시장으로부터 보상받는다고 믿기 때문에 이익을 관리한다. 기대를 충족한 마이크로소프트와 인텔 등의 성공, 기대를 충족하지 못한 기업의 처참한 실패 사례가 그 증거다. 경영자는 투자자가 이익을 액면 그대로 받아들인다고 믿는 듯하다. 그래서 미국재무회계기준심의회(Financial Accounting Standards Board, FASB)가 이익 측정 방식을 변경하려고 하면 변경된 방식이 타당해도 강하게 반발한다. 예컨대 FASB가 경영자에게 주어지는 스톡옵션의 공정 가치를 평가해 이익에서 차감하려고 하거나 합병에 대한 회계 처리 방식을 변경하려고 하면 기술회사 경영자는 항상 반대했다. 이익이 대폭 감소하면 경영자가 해고당하기 쉽기 때문이다. 게다가 많은 기업에서 이익 목표를 달성할 때 경영자에게 두둑한 보너스를 준다.

이익을 관리하는 이유가 무엇이든 우리는 다음 질문에 답해야 한다. 첫째, 이익을 관리하는 기업의 PER이 이익을 관리하지 않는 유사 기업보다 높은가? PBR과 이익 안정성 사이의 상관관계 분석에 의하면 이익 안정성이 높은 기업이 가치도 높은 것으로 밝혀졌으며, 단지 회계 기법에 의해서 이익 안정성이 높은 경우에도 가치가 높게 평가되었다. 즉 이익이 안정적인 기업은 현금흐름이 안정적이지 않아도 가치가 높다고 평가받았다.[13]

데이터 정밀 분석

여기서는 먼저 전체 시장에서 이익 변동성의 분포를 살펴본다. 이익 변동성이 큰 기업은 어떤 모습인지 살펴보고 이어서 이익 변동성이 낮은 기업과 비교해본다. 끝으로 '이익 안정성' 기준을 통과하는 주식으로 포트폴리오를 구성한다.

전체 시장의 이익 변동성

앞에서 언급했듯이 널리 인정받는 이익 변동성 척도는 없다. 표준편차나 분산으로 이익 변동성을 측정할 수도 있지만 기업을 비교하려면 표준화 작업이 필요하다. 여기서는 다양한 표준화 기법을 비교하고 나서 변동 계수(coefficient of variation)로 이익 변동성을 측정한다. 사용한 변동 계수는 1997~2001년 이익의 표준편차를 평균 이익의 절댓값으로 나누어 산출했다.

이익 변동 계수 = 이익의 표준편차 / 평균 이익의 절댓값

예컨대 최근 4년 EPS가 1.75, 1.00, 2.25, 3.00달러라고 가정하자. 그러면 네 숫자의 표준편차는 0.84달러이고 평균 EPS는 2달러이므로 변동 계수는 0.42가 된다. 이는 이익의 표준편차를 이익 1달러당 표준편차로 전환하는 작업이다. 이 기업의 이익 1달러당 표준편차는 42센트가 된다. 평균이익이 마이너스가 되면 곤란하므로 반드시 절댓값을 사용해야 한다.

의미 있는 표준편차를 산출하려면 몇 년분 데이터가 필요하므로 2001년까지 5개년 이상 이익 정보가 있으면서 거래가 활발한 미국 상장 기업을 표본으로 선정했다. 각 기업에 대해 세 가지(EBITDA, 순이익, EPS) 이익 변동 계수를 산출했다[EBITDA(Earnings Before Interest, Taxes, Depreciation and Amortization): 이자, 법인세, 감가상각비, 감모상각비 차감 전 순이익]. 그림 5.2는 전체 시장에서 이익 변동 계수의 분포를 나타낸다.

5년 이상 이익 데이터가 있는 6,700개 기업 중 EBITDA 1달러당 표준편차가 1달러 미만인 기업은 약 3분의 2이고 순이익이나 EPS 1달러당 표준편차가 1달러 미만인 기업은 약 절반이다. 다시 말해서 자기자본 이익(순이익과 EPS)의 변동성이 영업 이익이나 현금흐름의 변동성보다 크다.

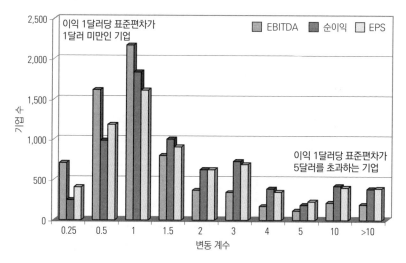

그림 5.2 미국 기업의 이익 변동 계수(2002년 10월)

자료: 컴퓨스탯. 변동 계수는 5년 이익의 표준편차를 같은 기간 평균 이익으로 나누어서 산출함.

더 직관적인 이익 안정성 척도는 연속적으로 이익이 증가한 햇수다. 최근 5년 동안 이익이 계속 증가한 기업이 같은 기간 이익이 오르내린 기업보다 안전하다고 볼 수 있다. 그림 5.3은 최근 5년 EPS 데이터가 있는 기업 중에서 최근 몇 년 연속 이익이 증가한 기업의 수를 나타낸다.

2001년에는 경기가 침체했으므로 당연히 대다수 기업의 이익이 감소했다. 그러나 이러한 환경에서도 119개 기업은 최근 5년 연속 EPS가 증가했고 158개 기업은 최근 4년 연속 EPS가 증가했다.

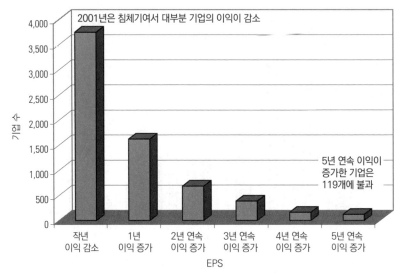

그림 5.3 연속적으로 이익이 증가한 햇수(2001년까지 미국 기업의 이익 증가 현황)

자료: 컴퓨스탯.

이익이 안정적인 주식 포트폴리오

이익이 안정적인 주식으로 포트폴리오를 구성하려고 최근 5년 이익 데이터가 있는 기업을 모두 찾아내서 EPS 변동 계수를 산출했다. 그리고 낮은 EPS 변동 계수 외에도 다음 두 가지 조건을 추가했다. 첫째, 최근 5년 동안 적자를 기록한 적이 없어야 한다. 둘째, 적어도 최근 2년 연속 EPS가 증가했어야 한다. 변동 계수 상한을 0.25로 설정하면 표 5.1(184~185쪽)과 같은 포트폴리오가 구성된다.

포트폴리오를 자세히 보면 금융 서비스 기업이 약 25%로 높은 비중을 차지한다.

추가할 이야기

이익이 안정적인 기업은 다른 기업보다 더 안전하며 특히 투자에 더 유리할까? 이 질문에 답하려면 다음 네 가지 약점에 대한 질문을 생각해 보아야 한다. 첫째, 이익이 안정적인 기업은 주가도 안정적일까? 둘째, 이익이 안정적인 기업은 성장성이 낮지 않을까? 즉 이익 안정성을 선택하는 대가로 성장성을 포기해야 하는가? 셋째, 이익이 안정적인 것처럼 보이게 하려고 회계 속임수를 사용하지는 않았을까? 넷째, 주가가 이미 적정 수준이어서 고수익 기회가 없는 것은 아닐까?

이익이 안정적이면 주가도 안정적일까?

기업의 이익이 안정적이더라도 주가는 안정적이지 않을 수 있다. 주가는 이익보다도 다른 뉴스에 훨씬 큰 영향을 받기 때문이다. 기업의 성장 전망이나 경영진 교체 등 이익과 무관한 뉴스, 금리나 경제 성장 등 거시 경제 뉴스, 같은 업종에 속한 경쟁 기업이 발표하는 정보가 주가에 더 큰 영향을 미칠 수 있다. 투자자는 주가 흐름을 기준으로 위험을 측정하므로, 이익이 안정적이어도 주가 흐름이 안정적이지 않으면 위험한 주식으로 분류될 수 있다.

주가 흐름을 기준으로 주식의 위험을 측정하는 척도 두 가지는 베타와 표준편차다. 베타는 주가의 흐름을 시장지수의 흐름과 비교해서 위험을 측정하는 척도다. 표준편차는 최근 5년 주가의 표준편차를 사용한다. 그림 5.4는 이익이 안정적인 주식 포트폴리오와 시장의 베타와 표준편차를 비교해서 보여준다.

표 5.1 이익이 안정적인 미국 기업(2002년 10월)

기업명	업종	기업명	업종
Progen Industries Ltd	생물학적 제품, 진단 회로 제외	Northern Trust Corp	주 단위 상업은행
Nutraceutical Intl CP	의료 화학, 식물성 제품	First State Bancorporation	주 단위 상업은행
ASB Financial Corp	저축 은행, 연준 인가	Allegiant Bancorp Inc	주 단위 상업은행
Griffon Corp	금속제 문, 문틀, 장식	Cash Technologies Inc	기업 서비스, 기타
Arcadis N V	엔지니어링 서비스	Home Depot Inc	목재 등 건축 자재-소매
TPG NV -ADR	트럭운송, 택배, 항공 제외	Southwest Bancorporation/TX	전국 단위 상업은행
Leesport Financial Corp	전국 단위 상업은행	Sigma-Aldrich	생물학적 제품, 진단 회로 제외
Smucker (JM) Co	과일, 야채, 잼, 젤리 통조림	Williams Coal Seam Ryl Trust	유정 사용료 거래
Landauer Inc	시험연구소	Hillenbrand Ind-Pre Fasb	기타 가구 및 기구
Corning Natural Gas Corp	천연가스 운송 및 유통	Realty Income Corp	부동산투자신탁
Cintas Corp	청소년 작업복	Cambridge Heart Inc	전자 의료 장치
Horizon Financial Corp/WA	저축 은행, 연준 미인가	Delta Natural Gas Co Inc	천연가스 운송 및 유통
Wal-Mart Stores	잡화점	Firstbank NW Corp/DE	저축 은행, 연준 인가
F & M Bancorp/MD	전국 단위 상업은행	First Natl CP Orangeburg SC	전국 단위 상업은행
Aquila Inc	전력 등 종합 서비스	Voiceflash Networks Inc	범용성 소프트웨어
Eastern Amern Natural Gas Tr	유정 사용료 거래	O Reilly Automotive Inc	자동차 및 주택 용품 매장
S Y Bancorp Inc	주 단위 상업은행	Copytele Inc	컴퓨터 주변 장치, 기타
National Penn Bancshares Inc	전국 단위 상업은행	American Water Works Inc	수도
Old Republic Intl Corp	화재 해상 보험	Camco Financial Corp	저축 은행, 연준 미인가
Compass Bancshares Inc	전국 단위 상업은행	Skyepharma PLC -ADR	생물학적 제품, 진단 회로 제외
Hospitality Properties Trust	부동산투자신탁	Family Dollar Stores	잡화점
Old Second Bancorp Inc/IL	전국 단위 상업은행	TBC Corp	자동차 부품 공급-도매
Tompkinstrustco Inc	주 단위 상업은행	Midsouth Bancorp Inc	전국 단위 상업은행
Dominion Res Black Warrior	유정 사용료 거래	Bedford Bancshares Inc	저축 은행, 연준 인가
CH Energy Group Inc	전력 등 종합 서비스	Pennfed Financial Svcs Inc	저축 은행, 연준 인가
Ameren Corp	전력 서비스	Prima Energy Corp	원유, 천연가스
Healthcare Services Group	주택 등 건물에 대한 서비스	Clarcor Inc	산업용 여과 장치 등
LSB Financial Corp	저축 은행, 연준 인가	Donaldson Co Inc	산업용 여과 장치 등
Wilmington Trust Corp	주 단위 상업은행	South Jersey Industries	천연가스 유통
Harleysville Svgs Finl Corp	저축 은행, 연준 미인가	Sempra Energy	가스 등 종합 에너지 서비스
Santa Fe Energy Trust	유정 사용료 거래	Pacific Capital Bancorp	주 단위 상업은행
Paychex Inc	회계, 감사, 기장 서비스	Energen Corp	천연가스 유통
BOK Financial Corp	전국 단위 상업은행	CVB Financial Corp	주 단위 상업은행

기업명	업종	기업명	업종
Raven Industries Inc	기타 플라스틱 제품	Suffolk Bancorp	전국 단위 상업은행
Bunzl Pub Ltd Co −Spon Adr	종이 및 종이 제품−도매	Mercantile Bankshares Corp	주 단위 상업은행
Alberto−Culver Co −CL B	소매점	Teleflex Inc	복합 기업
First Merchants Corp	전국 단위 상업은행	Public Service Entrp	전력 등 종합 서비스
NSD Bancorp Inc	주 단위 상업은행	Spectrx Inc	당뇨병 관리 제품
WPS Resources Corp	전력 등 종합 서비스	Bostonfed Bancorp Inc	저축 은행, 연준 인가
Webster Finl Corp Waterbury	저축 은행, 연준 인가	UST Inc	담배 제품
FST Finl Corp Ind	전국 단위 상업은행	Allied Capital CP	기타 투자회사(사모 펀드)
First Long Island Corp	전국 단위 상업은행	Mississippi Vy Bancshares	주 단위 상업은행
Suntrust Banks Inc	주 단위 상업은행	Roper Industries Inc/DE	산업용 측정 장비
Hancock Hldg Co	주 단위 상업은행	Fresh Brands Inc	식료품 및 관련 제품−도매
MAF Bancorp Inc	저축 은행, 연준 인가	Utah Medical Products Inc	전자 의료 장비
Wesbanco Inc	전국 단위 상업은행	Logansport Financial Corp	저축 은행, 연준 인가
First Bancorp P R	상업은행, 기타	First UTD Corp	전국 단위 상업은행
Interchange Finl Svcs CP/NJ	주 단위 상업은행	Gorman−Rupp Co	펌프 장비
Norwood Financial Corp	주 단위 상업은행	Wayne Bancorp Inc/OH	전국 단위 상업은행
Monro Muffler Brake Inc	자동차 수리, 서비스, 주차	New Jersey Resources	천연가스 유통
Mocon Inc	연구소 실험장비, 기타	FPL Group Inc	전력 서비스
Synovus Financial CP	전국 단위 상업은행	Park National Corp	전국 단위 상업은행
First Fed Cap Corp	저축 은행, 연준 인가	Washington Reit	부동산투자신탁
Bancfirst Corp/OK	주 단위 상업은행	TTX Co	운송 서비스
First Busey Corp −Cl A	주 단위 상업은행		
Teco Energy Inc	전력 등 종합 서비스		
Affymetrix Inc	전자 의료 장치		
Community First Bankshares	전국 단위 상업은행		
Viewcast,Com Inc	비디오 통신장비		
S & T Bancorp Inc	주 단위 상업은행		
R&G Financial Corp −Cl B	주 단위 상업은행		
Texas Regl Bcshs Inc −Cl A	주 단위 상업은행		
Royal Bancshares/PA −Cl A	주 단위 상업은행		
Amcore Finl Inc	전국 단위 상업은행		
First Mutual Bancshares Inc	저축 은행, 연준 미인가		
Bancorp Conn Inc	저축 은행, 연준 미인가		

그림 5.4 이익이 안정적인 주식 포트폴리오와 시장: 위험 비교

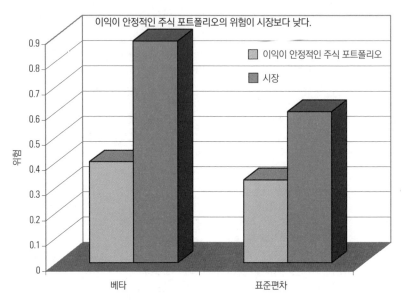

자료: 밸류 라인. 최근 5년 베타와 표준편차의 평균.

표 5.2 이익이 안정적인 주식 포트폴리오에서 제거된 기업

기업명	종목 코드	5년 베타	5년 표준편차
Northern Trust Corp	NTRS	1.28	31.40
Home Depot	HD	1.29	36.73
Progen Industries Limited	PGLAF	0.48	62.38
Fresh Choice	SALD	0.62	70.72
SpectRx Inc	SPRX	0.73	70.82
Cambridge Heart Inc	CAMH	1.86	79.28
CopyTele Inc	COPY	1.48	96.29
Affymetrix Inc	AFFX	1.84	97.54

이익이 안정적인 주식 포트폴리오의 베타가 시장보다 훨씬 낮다. 그러나 포트폴리오의 일부 주식은 베타(1.25 초과)와 표준편차(60% 초과)가 시장보다 높다. 베타가 1.25를 초과하거나 표준편차가 60%를 초과하는 종목을 포트폴리오에서 제거하면 120종목 중 8종목이 줄어든다. 표 5.2는 제거된 8종목이다.

성장성 포기

다른 조건이 동일하다면 위험이 작은 주식이 위험이 큰 주식보다 가치가 높지만, 위험이 작은 주식을 선택하려면 대개 성장성을 포기해야 한다. 위험이 낮으면서 성장성이 높은 주식을 기대하는 것은 비현실적이므로 이익이 안정적인 주식은 성장성이 매우 낮을 수 있다는 점에 유의해야 한다. 이익이 해마다 똑같아서 채권과 다를 것 없는 주식은 결국 주가도 채권처럼 매겨질 것이다.

이익이 안정적인 주식 포트폴리오의 이익 성장률을 시장과 비교해보면 어떻게 나타날까? 그림 5.5는 이익이 안정적인 주식 포트폴리오의 최근 5년 EPS 성장률과 매출 성장률, 향후 5년 EPS 성장률과 매출 성장률 추정치를 시장과 비교해서 보여준다.

이익이 안정적인 주식 포트폴리오의 최근 5년 EPS 성장률과 매출 성장률은 시장보다 높다. 그러나 향후 5년 EPS 성장률과 매출 성장률 추정치는 시장보다 낮다. 이익이 안정적인 주식에 투자하면 향후 대가를 치를 수 있다는 뜻이다.

어느 정도 성장성을 확보하려고 향후 5년 EPS 성장률 추정치가 5% 미만인 종목을 포트폴리오에서 제거하면 112개 종목 중 48종목이 줄어든

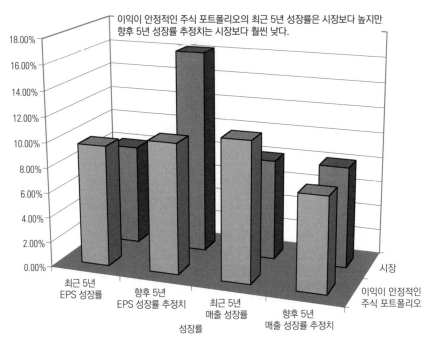

그림 5.5 이익이 안정적인 주식 포트폴리오와 시장: 성장률

이익이 안정적인 주식 포트폴리오의 최근 5년 성장률은 시장보다 높지만 향후 5년 성장률 추정치는 시장보다 훨씬 낮다.

자료: 밸류 라인. EPS와 매출 성장률 추정치는 애널리스트의 추정치.

다. 그리고 향후 5년 EPS 성장률 추정치가 10% 미만인 종목을 제거하면 30종목이 더 줄어든다.

주가가 이미 적정 수준?

안정적인 이익과 적정 성장성을 겸비한 주식이더라도 주가가 이미 적정 수준이라면 높은 수익을 기대하기 어렵다. 다시 말해서 이러한 주식을 높은 PER에 매수하면 아무 이득도 얻지 못할 수 있다. 그림 5.6은 이익이 안정적인 주식 포트폴리오와 시장의 현행 PER과 PEG 평균을 비교

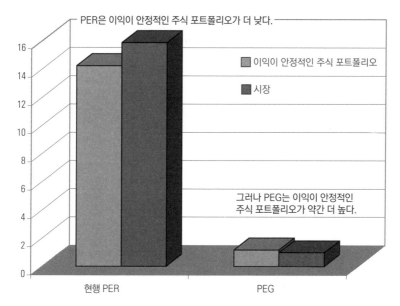

그림 5.6 이익이 안정적인 주식 포트폴리오와 시장: PER과 PEG

PER은 이익이 안정적인 주식 포트폴리오가 더 낮다.

■ 이익이 안정적인 주식 포트폴리오

■ 시장

그러나 PEG는 이익이 안정적인
주식 포트폴리오가 약간 더 높다.

현행 PER   PEG

자료: 밸류 라인. PER은 현재 주가를 현행 EPS로 나누어 산출하고, PEG는 현행 PER을 향후 5년 EPS 기대 성장률로 나누어 산출.

해서 보여준다[PEG(Price Earnings Growth Ratio, 주가수익성장비율) = PER/기대 성장률].

이익이 안정적인 주식 포트폴리오의 PER은 시장보다 약간 낮지만 PEG는 시장보다 약간 높다.

고평가된 종목을 걸러내려고 PER이 15를 초과하거나 PEG가 1보다 큰 종목은 모두 제거했다. 앞에서 제시한 위험 기준과 성장성 기준도 추가하면 포트폴리오는 8종목으로 줄어든다. 표 5.3은 모든 기준을 통과한 종목으로, EPS 성장률 추정치 5% 초과, 베타 1.25 미만, 표준편차 60% 미만, PER 15 미만, PEG 1 미만이다. 대부분 공익 기업과 금융 서비스 기업이다.

기업명	성장률	현행 PER	PEG	5년 베타	5년 표준편차
Prima Energy Corp	23.50%	12.25	0.52	0.53	52.37
First BanCorp PR	14.00%	11.43	0.82	0.44	30.37
R & G Financial Corp	12.00%	10.25	0.85	0.48	40.22
Sempra Energy	7.50%	6.84	0.91	0.66	38.16
Dominion Resources	15.50%	14.35	0.93	0.26	24.61
Public Svc Enter	6.00%	5.62	0.94	0.26	29.94
BOK Financial	15.10%	14.40	0.95	0.53	26.08
Allied Capital Corp	11.00%	10.71	0.97	0.81	31.45

이익의 질

사업 변동성이 큰데도 이익이 안정적인 기업은 회계를 조작하고 있는
지도 모른다. 실제로 회계를 조작하고 있다면 이익의 변동성을 무한정
숨길 수는 없으므로 조만간 투자자는 큰 피해를 보기 쉽다.

모든 기업의 재무제표를 분석해서 회계 조작을 찾아낼 수는 없으므로
더 단순한 기준을 사용했다. 이익 변동 계수에 더해서 EBITDA 변동 계수
를 사용했다. EBITDA 변동 계수는 전반적인 영업활동현금흐름(operating
cash flow)을 보여주므로 EBITDA 변동 계수가 매우 큰데도 이익이 안정
적이라고 발표하는 기업은 회계 속임수를 쓴다고 간주할 수 있다. 이 기
준을 포트폴리오에 적용하면 회계를 조작하는 종목 일부를 찾아낼 수 있
다. EBITDA의 표준편차는 큰데 EPS의 표준편차는 작은 기업이다.

투자자에게 주는 교훈

이익이 안정적인 기업이 모두 투자에 유리한 것은 아니다. 이러한 기업에 대해 적어도 적정 성장 잠재력이 있는지, 이익처럼 주가 흐름도 안정적인지, 주가가 고평가되지 않았는지 정도는 검토해보아야 한다. 성장성이 낮고, 주가 변동성이 크며, PER이 높으면 이익이 안정적이어도 싼 주식이 아니다. 그래서 다음 기준을 충족하는 미국 기업으로 포트폴리오를 다시 구성했다.

- EPS 변동 계수가 전체 주식 중 하위 10%: 변동성 척도로 순이익이나 영업 이익보다 EPS가 나은 이유는 앞에서 논의한 바 있다. '최근 몇 년 연속 이익 증가'라는 조건을 추가할 수도 있다.

- 베타가 1.25 미만이고 최근 3년 주가의 표준편차가 60% 미만: 이익은 안정적이지만 주가 흐름은 안정적이지 않은 일부 기업을 제거하는 기준이다.

- PER 15 미만: 아무리 훌륭한 기업이라도 지나치게 높은 가격에 사면 불리하다. 이익의 안정성에 과도한 가격을 지불하지 않도록 유의해야 한다.

- 향후 5년 EPS 성장률 추정치가 10% 이상: 이익이 안정적이지만 성장하지 않는 기업보다 이익이 안정적이면서 성장하는 기업이 확실히 낫다.

이렇게 2003년 1월 데이터를 이용해서 36종목으로 구성한 포트폴리오를 5장 부록에 실었다.

결론

이익이 안정적인 기업은 안전하므로 두사에 유리하다고 생각하는 사람이 있다. 그러나 이 주장은 이론적 근거는 물론 경험적 증거도 부족하다. 주주가 분산 투자를 통해서 효과적으로 회피할 수 있는 위험을 축소하려고 큰 비용을 치르는 기업은 주주에게 피해를 주는 셈이다. 이익이 안정적인 기업이 투자에 유리할 것이라고 기대해서는 안 된다.

5장에서는 먼저 이익 안정성 척도를 살펴보았다. 그러나 이익이 안정적인 주식 포트폴리오를 구성할 때 다른 문제가 발생한다. 첫째, 이익이 안정적이어도 주가는 안정적이지 않아서 위험할 수 있다. 둘째, 이익이 안정적인 기업 중 상당수는 성장성이 낮다. 셋째, 이익이 안정적이고 성장성도 낮지 않은 기업 중 다수는 PER이 높아서 싸다고 보기 어렵다.

부록: 이익의 안정성, 성장 잠재력, 저위험 기준을 통과한 36개 기업

기업명	종목 코드	이익 예측 가능성	주가 (달러)	EPS (달러)	PER	베타	표준편차	5년 EPS 성장률 추정치
Ametek Inc	AME	95	38.49	2.66	14.47	0.90	33.24%	11.50%
Applebee's Int'l	APPB	100	23.19	1.58	14.68	0.95	40.35%	14.50%
Baxter Int'l Inc	BAX	100	28.00	2.06	13.59	0.70	32.56%	14.50%
BB&T Corp	BBT	95	36.99	2.89	12.80	1.05	27.01%	12.00%
BJ's Wholesale Club	BJ	95	18.30	2.09	8.76	0.95	37.65%	12.50%
City National Corp	CYN	95	43.99	3.69	11.92	1.00	28.92%	14.50%
Fannie Mae	FNM	100	64.33	6.52	9.87	0.95	31.71%	11.00%
First Midwest Bancorp	FMBI	100	26.71	1.91	13.98	0.85	19.98%	11.50%
Fortune Brands	FO	90	46.51	3.29	14.14	0.90	30.64%	14.50%
Freddie Mac	FRE	100	59.05	5.31	11.12	1.00	28.76%	12.00%
Gen'l Electric	GE	100	24.35	1.72	14.16	1.30	30.47%	11.00%
Golden West Fin'l	GDW	90	71.81	5.98	12.01	0.90	32.21%	16.00%
Horton D.R.	DHI	90	17.35	3.10	5.60	1.35	42.39%	17.50%
Household Int'l	HI	100	27.81	4.79	5.81	1.45	36.90%	11.50%
IHOP Corp	IHP	100	24.00	2.05	11.71	0.80	30.49%	11.50%
Johnson Controls	JCI	95	80.17	6.67	12.02	1.00	29.13%	11.00%
Kroger Co	KR	100	15.45	1.66	9.31	0.95	31.68%	12.50%
Lincoln Elec Hldgs.	LECO	90	23.15	1.86	12.45	0.75	37.04%	11.00%
Magna Int'l 'A'	MGA	95	56.15	6.49	8.65	0.90	27.29%	10.50%
Moog Inc 'A'	MOG/A	95	31.04	2.67	11.63	0.80	50.50%	10.50%
North Fork Bancorp	NFB	90	33.74	2.60	12.98	1.05	26.36%	12.50%
PMI Group	PMI	100	30.04	3.97	7.57	1.05	39.16%	12.00%
Polaris Inds	PII	100	58.60	4.60	12.74	1.00	33.72%	12.00%
Popular Inc	BPOP	100	33.80	2.68	12.61	0.85	29.27%	12.00%
Roslyn Bancorp	RSLN	90	18.03	1.85	9.75	1.00	30.14%	14.50%
Ruby Tuesday	RI	95	17.29	1.35	12.81	0.80	39.72%	19.00%
Ryan's Family	RYAN	100	11.35	1.16	9.78	0.70	34.86%	11.50%
Safeway Inc	SWY	95	23.36	2.57	9.09	0.80	31.50%	12.00%
SouthTrust Corp	SOTR	100	24.85	1.89	13.15	1.00	32.02%	11.00%
TCF Financial	TCB	90	43.69	3.30	13.24	1.05	28.52%	12.50%
Teleflex Inc	TFX	95	42.89	3.13	13.70	0.95	32.89%	10.50%
Universal Forest	UFPI	90	21.32	2.08	10.25	0.80	34.15%	12.00%
Washington Federal	WFSL	90	24.85	2.32	10.71	0.90	32.91%	11.50%
WellPoint Health Ntwks	WLP	95	71.16	4.85	14.67	0.80	29.66%	21.50%
Wendy's Int'l	WEN	95	27.07	1.95	13.88	0.60	34.37%	14.50%
Zions Bancorp	ZION	100	39.35	3.82	10.30	1.05	31.19%	10.50%

Aswath Damodaran

6장

우량 기업이
투자에 유리할까?

Investment Fables

우량 기업을 찾는 페트라

평소 경영 전략 서적을 탐독하던 페트라는 주식으로 돈 버는 방법을 찾았다고 확신했다. 그가 읽는 경영 전략 서적에는 우량 기업과 부실기업 경영자의 역량 관련 사례가 자주 등장한다. 그는 우량 기업을 찾아서 투자하기만 하면 수익이 확실할 것이라고 생각했다. 운 좋게도 〈포천(Fortune)〉에서 미국 20대 우량 기업 목록을 발견한 그는 얼마 후 그 20개 종목이 모두 포함된 포트폴리오를 구성했다.

그런데 이들 종목에는 세 가지 특징이 있었다. 첫째, 경쟁사보다 PER이 훨씬 높았다. 둘째, 뮤추얼 펀드와 연금 기금이 이들 종목을 많이 보유하고 있었다. 셋째, 여러 애널리스트가 이들의 이익 성장률이 미래에도 계속 높을 것으로 예상했고, 그는 좋은 징조라고 생각했다.

1년 뒤 그는 실망했다. 포트폴리오 종목 대부분이 여전히 우량 기업으로 인정받는데도 투자 수익률은 신통치 않았다. 실제로 이들 기업에서 호재가 나와도 시장은 부정적으로 반응하고 있었다. 이익이 25% 증가해도 시장은 악재로 받아들였다. 35% 증가를 기대하고 있었기 때문이다. 게다가 2개 회사 경영자가 무능한 사람이었던 것으로 밝혀지면서 주가가 폭락해 큰 손실이 발생했다. 교훈을 얻은 그는 이제 미국 20대 부실기업으로 포트폴리오를 구성하기로 했다.

▶ 교훈: 최고라고 인정받은 기업이라면, 좋은 실적을 내는 정도로는 부족하다.

'제품이 훌륭한 우량 기업에 투자하면 수익은 저절로 따라온다.' 믿을 만한 사람에게 수없이 듣는 이야기다. 예컨대 워런 버핏은 주식이 아니라 기업을 산다고 말한다. 다른 투자 이야기와 마찬가지로 직관적이면서도 합리적이어서 깊이 공감하게 된다. 우량 기업이 부실기업보다 가치 있다는 주장을 누가 반박할 수 있겠는가. 그러나 질문의 틀을 바꾸면 이야기가 훨씬 복잡해진다. 평판 좋은 우량 기업과 평판 나쁜 부실기업 중 어느 쪽에 투자해야 더 유리할까? 6장에서는 그 답을 찾아보면서 우량 기업 투자 전략에서 유의할 점도 알아본다.

이야기의 핵심

경영이 훌륭한 우량 기업이 장기적으로 투자에 유리하다는 주장은 매우 직관적이어서 쉽게 이해가 된다. 우량 기업에 투자해야 하는 이유를 생각해보자.

- 과거 사례가 뒷받침한다: 장기간 높은 수익을 안겨준 기업을 살펴보면 고객에게 우수한 제품을 제공해 성공한 우량 기업을 필연적으로 발견하게 된다. 이를 근거로 사람들은 제품과 경영이 훌륭한 기

업에 투자하면 장기적으로 좋은 성과를 얻는다고 주장한다. 사람들은 훌륭한 경영진이 새로운 투자 기회를 찾아내서 높은 이익 성장률을 유지한다고 말한다.

■ 우량 기업은 더 안전하다: 이것이 우량 기업에 투자하는 두 번째 이유다. 경영진이 우수하면 잘못된 판단으로 기업의 가치를 떨어뜨릴 위험이 상대적으로 적기 때문이다. 이렇게 고성장과 저위험을 겸비한 기업은 당연히 성공할 것이다.

어떤 기업이 우량 기업인가?

어떤 기업이 우량 기업인가에 대해서는 의견이 일치하기 어렵다. 우량 기업 여부를 판단하는 기준이 매우 다양하기 때문이다. 어떤 사람은 재무 실적을 기준으로 판단해 투하 자본 이익률이 높고 재투자를 현명하게 하면 우량 기업이라고 생각한다. 또 어떤 사람은 경영진이 주주의 이익을 잘 대변해야 우량 기업이며 따라서 기업 지배구조(corporate governance)가 핵심이라고 생각한다. 또 어떤 사람은 주주를 비롯해 (고객, 종업원, 사회 등) 다른 이해관계자도 책임져야 우량 기업이라고 생각한다.

한 기업은 판단 기준에 따라 우량 기업이 될 수도 있고 되지 못할 수도 있다. 예컨대 잭 웰치가 경영하던 시절 GE를 보면 재무 실적은 훌륭했지만 기업 지배구조는 훌륭하지 못했다. 반면 1990년대의 벤 앤 제리스는 사회적 책임 순위가 높았지만 재정난에 직면했다.

재무 실적

기업의 우수성을 평가하는 가장 단순하고 직접적인 척도는 재무 실적이다. 우량 기업이 되려면 최대한 낮은 비용으로 자본을 조달해서 잘 관리해야 하며 좋은 투자 기회도 발굴해야 한다. 이 과정을 통해서 주주가 돈을 벌게 된다.

사람들은 이 모든 기준으로 기업의 우수성을 평가한다. 기업의 자본 조달 성과와 투자 성과를 평가하려면 자본 비용과 투하 자본 이익률을 보면 된다. 자본 비용과 투하 자본 이익률의 차이는 기업이 벌어들이는 초과수익으로, 경쟁 우위를 나타내는 척도다. 이 초과수익 금액은 이른바 경제적 부가가치(Economic Value Added, EVA)로, 1990년대에 경영자와 컨설턴트가 신봉하던 척도였다. 경제적 부가가치는 다음과 같이 정의된다.

경제적 부가가치 = (투하 자본 이익률 − 자본 비용) × (투하 자본)

예컨대 투하 자본 이익률이 15%, 자본 비용이 10%, 투하 자본이 1억 달러라면 경제적 부가가치는 다음과 같다.

경제적 부가가치 = (15% − 10%) × ($1억) = $500만

경제적 부가가치가 플러스이면 기업이 자본 비용 이상으로 돈을 벌고 있다는 뜻이다. 경제적 부가가치 금액은 해당 기간 기업이 벌어들인 초과수익 규모를 나타낸다. 이 척도의 장점은 많은 투하 자본으로 많은 초과수익을 낸 기업을 알려준다는 점이다. 투하 자본이 증가할수록 초과수익을 내기는 더 어려워진다.

주식의 초과수익은 더 쉽게 평가할 수 있다. 보유 기간 동안 상승한 주가에 배당을 더해 수익률을 계산하고, 이 수익률을 같은 기간 위험이 동일한 주식의 수익률과 비교하면 된다. 이 위험 조정 수익률을 보면 초과

수익이 나왔는지 알 수 있다.

기업 지배구조

상장 기업 경영자는 종종 자신이 주주를 대신해서 경영한다는 사실을 망각하고 기업을 지배한다고 생각한다. 기업의 우수성을 평가하는 방법 하나는 경영자가 주주의 기대에 얼마나 부응하는지 측정하는 것이다. 경영자가 더 적극적으로 부응하는 기업이 마땅히 더 좋은 평가를 받을 것이다.

경영자의 반응은 어떻게 측정할 수 있을까? 경영자가 하는 말은 거의 쓸모없다. 거의 모든 경영자가 주주의 이익을 위해서 최선을 다한다고 주장하기 때문이다. 경영자의 행동에서 단서를 찾기도 쉽지 않다. 한 가지 현실적인 대안은 경영자가 이사회에 권한을 얼마나 양보하는지 이사회의 구조를 살펴보는 것이다. 일부 CEO는 월드컴과 엔론처럼 측근으로 이사회를 구성하고 이사회에 권한을 거의 양보하지 않는다. 반면 일부 CEO는 박식한 전문가로 이사회를 구성해 거친 질문을 허용하면서 정신을 바짝 차린다.

근래에 〈비즈니스위크〉는 여러 기준으로 평가해 미국 대기업 이사회의 순위를 매겼다. 기준은 이사의 수, 이사 중 내부자(종업원이나 컨설턴트)의 수, CEO가 이사회 의장을 겸임하는지 여부, 이사들이 CEO를 배제한 채 독립적으로 CEO의 실적을 평가하고 보수를 결정하는지 여부, 이사들이 자사 주식을 충분히 보유했는지 여부 등이다. 예컨대 1997년에는 캠벨 수프 이사회가 1위였다. 이 이사회는 내부자가 1명뿐이었고, CEO의 보수를 이사회가 독립적으로 결정했으며, 모든 이사가 적어도 3,000주를 보유해야 했다. 같은 해 최하위 이사회는 디즈니로, CEO 마이클 아이

스너Michael Eisner는 순종적인 이사로 이사회를 구성했고, 이사 17명 중 7명이 내부자였으며, CEO는 이사회 의장을 겸임했을 뿐 아니라 보상위원회 위원으로도 참여했다.

표 6.1은 2002년 〈비즈니스위크〉가 이사회 순위를 결정한 근거를 보여준다.

표 6.1 2002년 이사회 순위

최고의 이사회	최악의 이사회
1. 3M: 이사 9명 중 1명만 내부자. 이사 중 CEO의 사업 관계자 없음.	1. 애플: 이해 상충 문제 있음. 애플의 CEO가 X 회사의 이사이고, X 회사의 CEO가 애플의 이사.
2. 아프리아 헬스케어(Apria Healthcare): 주주 행동주의자인 이사 3명. CEO는 이사회 의장이 아님.	2. 콘세코(Conseco): CEO를 배제한 독립적 이사회가 개최되지 않음.
3. 콜게이트 파몰리브(Colgate Palmolive): 이사들은 주식을 상당량 보유 중이며 다른 이사회 참여 사례가 많지 않음.	3. 딜라즈(Dillard's): 이사 중 7명(CEO의 자녀 포함)이 내부자.
4. GE: 최근 기업 지배구조 옹호자가 이사로 합류. 웰치의 퇴직금에 대해서도 질문.	4. 갭(Gap): 자기 거래가 많고, 서로 맞물린 이사(A 회사의 CEO가 B 회사의 이사이고, B 회사의 CEO가 A 회사의 이사)도 많음.
5. 홈디포: 이사 12명 중 2명만 내부자. CEO를 배제한 독립적 이사회가 정기적으로 개최됨.	5. 케이마트(Kmart): 회사가 어려워짐에 따라 이사회 활동 위축.
6. 인텔: 내부자가 없으며, 선임사외이사(lead director)를 두어 CEO 견제.	6. 퀘스트(Qwest): 퀘스트의 핵심 사업을 경험한 외부 이사가 없음.
7. 존슨앤드존슨(Johnson & Johnson): 이사들은 주식을 상당량 보유 중이며 다른 이사회는 최대 4개까지만 참여.	7. 타이슨 푸드(Tyson Foods): 이사 15명 중 10명이 내부자.
8. 메드트로닉(Medtronics): CEO를 배제한 독립적 이사회가 정기적으로 개최됨.	8. 제록스(Xerox): 지나치게 많은 이사회에 참여하는 이사가 다수.
9. 화이자(Pfizer): 감사위원회, 추천위원회, 보상위원회에는 내부자 없음.	
10. 텍사스 인스트루먼트(Texas Instruments): 이사들은 주식을 상당량 보유 중.	

자료: 〈비즈니스위크〉

2002년 분식 회계 사건을 계기로 허울뿐인 이사회가 CEO를 방치하고 있다는 사실이 알려지자 기업 지배구조 평가 필요성이 대두되었다. 이제 〈비즈니스위크〉가 기업 지배구조를 평가하는 다른 기업과 경쟁하게 되었다.

사회적 책임

주주는 기업과 직접적인 이해관계가 있다. 그런데 다른 집단도 기업의 결정에 따라 영향을 받는다. 예컨대 기업이 주주에게 유리한 결정을 내리면 종업원과 고객은 불리해질 수 있으며, 사회도 그 부담을 떠안게 될 수 있다. 이른바 균형 성과표(balanced scorecard, BSC) 지지자는 기업이 전통적인 재무 분석을 통해서 주주만 지나치게 중시하고 다른 이해관계자는 경시한다고 주장한다. 이들의 주장에 의하면 우량 기업은 주주에게도 잘하지만 종업원, 고객, 사회에도 혜택을 제공한다.

이 주장을 받아들인다면, 기업이 사회에 제공하는 혜택을 어떻게 측정할 것인지 생각해야 한다. 이러한 혜택을 정량화하려는 시도가 있기는 했지만, 이러한 혜택은 대부분 정성 요소여서 평가는 주관적일 수밖에 없다. 실제로 기업의 사회적 책임 순위는 대개 일반 대중이나 동종 기업에 대한 설문 조사를 통해서 결정된다. 예컨대 〈포천〉은 매년 가장 칭찬받는 10대 기업 명단을 발표한다. 순위를 결정하는 컨설팅회사 헤이그룹Hay Group은 먼저 58개 업종에서 매출 기준으로 10대 기업(외국 기업의 자회사 포함)을 뽑아낸다. 이어서 경영자, 이사, 애널리스트 1만 명에게 가장 칭찬하는 기업 10개를 업종에 상관없이 선정하게 한다. 그러고서 이들은 자신의 업종에서 8개 기준(혁신, 재무 건전성, 종업원의 재능, 기업 자산 활용도,

표 6.2 2002년 가장 칭찬받은 기업

순위	기업명
1	GE
2	사우스웨스트 항공
3	월마트
4	마이크로소프트
5	버크셔 해서웨이
6	홈디포
7	존슨앤드존슨
8	페덱스
9	씨티그룹
10	인텔

자료: 〈포천〉

장기 투자 가치, 사회적 책임, 경영자의 자질, 제품 및 서비스 품질)으로 기업을 평가한다. 이 평가 점수의 평균으로 업종별 기업의 순위가 결정된다. 표 6.2는 2002년 가장 칭찬받은 10대 기업이다.

이 목록은 2002년 초에 발표되었다. 이후 위 10대 기업 중 2개가 역경에 직면했다. 씨티그룹은 엔론의 분식 회계 사건에 연루되었고 GE는 일부 재무 의사 결정과 잭 웰치의 보수 문제에 휩쓸렸다. 2003년 목록에는 두 기업이 포함되기 어려울 것이다.

이론적 근거: 질은 가치에 반영된다

제품과 경영이 훌륭한 기업은 가치가 더 높아야 한다. 이 주장에 이의를 제기할 사람은 거의 없다. 실제로 대부분 가치 평가 기법에서 이러한 정성적 요소가 입력 변수에 포함되어 가치로 나타난다.

현금흐름 할인법의 입력 변수

기업의 가치는 기존 투자에서 창출되는 현금흐름, 이 현금흐름의 기대 성장률, 투자 자금 조달 비용에 따라 결정된다. 경영이 훌륭한 기업은 가치 평가 과정에서 보상을 받게 된다.

- 먼저 현재 이익에서 보상을 받는다. 프로젝트와 경영이 훌륭한 기업은 기존 투자에서 나오는 이익이 더 많다. 이렇게 이익이 더 많으면 가치가 증가한다.
- 기업이 재투자 규모를 늘릴수록, 유리한 투자 기회를 잘 선택할수록 기업의 이익이 성장한다. 이익이 성장하면 가치가 증가한다.
- 어느 시점에 이르면 모든 기업이 성숙기에 진입해 이익은 자본 비용을 넘지 못하고 성장률은 경제 성장률에 못 미치게 된다. 그러나 올바른 전략을 선택해서 경쟁 우위를 키워가는 기업은 성장기를 연장해 가치를 증가시킬 수 있다.
- 경영이 훌륭한 기업은 자본 구조(자본과 부채의 구성 비율)와 부채의 유형을 변경해 자본 비용을 낮출 수 있다.

예컨대 마이크로소프트와 월마트 같은 기업은 규모가 거대한데도 높은 성장률을 계속 유지하기 때문에 높이 평가받고 있다. 이것이 훌륭한 경영의 결과라면 앞으로도 높은 성장률이 지속될 것이라고 추정할 수 있으며 그래서 가치가 증가할 것이다.

훌륭한 제품과 경영이 미치는 영향을 가치 평가에 반영하면 중대한 위험을 피할 수 있다. 근거 없는 불합리한 이야기로 높은 성장률을 정당화하는 위험을 피할 수 있다는 뜻이다. 예컨대 온라인 소매 시장이 거대하므로 온라인 소매회사 성장률이 연 60%에 달할 것이라거나, 코카콜라는 브랜드가 탁월하므로 성장률이 연 20%에 이를 것이라는 이야기다. 이러한 정성적 견해가 어떻게 성장률이라는 정량 요소로 전환되는지 숙고해야 가치 평가에 일관성을 유지할 수 있다.

똑같은 정성 요소에 대해서도 자본 이익률, 이익률, 재투자율, 성장률을 투자자마다 다르게 평가할 수 있을까? 물론이다. 사람마다 미래에 대한 견해가 다르고 추정하는 가치도 다르다고 보아야 한다. 합리적인 가치 평가가 되려면 경영이나 브랜드가 훌륭하다는 사실은 입력 변수를 통해서 가치에 반영되어야 한다. 훌륭한 경영에 대해 별도로 프리미엄을 얹어줄 이유는 없다.

경제적 부가가치와 초과수익 모형

앞에서 정의했듯이 경제적 부가가치는 세 가지 입력 변수, 즉 투하 자본 이익률, 자본 비용, 투하 자본에 따라 결정된다. 경제적 부가가치와 기업 가치 사이의 관계는 다음 공식으로 표현할 수 있다. 기업의 가치를 기존 자산에 투하된 자본, 그 자산에서 기대되는 초과수익, 미래의 신규 투자로 계산하는 공식이다.

> **기업의 가치 = 현재 투하 자본 + 미래에 예상되는 경제적 부가가치의 현재 가치**

기업의 가치는 '기존 자산에 투하된 자본'과 '기업이 미래에 창출하는 모든 경제적 부가가치의 현재 가치'를 더한 값이다.

어떤 기업이 기존 자산에 투자한 자본이 1억 달러라고 가정하자. 그리고 이 자산에서 기대되는 세후 영업 이익은 1,500만 달러이며 자본 비용은 항상 10%라고 가정하자. 매년 창출되는 경제적 부가가치는 다음과 같이 계산할 수 있다.

경제적 부가가치 = $1,500만 - 0.1 × $1억 = $500만

기업의 가치를 추정하려면 먼저 미래에 예상되는 경제적 부가가치의 현재 가치를 추정해야 한다. 매년 예상되는 경제적 부가가치가 500만 달러이고 자본 비용이 10%이므로 현재 가치는 다음과 같다.

경제적 부가가치의 현재 가치 = $500만 / 0.1 = $5,000만

여기에 기존 자산에 투하된 자본 1억 달러를 더하면 기업의 가치는 1억 5,000만 달러가 된다.

기업의 가치 = 투하 자본 + 경제적 부가가치의 현재 가치

= $1억 + $5,000만 = $1억 5,000만

기업이 미래에도 프로젝트를 통해서 초과수익을 창출한다고 가정하면 계산이 조금 더 복잡해지지만 가치 평가의 기본 구조는 바뀌지 않는다. 핵심은 기업이 자본 비용보다 높은 수익을 내야 부가가치가 창출된다는 점이다. 따라서 기업이 대규모 투자를 통해서 빠르게 성장하더라도 수익이 자본 비용 수준에 그친다면 기업의 규모는 커져도 가치는 증가하지 않는다.

이 사실은 시장 부가가치(market value added, MVA)로도 표현할 수 있다. 여기서 시장 부가가치는 기업의 가치 1억 5,000만 달러에서 투하 자본 1억 달러를 차감한 5,000만 달러가 된다. 시장 부가가치는 자본 이익률이 자본 비용보다 높을 때에만 플러스가 되며 자본 이익률이 더 높을수록 증가

한다. 반대로 자본 이익률이 자본 비용보다 낮으면 마이너스가 된다.

제품이나 경영진이 더 우수하거나 이사회가 더 유능한 기업에서 초과 수익이 나온다면 이러한 기업의 가치가 다른 유사한 기업보다 더 높을 것이다.

증거 확인

우량 기업에 대한 정의는 각양각색이므로 증거도 정의를 기준으로 분류해야 마땅하다. 여기서는 먼저 기업이 벌어들이는 초과수익과 주식 수익률의 관계를 살펴본다. 이어서 기업 지배구조가 더 건전하거나 사회적 책임이 더 강한 기업에 투자하면 수익률이 더 높은지도 조사한다. 끝으로 우량 기업 순위 결정에 사용되는 요소를 이용해서 우량 기업을 찾아본다.

프로젝트의 질과 주식의 수익률

경제적 부가가치가 증가하면 주가도 상승할까? 경제적 부가가치가 증가하면 기업의 가치는 일반적으로 증가하지만, 주가는 상승할 수도 있고 상승하지 않을 수도 있다. 주가에는 미래 경제적 부가가치에 대한 기대가 이미 반영되어 있기 때문이다. 따라서 마이크로소프트 같은 기업의 주가에는 대규모 부가가치가 계속 증가할 것이라는 기대가 반영되어 있다.

기업이 경제적 부가가치가 증가했다고 발표하더라도 주가의 등락은 주로 시장의 기대 수준에 좌우된다. 성숙기에 진입한 기업에 대해서는 시장이 경제적 부가가치의 증가를 기대하지 않으므로 경제적 부가가치가 증가하면 호재가 되어 주가가 상승한다. 반면 유망 성장 기업으로 인식되어 경제적 부가가치가 증가할 것으로 기대되는 기업이라면 경제적 부가가치가 기대 수준에 못 미칠 경우 주가가 하락한다. 수십 년 동안 EPS와 주가의 관계를 지켜본 투자자라면 이러한 현상이 전혀 놀랍지 않을 것이다. 기업이 발표하는 이익이 기대 수준을 초과해야 주가가 상승하기 때문이다.

그러므로 경제적 부가가치의 규모와 주식 수익률 사이에, 또는 경제적 부가가치의 변화와 주식 수익률 사이에 상관관계가 있을 것으로 기대해서는 안 된다. 경제적 부가가치가 기록적으로 증가해도 주가는 상승하지 않을 수 있다.[1] 경제적 부가가치와 주식 수익률의 관계를 조사한 메릴린치Merrill Lynch 리처드 번스타인Richard Bernstein의 연구도 이 가설을 뒷받침한다.

1987년 2월~1997년 2월 동안 경제적 부가가치 규모 상위 50개 기업으로 구성된 포트폴리오의 수익률은 연 12.9%였고 같은 기간 S&P지수 수익률은 연 13.1%였다.[2] 같은 기간 전년도 경제적 부가가치 증가율 상위 50개 기업으로 구성된 포트폴리오의 수익률은 연 12.8%였다.[3]

요컨대 단지 전년도 경제적 부가가치가 대폭(또는 기록적인 비율로) 증가했다는 이유로 투자해서는 성공할 수 없다.

기업 지배구조에 대한 보상

이사회와 기업 지배구조가 더 건전한 기업이 투자에 유리할까? 이에 대한 증거는 명확하지 않지만, 기업이 주주의 권한을 강화하기 시작할 때 일반적으로 주가가 상승한다는 점은 확실하다.

먼저 이사회와 기업 가치의 관계를 생각해보자. 분석에 의하면, 이사회의 규모가 작고 활동적인 기업의 가치가 이사회의 규모가 크고 소극적인 기업보다 높다. 여러 국가의 기업 지배구조를 조사한 프라이스워터하우스Price Waterhouse는 기업 지배구조가 더 건전한 국가에서 기업이 훨씬 높은 가격에 거래된다고 결론지었다.[4] 그러나 기업 지배구조가 더 건전한 기업의 주식 수익률이 높다는 증거는 거의 없다.

분석에 의하면, 기업 지배구조를 지표로 삼아 투자할 때는 지배구조를 강화하기 시작한 기업의 주식에 투자하는 전략이 가장 유망하다. 예컨대 기업이 인수 합병을 저지하는 조항을 채택하거나 주식의 의결권을 변경해 기존 경영진의 의결권을 강화하는 등 지배구조를 약화하면 주가는 하락한다. 반면에 경영진이 교체되거나 위임장 대결이 발표되는 등 기업 지배구조가 강화되면 주가는 상승한다.

사회적 책임에 대한 보상

최근 10년 동안 사회적 책임에 무심한 기업에는 투자하지 않는 펀드가 많이 설정되었다. 사회적 책임의 정의는 펀드마다 다르지만, 펀드 매니저는 '윤리적' 기업에 투자하면 장기적으로 더 높은 수익이 나온다고 한결같이 주장한다. 반면 투자 대상을 제한하면 오히려 수익률이 낮아진다고 믿는 사람도 있다.

미국, 영국, 독일에서 103개 윤리적 펀드의 1990~2001년 실적을 분석한 결과 초과수익 면에서 전통적인 펀드와 큰 차이가 없는 것으로 밝혀졌다.[5] 사회적 책임에 대한 보상을 기대하고 투자한 사람에게는 나쁜 소식이다. 그러나 사회적 책임을 위해서 다소의 손해까지 감수하고 투자한 사람에게는 좋은 소식이다.

우량 기업에 대한 정의 확대

앞에서 인용한 분석은 우량 기업의 정의가 지나치게 협소하다고 비판 받을 여지가 있다. 초과수익을 내거나, 이사회가 유능하거나, 사회적 책임이 강해야 우량 기업으로 인정했기 때문이다. 우량 기업의 정의를 확대하면 투자 실적이 개선될지 모른다는 주장도 나올 수 있다.

초우량 기업에 투자하면?

톰 피터스Tom Peters는 베스트셀러 저서 《초우량 기업의 조건(In Search of Excellence)》에서 초우량 기업의 특징을 소개했다.[6] 미셸 클레이먼Michelle Clayman은 피터스의 주장을 반박하는 대신 초우량 기업의 기준을 충족하지 못하는 비우량 기업을 찾아내서 초우량 기업과 비교했다. 표 6.3은 두 집단을 비교한 통계다.[7]

표 6.3 초우량 기업과 비우량 기업: 재무 실적 비교

	초우량 기업	비우량 기업
자산 증가율	10.74%	4.77%
자기자본 증가율	9.37%	3.91%
자본 이익률	10.65%	1.68%
자기자본 이익률	12.92%	−15.96%
순이익률	6.40%	1.35%

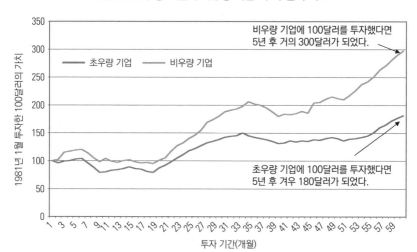

그림 6.1 초우량 기업과 비우량 기업: 투자 실적 비교

비우량 기업에 100달러를 투자했다면
5년 후 거의 300달러가 되었다.

초우량 기업에 100달러를 투자했다면
5년 후 겨우 180달러가 되었다.

자료: Clayman. 초우량 기업과 비우량 기업에 100달러씩 투자한 이후 60개월 동안의 실적 추이.

　초우량 기업은 비우량 기업보다 재무 실적이 훨씬 좋고 수익성도 높다. 그런데 투자 수익률도 더 높을까? 그림 6.1은 초우량 기업과 비우량 기업에 투자했을 때 나오는 실적을 비교해서 보여준다.

　재무 실적은 초우량 기업이 더 좋아도 투자 수익률은 비우량 기업이 훨씬 더 좋다. 1981년 초우량 기업에 100달러를 투자했다면 1986년에 겨우 182달러가 되었지만, 비우량 기업에 투자했다면 298달러가 되었을 것이다. 이 연구에서는 위험을 고려하지 않았지만, 우량 기업이 반드시 투자에 유리한 것은 아니며 비우량 기업도 탁월한 투자 대상이 될 수 있다는 증거를 제시했다.

S&P 주식 등급

신용평가사 S&P는 주식에 대해서도 채권 등급과 비슷한 등급을 부여한다. 이 기업에 의하면 A등급 주식이 B등급 주식보다 우량한 주식이다. S&P는 (수익성 지표와 부채 비율 등) 재무 척도를 바탕으로 하되 주관적 평가도 가미해 등급을 결정한다.

그림 6.2는 주식의 등급별 수익률을 보여준다. 최저 등급 주식의 수익률이 가장 높았고 최고 등급 주식의 수익률이 가장 낮았다. 그러나 이 분석 결과가 확정적인 것은 아니다. 최저 등급 주식은 아마 위험도 높았을 것이기 때문이다. 하지만 더 높은 수익을 기대하고 최고 등급 주식에 투자한 사람은 매우 실망했을 것이다.

그림 6.2 S&P 주식 등급별 연 수익률(1982~1991년)

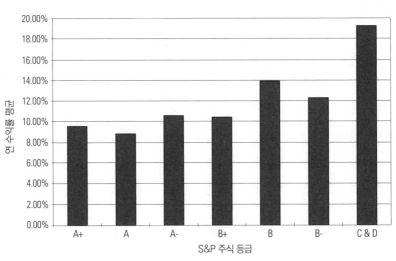

자료: S&P.

〈포천〉 순위

〈포천〉이 매년 가장 칭찬받는 기업 순위를 결정하는 과정은 앞에서 설명했다. 이 과정에서 〈포천〉은 경영자와 애널리스트가 평가한 500개 기업의 점수도 발표한다. 한 연구에서는 1983~1995년 동안 〈포천〉에서 평가한 점수 상위 50개 기업과 하위 50개 기업에 투자했을 때의 수익률을 분석했다. 분석 결과는 고무적이다. 상위 50개 주식의 5년 수익률은 125%였고 하위 50개 주식의 5년 수익률은 80%였다. 두 집단의 위험과 특성 차이를 고려해도 이 격차는 유지되었다. 상위 50개 주식의 수익률이 11년 중 8년 동안 더 높았다.

이 분석 결과는 초우량 기업의 수익률 분석 결과 및 S&P 주식 등급별 수익률 분석 결과와 대조를 이룬다. 이는 〈포천〉이 평가 과정에서 설문 조사를 통해 정성 요소도 반영했기 때문이라고 설명할 수 있다. 이 정성 요소가 분석의 가치를 높여주었을지도 모른다. 그렇다면 정성 요소까지 갖춘 우량 기업에 투자하면 수익률이 더 높아질지도 모른다.

데이터 정밀 분석

전체 시장에서 초과수익의 분포를 살펴보면 우량 기업의 특성에 대해 통찰을 얻을 수 있을지 모른다. 여기서는 먼저 미국 기업의 초과수익 분포와 경제적 부가가치 분포를 살펴본다. 이어서 우량 기업을 선정하는 다른 척도를 고려해보고 각 척도에 부합하는 우량 기업을 찾아본다.

전체 시장

경영의 질과 가장 밀접하게 연결된 재무 지표는 기업이 창출한 초과수익으로, 투하 자본 이익률에서 자본 비용을 차감한 값이다. 이 척도에는 경영의 모든 요소가 반영된다. 우수한 투자 능력은 높은 투하 자본 이익률로 나타나고, 우수한 자본 조달 능력은 낮은 자본 비용으로 나타난다.

일부 기업은 투하 자본 이익률이 자본 비용보다 훨씬 높아서 막대한 초과수익을 창출하지만, 일부 기업은 투하 자본 이익률이 자본 비용보다 훨씬 낮아서 막대한 마이너스 초과수익을 창출한다. 그림 6.3은 2001년 미국 기업의 초과수익 분포를 나타낸다.

이 자료는 단지 1년의 분포를 나타낸다는 점에 유의하라. 특히 2001년

그림 6.3 초과수익: 미국 전체 주식의 초과수익 분포(2002년 10월)

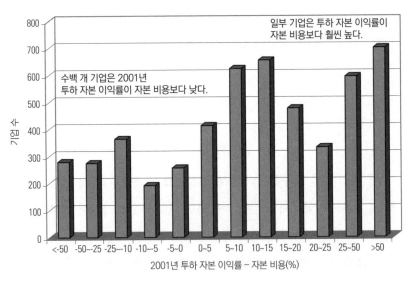

자료: 밸류 라인. 초과수익은 최근 연도 투하 자본 이익률(장부 가격 기준)에서 자본 비용을 차감한 값.

은 침체기여서 경기 순환 기업 중 초과수익이 마이너스인 기업이 많았다. 그런데도 초과수익 격차가 매우 크게 나타난다.

초과수익 격차는 업종별로도 큰 것으로 나타난다. 표 6.4는 2001년 초과수익이 가장 큰 업종과 가장 작은 업종을 보여준다.

이들 업종을 자세히 들여다보면 초과수익 척도의 성향과 한계가 드러난다. 전자 상거래와 무선 네트워크 등 수명 주기의 초기 단계 기업이 많은 젊은 업종은 대개 초과수익이 대폭 마이너스인 반면, 유명 음료, 가정용품, 의약품 등 진입 장벽이 높은 업종은 초과수익이 매우 높다.

최근 연도 초과수익에서 나타나는 편향성을 상쇄하고자 한다면 우량 기업의 정성 요소에 주목할 수도 있다. 〈포천〉의 '가장 칭찬받는 기업 순위' 같은 유명 순위 척도는 평가하는 기업의 수가 적어서 제외했다. 〈포

표 6.4 초과수익 최저 업종과 최고 업종

업종	초과수익률	업종	초과수익률
인터넷	-32.76%	음료(청량음료)	13.94%
전자 상거래	-17.78%	가전제품	14.10%
무선 네트워크	-11.80%	의약용품 & 의료 장비	15.42%
엔터테인먼트 기술	-8.07%	전기 기구	15.79%
통신 장비	-8.00%	반도체 자본 장비	16.33%
손해보험	-7.11%	음료(알코올)	17.12%
투자회사(외국)	-6.85%	석유(종합)	17.46%
의료 정보 시스템	-3.77%	가정용품	19.53%
오락	-2.46%	석유(생산)	19.92%
주거·레저용 차량 제작	-1.28%	화장품	20.30%
부동산투자신탁	-1.04%	담배	24.47%
케이블TV	-0.63%	의약품	24.93%

천〉이 순위를 발표하는 기업은 500개에 불과하다.

　반면 밸류 라인 적시성 순위(Value Line's Timeliness Ranking)는 발표하는 기업이 약 1,700개이며 30여 년 전부터 계속되었다. 실제로 이 순위는 그동안 널리 사용되었으며 매우 성공적인 수익률 예측 지표임이 입증되었다. 밸류 라인 애널리스트는 수익성, 이익 성장성, 이익 모멘텀 등 다양한 요소를 고려해 주식에 적시성 순위 1(적시성 최고)~5(적시성 최저)를 부여했다. 그림 6.4는 각 순위에 해당하는 기업의 수를 나타낸다.

　그림에서 보듯이 평균 수준인 적시성 순위 3에 해당하는 기업의 수가 약 절반이다. 최고 순위인 1에 해당하는 기업은 100개 미만이고 최저 순위인 5에 해당하는 기업도 비슷한 숫자다.

그림 6.4 밸류 라인 적시성 순위

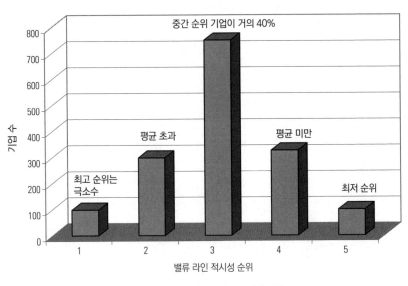

자료: 밸류 라인. 밸류 라인 적시성 순위는 1이 적시성 최고, 5가 최저임.

우량 기업 목록

다른 정성 척도로는 우량 기업 포트폴리오를 구성하기가 어렵다. 그래서 전년도 초과수익률이 가장 높았던 기업으로 포트폴리오를 구성할 수도 있지만 그러면 주로 소형주만 포함될 위험이 크다. 소기업은 예컨대 ROE 50%를 내기도 어렵지 않기 때문이다. 이 불균형 문제를 해소하는 방법으로, 경제적 부가가치가 큰 기업으로 포트폴리오를 구성할 수도 있다. 경제적 부가가치는 금액으로 표시되므로 거대 기업일수록 더 유리하다. 그런데 이렇게 하면 정성 요소는 무시한 채 재무 실적만으로 포트폴리오를 구성하게 될 위험이 있다.

정성 요소와 정량 요소를 섞는 방법도 있다. 최근 회계 연도에 창출한 경제적 부가가치가 5,000만 달러 이상이고, 초과수익률이 5% 이상이며, 밸류 라인 적시성 순위가 1인 기업을 선정하는 방법이다. 표 6.5(218쪽)는 세 가지 기준을 모두 충족하는 우량 기업의 목록이다. 이제 이들 기업을 자세히 분석해보기로 한다.

추가할 이야기

이익 성장과 주가 상승을 기대하면서 경영이 훌륭한 우량 기업에 투자하는 전략은 위험할 수 있다. 현재 주가에 기업의 훌륭한 경영 능력이 이미 반영되어 있을지 모르기 때문이다. 이미 주가에 반영되어 있다면(프리미엄이 붙어 있다면), 가장 큰 위험은 시간이 흘러 기업의 훌륭한 경영 능력이 사라지면서 프리미엄도 함께 사라지는 것이다. 시장이 훌륭한 경영

표 6.5 초과수익률 > 5%, 경제적 부가가치 > 5,000만 달러, 적시성 = 1인 기업

(금액 단위: 백만 달러)

기업명	초과수익률	경제적 부가가치	기업명	초과수익률	경제적 부가가치
Dean Foods	5.55%	280.10	eBay Inc	24.27%	178.11
MGM Mirage	7.82%	610.87	Charles River	24.67%	95.65
Coca-Cola Ent	8.14%	1,197.72	ITT Industries	24.72%	550.82
Walter Inds	9.36%	240.59	Reebok Int'l	25.64%	171.71
AnnTaylor Stores	10.24%	71.85	IDEXX Labs	26.40%	60.88
Nissan ADR	10.73%	4,323.34	Winn-Dixie	26.94%	373.02
KB Home	11.04%	277.90	Moore Corp	27.10%	114.28
Jo-Ann Stores	11.56%	50.32	Lincare Holdings	27.41%	261.41
PepsiAmericas	11.76%	317.98	Education Mgmt	28.13%	81.27
Dentsply Int'l	12.03%	157.27	Bio-Rad Labs 'A'	28.63%	124.57
Mandalay Resort	12.22%	410.25	Anheuser-Busch	29.97%	2,962.04
Moog Inc 'A'	12.48%	74.22	Procter& Gamble	30.04%	7,514.72
Constellation Brands	12.92%	307.04	Williams-Sonoma	32.92%	160.95
Harrah's	13.10%	620.06	Fossil Inc 3	3.43%	69.25
STERIS Corp	13.22%	78.21	First Health	35.85%	186.59
SICOR Inc	14.10%	58.11	Patterson Dental	36.28%	132.71
Hovnanian	14.23%	125.55	Dial Corp	37.71%	187.70
Quanex Corp	14.53%	68.36	Sysco Corp	38.59%	1,218.96
Stericycle Inc	15.95%	79.68	Forest Labs	40.90%	414.55
Watts Inds 'A'	16.05%	58.44	Int'l Game Tech	42.40%	386.49
Alliant Techsys	16.12%	228.99	Techne Corp	43.04%	54.87
Schein (Henry)	16.71%	125.08	UnitedHealth	43.14%	1,581.15
PETsMART Inc	18.66%	98.89	Block (H&R)	45.45%	845.93
RARE Hospitality	19.39%	50.68	Winnebago	47.29%	53.76
Universal Health	19.39%	292.11	Varian Medical	47.66%	111.58
Career Education	19.90%	70.97	Electronic Arts	51.68%	227.13
Amer. Axle	20.10%	281.46	Ross Stores	53.03%	267.33
Ball Corp	20.12%	298.84	Humana Inc	63.67%	334.55
Lennar Corp	20.52%	622.60	CDW Computer	64.59%	248.20
Fisher Scientific	21.89%	214.53	Chico's FAS	69.61%	68.17
Dollar General	22.09%	315.66	Right Mgmt	74.04%	51.89
Michaels Stores	22.45%	186.67	Polaris Inds	76.33%	165.18
AutoZone Inc	23.06%	480.64	NVR Inc	79.42%	356.98
Tenet Healthcare	23.14%	2,197.94	Apollo Group 'A'	171.27%	183.58
Whole Foods	23.18%	153.96			
Fortune Brands	23.18%	705.54			
Express Scripts	23.62%	236.32			

능력을 과대평가하면, 예상대로 기업의 이익이 성장하더라도 이 전략으로 얻는 수익률은 초라할 수 있다. 시장이 훌륭한 경영 능력을 과소평가할 때만 이 전략으로 초과수익을 얻을 가능성이 있다.

기대 수준을 낮추는 게임

가격이 지나치게 높으면 우량 기업에 투자해도 불리할 수 있다. 이러한 모순을 이해하는 열쇠는 투자가 기대를 관리하는 게임임을 깨닫는 것이다. 어떤 기업이 시장에서 '초우량 기업'으로 평가받아 주가도 초우량 기업 수준이 되었는데 실제로는 '우량 기업'에 불과하다면, 우리는 그 주식을 더 낮게 평가해야 한다. 이 기업의 PER을 유사 기업의 PER과 비교해보면 주가에 반영된 기대를 측정할 수 있다. 기대가 지나치게 높은 (PER이 지나치게 높은) 기업은 우량 기업이더라도 피하는 편이 현명하다. 그림 6.5는 앞에서 선정한 우량 기업의 평균 PBR과 PER을 시장과 비교해서 보여준다.

평균 PBR과 PER을 보면 우량 기업에는 확실히 프리미엄이 붙어 있다. 현행 PER은 우량 기업이 시장보다 약 2배 높고 PBR은 시장보다 약 2.5배 높다. 후행 PER도 차이는 작지만 역시 우량 기업이 시장보다 높다.

71개 우량 기업 중 주가가 지나치게 높은 기업을 제거하려면 주가 배수 필터를 사용한다. PBR이 4배를 초과하거나 현행 PER이 25배를 초과하는 기업을 제거하면 우량 기업은 표 6.6과 같이 22개로 감소한다.

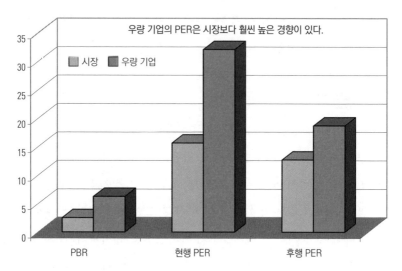

그림 6.5 우량 기업과 시장의 PBR과 PER

자료: 밸류 라인.

표 6.6 가격 기준을 통과한 우량 기업

기업명	종목 코드	업종	PBR	현행 PER
KB Home	KBH	주택 건설	1.67	8.51
Lennar Corp	LEN	주택 건설	2.15	8.54
Amer. Axle	AXL	자동차-OEM	2.05	9.53
Nissan Motor Adr	NSANY	자동차	2.59	11.26
Walter Inds	WLT	다각화 기업	1.16	11.85
Reebok Int'l	RBK	신발	2.06	14.41
Moog Inc 'A'	MOG/A	방위산업	1.75	14.76
Watts Inds 'A'	WTS	기계	1.83	15.16
Winn-Dixie Stores	WIN	잡화점	2.79	15.46
Constellation Brands	STZ	알코올음료	2.25	15.56
Hovnanian Enterpr 'A'	HOV	주택 건설	2.78	16.41

기업명	종목 코드	업종	PBR	현행 PER
Fossil Inc	FOSL	소매(전문점)	3.07	17.42
RARE Hospitality	RARE	음식점	2.19	19.60
Fortune Brands	FO	다각화 기업	3.51	19.69
Humana Inc	HUM	의료보험	1.56	20.08
Quanex Corp	NX	철강	2.14	20.78
Harrah's Entertain	HET	호텔	3.60	20.99
Mandalay Resort	MBG	호텔	2.13	21.13
SICOR Inc	SCRI	의약품	3.53	22.74
Bio-Rad Labs 'A'	BIO	의약용품 & 의료 장비	3.66	23.53
MGM Mirage	MGG	호텔	2.12	24.02
PepsiAmericas Inc	PAS	음료	1.57	24.94

PBR 기준을 2.5로 강화하면 우량 기업의 수는 더 감소한다.

평균 회귀

현재 실적을 고려할 때, 우량 기업의 주가가 적정 수준이더라도 시간이 흐르면서 기업의 실적이 바뀔 가능성도 생각해두어야 한다. 시간이 흐르면 기업의 실적은 평균 수준으로 바뀌는 경향이 강하기 때문이다.

이 과정이 이른바 평균 회귀(mean reversion)로, 평균보다 훨씬 높게 평가받는 기업(우량 기업)에 투자할 때 입을 수 있는 피해를 줄이기 위해 고려할 필요가 있다. 우량 기업의 실적이 평균으로 회귀하면 주가도 평균으로 회귀할 수밖에 없다.

평균 회귀 필터는 주가 필터보다 만들기가 훨씬 어려운데, 두 가지가 가능하다. 첫째는 가격 설정(pricing) 필터다. 이 필터를 이용해서 주가가 일반 기업 수준으로 설정된 우량 기업만 매수하면 된다. 현실적으로 말하면 우량 기업의 PER이나 PBR이 해당 업종 평균보다 낮을 때만 매수하면 된다. 둘째는 우량 기업의 지위를 오랜 기간 유지한 기업만 매수하는 방법이다. 이러한 기업의 강점은 쉽사리 사라지지 않는다고 보기 때문이다. 현실적으로 말하면, 최근 3년 동안 연속해서 경제적 부가가치가 5,000만 달러를 초과하면서 밸류 라인 적시성 순위가 3년 연속 1인 기업만 매수하면 된다.

여기서는 평균 회귀 필터를 이용해서 현행 PER이 업종 평균보다 높은 기업을 제거했다. 표 6.7은 22개 우량 기업의 현행 PER을 업종 평균과 비교해서 보여준다.

평균 회귀 필터를 통과하지 못한 4개 기업(굵은 글씨)을 제외하면 이제 남은 기업은 18개다.

투자자에게 주는 교훈

요컨대 효과적인 우량 기업 투자 전략이란 시장이 알아보지 못한 우량주에 투자하는 것이다. 우량 기업은 동종 기업보다 뛰어나서 재무 실적이 우수한 기업인데 어떻게 시장이 알아보지 못할 수 있을까? 단기 사건에 대한 시장의 반응을 보면 이러한 우량 기업을 찾아내는 것이 가능하다.

첫째, 시장은 우량 기업에서 나오는 나쁜 소식에 간혹 과잉 반응하기도 한다. 실제로는 장기적으로 기업 가치에 큰 영향을 주지 않는 소식인데도 말이다. 예컨대 코카콜라의 영업 실적은 좋았지만(매출 증가, 판매 수

표 6.7 기업에 평균 회귀 필터 적용(굵은 글씨는 PER이 업종 평균 초과)

기업명	종목 코드	업종	현행 PER	업종 평균 현행 PER
KB Home	KBH	주택 건설	8.51	13.84
Lennar Corp	LEN	주택 건설	8.54	13.84
Amer. Axle	AXL	자동차-OEM	9.53	16.29
Nissan Motor Adr	NSANY	자동차	11.26	18.83
Walter Inds	WLT	다각화 기업	11.85	16.43
Reebok Int'l	RBK	신발	14.41	23.30
Moog Inc 'A'	MOG/A	방위산업	14.76	24.40
Watts Inds 'A'	WTS	기계	15.16	22.91
Winn-Dixie Stores	**WIN**	**잡화점**	**15.46**	**14.95**
Constellation Brands	STZ	알코올음료	15.56	23.97
Hovnanian Enterpr 'A'	**HOV**	**주택 건설**	**16.41**	**13.84**
Fossil Inc	FOSL	소매(전문점)	17.42	27.63
RARE Hospitality	RARE	음식점	19.60	22.77
Fortune Brands	**FO**	**다각화 기업**	**19.69**	**16.43**
Humana Inc	HUM	의료보험	20.08	32.43
Quanex Corp	NX	철강	20.78	52.29
Harrah's Entertain	HET	호텔	20.99	23.59
Mandalay Resort	MBG	호텔	21.13	23.59
SICOR Inc	SCRI	의약품	22.74	24.20
Bio-Rad Labs 'A'	BIO	의료 장비	23.53	27.77
MGM Mirage	**MGG**	**호텔**	**24.02**	**23.59**
PepsiAmericas Inc	PAS	음료	24.94	34.64

량 증가 등) 환율 탓에 EPS는 감소했다고(달러 강세 탓에 외국에서 벌어들인 이익 감소) 가정하자. 이 때문에 코카콜라 주가가 폭락한다면 시장의 과잉 반응으로 볼 수 있다. 환율 효과는 시간이 흐르면 사라지기 때문이다. 이

때 헐값에 주식을 매수하면 나중에 반등할 수 있다.

둘째, 몇몇 기업에서 나쁜 소식이 나오면 해당 업종이나 시장 모든 기업의 주가가 하락하기도 한다. 예컨대 2002년 몇몇 기업(엔론과 월드컴)에서 대형 사고가 발생하자 에너지 기업의 주가가 모두 폭락했다. 에너지 종목에도 틀림없이 우량 기업이 있었을 터이므로 이때 우량 기업을 낮은 가격에 매수할 수 있었다.

마찬가지로 신흥 시장에도 경영이 훌륭한 우량 기업이 있을 터이므로 신흥국의 정치·경제가 난관에 직면해서 주가가 전반적으로 폭락하면 우량 기업을 헐값에 매수할 수 있다. 예컨대 2002년 브라질 경제가 위기에 직면하자 초우량 기업의 주가조차 40~50% 폭락했다. 이때 이러한 기업에 투자했다면 이후 주가가 반등했을 때 큰 이익을 얻었을 것이다.

여기서는 저평가된 우량 기업 포트폴리오를 구성하려고 다음과 같은 필터를 사용했다.

- 2001년 경제적 부가가치가 5,000만 달러 초과: 초과 실적을 내는 기업인지 확인하는 필터다.
- 2002년 10월 밸류 라인 적시성 순위가 1이나 2: 적시성 순위가 1인 기업은 99개에 불과하므로 기준을 2까지 완화한다. 이렇게 순위 기준을 완화하면 다른 기준을 더 엄격하게 적용할 수 있다.
- PBR이 2.5 미만: PBR이 시장보다 훨씬 높은 기업을 제거한다.
- 현행 PER이 업종 평균 미만: 기업의 실적이 평균으로 회귀할 때 발생하는 손실을 방지하려는 기준이다.

이렇게 해서 61종목으로 구성된 포트폴리오를 6장 부록에 실었다.

결론

경영이 훌륭한 우량 기업의 가치는 다른 기업보다 더 높아야 마땅하지만 우량 기업이 투자에 반드시 유리한 것은 아니다. 우량 기업이 투자에 유리하려면 적정 가격에 매수해야 한다. 6장에서는 주로 우량 기업을 적정 가격에 매수하는 방법을 논의했다.

어떤 기업이 우량 기업인가? 기업을 바라보는 관점(재무 실적, 기업 지배구조, 사회적 책임)이 다양한 만큼 우량 기업에 대한 정의도 각양각색이다. 다양한 관점을 모두 종합해서 우량 기업 포트폴리오를 구성하더라도 이들 종목의 주가가 적정 수준인지도 확인해야 한다. 시간이 흐르면 기업의 실적은 평균으로 회귀하는 경향이 있으므로 여기에도 대비해야 한다.

부록: 가격이 합리적인 우량 기업

(금액 단위: 백만 달러)

기업명	종목 코드	업종	경제적 부가가치	PBR	추정 성장률	현행 PER	업종 PER
Omnicare Inc	OCR	약국	154.81	1.71	19.50%	21.99	57.31
Quanex Corp	NX	철강	68.36	2.14	11.50%	20.78	52.59
Hercules Inc	HPC	화학(특수)	332.42	1.48	8.50%	0.00	23.48
Sunrise Asst. Living	SRZ	생활지원	84.03	1.14	24.00%	9.87	32.42
Korea Electric Adr	KEP	전력(외국)	5,046.16	0.57	7.50%	4.22	26.29
Cendant Corp	CD	금융	1,225.77	1.67	16.50%	12.12	34.14
Crown Cork	CCK	포장	528.85	1.07	23.00%	0.00	21.44
Shopko Stores	SKO	소매	122.82	0.52	4.00%	12.78	30.08
US Oncology Inc	USON	의료 서비스	125.38	1.15	14.50%	15.62	32.42
Pacificare Health	PHSY	의료 서비스	171.78	0.44	2.50%	15.85	32.42
Owens-Illinois	OI	포장	636.25	1.02	2.00%	4.88	21.44
Autonation Inc	AN	소매(전문점)	266.62	0.89	17.00%	11.71	27.63
Burlington Coat	BCF	소매(전문점)	90.90	1.16	8.00%	12.55	27.63
Brown Shoe	BWS	신발	58.36	1.11	8.00%	10.02	23.30
Russell Corp	RML	의류	91.31	1.02	7.50%	12.75	25.87
Pep Boys	PBY	소매(전문점)	117.30	0.87	20.00%	14.84	27.63
Humana Inc	HUM	의료보험	334.55	1.56	21.50%	20.08	32.42
Dress Barn	DBRN	소매(전문점)	63.02	1.88	9.00%	15.78	27.63
Norsk Hydro Adr	NHY	화학	3,107.41	1.16	9.50%	10.98	22.24
PepsiAmericas Inc	PAS	음료	317.98	1.57	19.00%	24.94	34.64
Moog Inc 'A'	MOG/A	방위산업	74.22	1.75	10.50%	14.76	24.40
Ikon Office Solution	IKN	사무용품	142.25	0.75	15.00%	14.36	23.62
Reebok Int'l	RBK	신발	171.71	2.06	15.00%	14.41	23.30
Global Imaging Sys	GISX	사무용품	60.35	2.13	16.00%	14.92	23.62
Jones Apparel Group	JNY	의류	340.06	2.14	11.00%	17.30	25.87
Constellation Brands	STZ	알코올음료	307.04	2.25	16.00%	15.56	23.97
Paxar Corp	PXR	전자 기기	52.04	2.05	12.50%	18.01	26.09
Universal Forest	UFPI	건축 자재	64.01	1.32	12.00%	9.23	17.01
Watts Inds 'A'	WTS	기계	58.44	1.83	14.00%	15.16	22.91
Republic Services	RSG	환경	409.77	1.83	11.00%	15.17	22.75
Dillard's Inc	DDS	소매	178.60	0.56	16.50%	22.79	30.08

기업명	종목 코드	업종	경제적 부가가치	PBR	추정 성장률	현행 PER	업종 PER
Centex Corp	CTX	주택 건설	444.67	1.27	17.00%	7.02	13.84
Amer. Axle	AXL	자동차-OEM	281.46	2.05	14.50%	9.53	16.29
Ryland Group	RYL	주택 건설	226.34	1.75	15.50%	7.21	13.84
Ralcorp Holdings	RAH	식품 제조	77.16	1.59	15.50%	16.04	21.78
Kerzner Int'l Ltd	KZL	호텔	60.64	0.98	9.00%	17.96	23.59
Pulte Homes	PHM	주택 건설	282.63	1.13	15.00%	8.49	13.84
KB Home	KBH	주택 건설	277.90	1.67	15.00%	8.51	13.84
Lennar Corp	LEN	주택 건설	622.60	2.15	18.50%	8.54	13.84
Coors (Adolph) 'B'	RKY	알코올음료	250.65	2.36	12.50%	18.74	23.97
Pactiv Corp	PTV	포장	395.74	1.60	17.00%	16.38	21.44
Walter Inds	WLT	다각화 기업	240.59	1.16	20.00%	11.85	16.43
Int'l Speedway 'A'	ISCA	오락	131.27	1.88	15.50%	22.28	26.84
Honda Motor Adr	HMC	자동차	4,514.05	2.02	11.50%	14.33	18.83
Beazer Homes USA	BZH	주택 건설	116.93	2.20	17.50%	10.22	13.84
Harris Corp	HRS	전자 기기	62.91	1.62	15.00%	22.49	26.09
Horton DR	DHI	주택 건설	265.60	2.14	17.50%	10.47	13.84
RARE Hospitality	RARE	음식점	50.68	2.19	15.50%	19.60	22.77
Exelon Corp	EXC	전력(동부)	4,153.18	1.77	10.50%	9.93	12.99
Manor Care	HCR	의료 서비스	323.75	1.94	19.50%	29.60	32.42
Borgwarner	BWA	자동차-OEM	196.46	1.06	8.50%	13.70	16.29
Union Pacific	UNP	철도	2,060.02	1.56	10.00%	15.44	17.93
Mandalay Resort Group	MBG	호텔	410.25	2.13	17.50%	21.13	23.59
Albertson's Inc	ABS	잡화점	2,200.98	1.72	7.50%	12.81	14.95
Johnson Controls	JCI	자동차-OEM	1,167.42	2.47	11.00%	14.80	16.29
Lear Corp	LEA	자동차-OEM	759.97	1.53	15.50%	14.87	16.29
Toro Co	TTC	가전제품	96.60	2.11	13.00%	14.31	15.58
Teleflex Inc	TFX	다각화 기업	198.77	2.21	10.50%	15.28	16.43
AnnTaylor Stores	ANN	소매(전문점)	71.85	1.72	16.00%	26.74	27.63
La-Z-Boy Inc	LZB	가구	101.50	1.82	10.50%	17.25	17.97
Raytheon Co	RTN	방위산업	1,175.28	1.04	21.00%	23.98	24.40

7장

아가야,
무럭무럭 자라라!
성장주 이야기

이멜다의 성장주 포트폴리오

이멜다는 매년 꾸준히 성장하는 뱅가드 S&P500 인덱스펀드에 투자하는 보수적인 투자자였다. 그런데 이웃에 사는 마사가 부러웠다. 작년 수익률이 100%였다고 자랑했기 때문이다. 마사는 말했다. "너의 포트폴리오는 정말 따분해. 그런 포트폴리오로 언제 부자가 되겠어?" 이멜다가 조언을 구하자 마사는 성공 비결을 알려주었는데, 성장주를 사라는 말이었다. 주가가 너무 높은 것 같다고 반박하자 마사는 걱정 말라고 대답했다. 내년에 이익이 증가하면 PER이 높아 보이지 않을 것이라고 안심시켰다. 마침내 확신에 이른 이멜다는 성장주에 투자했다. 그러나 안타깝게도 이듬해는 지수가 20%나 하락하는 약세장이었다. 이멜다의 포트폴리오는 실적이 훨씬 더 나빴다. 일부 기업은 이익이 증가했으나 시장의 기대에 못 미치자 주가가 폭락했다. 또 일부 기업은 경기 침체 탓에 이익이 흑자에서 적자로 전환되었다. 이멜다의 포트폴리오는 반 토막 났다. 마사의 포트폴리오는 더 폭락했다는 사실이 위로가 될 뿐이었다. 잘못을 깨달은 이멜다는 성장주를 모두 팔아 다시 인덱스펀드에 투자했다.

▶ 교훈: 대부분 성장주는 가격이 비싸다.

성장주는 짜릿하다. 그래서 대박을 노리는 사람은 성장주에 매력을 느낀다. 성장주를 제대로 고르기만 하면 막대한 수익을 얻을 수 있다. 소형 성장주였던 시점에 마이크로소프트와 시스코를 매수한 투자자는 10년 동안 50배 수익을 낼 수 있었다. 그러면 성장주 투자 전략은 항상 고수익을 안겨줄까? 7장에서 살펴보겠지만 성장주에 투자해서 성공하기는 매우 어렵다.

첫째, 성장은 망상에 불과할 때가 많다. 끊임없이 성장하는 기업은 극소수에 불과하기 때문이다. 둘째, 성장이 모두 같은 것은 아니다. 가치를 창출하는 성장도 있지만 파괴하는 성장도 있다. 셋째, 아무리 매력적인 성장주라고 해도 너무 비싸게 사면 소용이 없다.

이야기의 핵심

강세장에서는 성장주 이야기가 쉽게 먹힌다. 사람들이 낙관적 분위기에 휩쓸려 성장주 이야기에 귀를 기울이기 때문이다. 주제는 다음과 같다.

- 대박을 원하면 성장주를 사라: 오늘 현금흐름을 원하면 채권을 사라. 그러나 나중에 대박을 원하면 성장주를 사라. 시간이 흐르면 기

업의 매출과 이익은 두 배, 세 배 성장할 수 있기 때문이다. 성장주
는 당장 배당을 주지는 않지만 나중에 주가 상승을 통해서 큰 수익
을 안겨줄 수 있다.

- 제대로 고르기만 하면 성장주는 그다지 위험하지 않다: 성장주 옹
호자는 제대로 고르기만 하면 성장주는 가치주(성숙기에 진입한 안정
적인 기업의 주식)보다 위험하지 않다고 주장한다. 코카콜라, 마이크
로소프트, 월마트 등은 지속적인 성장의 비밀을 찾아낸 듯하다. 이
러한 기업의 공통점을 찾아내서 이들과 유사한 소형 성장주를 발굴
하면 된다.

- 성장주에 투자하면 세금이 절약된다: 과거를 돌아보면 자본 소득
세율이 배당 소득 세율보다 훨씬 낮았다. 성장주가 주는 수익은 대
부분 주가 상승에 의한 자본 소득이며, 주식을 매도할 때까지 세금
납부를 미룸으로써 세금을 절약할 수 있다.

고위험을 추구하는 투자자라면 대박을 기대하면서 성장주에 매력을
느낄 것이다. 이보다 다소 온건한 성장주 투자자라면 성장주에 대해 과
도한 대가를 먼저 치르지 않으려고 유의할 것이다. 성장주를 적정 가격
에 매수하면 우리가 치른 대가보다 더 많은 가치를 얻을 수 있다. 이것이
이른바 가격이 합리적인 성장주(Growth At a Reasonable Price, GARP) 전략으
로, 피터 린치 등 성장주 투자의 대가들이 사용하는 전략이다.

이론적 근거: 성장과 가치

이익의 미래 기대 성장률이 높은 기업의 가치는 일반 기업보다 높아야 마땅하다. 다른 조건이 모두 동일하다면 성장은 가치를 높여준다. 그러나 다른 조건이 모두 동일할 수는 없다. 기업이 빠르게 성장하려면 일반적으로 사업에 대한 재투자를 늘려야 한다. 바로 이 재투자에서 이른바 '가치를 창출하는 성장'과 '가치를 파괴하는 성장'이 구분된다. 이 둘을 구별해야 효과적인 성장주 투자 전략을 수립할 수 있다.

현금흐름 할인법과 성장

성장이 가치 있다는 주장을 반박할 사람은 아무도 없지만 자칫 잘못하면 성장에 과도한 대가를 치를 수도 있다. 여기서는 먼저 성장을 결정하는 요소를 살펴보고, 현금흐름 할인법(discounted cash flow valuation)과 상대가치 평가법(relative valuation)에서 성장의 가치를 들여다보자.

성장을 결정하는 요소

이익의 기대 성장률을 추정하려는 투자자는 흔히 그 기업의 과거 성장률과 담당 애널리스트의 미래 추정치를 살펴본다. 그러나 과거 성장률과 애널리스트 추정치로 계산하면 기업의 실제 영업과 동떨어진 기대 성장률이 나올 수 있다. 성장을 가치에 반영하는 가장 건전한 방법은 재투자의 규모와 질로 계산하는 것이다. 영업 이익의 기대 성장률은 재투자율(세후 영업 이익 중 신규 자산에 재투자되는 비율)과 자본 이익률을 곱한 값이다.

영업 이익의 기대 성장률 = 재투자율 × 자본 이익률

EPS나 순이익의 기대 성장률을 구하려면 재투자율과 자본 이익률을 내부 유보율과 ROE로 대체하면 된다. 예컨대 순이익의 기대 성장률을 구하려면 세후 영업 이익 대신 '순이익 중 재투자되는 비율(=내부 유보율)'과 ROE를 곱한 값을 계산하면 된다.

순이익의 기대 성장률 = 내부 유보율 × ROE

이렇게 성장을 펀더멘털 변수와 연계하는 이유는 무엇일까? 두 가지 장점이 있기 때문이다. 첫째, 성공에는 대가가 따른다는 사실을 깨닫게 된다. 성장률을 높이려면 재투자율을 높여야 하므로 배당이나 자사주 매입 여력이 감소한다. 둘째, 가치를 창출하는 성장과 가치를 파괴하는 성장을 구별할 수 있다.

현금흐름 할인 모형에서 성장의 가치

앞에서 사용했던 고든 성장 모형을 다시 사용하자. 한 기업의 내년 예상 순이익은 1억 달러이고, ROE는 10%이며, 자기자본 비용도 10%라고 가정하자. 그리고 기대 성장률은 항상 3%라고 가정하자. 이 주식의 가치를 평가하려면 먼저 3% 성장률 유지를 위해 재투자를 얼마나 해야 하는지 추정해야 한다.

내부 유보율 = 순이익의 기대 성장률 / ROE

= 3% / 10% = 30%

다시 말해서 이 기업은 매년 순이익의 70%를 배당으로 지급할 수 있다. 그러면 주식의 가치는 다음과 같이 나타낼 수 있다.

주식의 가치 = 순이익 × 배당 성향 / (자기자본 비용 - 기대 성장률)

= $1억 × 0.7 / (0.1 - 0.03) = $10억

여기서 유용한 후속 질문은 '기업의 이익이 전혀 증가하지 않을 때 주식의 가치는 어떻게 되는가'다(즉 이익이 영원히 매년 1억 달러일 때). 먼저 성장률이 0%가 되려면 내부 유보율은 얼마가 되어야 하는지 계산해보자.

내부 유보율 = 0% / 10% = 0%

기업은 이익의 100%를 배당으로 지급할 수 있으므로 주식의 가치는 다음과 같이 나타낼 수 있다.

주식의 가치 = 순이익 × 배당 성향 / (자기자본 비용 - 기대 성장률)

= $1억 × 1 / 0.1 = $10억

다시 말해서 이 기업의 성장은 주식의 가치를 높여주지 않는다.

성장은 이익을 늘려주지만 가치는 높여주지 않는다. 왜일까? ROE와 자기자본 비용 사이의 관계를 생각해보면 쉽게 이해할 수 있다. 이 사례처럼 기업의 ROE와 자기자본 비용이 똑같다면 성장으로 얻는 이익(미래에 증가하는 이익)은 성장을 위해서 지불하는 대가(성장 유지에 필요한 재투자)로 모두 상쇄된다.

그러면 언제 성장이 가치를 창출할까? 앞의 사례에서, 기업의 ROE가 10%보다 높은 15%이고(자기자본 비용은 여전히 10%) 이익 성장률은 연 3%를 유지한다고 가정하자. 그러면 내부 유보율과 주식의 가치는 다음과 같이 나타낼 수 있다.

내부 유보율 = 3% / 15% = 20%

주식의 가치 = $1억 × 0.8 / (0.1 - 0.03) = $11억 4,300만

여기서는 성장이 주식의 가치를 1억 4,300만 달러 높여준다. ROE가 자기자본 비용보다 높기 때문이다. 이제 마지막으로 ROE는 6%, 성장률은 항상 연 3%라고 가정하자.

내부 유보율 = 3% / 6% = 50%

주식의 가치 = $1억 × 0.5 / (0.1 - 0.03) = $7억 1,400만

여기서는 성장이 주식의 가치를 2억 8,600만 달러 낮춘다. ROE가 자기자본 비용보다 낮기 때문이다.

성장이 가치를 창출하느냐 파괴하느냐는 기업이 하는 투자의 질에 좌우된다. 투자의 질은 ROE에서 자기자본 비용을 차감해 측정한다. ROE가 자기자본 비용보다 높은 기업은 투자자에게 가치를 창출해준다. 반면 ROE가 자기자본 비용보다 낮은 기업은 투자자의 가치를 파괴한다. 그러나 흔히 투자자는 회계 이익의 증가를 지나치게 중시해 투자의 질을 경시하므로 ROE와 자기자본 비용의 관계를 간과하기 쉽다. 이익 성장률이 높으면 주가는 당연히 상승하지만 어느 시점에 이르면 투자자는 자신의 잘못을 깨닫고 실망하게 된다.

상대 가치 평가법과 성장

투자자는 기업의 가치를 평가할 때 현금흐름 할인 모형보다 PER이나 PBR 같은 배수를 즐겨 사용한다. PER을 사용해도 성장주의 펀더멘털 변수와 연계되며 결론도 현금흐름 할인 모형과 비슷하게 나온다. 다른 조건이 모두 동일하다면 순이익의 기대 성장률이 높을수록 PER도 높아야 한다. 그러나 다른 조건이 모두 동일할 수가 없으므로 PER과 성장의 관계가 복잡해진다.

- 두 기업의 성장률과 위험이 비슷하고 ROE는 다르다면 ROE가 더 높은 기업의 PER이 더 높아야 한다. ROE가 더 높으면 성장의 효율성이 더 높기 때문이다(재투자율을 낮추어도 똑같은 성장률을 달성할 수 있

기 때문이다).

- 두 기업의 성장률과 ROE가 비슷하고 위험은 다르다면 위험이 더 큰 기업의 PER이 더 낮아야 한다. 위험이 더 크면 할인율이 더 높아져서 미래 성장의 가치가 감소하기 때문이다.

성장률, ROE, 위험 사이의 관계를 고려하면 가치 평가에 함부로 어림 셈법을 사용하지 않을 것이다. 예컨대 가치 평가에 널리 사용되는 어림 셈법의 하나인 'PER이 기대 성장률보다 낮은 주식은 저평가되었다고 간주하는 방식'을 보자. 위험이 평균 수준인 주식이라면 이 어림셈법이 맞을지 모르지만 고위험 주식에는 맞지 않는다(고위험 주식은 PER이 훨씬 낮아야 한다).

증거 확인

성장 기업이 성숙 기업보다 투자에 유리할까, 불리할까? 사람들은 다양한 방식으로 이 질문에 대한 답을 찾았다. 예컨대 어떤 사람은 고PER주의 수익률이 높은지 분석했는데, 고PER주는 대개 고성장 기업이다. 또 다른 사람은 더 섬세한 기법을 채택해 가격이 합리적인 성장주(GARP)에서 초과수익이 나오는지 분석했다.

고PER주 투자 전략

가장 위험하지만 가장 단순한 성장주 투자 전략은 PER이 가장 높은 주식에 투자하는 것이다. 여기에는 고PER주가 성장주이므로 장래에 초과수익을 안겨줄 것이라는 가정이 깔려 있다.

전반적인 증거

고PER주 투자 전략을 뒷받침하는 증거는 명확하지 않다. 3장에서 지
적했듯이 저PER주 투자 전략의 성과가 고PER주 투자 전략보다 훨씬 높
게 나온다. 그림 7.1은 1952~2001년 고PER주 투자 전략과 저PER주 투
자 전략의 연 수익률을 비교해서 보여준다. 매년 초 PER 기준으로 포트
폴리오를 구성해 그해 수익률을 계산했다.

포트폴리오는 동일 비중(각 종목에 동일 금액을 투자)과 시가총액 가중(각

그림 7.1 PER 등급별 수익률(1952~2001년)

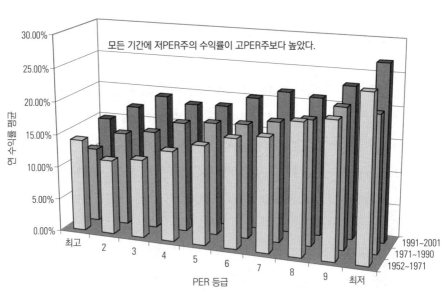

자료: 파마·프렌치. 매년 초 PER 기준으로 포트폴리오를 구성해 각 연도의 수익률을 계산함.

종목의 시가총액에 비례해 투자)의 두 가지 방식으로 구성했다. 그런데 두 가지 방식 모두 고PER주의 수익률이 저PER주보다 낮았다. 이렇게 고PER주의 실적이 저PER주보다 일관되게 낮게 나오자 학계와 업계 연구자 모두 가치투자(저PER주 투자)로 기울게 되었다.

성장 투자자의 주장

실적이 이렇게 불리한데도 사람들이 성장주 투자 전략에 매력을 느끼는 이유는 도대체 무엇일까? 답은 순환 주기에 있다. 고PER주의 실적이 저PER주보다 높아 보이는 기간이 길게 나타났기 때문이다. 시장의 이익 성장률이 낮을 때 고PER주의 실적이 저PER주보다 훨씬 높아 보이고, 시장의 이익 성장률이 높을 때는 저PER주의 실적이 훨씬 높아 보인다. 그림 7.2는 '고PER주의 수익률과 저PER주의 수익률 차이'를 이익 성장률과 비교해서 보여준다.

성장주와 가치주의 수익률 차이는 'PER 상위 10% 주식(성장주)의 수익률'에서 'PER 하위 10% 주식(가치주)의 수익률'을 차감해 계산했다. 이 값이 플러스면 고PER주의 수익률이 저PER주보다 높다는 뜻이다. 성장주는 이익 성장률이 낮을 때 유리하다. 시장의 이익 성장률이 낮아지면 기대 성장률이 높은 기업이 감소한다. 그러면 성장주가 드물어서 인기가 높아진다. 반면 이익 성장률이 전반적으로 높아지면 성장주가 흔해지므로 사람들은 성장주에 프리미엄을 지불하려 하지 않는다.

장기 금리가 단기 금리보다 낮을 때(수익률 곡선이 우하향할 때)는 성장주의 실적이 훨씬 높아 보이고, 장기 금리가 단기 금리보다 높을 때(수익률 곡선이 우상향할 때)는 가치주의 실적이 훨씬 높아 보인다. 그림 7.3은 수익

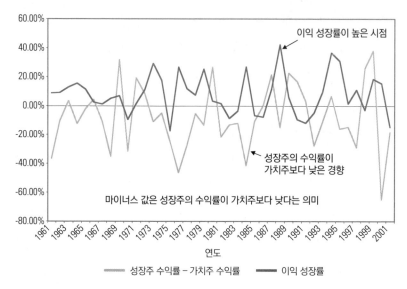

그림 7.2 이익 성장률 기준으로 본 성장주(고PER주)와 가치주(저PER주)의 실적

성장주 수익률 − 가치주 수익률 ▬▬▬ 이익 성장률

자료: 파마·프렌치.

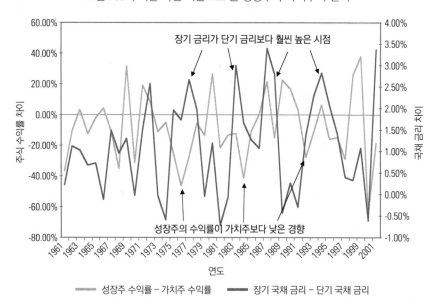

그림 7.3 수익률 곡선 기준으로 본 성장주와 가치주의 실적

성장주 수익률 − 가치주 수익률 ▬▬▬ 장기 국채 금리 − 단기 국채 금리

자료: 파마·프렌치.

률 곡선과 성장주 투자 실적의 관계를 보여준다.

성장 투자 펀드 매니저와 가치투자 펀드 매니저의 실적 비교에서도 매우 흥미로운 현상이 나타난다. 성장 지수를 초과하는 성장 투자 펀드 매니저의 비율이 가치 지수를 초과하는 가치투자 펀드 매니저의 비율보다 높은 현상이다. 1995년 뮤추얼 펀드를 분석한 논문에서 버턴 맬킬Burton Malkiel이 이 현상에 대해 추가 증거를 제시했다.[1] 1981~1995년 가치 지수의 수익률은 성장 지수보다 연 0.47% 높았지만 가치주 펀드의 평균 수익률은 성장주 펀드보다 겨우 연 0.16% 높았다. 그는 이 0.32% 수익률 차이만큼 성장주 펀드 매니저가 가치주 펀드 매니저보다 더 기여했다고 보았다.

가격이 합리적인 성장주(GARP) 투자 전략

성장주 투자자 중에는 고PER주에 질색하는 사람이 많다. 이들은 저평가된 성장주에 투자해야 한다고 주장하며 저평가된 성장주를 찾아내려고 기대 성장률과 현재 주가를 모두 고려하는 전략을 개발했다. 여기서는 두 가지 전략을 검토해본다. 하나는 기대 성장률보다 PER이 낮은 주식에 투자하는 전략이고, 하나는 PEG(= PER/기대 성장률)가 낮은 주식에 투자하는 전략이다.

기대 성장률보다 PER이 낮은 주식

가장 단순한 GARP 투자 전략은 기대 성장률보다 PER이 낮은 주식에 투자하는 것이다. 이 전략에서 PER이 12이고 기대 성장률이 8%인 주식은 고평가되었다고 보지만, PER이 40이고 기대 성장률이 50%인 주식은 저평가되었다고 본다. 이 전략이 단순하다는 장점은 있지만, 몇 가지 이유로 위험한 점도 있다.

- 금리 효과: 성장은 미래에 이익을 창출하므로 이 미래 이익을 평가하려면 현재 가치로 할인해야 한다. 그러므로 금리가 낮아질수록 성장이 창출하는 가치가 증가한다. 금리가 7%일 때 기대 성장률이 50%인 주식의 PER이 40이면, 금리가 5%로 하락할 경우 기대 성장률이 50%로 유지되어도 PER은 60이 될 수 있다. 그래서 성장주 투자자는 금리가 높을 때 주식에 더 매력을 느끼며, (금리가 더 높은) 신흥 시장 주식이 싸다고 생각한다. 금리 수준에 따라 전체 주식 중에서 '기대 성장률보다 PER이 낮은 주식'이 차지하는 비중이 달라진다. 장기 국채 금리가 12%를 기록했던 1981년에는 기대 성장률보다 PER이 낮은 주식이 65%가 넘었다. 그러나 금리가 8%로 하락한 1991년에는 약 45%로 감소했고, 금리가 5%로 하락한 1990년대 말에는 약 25%로 감소했다.

- 성장률 추정치: 이 전략으로 투자하는 종목이 많으면 다른 사람이 산출한 성장률 추정치를 사용할 수밖에 없다. 데이터 서비스 회사는 담당 애널리스트의 성장률 추정치를 집계해서 제공한다. 그러나 추정치의 품질은 애널리스트에 따라 다르며 비교하기가 어려운 경우도 있다. 성장률 추정 기간은 최장 5년이므로 5년 성장률 추정치만 주목할 경우 장기간의 성장이 예상되는 기업은 불이익을 받게 된다. 금리가 낮을 때는 기대 성장률보다 PER이 낮은 주식이 드물어서 투자할 종목이 거의 없을 수도 있다.

PEG

기대 성장률보다 PER이 낮은 주식에 투자하는 전략보다 저PEG 투자 전략이 더 유연해 보인다. 저PEG 투자 전략은 성장 투자자가 널리 사용하는 전략이다.

PEG는 PER을 EPS 기대 성장률로 나눈 비율이다.

PEG = PER / 기대 성장률

예컨대 PER이 40이고 기대 성장률이 50%인 주식의 PEG는 0.8이다. 일부 애널리스트는 PEG가 1 미만이어야 매력적인 주식이라고 주장하지만, 이 전략도 '기대 성장률보다 PER이 낮은 주식을 사는 전략'처럼 유의할 점이 있다.

계산의 일관성을 유지하려면 사용하는 데이터의 일관성을 유지해야 한다. PEG 계산에는 여러 방식으로 정의되는 PER 중 어느 것을 사용해야 할까? 기대 성장률을 계산할 때 사용한 이익이 무엇인지에 달렸다. EPS 기대 성장률에 최근 회계 연도 이익(현행 이익)을 사용했다면 PER도 현행 PER을 사용해야 한다. 후행 이익을 사용했다면 PER도 후행 PER을 사용해야 한다. 일반적으로 선행 PER은 PEG 계산에 사용하지 않는다. 성장률이 중복 계산될 위험이 있기 때문이다.[2]

각 종목의 PEG를 비교할 수 있으려면 각 종목에 적용하는 성장률 추정치가 균질적이어야 한다. 예컨대 일부 기업에는 5년 성장률을 적용하고 일부 기업에는 1년 성장률을 적용해서는 안 된다. 균질성을 확보하는 방법 중 하나는 똑같은 출처에서 나온 성장률 추정치를 모든 종목에 적용하는 것이다. I/B/E/S와 잭스는 대부분 미국 기업의 EPS 5년 기대 성장률에 대해 애널리스트 컨센서스 추정치를 제공하는 정보 서비스 회사다.

애널리스트는 PEG를 어떻게 사용할까? 애널리스트는 저PEG주가 싸다고 생각한다. 성장에 대해 치르는 대가가 작기 때문이다. PEG는 성장에 중립적인 척도로 간주되므로 기대 성장률이 다른 주식을 비교할 때도 적용할 수 있다. 1998년 모건 스탠리Morgan Stanley 분석에 의하면 저PEG주 투자 전략의 수익률이 S&P500보다 훨씬 높았다. 이들은 1986년 1월~1998년 3월 동안 미국과 캐나다에 상장된 주식 중 시가총액 상위 1,000개 주식을 PEG 기준으로 10등분해서 조사했다. 이 기간 시장 수익률은 연 16.8%였지만 PEG 하위 10% 주식의 수익률은 연 18.7%로 훨씬 높았다. 위험 조정에 대해서는 언급하지 않았지만, 모건 스탠리는 수익률 차이가 위험 차이보다 크다고 주장했다.

이를 갱신한 연구에서는 이 전략의 1991~2001년 수익률을 조사했다. 여기서는 매년 말 PEG 기준으로 5개 포트폴리오를 구성해 이듬해 수익률을 분석했다. 그림 7.4는 1991~1996년과 1997~2001년의 PEG 등급별 연 수익률을 보여준다.

저PEG주 투자 전략의 수익률이 고PEG 투자 전략보다 약 3% 높았다(위험 조정 전 기준). 그러나 저PEG주의 위험은 고PEG주보다 약 20% 높으므로 위험을 고려하면 저PEG주의 초과수익은 모두 사라진다.

데이터 정밀 분석

전체 시장에서 성장률은 어떤 분포를 보이며, 어느 정도면 높은 성장률에 속하는가? 이 질문에 답하려면 전체 시장을 살펴보아야 하며 과거

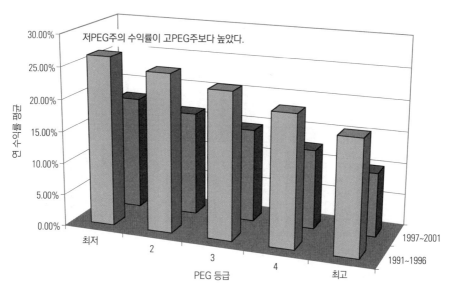

그림 7.4 PEG 등급별 수익률

저PEG주의 수익률이 고PEG주보다 높았다.

세로축: 연수익률 평균

가로축: PEG 등급 (최저, 2, 3, 4, 최고)

계열: 1997~2001, 1991~1996

자료: 밸류 라인. 매년 초 PEG 기준으로 포트폴리오를 구성해 각 연도의 수익률을 계산함(PER을 5년 EPS 기대 성장률로 나누어 산출).

이익 성장률과 미래 이익 기대 성장률도 조사해보아야 한다. 그리고 적절한 후속 질문은 '시장 가격도 상승하는가'가 될 것이다. 이 질문에 답하려면 기대 성장률이 서로 다른 기업의 PER을 비교해보면 된다.

전체 시장의 성장률 분포

미국처럼 크고 다양한 시장이라면 기업별 이익 성장률 차이가 크게 벌어지는 것도 놀랄 일이 아니다. 과거 이익 성장률이든 미래 이익 기대 성장률이든 기업별 차이가 크다. 그림 7.5는 2002년 초 미국 전체 기업의 EPS 과거 성장률과 미래 기대 성장률 분포를 보여준다.

그림 7.5 EPS 성장률: 과거와 미래

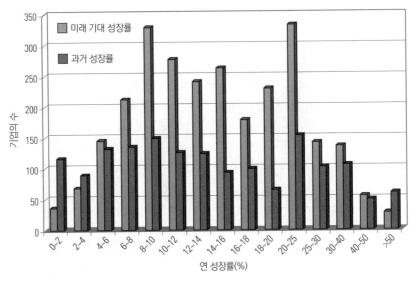

자료: 밸류 라인. 과거 성장률은 최근 5년 EPS 성장률, 미래 기대 성장률은 애널리스트 추정치.

미래 기대 성장률은 I/B/E/S 데이터로, 애널리스트가 추정한 향후 5년 EPS의 연 성장률이다. 기대 성장률의 중앙값은 약 15%지만 기대 성장률이 50%를 초과하는 기업도 있다. 과거 성장률은 1997~2001년 EPS 성장률로, 중앙값은 약 12%다. 과거 성장률이나 미래 성장률을 구할 수 없는 기업도 많다. 예컨대 애널리스트가 분석하지 않는 기업은 성장률 추정치를 구할 수 없다. 주로 규모가 작고 유동성이 부족한 기업에 이러한 문제가 있다. EPS가 적자이거나 5년 전에 상장되지 않은 기업도 성장률 추정치를 구할 수 없다.

시간이 흐르면 경제와 시장이 변하고 이에 따라 성장률도 변한다. 1990년대 말 경제 호황기에는 EPS 성장률이 전반적으로 상승했는데 특히 기술주의 성장률이 가장 크게 상승했다. 이 기간에 5년 기대 성장률이 연 25%인 주식은 성장주로 분류되지 못할 정도였다. 반면 3년 동안 불경기를 겪은 뒤인 2003년 초에는 시장이 매우 침체한 탓에, 5년 기대 성장률이 연 15%여도 성장주로 분류될 수 있었다.

성장의 가치

미국 기업의 EPS 성장률 차이가 이렇게 크다면 주가 차이는 어떨까? 고성장주일수록 주가가 높다는 통념을 받아들이더라도, 성장주의 주가는 과연 얼마나 더 높을까? 이 질문에 답하려고 먼저 5년 기대 성장률 추정치를 기준으로 기업을 6개 등급으로 분류했다. 이어서 2002년 초 각 등급 기업의 PER(현행 PER과 후행 PER) 평균을 계산했다. 그 결과가 그림 7.6이다. 고성장주의 PER이 저성장주보다 훨씬 높으므로 시장은 기대 성장률의 가치를 인정하는 것이 분명하다.

주가(PER) 차이가 왜 중요할까? 성장주 투자 전략을 채택하면 매수 시점에 매우 높은 PER을 지불하기 쉽다. 그러면 실제로 고성장이 실현되더라도 투자 수익을 얻지 못할 수 있다. 이러한 위험을 피하는 방법으로 저 PEG주(기대 성장률보다 PER이 낮은 주식)를 선택할 수도 있다. 이 저PEG주는 '가격이 합리적인 성장주'라고 볼 수 있다.

그림 7.7은 그림 7.6의 6개 등급 주식 PEG 평균을 나타낸 것이다. 기대 성장률이 높아질수록 PER은 높아지지만 PEG는 높아지지 않는다. 기대 성장률이 높아질수록 PEG는 오히려 낮아지는 경향이 있다. 이는 PER이 성장률에 비례해서 상승하는 것은 아니기 때문이다. 기대 성장률이 10%에서 20%로 상승하면 PER도 상승하기는 하지만 두 배가 되지는 않는다.

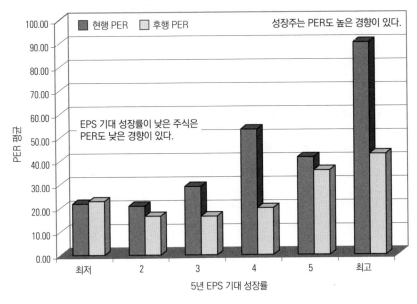

그림 7.6 미국 주식의 기대 성장률과 PER(2002년 10월)

자료: 밸류 라인.

그러나 이 PEG 편향은 기대 성장률 최저 등급 주식에서 가장 뚜렷하게 나타나서, PEG가 기대 성장률 최고 등급 주식보다 두 배 이상 높다는 점에 주목하라.

성장주 포트폴리오

그림 7.6에서 드러나듯이 성장주 투자 전략은 과도한 가격을 지불할 위험이 크다. 이 위험을 피하려고 여기서는 두 가지 기준을 사용해서 성장주 포트폴리오를 구성했다.

- 5년 EPS 기대 성장률 15% 초과: 적자 기업과 애널리스트가 분석하

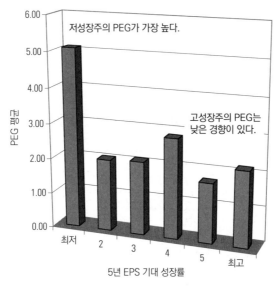

그림 7.7 미국 주식의 기대 성장률과 PEG(2002년 10월)

저성장주의 PEG가 가장 높다.

고성장주의 PEG는
낮은 경향이 있다.

PEG 평균

5년 EPS 기대 성장률

최저   2   3   4   5   최고

자료: 밸류 라인.

지 않는 기업을 제거한다.

- PEG 0.5 미만: 가격을 과도하게 지불할 위험을 축소한다.

표 7.1은 이렇게 해서 98개 종목으로 구성한 포트폴리오다. 이 포트폴리오는 구성이 놀라울 정도로 다양해서 31개 업종이 포함된다. 그러나 관건은 이 포트폴리오에 '숨겨진 문제가 있느냐'다.

표 7.1 미국의 저PEG 고성장 기업(2002년 10월)

기업명	종목 코드	업종	기업명	종목 코드	업종
Optical Communication Pro	OCPI	통신 장비	AmeriCredit Corp	ACF	금융
Petroleum Geo ADR	PGO	유전	ClearOne Communications Inc	CLRO	통신 장비
Mail-Well Inc	MWL	사무용품	TTM Technologies Inc	TTMI	전자 기기
Carrizo Oil & Gas	CRZO	석유 생산	First Cash Inc	FCFS	금융
SRI/Surgical Express Inc	STRC	의료 장비	Wet Seal 'A'	WTSLA	소매(전문점)
Houston Expl Co	THX	석유 생산	Flowserve Corp	FLS	기계
Comtech Telecomm.	CMTL	통신 장비	Charlotte Russe Holding Inc	CHIC	소매(전문점)
United Rentals	URI	기계	Newpark Resources	NR	유전
Ryland Group	RYL	주택 건설	QLT Inc	QLT.TO	의약품
HEALTHSOUTH Corp	HRC	의료 서비스	Sunrise Asst. Living	SRZ	의료 서비스
Brigham Exploration Co	BEXP	석유 생산	Smart & Final	SMF	잡화점
Skechers U.S.A.	SKX	신발	CryoLife Inc	CRY	의료 장비
Rockford Corporation	ROFO	전자 기기	ECtel Limited	ECTX	통신 서비스
Metro One Telecom	MTON	통신	Gulfmark Offshore	GMRK	해운
Centex Corp	CTX	주택 건설	Ace Cash Express Inc	AACE	금융
Acclaim Entertainment	AKLM	엔터 기술	Hanover Compressor	HC	유전
Nash Finch Co	NAFC	식품 도매	Steelcloud Co	SCLD	컴퓨터
Tweeter Home	TWTR	소매(전문점)	Grey Wolf Inc	GW	유전
Quaker Fabric	QFAB	직물	MEDAMICUS INC	MEDM	의료 장비
Radiologix Inc	RGX	의료 서비스	AsiaInfo Holdings Inc	ASIA	인터넷
Gadzooks Inc	GADZ	소매(전문점)	Amedisys Inc	AMED	의료 서비스
D & K Healthcare Resour	DKWD	약국	Sanchez Computer Assoc	SCAI	소프트웨어
MSC.Software	MNS	소프트웨어	TRC Cos	TRR	환경
Lennar Corp	LEN	주택 건설	Administaff Inc	ASF	인적자원
Entegris Inc	ENTG	반도체	Nautilus Group Inc	NLS	소매(전문점)
Varian Semiconductor Equ	VSEA	반도체	Performance Tech Inc	PTIX	통신 서비스
TTI Team Telecom Intl	TTIL	통신(외국)	Advent Software Inc	ADvs.	소프트웨어
Seitel Inc	SEI	정보 서비스	Rubio's Restaurants Inc	RUBO	음식점
XETA Corp	XETA	통신 장비	U.S. Energy Sys Inc	USEY	전력(서부)
Global Power Equipment G	GEG	기계	NVIDIA Corp	NVDA	반도체
Norstan Inc	NRRD	통신 서비스	Superior Energy Svcs	SPN	유전
Innotrac Corp	INOC	산업 서비스	Famous Dave's of America	DAVE	음식점
Orthodontic Centers	OCA	의료 서비스	First Horizon Pharmaceutical	FHRX	의약품

기업명	종목 코드	업종	기업명	종목 코드	업종
Shaw Group	SGR	엔지니어링	Integra LifeSciences Corp	IART	의료 장비
Sportsman Guide Inc	SGDE	소매(전문점)	Culp Inc	CFI	직물
Green Mountain Pwr	GMP	전력(동부)	Fischer Imaging Corp	FIMGE	의료 장비
NVR Inc	NVR	주택 건설	Sierra Pacific Res.	SRP	전력(서부)
Microsemi Corporation	MSCC	전자 기기	Edge Petroleum	EPEX	석유 생산
Universal Electronics	UEIC	전자 기기	Tripos Inc	TRPS	소프트웨어
Micromuse Inc	MUSE	소프트웨어	National-Oilwell Inc	NOI	유전
Sonic Automotive	SAH	소매(전문점)	University of Phoenix Online	UOPX	교육
Somera Communications	SMRA	통신 장비	PAREXEL Int'l	PRXL	의약품
Ohio Casualty	OCAS	손해보험	Century Casinos Inc	CNTY	호텔
Meridian Resource Corp	TMR	석유	Cholestech Corp.	CTEC	의료 장비
LTX Corp	LTXX	계기	Lam Research	LRCX	반도체 장비
Fleming Cos	FLM	식품 도매	Warrantech Corp.	WTEC	산업 서비스
EXFO Electro-Optical Eng	EXFO	통신 서비스	McDermott Int'l	MDR	다각화 기업
Atlantic Coast Airlines	ACAI	항공운송	DaVita Inc.	DVA	의료 서비스
Mobile Mini Inc	MINI	엔지니어링	Labor Ready Inc	LRW	인적자원

추가할 이야기

성장주 투자 전략에는 세 가지 잠재 위험이 있다. 첫째, 미래에 실제로 성장할 기업을 찾기는 쉽지 않다. 과거 성장률도, 애널리스트의 기대 성장률 추정치도 신뢰도 높은 지표는 아니다. 둘째, 수익률 낮은 프로젝트에 투자하면 성장은 가치를 파괴할 수 있다. 셋째, 고성장 기업은 대개 위험도 크다. 고성장이 주는 이득이 고위험 때문에 모두 사라질 수 있다.

성장주 찾아내기

일반적으로 성장주 발굴에는 과거 EPS 성장률이나 애널리스트의 EPS

기대 성장률 추정치를 사용한다. 그러나 두 방법 모두 한계가 있다.

과거 성장률과 미래 성장률

과거 성장률은 미래 성장률을 알려주는 훌륭한 지표일까? 꼭 그렇게 보기는 어렵다. 과거 성장률이 미래 성장률 예측에 유용하긴 하지만, 두 가지 문제가 있다.

첫 번째 문제는 과거 성장률은 변동성이 매우 커서 미래 성장률 예측 지표로 적합하지 않다는 점이다. 1960년에 미국 기업의 이전 10년 EPS 성장률을 분석하던 이언 리틀Ian Little은 "엉망진창인 성장(Higgledy Piggledy Growth)"이라는 표현을 만들어냈다. 한 기간에 고성장한 기업이 다음 기간에도 계속 고성장한다는 증거를 발견하지 못했기 때문이다.[3] 오히려 두 기간 성장률의 상관관계는 마이너스인 경우가 많았고 평균 상관관계는 제로에 가까웠다(0.02).[4] 게다가 소기업은 성장률의 변동성이 더 컸다. 1년 성장률의 상관관계가 3년이나 5년 성장률의 상관관계보다 높은 경향이 있으나 소기업에서는 이들 성장률의 상관관계가 중기업이나 대기업보다 일관되게 더 낮은 것으로 나온다. 그러므로 소기업에 대해 과거 성장률로 미래 성장률을 추정할 때는 더 조심해야 한다.

두 번째 문제는 기업의 성장률이 시장 평균으로 회귀하는 경향이 있다는 점이다. 다시 말해서 성장률이 시장 평균보다 높은 기업은 성장률이 평균 수준으로 하락하고, 성장률이 시장 평균보다 낮은 기업은 성장률이 평균 수준으로 상승한다. 포트폴리오를 구성해서 5년 성장률 최고 등급 및 최저 등급 기업을 추적한 드레먼Dreman과 러프킨Lufkin이 이러한 경향을 설명했다. 포트폴리오를 구성한 해에는 성장률 최고 등급 기업의 평균

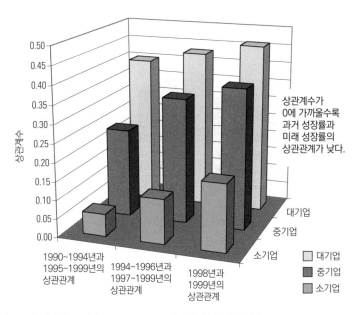

그림 7.8 기업 규모별 과거 성장률과 미래 성장률의 상관관계

자료: 컴퓨스탯. 이어진 두 기간(5년, 3년, 1년 단위) 성장률 사이의 상관관계.

성장률이 최저 등급 기업보다 20% 높았지만 5년 뒤에는 차이가 거의 없어졌다.

과거 성장률이 미래 성장률을 알려주는 믿을 만한 지표가 아니라면 대안은 무엇일까? 하나는 애널리스트의 성장률 추정치지만(뒤에서 논의한다), 이는 애널리스트가 분석하는 기업일 경우에만 가능한 대안이다. 나머지 하나는 과거 이익 성장률 대신 과거 매출 성장률을 사용하는 것이다. 일반적으로 매출 성장률은 이익 성장률보다 더 일관성이 있어서 예측하기가 더 쉽다. 이는 회계 기법 선택을 통해서 매출에 미칠 수 있는 영향이 이익에 대한 영향보다 훨씬 작기 때문이다. 그림 7.9는 1년, 3년, 5년

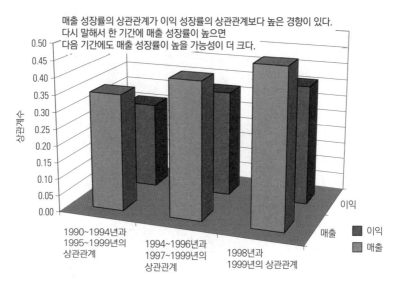

그림 7.9 매출 성장률의 상관관계와 이익 성장률의 상관관계 비교

자료: 컴퓨스탯. 과거 매출과 이익 데이터가 충분한 기업에 대해서만 상관관계를 분석.

매출 성장률과 이익 성장률의 상관관계를 비교해서 보여준다.

   매출 성장률의 상관관계가 이익 성장률의 상관관계보다 일관되게 높은 것으로 나온다. 이는 미래 성장률을 추정할 때 과거 매출 성장률이 과거 이익 성장률보다 훨씬 유용하다는 뜻이다.

   앞에서 구성한 성장주 포트폴리오를 생각해보자. 이 포트폴리오는 애널리스트의 이익 성장률 추정치를 이용해서 구성했지만 추가로 검증해볼 수 있다. 과거 매출 성장률이 더 높은 기업이 미래 이익 성장률도 더 높을 것이라고 생각한다면 과거 매출 성장률이 낮은 기업은 포트폴리오에서 제거할 수 있다. 제거 기준으로 과거 5년 매출 성장률 10%를 적용하면 포트폴리오의 98개 종목 중 24개가 제거된다.

애널리스트의 성장률 추정치

결국 가치를 좌우하는 것은 과거 성장률이 아니라 미래 성장률이다. 따라서 EPS 기대 성장률이 높은 주식에 투자해야 유리하다고 주장할 수 있다. 그런데 여기서 현실적인 문제에 직면한다. 미국처럼 거대한 시장에서 모든 기업의 기대 성장률을 추정할 수는 없다. 그래서 애널리스트의 기대 성장률 추정치를 사용할 수밖에 없다. 다행히 이제는 이 정보를 무료로 이용할 수 있으므로 EPS 기대 성장률이 높은 주식을 매수하면 된다. 그러나 과연 이 전략에서 초과수익이 나올까?

이 전략이 성공하려면 무엇이 필요할까? 첫째, 애널리스트의 EPS 성장률 추정치가 매우 정확해야 한다. 둘째, 이 성장률이 주가에 이미 반영되어 있으면 안 된다. 이미 반영되어 있으면 성장주 포트폴리오에서 초과수익이 나오지 않는다. 그런데 증거를 찾아보면 두 조건 모두 이 전략에 불리하게 나온다. 애널리스트는 성장률을 고평가하는 경향이 있으며, 추정 기간이 길어질수록 오차가 더 커진다. 일부 연구에 의하면 장기 성장률을 추정할 때는 과거 EPS 성장률이 애널리스트 추정치 이상으로 유용하다. 그리고 지금까지 성장률은 주가에 대개 과도하게 반영되었고 특히 EPS 성장률이 전반적으로 높은 기간에 이러한 경향이 심했다.

애널리스트 추정치의 오차 수준을 가늠하는 방법이 있다. 애널리스트 추정치를 제공하는 기업은 애널리스트 성장률 추정치의 '평균'뿐 아니라 추정치의 '분포' 정보도 제공한다. 추정치의 분포가 분산되었을 때보다 집중되었을 때, 즉 애널리스트들의 견해가 더 일치할수록 추정치 평균의 신뢰도가 더 높다고 볼 수 있다.

고위험 종목 제거

성장주는 모두 위험하며 특히 가치주보다 더 위험하다. 가치주는 기업이 이미 실행한 투자를 분석해서 매수하지만 성장주는 기업이 미래에 실행할 투자를 예상해서 매수하기 때문이다. 따라서 성장주 포트폴리오는 위험이 매우 클 수 있다.

그림 7.10은 앞에서 설정한 성장주 포트폴리오의 위험(최근 3년 주가의 표준편차와 베타)을 시장과 비교해서 보여준다.

성장주는 표준편차와 베타 둘 다 시장보다 훨씬 크다. 성장주가 훨씬 더 위험하다는 뜻이다.

위험이 지나치게 큰 종목은 성장주 포트폴리오에서 제거할 수 있다. 표

그림 7.10 위험 비교: 성장주와 시장

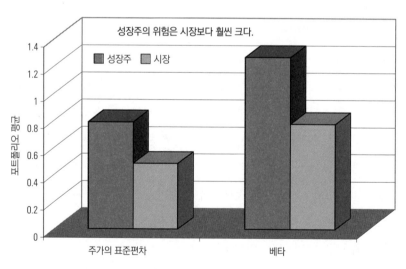

자료: 밸류 라인. 최근 3년 주가의 표준편차와 베타.

준편차가 80%를 초과하거나 베타가 1.25를 초과하는 종목을 제거하면 포트폴리오 종목은 74개에서 23개로 감소한다. 표 7.2가 그 23종목이다.

표 7.2 매출 성장률과 위험 기준을 통과한 기업

기업명	종목 코드	업종	베타	표준편차	매출 성장률
Sierra Pacific Res.	SRP	전력(서부)	0.61	47.99	13.00%
Ryland Group	RYL	주택 건설	0.93	45.40	13.50%
TRC Cos	TRR	환경	1.15	61.85	14.00%
Centex Corp	CTX	주택 건설	1.01	42.05	14.00%
Newpark Resources	NR	유전	0.73	54.37	14.50%
Gulfmark Offshore	GMRK	해운	0.95	65.34	15.50%
Mail-Well Inc	MWL	사무용품	1.44	70.75	16.50%
SRI/Surgical Express Inc	STRC	의료 장비	−0.15	57.92	17.50%
Comtech Telecomm.	CMTL	통신 장비	0.96	72.59	18.50%
D & K Healthcare Resour	DKWD	약국	1.16	79.37	19.00%
Wet Seal 'A'	WTSLA	소매(전문점)	1.03	78.87	19.50%
Gadzooks Inc	GADZ	소매(전문점)	0.81	65.15	19.50%
Ace Cash Express Inc	AACE	금융	0.32	35.22	21.00%
Lennar Corp	LEN	주택 건설	0.71	38.10	24.50%
Shaw Group	SGR	엔지니어링	1.44	69.20	25.00%
Meridian Resource Corp	TMR	석유	0.94	70.82	25.50%
Houston Expl Co	THX	석유 생산	0.62	48.53	27.00%
Cholestech Corp.	CTEC	의료 장비	1.00	75.77	29.00%
NVR Inc	NVR	주택 건설	0.59	49.11	34.00%
DaVita Inc.	DVA	의료 서비스	0.78	70.12	34.00%
Labor Ready Inc	LRW	인적자원	−1.65	62.62	41.50%
QLT Inc	QLT.TO	의약품	1.21	72.38	52.50%
Famous Dave's of America	DAVE	음식점	1.14	61.30	54.00%

성장의 질

앞에서 논의했듯이 투하 자본 이익률이 자본 비용보다 낮으면 성장은 가치를 파괴한다. 그러므로 신중하게 투자하려면 성장의 앙은 물론 실도 고려해야 한다.

성장의 품질을 측정하는 가장 단순한 척도는 ROE에서 자기자본 비용을 차감한 값이다. 다른 조건이 동일하다면 ROE가 높을수록 성장의 질도 높다고 주장할 수 있다. 그림 7.11은 성장주 포트폴리오의 ROE 평균을 시장과 비교해서 보여준다.

전반적으로 보면 성장주의 ROE가 시장보다 약간 낮다. 성장주의 기대 성장률이 훨씬 높다는 사실을 고려하면 놀라운 일이다. 이는 성장주 포

그림 7.11 성장의 질: 성장주와 시장

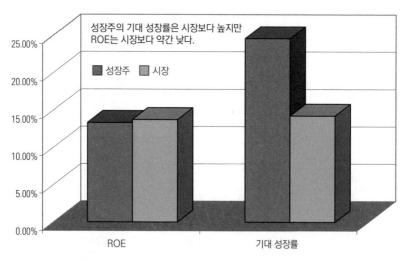

자료: 컴퓨스탯. 기대 성장률은 애널리스트의 5년 기대 성장률 추정치이고, ROE는 순이익을 자기자본의 장부 가격으로 나눈 값이다.

표 7.3 매출 성장률, 위험, 성장의 질 기준을 통과한 기업

기업명	종목 코드	ROE	성장률 추정치	현행 PER	5년 매출 성장률(%)	3년 베타	3년 표준편차
Ryland Group	RYL	27.93%	15.50%	7.21	13.5	0.93	45.40
Centex Corp	CTX	18.65%	17.00%	7.02	14.0	1.01	42.05
TRC Cos	TRR	14.03%	25.00%	12.37	14.0	1.15	61.85
Gulfmark Offshore	GMRK	20.39%	25.00%	7.09	15.5	0.95	65.34
D & K Healthcare Resour	DKWD	10.81%	18.43%	5.86	19.0	1.16	79.37
Ace Cash Express Inc	AACE	15.28%	25.00%	8.31	21.0	0.32	35.22
Lennar Corp	LEN	26.96%	18.50%	8.54	24.5	0.71	38.10
Shaw Group	SGR	14.42%	20.00%	8.90	25.0	1.44	69.20
Houston Expl Co	THX	12.33%	15.00%	7.49	27.0	0.62	48.53
Cholestech Corp	CTEC	15.53%	40.00%	14.52	29.0	1.00	75.77
DaVita Inc	DVA	21.74%	52.00%	15.90	34.0	0.78	70.12

트폴리오에 ROE가 낮은 종목이 있다는 뜻이다. ROE가 10% 이상이어야 한다는 조건을 포트폴리오에 적용하면 표 7.2에 열거된 23종목이 표 7.3 에서 보듯이 11종목으로 감소한다.

투자자에게 주는 교훈

과거 EPS 성장률이나 애널리스트의 성장률 추정치만을 근거로 구성한 성장주 포트폴리오는 위험할 수 있다. 그러므로 이 포트폴리오에는 몇 가지 조건을 적용할 필요가 있다. 성장에 과도한 대가를 지불하는 것이 아닌지, 성장이 지속될 수 있는지, 위험이 과도하지 않은지, 성장의 질이

높은지 등을 확인하는 것이다. 여기서 적용한 조건은 다음과 같다.

- 성장률: 5년 EPS 기대 성장률 15% 초과. 애널리스트가 분석하지 않은 소형주는 모두 제외한다. 기대 성장률은 매우 중요한 데이터이므로 과거 EPS 성장률만으로는 부족하다.
- 주가: PER이 기대 성장률 미만(PEG < 1). PEG가 1 미만이면 대개 저평가되었다고 본다.
- 성장의 지속성: 성장의 지속성을 검증하는 명확한 기준은 없지만 과거 매출 성장률이 높으면 미래 매출 성장률도 높게 유지되는 경향이 있다. 따라서 최근 5년 매출 성장률이 연 10%를 초과하는 종목만 포트폴리오에 포함한다.
- 위험: 주가의 표준편차가 80% 미만이고 베타가 1.25 미만인 종목만 포함해서 포트폴리오의 위험을 적정 수준으로 유지한다.
- 성장의 질: 최근 회계 연도 ROE 15% 초과. 앞에서 적용한 기준보다 더 엄격하지만 성장주 투자에 성공하려면 성장의 질이 매우 중요하다.

이렇게 2003년 1월 데이터를 이용해서 27종목으로 구성한 포트폴리오를 7장 부록에 실었다.

결론

모든 투자자는 신생 성장 기업에 투자해서 대박을 잡는 꿈을 꾼다. 성장이 기업의 가치를 높여주기도 하지만 항상 높여주는 것은 아니다. 투하 자본 이익률이 자본 비용보다 높을 때만 성장이 기업의 가치를 높여준다.

성장이 가치를 창출해 기업의 가치를 높여주더라도 그 성장이 주가에 이미 과도하게 반영되어 있으면 오히려 투자에 불리해진다. 다시 말해서 지나치게 높은 가격을 지불하면 최고의 성장주에 투자해도 좋은 실적을 기대하기 어렵다. 성장주로 좋은 실적을 얻으려면 적정 가격에 매수해야 한다. 신중하게 투자하려면 기대 성장률 수준은 물론 성장의 지속성(높은 성장률은 평균 수준으로 회귀하는 경향이 있음)과 성장의 질도 고려해야 한다. 성장주는 대개 위험이 크므로 포트폴리오를 구성할 때 위험도 통제해야 한다.

부록: 매출 성장률, 위험, 성장의 질, 가격 기준을 통과한 기업

기업명	종목 코드	주가 (달러)	현행 PER	3년 베타	3년 표준편차 (%)	EPS 성장률 추정치(%)	ROE (%)	5년 매출 성장률 (%)
AutoZone Inc	AZO	70.65	15.10	0.95	39.43	18.0	62.12	24.5
Barr Labs	BRL	65.09	16.60	0.95	46.90	19.0	31.55	20.5
Bio-Rad Labs "A"	BIO	38.70	13.58	0.85	52.12	25.5	15.56	12.0
Biovail Corp	BVF	26.41	13.34	1.35	54.86	23.5	17.13	46.5
Block (H&R)	HRB	40.20	13.01	1.10	33.48	15.5	31.72	24.0
Cardinal Health	CAH	59.19	18.50	0.90	28.13	19.0	18.98	12.0
Catalina Marketing	POS	18.50	15.68	1.05	39.32	16.0	24.27	25.0
CEC Entertainment	CEC	30.70	11.90	0.85	40.47	16.0	18.96	13.0
Centex Corp	CTX	50.20	6.04	1.20	41.03	17.0	18.05	14.0
Darden Restaurants	DRI	20.45	13.91	0.80	40.93	16.0	20.92	11.0
DaVita Inc	DVA	24.67	12.21	0.95	69.90	59.5	19.47	34.0
Enzon Inc	ENZN	16.72	13.38	1.75	62.27	41.0	19.28	15.0
Express Scripts "A"	ESRX	48.04	16.57	1.05	58.35	26.5	15.03	57.0
GTECH Holdings	GTK	27.86	11.10	0.85	39.63	18.0	41.81	11.0
Harrah's Entertain	HET	39.60	12.65	1.05	32.54	19.0	17.13	15.0
Health Mgmt. Assoc	HMA	17.90	16.27	0.95	44.11	17.5	15.55	22.0
Lennar Corp	LEN	51.60	6.44	1.30	38.39	18.5	25.18	24.5
Lincare Holdings	LNCR	31.62	16.47	0.75	50.33	21.5	19.60	21.5
Lowe's Cos	LOW	37.50	19.95	1.25	40.22	22.0	15.33	17.5
Manitowoc Co	MTW	25.50	11.18	1.20	44.52	15.5	18.52	22.0
NVR Inc	NVR	326.50	8.55	1.20	46.76	21.0	67.82	34.0
Oxford Health Plans	OHP	36.45	9.80	1.25	42.81	19.0	63.38	13.0
Ryland Group	RYL	33.35	5.21	1.35	45.55	15.5	24.24	13.5
Sonic Corp	SONC	20.49	16.01	0.80	31.72	18.0	20.67	19.0
UnitedHealth Group	UNH	83.50	17.77	0.75	25.52	23.5	23.46	30.0
Universal Health Sv. "B"	UHS	45.10	15.34	0.75	41.17	19.0	16.21	19.0
WellPoint Health Ntwks	WLP	71.16	14.67	0.80	29.66	21.5	19.44	30.5

Aswath Damodaran

8장

최악은 지나갔다!
역발상 투자

Investment Fables

군중을 따르지 않으려던 잭

잭은 인간의 본성을 신뢰하지 않는 외톨이였다. 그는 세상이 불합리하고, 갈수록 더 불합리해진다고 믿었다. 그래서 군집 행동이 예외가 아니라 일상적 현상이라고 생각했다. 신문을 보니 한 우량 기업이 발표한 실적이 기대에 못 미치자 매물이 쏟아져 52주 고가 45달러를 기록했던 주가가 8달러로 폭락했다. 그는 이 주가에서 더 하락할 수 없다고 생각했다. 그래도 업력이 50년에 이르고 한때 시장 선도주로 인정받은 기업이었다. 반등은 시간문제에 불과하다고 확신한 그는 주식 중개인에게 전화해서 8달러에 1,000주를 매수했다. 몇 주 지나 확인했을 때 주가가 다시 5달러로 하락하자 그는 반등이 임박했다고 더 확신하면서 1,000주를 추가 매수했다. 2개월 후 주가가 2달러로 하락하자 그는 조금도 망설이지 않고 1,000주를 추가 매수하고 반등을 기다렸다. 4일 후 CEO가 사임했다는 발표가 나왔고 주식은 상장 폐지되었다. 주가가 마침내 제로가 되어서 더는 하락하지 않는다는 점이 그에게 유일한 위안거리였다.

▶ 교훈: 군중은 틀릴 때보다 맞을 때가 더 많다.

월스트리트에서는 주가가 바닥을 쳤다는 추측이 자주 나오며, 이러한 추측을 근거로 주식을 매수하는 사람도 많다. 흔히 역발상 투자자는 반등을 기대하면서 폭락한 주식을 기꺼이 매수한다. 이들은 주가가 고가에서 80~90% 폭락하면 저점 매수(bottom fishing) 기회라고 믿는다. 8장에서는 역발상 투자 전략의 토대와 그 한계를 살펴본다. 저점 매수는 큰 수익을 줄 수 있지만 큰 손실을 줄 수도 있으며, 인내심이 강해서 역경을 버텨내는 사람만 성공할 수 있다.

이야기의 핵심

역발상 투자는 성격상 온갖 형태로 등장한다. 투자 심리를 바탕으로 판단하는 것도 있고 본능에 의존하는 것도 있다. 흔히 역발상 투자자는 최근 가장 많이 하락한 종목이 투자에 가장 유리하다고 생각한다. 지나치게 단순화하는 것일지 모르지만, 역발상 투자자의 주장은 다음 두 가지다.

- 동트기 직전이 가장 어둡다: 주식을 매수하기 가장 좋은 시점은 호재가 나왔을 때가 아니라 악재가 쏟아져서 주가가 폭락했을 때다.

일반 투자자는 뉴스에(호재는 물론 악재에도) 과잉 반응하므로 감정에 휩쓸리지 않는 역발상 투자자는 이러한 과잉 반응을 이용할 수 있다. 이 이야기는 인간의 합리성을 전혀 믿지 않는 사람에게 잘 먹힌다. 투자자가 과잉 반응한다는 가정은 군중이 감정에 휩쓸리고 동료 집단의 압박에 휘둘려 비이성적으로 행동하기 쉽다는 견해와 잘 들어맞는다. 1660년대 남해회사South Sea 거품 사건에서 1990년대 닷컴 거품에 이르기까지 주기적으로 거품이 형성되는 금융시장에서 이러한 모습을 확인할 수 있다.

- 저가주가 더 싸다: 폭락한 주식은 흔히 저가주가 되므로 저가주가 고가주보다 싸다고 생각하는 사람이 있다. 30달러에서 3달러로 폭락한 주식이 싸 보이므로 동전주(주가가 1달러 미만인 주식)도 싸 보이는 것이다. 그러나 3달러로 폭락한 주식의 실제 가치는 1달러에 불과할지도 모른다.

이론적 근거: 역발상 투자 이야기

역발상 투자 충동을 이해하려면 먼저 주가와 정보 사이의 관계를 파악해야 한다. 기업에 관해서 새 정보가 나오면 당연히 주가가 움직인다. 그런데 어떻게 움직일 때 과잉 반응으로 볼 수 있을까? 여기서는 먼저 이 질문에 대해 답하고, 다음으로 주가는 랜덤워크(random walk, 무작위 행보)여서 예측할 수 없다고 보는 견해를 살펴본다. 랜덤워크 이론은 시장이 새 정보에 과잉 반응한다는 개념에 반대한다. 끝으로 역발상 투자의 심리적 토대,

즉 사람들의 과잉 반응을 유발하는 심리가 무엇인지 조사한다.

정보와 주가

시장이 새 정보에 과잉 반응하는지 논의하려면 먼저 정보와 주가의 관계부터 논의해야 한다. 어느 시장이든 새 정보가 나오면 주가가 움직인다. 예상 못 한 호재가 나오면 주가가 상승하지만 반대로 예상 못 한 악재가 나오면 주가가 하락한다. 그러나 시장이 정보를 정확하게 평가하지 못하면 주가는 기업의 내재 가치에서 벗어난다.

주가가 내재 가치에서 얼마나 벗어나는지를 가지고 시장의 효율성을 측정한다면, 그 편차가 작을수록 시장은 효율적이다. 주가가 내재 가치와 항상 일치해야 시장이 효율적인 것은 아니다. 단지 주가의 편차에 편향성만 없으면 된다. 편차가 무작위이면 주가가 내재 가치보다 높거나 낮아도 된다.

시장의 효율성을 평가하는 다른 방법은 새 정보에 시장이 반응하는 속도를 보는 것이다. 현금흐름, 성장률, 위험 등 기업의 가치에 영향을 주는 새 정보가 나오면 주가가 즉시 반응해야 한다. 효율적 시장에서는 주가가 새 정보에 즉각적으로 그리고 대체로 정확하게 반응한다. 그림 8.1은 효율적 시장에서 주가가 예상 못 한 호재에 반응하는 모습을 보여준다.

여기서 유의할 점은 단순히 '호재'가 나오는 것이 아니라 '예상 못 한 호재'가 나와야 주가가 상승한다는 것이다. 다시 말해서 투자자가 이익 30% 증가를 기대하는 기업에서 이익이 20% 증가했다고 발표하면 주가가 하락한다. 반면 투자자가 이익 20% 감소를 예상하는 기업에서 이익이 10% 감소했다고 발표하면 주가가 상승한다.

그림 8.1 효율적 시장의 주가 흐름

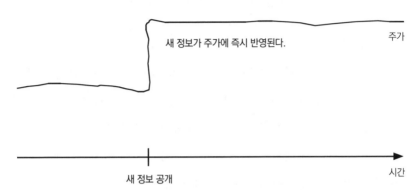

새 정보가 주가에 즉시 반영된다.

주가

새 정보 공개

시간

새 정보에 대한 평가 속도가 느린 시장에서는 주가도 느리게 반응한다. 그림 8.2는 호재가 나왔을 때 주가가 느리게 반응하는 모습을 보여준다. 새 정보가 나온 후 주가가 천천히 상승하는 모습(주가 표류)으로, 시장의 학습 속도가 느리다는 뜻이다.

그림 8.2 반응이 느린 시장의 주가 흐름

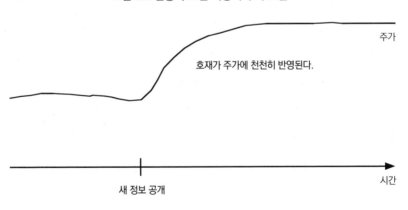

호재가 주가에 천천히 반영된다.

주가

새 정보 공개

시간

주가는 새 정보에 즉시 반응하지만 정보의 효과를 과대평가할 수도 있다. 즉 호재가 나오면 주가가 과도하게 상승하고 악재가 나오면 주가가 과도하게 하락할 수 있다. 그림 8.3은 주가가 처음에 과도하게 반응하고 나서 반대 방향으로 표류하는 모습을 보여준다.

그림 8.3 과잉 반응하는 시장의 주가 흐름

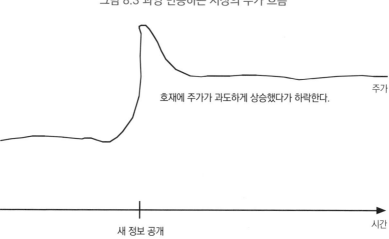

역발상 투자자는 이 견해를 받아들인다. 이들은 투자자가 흔히 과잉 반응하므로 폭락(폭등) 뒤에는 반등(반락)이 온다고 믿는다. 이들은 가장 많이 하락한 주식을 매수해야 한다고 확신한다. 이러한 주식이 반등 가능성이 가장 높다고 믿기 때문이다.

랜덤워크 이론

수십 년 동안 학계가 주장한 바에 의하면 주가는 랜덤워크이므로 주가의 과잉 반응이나 과소 반응을 전제로 한 투자 전략은 실패할 수밖에 없다. 버턴 맬킬은 저서 《랜덤워크 투자수업(A Random Walk Down Wall Street)》에서 랜덤워크 이론을 매우 설득력 있게 제시한다.

랜덤워크 이론을 이해하려면 먼저 그 가정을 이해해야 한다. 투자자는 공개된 정보를 바탕으로 미래를 예상해 주식의 가치를 평가하며, 이들의 예상은 합리적이어서 편향성이 없다는 가정이다. 이러한 조건이라면 주가는 새 정보가 나올 때만 움직인다.

주가가 주식의 가치에 대한 불편 추정치(unbiased estimate)라면 주식에 관한 새 정보는 호재일 확률과 악재일 확률이 같아야 한다.[1] 그렇다면 이후 주가 흐름도 상승일 확률과 하락일 확률이 같아야 한다. 이는 주가 흐름이 과거 주가와 독립적이므로 과거 주가 흐름을 알아도 미래 주가 예측이 개선되지 않는다는 뜻이다. 그림 8.4는 이 가정을 요약한 것이다.

그림 8.4 합리적 시장에서 정보와 주가 흐름

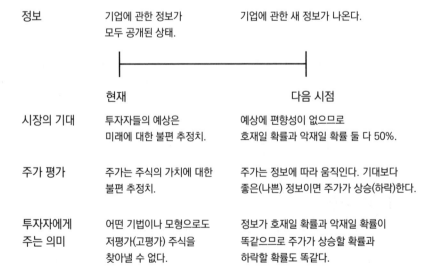

정보	기업에 관한 정보가 모두 공개된 상태.	기업에 관한 새 정보가 나온다.
	현재	다음 시점
시장의 기대	투자자들의 예상은 미래에 대한 불편 추정치.	예상에 편향성이 없으므로 호재일 확률과 악재일 확률 둘 다 50%.
주가 평가	주가는 주식의 가치에 대한 불편 추정치.	주가는 정보에 따라 움직인다. 기대보다 좋은(나쁜) 정보이면 주가가 상승(하락)한다.
투자자에게 주는 의미	어떤 기법이나 모형으로도 저평가(고평가) 주식을 찾아낼 수 없다.	정보가 호재일 확률과 악재일 확률이 똑같으므로 주가가 상승할 확률과 하락할 확률도 똑같다.

랜덤워크 이론이 성립하려면 두 가지 조건이 충족되어야 한다. 첫째, 투자자는 모든 가용 정보를 이용해서 합리적이고 공정하게 미래를 예상 해야 한다. 예상이 일관되게 낙관적이거나 비관적이면 정보가 호재일 확률과 악재일 확률이 똑같지 않으므로 주가 흐름이 랜덤워크가 될 수 없다. 둘째, 주가 흐름은 새 정보에 좌우되어야 한다. 새 정보가 없을 때도 주식 매매만으로 주가를 움직일 수 있다면 주가는 랜덤워크가 아니라 한 방향으로 흐를 수 있다.

역발상 투자의 기초

시장이 새 정보에 과잉 반응하는 이유는 무엇일까? 계속해서 과잉 반응이 나타난다면 근본적인 원인은 인간 심리라고 보아야 한다. 다음은 인간 행동 연구자가 일반적으로 제시하는 세 가지 이유다.

- 최근 정보를 지나치게 중시: 실험 심리학 연구자에 의하면 사람들은 새 정보를 접하고 생각을 수정할 때 최근 정보를 지나치게 중시하고 과거 정보는 지나치게 경시하는 경향이 있다. 펀더멘털이 전반적으로 양호해도 최근 발표한 실적이 나쁜 기업은 주가가 과도하게 하락하기 쉽다.
- 공포감: 일부 연구자의 주장에 의하면 새 정보를 접하고 일부 투자자가 공포감에 휩쓸리면 나머지 투자자도 공포감에 휩쓸리게 된다.
- 복잡한 정보는 처리하지 못함: 일부 연구자의 주장에 의하면 이익 감소 등 단순한 정보가 미치는 영향은 시장이 잘 평가하지만 대규모 구조 조정 등 복잡한 정보가 미치는 영향은 잘 평가하지 못한다. 그래서 복잡한 정보에 대해서는 시장이 과잉 반응하기 쉽다.

실제로 시장이 과잉 반응한다면 폭락(폭등) 뒤에는 당연히 대규모 반등(반락)이 나타난다. 초기 주가 흐름이 더 극단적일수록 이후 조정 폭도 더 커진다. 시장이 과잉 반응한다면 투자에 성공하는 방법은 명확하다. 남들이 극도로 비관해 앞다투어 매도할 때 매수하고, 남들이 극도로 낙관해 앞다투어 매수할 때 매도하면 된다. 시장이 과잉 반응한다는 가정이 옳다면 시장이 조정하는 과정에서 돈을 벌어야 한다.

증거 확인

이론적인 주장으로는 시장이 새 정보에 과잉 반응하는지, 랜덤워크를 따라가는지에 대한 논쟁이 절대 종식되지 않을 것이다. 양쪽 모두 자신의 견해가 확고해서 상대의 주장에 흔들리지 않을 것이기 때문이다. 그러나 어느 쪽 가설이 더 타당한지 경험적 증거를 살펴볼 수는 있다. 여기서는 이 문제에 대해 두 그룹의 연구를 살펴본다. 첫 번째 그룹은 한 기간의 주가 흐름이 이전 기간의 주가 흐름과 관계가 있는지를 조사해 시간이 흐르면 주가 흐름이 역전되는지 직접 확인한다. 두 번째 그룹은 최근 하락률 최대 주식에 투자하는 전략이 유효한지를 조사해 직접 답을 찾고자 한다.

계열 상관
오늘 주가가 폭등했다면 내일 주가는 어떨까? 관점은 세 가지다. 첫째, 오늘 상승 모멘텀이 내일까지 이어질 터이므로 내일도 주가가 상승하기 쉽다. 둘째, 내일은 이른바 이익 실현에 의한 조정이 일어나서 주가가 하락하기 쉽다. 셋째, 모든 날은 새 정보와 새 걱정거리로 새롭게 시작되므로 오늘 일로는 내일 어떻게 될지 알 수 없다.

계열 상관(serial correlation)은 연속되는 기간(시간, 일간, 주간 등)의 주가 흐름을 분석하는 통계 척도로, 한 기간의 주가 흐름이 이전 기간의 주가 흐름에 얼마나 좌우되는지 측정한다. 계열 상관이 0이면 연속된 기간의 주가 흐름 사이에 상관관계가 없다는 뜻이므로 과거 주가 흐름을 통해서 미래 주가 흐름을 알 수 있다는 가설이 기각된다. 계열 상관이 플러스이며 통계적으로 유의미하면 이것은 시장에 가격 모멘텀이 존재한다는 증거로, 이전 기간의 수익률이 플러스(마이너스)이면 다음 기간의 수익률도 플러스(마이너스)가 되기 쉽다는 뜻이다. 계열 상관이 마이너스이며 통계적으로 유의미하면 이것은 주가 흐름이 역전된다는 증거로, 이전 기간의 수익률이 플러스(마이너스)이면 다음 기간의 수익률은 마이너스(플러스)가 되기 쉽다는 뜻이다. 다시 말해서 역발상 투자 전략이 통한다는 뜻이다.

계열 상관을 투자 전략에 이용하면 초과수익을 얻을 수 있다. 계열 상관이 플러스이면 주가가 상승한 후에 매수하고 하락한 후에 매도하면 된다. 계열 상관이 마이너스이면 주가가 하락한 후에 매수하고 상승한 후에 매도하면 된다. 이 전략에는 거래 비용이 발생하므로 거래 비용을 차감하고도 이익이 나올 정도로 상관관계가 높아야 한다. 그러므로 계열 상관이 존재해도 초과수익 기회가 없을 수 있다.

초기 연구자는 모두 미국 대형주의 계열 상관만 분석하고서 주가의 계열 상관이 낮다고 판단했다.[2] 1965년 초기 연구에 의하면 다우 30종목 중 8종목의 계열 상관이 마이너스였고 대부분 종목은 계열 상관이 거의 제로였다.

다른 연구에서도 이 사실이 확인되는데, 미국 소형주뿐 이니라 다른 나라의 주가도 계열 상관이 매우 낮았다. 이들의 상관관계가 0은 아니지만 거래 비용을 차감하고서 단기간에 초과수익을 내기는 어려운 수준이었다.

대부분 초기 연구는 단기 주가 흐름에 초점을 두었지만 최근에는 장기 (6개월~5년) 주가 흐름에 더 관심을 두고 있다. 여기서 흥미로운 두 갈래 결과가 나왔다. 월 단위도 장기로 정의하면 계열 상관이 대개 플러스로 나왔다. 최근 6개월 동안 상승한 주식은 이후 6개월 동안에도 계속 상승하는 경향을 보였고, 최근 6개월 동안 하락한 주식은 이후 6개월 동안에도 계속 하락하는 경향을 보였다. 유럽 시장에서도 이 모멘텀 효과가 마찬가지로 강하게 나타났으며 신흥 시장은 더 강해 보였다.[3]

이 모멘텀의 원천은 무엇일까? 뮤추얼 펀드가 주로 과거 승자 종목을 매수하고 과거 패자 종목을 매도하는 과정에서 이 모멘텀이 창출된다는 설명이 유력하다.[4] 따라서 수일~수개월의 단기 관점에서 보면 역발상 투자 전략을 뒷받침하는 증거는 없다. 그러나 연 단위를 장기로 정의하면 계열 상관이 상당한 마이너스로 나온다. 장기적으로는 주가 흐름이 역전된다는 뜻이다. 파마와 프렌치는 1941~1985년의 5년 수익률을 분석해 이러한 현상의 증거를 제시했다.[5] 이들의 분석에 의하면 1년 수익률보다 5년 수익률의 계열 상관이 더 마이너스였고, 대형주보다 소형주의 계열 상관이 훨씬 더 마이너스였다. 그림 8.5는 주식 규모별 1년과 5년 계열 상관을 보여준다.

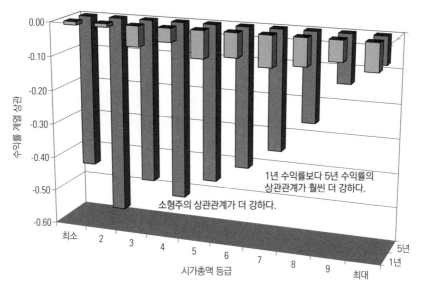

그림 8.5 1년과 5년 계열 상관: 시가총액 등급(1941~1985년)

1년 수익률보다 5년 수익률의
상관관계가 훨씬 더 강하다.

소형주의 상관관계가 더 강하다.

최소 2 3 4 5 6 7 8 9 최대

5년
1년

시가총액 등급

수익률 계열 상관

자료: 파마·프렌치. (시가총액 기준) 기업 규모별 계열 상관 평균.

소형주는 계열 상관이 대폭 마이너스여서, 장기간 플러스 수익률을 기록한 후에는 장기간 마이너스 수익률을 기록했고 반대로 장기간 마이너스 수익률을 기록한 후에는 장기간 플러스 수익률을 기록했다. 이러한 현상은 다른 나라에서도 비슷한 모습으로 나타났다. 장기 주가 흐름은 역전한다는 증거가 나온 것이다.

전반적으로 역발상 투자 전략이 시사하는 바는 무엇일까? 첫째, 무엇보다 역발상 투자로 성과를 얻으려면 장기 투자가 필요하다는 점이다. 둘째, 역발상 투자 전략은 대형주보다 소형주에서 더 좋은 성과가 기대된다.

패자 주식

최근 몇 년 하락률이 가장 큰 종목에 투자하는 전략은 어떨까? 극단적 포트폴리오의 주가 흐름 역전 현상을 분석하려고 1933년 말~1978년 말 전년도 상승률 최고 종목 35개로 승자 포트폴리오를 구성하고 전년도 하락률 최고 종목 35개로 패자 포트폴리오를 구성했다.[6] 그리고 두 포트폴리오의 60개월 수익률을 계산했다. 그림 8.6은 승자 포트폴리오와 패자 포트폴리오의 수익률을 보여준다.

이 분석에 의하면, 패자 포트폴리오를 5년 보유했다면 시장 대비 누적

그림 8.6 누적 초과수익률: 승자 포트폴리오와 패자 포트폴리오

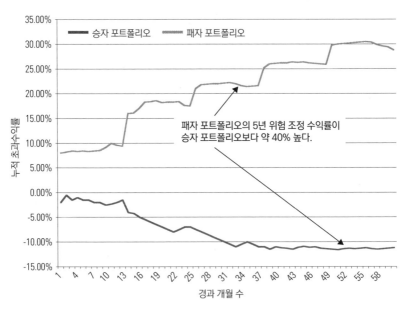

자료: DeBondt & Thaler. 승자 포트폴리오(전년도 상승률 최고 종목 35개)와 패자 포트폴리오(전년도 하락률 최고 종목 35개)의 60개월 누적 초과수익률.

초과수익률은 약 30%였고 승자 포트폴리오 대비 누적 초과수익률은 약 40%였다. 이는 주가 흐름 역전 현상을 뒷받침하는 증거로, 전년도 하락률 최고 종목에 투자하면 장기적으로 초과수익을 얻을 수 있다는 뜻이다. 이 전략은 전적으로 과거 주가에 의존하므로 가치 투자보다 기술적 분석에 가깝다고 주장할 수도 있다.

업계 전문가는 물론 학자도 이러한 분석 결과가 흥미롭기는 하지만 패자 포트폴리오의 초과수익 잠재력이 과대평가되었다면서 다음과 같이 지적한다.

- 패자 포트폴리오에는 저가주(주가 5달러 미만)가 많아서 거래 비용이 높으며 수익률 분포도 고르지 않다. 즉 몇몇 종목에서 나오는 엄청난 초과수익이 수익률을 전반적으로 끌어올린다.

- 연구에 의하면 매년 12월에 구성된 패자 포트폴리오의 수익률이 매년 6월에 구성된 포트폴리오보다 훨씬 높다. 이는 절세 매도의 영향이다. 즉 사람들이 세금을 절약하려고 하락률이 가장 높은 주식을 연말에 임박해 매도하는 과정에서 이들의 주가가 더 하락하기 때문이다.

- 수익률 차이는 주식의 시가총액 차이에서 비롯되는 듯하다. 시가총액이 비슷한 종목으로 승자 포트폴리오와 패자 포트폴리오를 구성하면 패자 포트폴리오의 수익률이 더 높은 달은 1월뿐이다.[7]

- 시간 지평(time horizon)도 중요하다. 장기적으로는(3~5년) 주가 흐름 역전 현상이 나타난다는 증거가 있지만, 단기적으로는(6개월~1년) 주가 모멘텀(하락하는 주식은 계속 하락하고 상승하는 주식은 계속 상승하는 현상)이 나타난다는 증거가 있다. 앞에서 주가 모멘텀을 뒷받침한

분석에서는[8] 패자 포트폴리오의 누적 수익률이 승자 포트폴리오를 따라잡는 데 소요되는 기간을 계산해 시간 지평이 중요하다는 점을 밝혔다.[9] 그림 8.7을 참조하라.

이 그래프는 두 가지 면에서 흥미롭다. 첫째, 포트폴리오 구성 후 12개월 동안은 승자 포트폴리오의 수익률이 패자 포트폴리오보다 높다. 둘째, 12개월 이후에는 패자 포트폴리오의 수익률이 더 높아지기 시작하지만 1941~1964년에는 28개월이 지나서야 누적 수익률이 더 높아졌고, 1965~1989년에는 36개월이 지나서도 누적 수익률이 더 높아지지 않았다. 패자 포트폴리오로 초과수익을 얻으려면 포트폴리오를 장기간 보유할 수 있어야 한다.

그림 8.7 누적 수익률 차이: 승자 포트폴리오 – 패자 포트폴리오

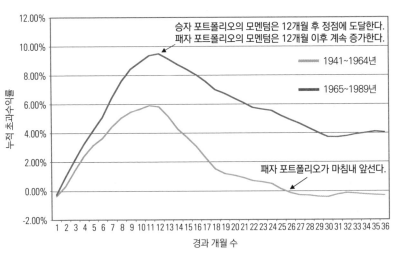

자료: Jegadeesh & Titman. 승자 포트폴리오와 패자 포트폴리오의 누적 수익률 차이를 월 단위로 추적.

데이터 정밀 분석

'패자 주식'으로 분류되려면 얼마나 하락해야 할까? 답은 시장 분위기에 따라 달라진다. 상승장에서는 주가가 40% 하락하면 패자 주식으로 분류될 수 있다. 그러나 시장이 전반적으로 15~20% 하락할 때는 80% 이상 하락해야 패자 주식으로 분류될 수 있다. 여기서는 전체 시장에서 주식 수익률의 분포를 살펴보고 업종별 수익률 차이도 알아본다.

전체 시장

시장에서 하락률 최고 종목을 찾아내려면 먼저 두 가지를 정해야 한다. 첫째, 수익률 계산의 기준이 되는 기간을 정해야 한다. 작년 하락률이 최고였던 종목이 최근 6개월이나 5년 기준으로는 하락률 최고가 아닐 수도 있다. 둘째, 시장의 범위를 선택해야 한다. 시장의 범위를 미국 전체 주식으로 정하면 S&P500 종목은 하락률 최고 종목에 포함되기 어렵다. 그림 8.8은 2002년 1~10월(9개월), 2001년 10월~2002년 10월(1년), 1999년 10월~2002년 10월(3년), 1997년 10월~2002년 10월(5년) 등 다양한 기간을 기준으로 미국 상장 주식의 연 수익률 분포를 보여준다.

전체 시장의 수익률은 마이너스였고 이는 수익률 분포에 반영되어 있다. 전체적으로 수익률 마이너스 종목이 더 많으며 기준 기간이 짧을수록(9개월, 1년) 마이너스 종목의 비중이 더 커진다. 이 기간에 시장 수익률이 훨씬 낮았기 때문이다.

또 하나 흥미로운 점은 일부 종목의 하락률 수준이다. 일부 종목은 9개월 동안 90% 이상 하락해 주식이 얼마나 위험한지 보여주고 있다(2002년

그림 8.8 과거 수익률 분포

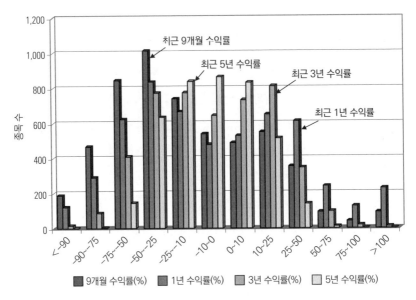

자료: 밸류 라인. 각 수익률 구간에 포함되는 종목의 수.

1월~2002년 10월에는 약 200개 종목). 3년 수익률 구간과 5년 수익률 구간에 하락률 90% 이상 종목의 수가 더 적은 이유 하나는 이렇게 폭락이 거듭될 경우 그 종목의 거래가 중단된다는 점이다.

업종 효과

전체 시장이 오르내릴 때 각 업종은 시장보다 훨씬 더 오르내릴 수도 있고 덜 오르내릴 수도 있다. 이는 펀더멘털 때문일 수도 있고(개별 업종의 실적은 시장보다 훨씬 더 좋을 수도 있고 나쁠 수도 있다) 투자 심리 탓일 수도 있다. 1990년대 말에는 신경제 주식 매수 열풍이 불었고 2001년 초에는 그 주식 투매가 이어졌다는 사실을 기억하라.

이러한 현상이 왜 중요할까? 최근 하락률 최대 종목 매수 전략을 채택했는데 일부 업종의 하락률이 훨씬 크다면 포트폴리오 중 이들 업종의 비중이 지나치게 커지기 때문이다. 개별 종목과 마찬가지로 각 업종의 등락률도 기준 기간에 따라 달라진다. 표 8.1은 2001년 10월~2002년 10월의 12개월 상승률과 하락률 최고 업종을 보여준다.

상승률 최고 업종은 금값 상승 덕을 본 귀금속이었다. 상승률 최고 업종과 하락률 최고 업종의 수익률 차이가 인상적이다. 상승률 최고 업종은 수익률이 모두 20% 넘게 상승했으나 하락률 최고 업종은 모두 20% 넘게 하락했다.

기준 기간을 1997년 10월~2002년 10월의 5년으로 늘리면 하락률 최

표 8.1 상승률과 하락률 최고 업종(2001년 10월~2002년 10월)

상승률 최고 업종		하락률 최고 업종	
업종	수익률(%)	업종	수익률(%)
가정용품	22.86	에너지	-73.07
레크리에이션	23.79	무선 네트워크	-48.25
자동차 부품	25.35	케이블TV	-45.51
저축 은행	25.79	통신 장비	-40.62
트럭운송, 리스	26.26	반도체 자본 장비	-40.24
주택 건설	28.91	의약품	-35.47
호텔	29.96	통신 서비스	-32.55
가구	35.37	전자 상거래	-28.67
건축 자재(소매)	37.13	생명공학	-26.25
귀금속	157.10	전기 기구	-23.01

표 8.2 상승률과 하락률 최고 업종(1997년 10월~2002년 10월)

상승률 최고 업종		하락률 최고 업종	
업종	수익률(%)	업종	수익률(%)
에너지(캐나다)	3.82	무선 네트워크	-27.44
은행(캐나다)	4.59	인터넷	-22.47
저축 은행	4.64	통신 서비스	-22.30
은행	4.78	통신 장비	-22.03
은행(중서부)	5.27	컴퓨터 및 주변 장치	-21.30
전력(동부)	6.64	석탄	-20.91
약제 서비스	7.05	철강(종합)	-19.63
담배	7.27	컴퓨터 소프트웨어	-19.51
건축 자재(소매)	8.29	반도체	-19.38
수도	15.05	의료 정보 시스템	-18.30

고 업종은 기술 업종과 통신 업종로, 5년 동안 평균 하락률은 연 18%가 넘는다. 두 업종은 1990년대 호황기에 날아올랐으므로 그 이전 5년 동안에는 틀림없이 상승률 최고 업종에 포함되었을 것이다. 표 8.2는 1997년 10월~2002년 10월 상승률과 하락률 최고 업종을 보여준다.

역발상 투자자가 2002년 10월 하락률 최고 종목으로 포트폴리오를 구성한다면 당연히 기술주와 통신주의 비중이 압도적으로 높을 것이다.

패자 포트폴리오 구성

패자 종목으로 포트폴리오를 구성하려면 먼저 수익률 계산의 기준 기간을 선택해야 한다. 장기간을 선택할 수도 있겠지만 대부분 실증 연구에서 선택하는 기간은 1년이다. 이에 따라 2001년 10월~2002년 10월 하락률 최고 미국 주식 300종목을 선정했다. 그런데 300종목 중 153종목이 동전주(주가가 1달러 미만)였다. 동전주는 거래 비용이 매우 높으므로 이를 제외한 147종목만 포트폴리오에 포함했다. 표 8.3이 그 147종목이다. 예상했던 대로 표 8.2에 실린 하락률 최고 업종의 비중이 과도하게 높다.

추가할 이야기

장기적으로는 패자 종목에서 초과수익이 나오는 것으로 보인다. 그런데 이 전략에는 명백한 위험이 있다. 첫째, 저가주가 많아서 거래 비용이 높다. 둘째, 패자 종목은 위험이 높다. 가격 변동성이 크고 (재무 레버리지가 높아서) 부채 비율이 높기 때문이다. 셋째, 하락률이 높은 데는 대개 그럴 만한 이유가 있다. 그 이유가 부실 경영이나 시장 점유율 하락이라면, 이 문제가 해결되지 않는 한 장래에 주가 상승은 기대하기 어렵다.

거래 비용

아마도 패자 종목 투자 전략의 가장 심각한 문제는 저가주가 많다는 점일 것이다. 저가주는 다음 세 가지 이유로 거래 비용이 높다.

- 주가 대비 매수·매도 호가 차이가 크다. 50달러짜리 주식의 매수·매도 호가 차이가 50센트라면 거래 비용이 1%지만, 2.5달러짜리 주식에서는 거래 비용이 20%에 이른다.
- 주가가 낮을수록 수수료 등 거래 관련 고정비의 비중도 상승한다. 20달러짜리 주식을 1,000주 매수할 때보다 2달러짜리 주식을 1만

표 8.3 패자 종목(2001년 10월~2002년 10월)

기업명	종목 코드	기업명	종목 코드	기업명	종목 코드
VerticalNet Inc	VERT	Actuate Corporation	ACTU	Metris Cos	MXT
Nucentrix Broadband Net	NCNX	Mail-Well Inc	MWL	Concurrent Computer	CCUR
Genzyme Molecular Oncol	GZMO	MIIX Group Inc	MHU	Medarex Inc	MEDX
Golf Trust of America	GTA	Harmonic Inc	HLIT	CuraGen Corp	CRGN
Bell Canada Intl	BCICF	EntreMed Inc	ENMD	Sprint PCS Group	PCS
Antenna TV S A	ANTV	Biomira Inc	BRA.TO	Nanometrics Inc	NANO
Beta Oil and Gas Inc	BETA	Broadwing Inc	BRW	ClearOne Communications Inc	CLRO
Data Systems & Software	DSSI	EMCORE Corp	EMKR	SmartForce ADR	SKIL
Biotime Inc	BTX	Optical Cable Corp	OCCF	CryoLife Inc	CRY
Nortel Networks	NT	SuperGen Inc	SUPG	Alcatel ADR	ALA
Childtime Learning Ctrs	CTIM	Global Thermoelectric Inc	GLE.TO	Stellent Inc	STEL
Digital Lightwave	DIGL	Corning Inc	GLW	Aquila Inc	ILA
Openwave Systems	OPWV	Beverly Enterprises	BEV	Providian Fin'l	PVN
Medwave Inc	MDWV	MIPS Technologies Inc	MIPS	Emisphere Tech Inc	EMIS
Tumbleweed Communica	TMWD	Artesyn Technologies Inc	ATSN	RSA Security	RSAS
Conexant Systems	CNXT	WHX Corp	WHX	ABIOMED Inc	ABMD
Cygnus Inc	CYGN	Rite Aid Corp	RAD	Powerwave Techn	PWAV
Vitesse Semiconductor	VTSS	Alpha Hospitality Corp	ALHY	ILEX Oncology	ILXO
Classica Group Inc	TCGI	Calpine Corp	CPN	HEALTHSOUTH Corp	HRC
3DO Co	THDO	Sanmina-SCI Corp	SANM	Championship Auto Racing	MPH
Ventiv Health Inc	VTIV	Novadigm Inc	NVDM	Magnum Hunter Resources	MHR
AES Corp	AES	ANADIGICS Inc	ANAD	Biopure Corp	BPUR
ACT Teleconferencing	ACTT	Bioject Medical Tech	BJCT	Cell Therapeutic	CTIC
Corvas Intl Inc	CVAS	BroadVision Inc	BVSN	PerkinElmer Inc	PKI
Student Advantage Inc	STAD	Aphton Corp	APHT	TriQuint Semic	TQNT
Amer.Tower 'A'	AMT	Solectron Corp	SLR	AMR Corp	AMR
Atlas Air Inc	CGO	Iona Tech PLC ADR	IONA	Med-Design Corp	MEDC
Miller Exploration	MEXPD	Titan Pharm Inc	TTP	Administaff Inc	ASF
Williams Cos	WMB	Quantum Corporation	DSS	National Service Ind	NSI
KeyTronicEMS Co	KTCC	UAL Corp	UAL	PDI Inc	PDII
Sapient Corp	SAPE	Tesoro Petroleum	TSO	Fleming Cos	FLM
Electroglas Inc	EGLS	Zarlink Semiconductor Inc	ZL	DVI Inc.	DVI
CNET Networks	CNET	Pharmacyclics	PCYC	Cubist Pharm Inc	CBST
SatCon Technology	SATC	GlobespanVirata Inc	GSPN	Microsemi Corp	MSCC
KANA Software Inc	KANA	Covansys Corp	CVNS	Amdocs Ltd	DOX
InterVoice Inc	INTV	Crown Castle Int'l	CCI	AmeriCredit Corp	ACF
Genome Therapeutics Inc	GENE	Starbase Corp	SBAS	Neose Technologies	NTEC
Hollywood Mediacorp	HOLL	Collins & Aikman Corp	CKC	Footstar Inc	FTS
Pegasus Communications	PGTV	Hemispherx Biopharma Inc	HEB	El Paso Corp	EP
Atmel Corp	ATML	Western Wireless "A"	WWCA	ImClone Systems	IMCL
DuraSwitch Inds Inc	DSWT	Quanta Services	PWR	Sepracor Inc	SEPR
SIPEX Corp	SIPX	Kulicke & Soffa	KLIC	VeriSign Inc	VRSN
Elan Corp. ADR	ELN	Amkor Technology	AMKR	Allmerica Financial	AFC
Factory 2-U Stores Inc	FTUS	Gemstar-TV Guide	GMSTE	EPCOS AG	EPC
Razorfish Inc	RAZF	CyberOptics	CYBE	Polycom Inc	PLCM
DMC Stratex Networks Inc	STXN	Lumenis Ltd	LUME	Genesis Microchip Inc	GNSS
SpectRx Inc	SPRX	Vical	VICL	CSG Systems Int'l	CSGS
Dusa Pharmaceuticals	DUSA	PLX Technology Inc	PLXT	Electronic Data Sys	EDS
Visible Genetics Inc	VGIN	Commerce One Inc	CMRC	Power Corp	POW.TO

주 매수할 때 거래 비용이 훨씬 더 높다.

- 주가가 하락하면 기관투자가가 이탈해 거래량이 감소하면서 유동성이 낮아지므로 거래 비용이 더 상승한다.

표 8.3에서는 주가가 1달러 이상인 종목만 포트폴리오에 포함했는데도 평균 주가가 3.36달러에 불과하다. 시장 평균 주가는 26달러가 넘는다. 게다가 시가총액도 시장 평균은 약 17억 달러지만 포트폴리오 평균은 3억 8,800만 달러에 불과하다. 이렇게 주가가 낮은 데다가 시가총액도 작으면 거래 비용이 상승한다. 그림 8.9는 시가총액 등급별로 총거래 비용의 비중을 보여준다.

시가총액 최소 등급 주식은 총거래 비용(수수료, 가격 충격, 매수·매도 호가

그림 8.9 시가총액 등급별 총거래 비용

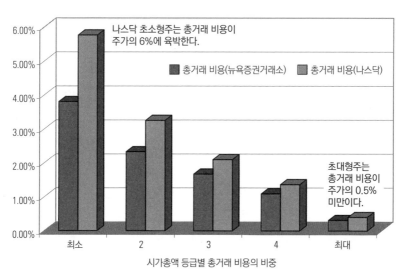

자료: Kothare & Laux. 총거래 비용에 수수료, 가격 충격, 매수·매도 호가 차이 포함.

차이 포함)이 주가의 5%가 넘는다. 이러한 주식이 저가주라면 총거래 비용의 비중은 틀림없이 더 높아질 것이다.[10]

그러면 최저 주가 기준을 얼마로 정해야 할까? 최저 주가 기준을 5달러로 정하면 147종목 중 26종목만 남는다. 표 8.4가 그 26종목이다.

표 8.4 주가 5달러 이상인 패자 종목

기업명	종목 코드	업종	주가(달러)
DVI Inc	DVI	의료 서비스	6.30
Power Corp	POW.TO	금융	36.85
Footstar Inc	FTS	소매(전문점)	7.56
Electronic Data Sys	EDS	소프트웨어	13.72
National Service Ind	NSI	다각화 기업	5.75
Fleming Cos	FLM	식품 도매	6.14
Sepracor Inc	SEPR	의약품	7.81
Neose Technologies	NTEC	생명공학	7.52
ImClone Systems	IMCL	의약품	7.79
Allmerica Financial	AFC	손해보험	8.14
CSG Systems Int'l	CSGS	산업 서비스	11.39
El Paso Corp	EP	천연가스 유통	7.61
AMR Corp	AMR	항공운송	5.15
PDI Inc	PDII	산업 서비스	5.91
Administaff Inc	ASF	인적자원	5.42
PerkinElmer Inc	PKI	계기	5.00
EPCOS AG	EPC	전자 기기	9.28
Polycom Inc	PLCM	통신 장비	9.85
Amdocs Ltd	DOX	산업 서비스	6.93
Cubist Pharm Inc	CBST	의약품	6.83
TriQuint Semic	TQNT	반도체	5.07
Genesis Microchip Inc	GNSS	전자 기기	9.87
Microsemi Corporation	MSCC	전자 기기	6.85
VeriSign Inc	VRSN	인터넷	7.91
AmeriCredit Corp	ACF	금융	6.98
Med-Design Corp	MEDC	의료 장비	5.23

주가 변동성과 채무 불이행 위험

이전 해에 폭락한 주식은 대개 다른 주식보다 더 위험하다. 첫째, 저가 주가 되면 변동성이 증가한다.[11] 둘째, 주가가 급락하면 흔히 재무 레버리지와 채무 불이행 위험이 증가한다.[12]

그림 8.10은 패자 포트폴리오와 시장의 위험(부채 비율, 베타, 표준편차)을 비교해서 보여준다.

패자 포트폴리오는 세 가지 위험 중에서도 특히 주가 기준 위험(베타와 표준편차)이 시장보다 훨씬 크다.

그림 8.10 패자 포트폴리오와 시장(위험)

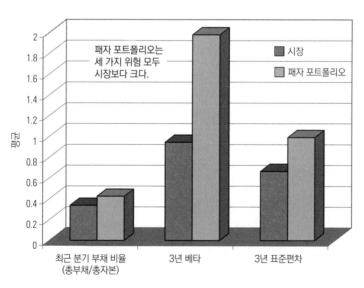

자료: 밸류 라인. 패자 포트폴리오와 시장의 3년 베타, 3년 표준편차, 부채 비율(총부채의 장부 가격/총자본의 장부 가격).

최저 주가 기준(5달러 이상)을 통과한 26종목 중에서 위험이 과도한 종목을 제거할 수 있다. 표준편차 80% 초과(표준편차 상위 25%), 베타 1.25 초과, 부채 비율 80% 초과 종목을 모두 제거하면 남는 종목은 3개뿐이다. 표 8.5가 그 3종목이다.

표 8.5 주가가 5달러 이상이고 위험이 적정 수준인 패자 종목

기업명	주가(달러)	표준편차	베타	부채 비율
Power Corp.	36.85	50.07%	0.64	16.43%
Electronic Data Sys.	13.72	55.03%	1.24	41.81%
Footstar Inc.	7.56	50.53%	0.10	47.95%

이렇게 최저 주가 기준과 위험 기준을 적용했을 때 패자 포트폴리오의 종목 수가 급감하는 모습을 보면, 역발상 투자 신봉자도 이 전략을 실행하기가 어렵다는 것을 알 수 있다.

경영 개선의 촉매

패자 종목을 매수할 때 판단하기 가장 어려운 점은 '주가 하락의 근본 문제가 해결되었는가'다. 각 기업의 내부 문제를 실제로 조사하기는 어렵지만, 경영 개선 가능성이 높아지는 조짐은 찾아볼 수 있다.

- 경영진 교체: 최근 경영진이 교체되었는지 확인할 수 있다. 새 경영진은 과거의 실수를 더 잘 인정하고 바로잡는 경향이 있다.
- 구조 조정: 자회사 매각과 기업 인수를 통해서 사업 구성을 변경하는 등 최근 구조 조정이 실행되고 있는지 확인할 수 있다.

- 행동주의 투자자: 난관에 직면한 경영자에게는 종종 행동주의 투자자의 압박이 필요하다. 연금 기금과 개인 투자자는 난관에 직면한 기업의 주식을 매수해 변화를 요구하기도 한다. 이러한 움직임이 보인다면 유망한 조짐으로 간주할 수 있다.

- 생존: 기업이 구조적인 문제를 해결하려면 시간이 필요하다. 계속해서 파산 위협에 시달리는 기업은 이러한 시간을 확보하기 어렵다. 부채 비율이 낮은 기업은 시간을 확보할 수 있으므로 생존 확률이 높다.

- 수익성 추세: 대부분 패자 종목의 수익성은 장기적으로 하락세를 보인다. 그런데 단기적으로 상승세를 보이는 종목이 있다. 이렇듯 최근 분기 이익이 증가한 주식에 투자하는 방법도 있다. 분기 실적이 장기 추세를 바꾸지는 못하겠지만, 일부 문제가 해결되었다는 신호가 될 수는 있다.

투자자에게 주는 교훈

최근 폭락한 주식에 투자하는 전략은 이론상으로 유망해 보이지만 실제로는 매우 위험하다. 장기적 관점을 갖춘 신중한 역발상 투자자라면, 거래 비용이 너무 높지 않고 위험도 적정 수준인 패자 종목을 매수해야 한다. 이러한 목적을 달성하려면 전체 미국 주식에 다음 기준을 적용할 필요가 있다.

- 과거 수익률: 작년 수익률 하위 25%. 앞에서 적용한 기준(7,000종목

중 수익률 최하위 500종목 선정)보다 훨씬 완화했다. 대신 거래 비용과 위험에 대해 훨씬 더 엄격한 기준을 적용할 수 있다.

- 거래 비용: 주가 5달러 이상인 주식으로 한정해 거래 비용을 낮춘다.
- 위험: 표준편차 80% 초과, 베타 1.25 초과, 부채 비율 50% 초과인 종목은 모두 제거한다. 표준편차와 베타는 순수 위험 기준이고, 부채 비율은 위험과 생존 기준이다.
- 경영 개선의 촉매: 최근 분기 실적이 흑자면서 전 분기보다 증가한 주식만 매수한다. 이러한 주식은 위험이 더 낮을 뿐 아니라 더 건전한 기업으로 개선될 가능성도 높다.

2003년 1월 데이터를 이용해서 20종목으로 구성한 포트폴리오를 8장 부록에 실었다.

결론

역발상 투자자는 최근 폭락한 주식에 투자하는 전략이 유망하다고 생각한다. 이들은 사람들이 새 정보에 과잉 반응하므로, (이익 감소, 배당 삭감 등) 악재가 발표된 뒤에는 주가가 과도하게 하락하고 호재가 발표된 뒤에는 과도하게 상승한다고 믿는다. 경험적 증거도 이러한 믿음을 뒷받침하는 것으로 보인다. 여러 연구에 의하면 최근 폭락한 주식을 장기간 보유하면 높은 수익이 나온다. 그러나 이러한 주식은 대개 저가주여서 거래 비용이 높고 위험도 시장보다 크다.

역발상 투자 전략으로 성공하려면 먼저 장기적 관점과 변동성을 견뎌

내는 인내심을 갖추어야 한다. 그리고 거래 비용과 위험이 낮아지도록 유의해서 포트폴리오를 구성해야 한다. 대부분 투자자는 먼저 손실을 경험하고 나서 수익을 얻게 된다. 역발상 투자 전략은 안전하지 않다는 점에 유의해야 한다.

부록: 위험이 제한적이고 주가가 5달러 이상인 패자 종목

기업명	종목 코드	업종	주가 (달러)	1년 수익률	3년 베타	최근 분기 표준편차	EPS (달러)	부채 비율
Almost Family Inc	AFAM	의료 서비스	6.56	-55.23%	0.07	56.66%	0.12	46.85%
Ambassadors Intl Inc	AMIE	산업 서비스	9.18	-57.17%	0.40	52.76%	0.02	0.22%
BJ's Wholesale Club	BJ	소매점	15.52	-58.50%	0.73	37.70%	0.38	8.40%
CAE Inc	CAE.TO	항공우주 & 방위산업	5.18	-55.19%	1.21	60.03%	0.11	40.56%
Convergys Corp	CVG	산업 서비스	12.59	-59.59%	1.12	46.25%	0.34	5.06%
Crawford & Co "B"	CRD/B	금융 서비스 (다각화)	5.05	-55.55%	0.32	56.68%	0.11	21.48%
Cytyc Corp	CYTC	의료 장비	10.81	-60.92%	0.95	66.52%	0.11	0.00%
Enzon Inc	ENZN	의약품	17.80	-70.29%	1.01	60.11%	0.29	33.46%
Fab Industries	FIT	직물	8.90	-55.22%	0.22	49.33%	0.19	0.71%
Footstar Inc	FTS	소매(전문점)	9.42	-77.76%	-0.05	51.38%	0.69	42.70%
Kendle Intl Inc	KNDL	의료 서비스	8.52	-56.35%	0.52	65.58%	0.16	12.71%
Ohio Art Co	OAR	레크리에이션	17.00	-55.96%	0.19	59.26%	1.18	31.05%
On Assignment	ASGN	인적자원	7.50	-62.91%	1.17	61.87%	0.14	0.00%
QLT Inc	QLT.TO	의약품	12.33	-66.91%	1.11	71.34%	0.13	0.00%
SRI/Surgical Express Inc	STRC	의료 장비	5.02	-64.56%	-0.33	65.68%	0.05	40.78%
Tenet Healthcare	THC	의료 서비스	18.22	-58.11%	-0.38	46.65%	0.68	30.45%
THQ Inc	THQI	엔터테인먼트 기술	12.20	-58.99%	0.68	67.04%	0.12	0.00%
TRC Cos	TRR	환경	13.99	-60.61%	0.67	66.06%	0.26	11.72%
Vans Inc	VANS	신발	5.06	-55.42%	0.52	51.73%	0.30	7.64%
Veritas DGC Inc	VTS	유전 장비	7.65	-57.30%	1.21	64.72%	0.05	34.93%

9장

다음 대박을 노려라!
신성장 산업과
신생 회사

싸게 사는 능력을 가진 거스

거스는 남보다 싸게 사는 능력에 자신이 있었다. 그는 뉴욕에서 아파트를 빌릴 때 중개업자를 거치지 않고 집주인과 직접 연락해 싼값에 계약을 맺었다. 집을 꾸밀 고 가구도 작은 가구점을 일일이 돌아다니며 헐값에 샀다. 그는 〈뉴욕 타임스〉에 소개된 음식점에서는 절대로 식사하지 않았고, 지인이 추천하거나 직접 조사해본 식당에만 갔다. 싸게 사는 남다른 능력에 고무된 그는 같은 전략을 투자에도 적용해보고자 했다. 우선 대형 증권사의 어떤 애널리스트도 다루지 않은 작은 회사를 물색하기 시작했다. 점점 관심사를 넓혀가다가 기업 공개(IPO)를 준비하는 기업의 지분을 취득하기에 이르렀고, 일일이 분석할 여유가 없었기에 10여 개 회사를 무작위로 골랐다. 친구가 운영하는 유망한 신생 벤처 회사에 투자할까 고려하기도 했다.

그는 주식을 사려고 마음먹는 순간 제시된 가격 이상을 지불해야 함을 깨달았다. 중개업자는 매수·매도 호가 차이가 크다는 등의 이야기를 했다. 주식을 매입하고 몇 주가 지나는 동안 이들 주식은 전혀 거래가 되지 않아 가격이 그대로인 날이 여러 번 있었다. 기다리던 뉴스가 나왔을 때는 주가가 크게 요동쳤는데, 그 방향은 위쪽보다는 아래쪽인 경우가 더 많았다. 수익을 실현하고자 매도 주문을 내도 원하는 만큼 파는 것이 쉽지 않았다. 아파트, 가구, 식당을 고를 때 통했던 전략이 주식을 고를 때는 그다지 잘 먹히지 않았고 그 이유가 무엇인지도 알 수 없었다. 역시 중개업자가 문제였나?

▶ 교훈: 바겐세일은 때때로 매우 비싸다.

7장에서는 성장 전망이 좋은 상장 기업에 투자하는 전략을 살펴보았다. 빠르게 성장하는 기업을 잘 골라냈을 때의 보상은 상당히 클 수 있지만, 이들 기업이 시장에서 이미 고성장 기업으로 인정받은 후에는 합리적인 가격에 주식을 사들이기 어렵다. 어떤 투자자는 애널리스트가 다루지 않는 작은 기업 또는 아예 비상장인 기업에 투자하는 것이 가장 좋은 투자 기회라고 생각하기도 한다. 이들은 새로운 산업에서 새로 사업을 시작하는 기업이 비상장 단계 혹은 상장 직전 단계일 때 투자하는 것이 고수익을 얻는 가장 좋은 길이라고 주장한다. 이번 장에서는 이러한 전략의 잠재적인 보상(과 비용)을 알아보겠다.

이야기의 핵심

다른 투자자가 아직 찾아내지 못했거나 무시하고 있지만 훌륭한 사업 모델을 갖춘 소규모 기업을 조기에 발견해 투자하는 것은 모든 투자자가 꿈꾸는 일이다. 어떤 투자자는 기관투자가의 보유 비중이 작거나 애널리스트가 다루지 않는 소규모 기업 중에서 싼값에 주식을 살 수 있는 기회를 발견하고자 한다. 또 다른 투자자는 미래의 성장주가 될 주식을 상장 시점이나 직후에 매입해 시장을 이기려 한다. 한편 가용 자원이 더 많은 일군의 투자자는 벤처 캐피털이나 사모 펀드(private equity)*의 형태로 비상장 기업에 투자해 기업의 성장의 과실을 함께 나누고자 한다.

상장된 소규모 기업, IPO 전후의 기업, 비상장 기업에 투자하는 전략은 서로 매우 다르고 시장 전반에 대한 시각도 달라야 하지만 약간의 공통된 믿음이 있다.

- 기관투자가의 비중이 작거나 애널리스트가 다루지 않는 종목은 가격이 잘못 책정되었을 가능성이 높다: 기업이 커질수록 기관투자가와 애널리스트의 관심을 끈다. 기관투자가와 애널리스트가 실수하지 않는 것은 아니지만, 이들은 투자 대상을 분석하는 데 능숙하기 때문에 이들이 다룬 종목의 가격이 극적으로 낮은 상태이기는 힘들다. 따라서 (비상장 기업이나 IPO 전후처럼) 상장 시장에서 활동하는 투자자가 아직 관여하지 않은 기업이나, 상장은 되었지만 대형 기관투자가가 상대적으로 덜 보유한 기업에 집중하면 좋은 성과를 낼 수 있다. 시장의 효율성 측면에서 이야기해보자면 이러한 영역에서 시장의 비효율성이 만들어내는 기회를 더 많이 찾아낼 수 있다는 뜻이다.

- 독자적으로 분석을 잘해서 승자와 패자를 가려낼 수 있다: 시장에서 소외된 주식의 가격이 왜곡되어 있을 가능성이 높다는 점을 인정하더라도 저평가된 주식과 고평가된 주식을 구별하는 일은 여전히 필요하다. 전문가의 손을 덜 탄(기관투자가의 지분이 적은 상태이거나

---

* 한국에서 '사모 펀드'라는 용어는 헤지펀드(전문 투자형 사모 펀드)와 PE(경영 참여형 사모 펀드)를 동시에 지칭한다. 이 책에서는 PE를 '사모 펀드'로, 헤지펀드를 '헤지펀드'로 번역한다.

IPO 직전의 비상장 상태인) 기업의 정보를 수집하고 분석해 다른 투자자 대비 상승 가능성은 높이면서 불리한 위험은 제한할 수 있다.

정리하자면 이러한 전략은 남들이 가지 않은 길을 가야 남보다 싸게 사기에 가장 좋은 기회를 얻을 수 있다는 믿음에 기초한다.

이론적 근거

비상장 기업, IPO 단계인 기업, 소외된 기업에 투자할 경우 수익률이 더 좋다는 믿음은 이론적인 근거가 있을까? 이러한 기업은 규모가 크고 입지가 잘 다져진 기업보다 위험하기 때문에 장기적으로 고수익을 낼 수 있다고 주장할 수도 있다. 그러나 이 주장은 전략을 정당화하기에 불충분하다. 단순히 높은 수익이 아닌 초과수익, 즉 더 많은 위험을 감수한 대가로 기대할 수 있는 수익보다 더 높은 수익을 보여주어야 한다.

더 많은 위험

비상장 기업 혹은 상장된 소규모 기업에 투자할 때 추가로 위험을 감수해야 하는 이유는 무엇일까? 첫째, 일반적으로 큰 기업에 투자할 때 대비 투자 시점에서 얻을 수 있는 정보의 양이 부족하다. 둘째, 이러한 기업은 가치의 상당 부분이 현재의 자산보다는 미래의 성장에서 비롯되는데, 이는 본질적으로 더 불확실하다. 셋째, 비상장 기업이나 소규모 상장 기업은 대규모 상장 기업에 투자했을 때보다 유동성이 부족하다. 따라서 투자를 시작하고 청산할 때의 비용이 더 크다.

정보 위험

이 투자 전략에서 첫 번째이자 가장 큰 위험은 투자할 기업에 대한 정보가 부족하고 그나마 있는 정보도 믿을 만하지 못하다는 점이다. 비상장 기업은 상장 기업 대비 제공되는 정보가 부족하다. 비상장 기업에는 감독 당국(SEC)의 요구 사항이나 의무 공시 사항 등이 없다.* 상장 기업은 제한적이기는 하지만 어느 정도 통일된 회계 기준을 적용해 기업 간 비교가 가능할 정도의 수치를 제공한다. 비상장 기업은 저마다 매우 다른 회계 기준을 적용하기 때문에 타사와 비교하기가 어렵다. 투자할 때는 제3자가 제공하는 분석 자료를 이용하는 경우도 있는데, 대형 상장 기업은 이러한 자료가 많지만 소형 상장 기업은 그렇지 않으며 비상장 기업은 아예 없는 경우가 허다하다.

정보가 부족한 비상장 기업이나 소규모 기업에 대한 투자는 더 위험하기에 더 큰 기대 수익률을 염두에 두어야 하는 것은 명백하다. 하지만 놀랍게도 학자들은 이 주제에 대해서 여전히 논쟁 중이다. 이론을 연구하는 많은 사람이 소규모 비상장 기업에 대한 투자가 불확실성이 크다는 점을 인정하지만, 한편으로 그 위험의 대부분은 포트폴리오를 통해 분산할 수 있다고 생각한다. 그들은 소규모이거나 비상장인 기업을 모은 포트폴리오 전체의 위험이 그 포트폴리오에 속한 개별 기업의 위험보다 작다고 주장한다. 또한 분산을 잘하면 이러한 투자도 그다지 위험하지 않으며 예상 수익도 그에 상응할 정도로 높을 것으로 본다.

위험을 이렇게 천진난만하게 바라보는 사람에게 두 가지 의문을 제기

---

* 한국에서는 자산 총액이나 종업원 수 등이 일정 요건을 충족하면 외부 감사 대상 법인이 되어 재무제표 등을 공시해야 한다.

할 수 있다. 첫 번째는 비상장이거나 소규모인 기업에 대한 분산 투자가 그렇게 쉽지 않다는 점이다. 예를 들어 사모 펀드와 벤처 캐피털은 어느 시점에서건 특정 업종에 집중 투자하는 경향이 있다. 두 번째는 정보 위험의 경우 투자자의 역량과 관계없이 분산 불가능한 위험일 수 있다는 점이다. 기업에 대해 아직 알려지지 않은 뉴스는 좋은 쪽보다 나쁜 쪽일 가능성이 높기 때문이다. 기업을 아무리 투명하게 경영한다 해도, 외부의 기대보다 잘하고 있을 때 외부에 알리고자 하는 유인이 더 커지는 것은 어쩔 수 없다. 따라서 이러한 정보에 기초해 비상장이거나 소규모인 기업을 다양한 포트폴리오로 구성한다면 이후 새로 접하게 되는 뉴스는 좋은 쪽보다 나쁜 쪽일 가능성이 높다.

성장 위험

젊고 작은 기업에 투자했다면 미래에 빠르게 성장하기를 기대할 것이다. 상당한 양의 리서치를 통해 투자 의사 결정을 내렸다 하더라도 성장은 본질적으로 예측 불가능하다. 성장성이 있다고 평가받은 기업 중 공개 시장에 도달하는 기업 100개 중 1개를 찾기 어렵고, 상장에 성공한 몇몇 기업 중에서도 그 이후의 기간까지 약속한 만큼의 성장을 보여주는 곳은 더욱 드물다. 다시 말해 마이크로소프트 같은 기업 하나를 발굴할 때까지 999개의(혹은 그보다 더 많은) 엉뚱한 기업에 투자할 수 있다는 뜻이다.

이러한 '성장 게임'에서 누가 승리할지를 미리 정확히 골라내는 것이 불가능하다. 따라서 높은 성장 잠재력에 기대는 기업에 투자할 때는 현재 자산에서 대부분의 가치를 창출하는 기업에 투자할 때보다 더 높은 수익률을 요구할 수 있다. 이러한 추가 수익률은 성장의 예측 불가능성에 따른 위험 프리미엄이라고 볼 수 있다.

시장성과 유동성

우리는 주식을 사놓고 후회하는 경우가 너무나 많다. 주식을 사고 몇 분 후 돌아서서 팔려고 마음먹었을 때, 주식이 시장에서 잘 거래되고 있다면 상대적으로 적은 비용을 지불하고 빠져나올 수 있다. 지불해야 할 비용으로 먼저 거래 수수료를 살펴보자. 미국 주식시장에서 거래 수수료는 살 때와 팔 때 둘 다 지불해야 하는데, 지금처럼 수수료를 할인받을 수 있는 기회*가 많은 시기에는 상장 주식을 매매할 때의 수수료가 몇백 달러에서 몇십 달러 수준으로 줄어들 수 있다. 둘째, 9장 도입부 일화에서 언급한 매수·매도 호가 차이가 있다. 주식 가격이 매수 이후 몇 분 동안 변하지 않았다 하더라도 매수 호가에 맞추어 주식을 팔면 매도 호가에 샀을 때보다 더 낮은 가격에 팔게 된다.** 상장된 대형주를 매매할 때는 전체 거래 금액에서 차지하는 이 비용의 비중이 낮다.

주식이 소형이고 거래량이 적으면 마음이 바뀔 때마다 들여야 하는 비용이 늘어난다. 수수료는 그렇게 크지 않을 수 있지만 매수 호가와 매도 호가의 차이는 주식 가격의 상당 부분을 차지할 수 있다. 여기에 더해, 주식을 사면서 주가를 밀어 올리거나 팔면서 끌어내리는 등 가격 자체에

---

* 미국에는 저렴한 거래 수수료를 받는 대신 리서치 서비스 등은 제공하지 않는 'discount broker'와, 모든 서비스를 제공하면서 수수료가 비싼 'full-service broker'가 있다. 한국에서는 명확히 구분되지 않지만, 지점 수가 적고 온라인 서비스에 기초하는 증권사가 낮은 거래 수수료를 제시하는 경우가 있다.

** 매도자 또한 매도 호가에 매물을 내놓고 누군가가 사기를 기다릴 수 있지만 거래가 체결되지 않은 채 추가로 주가가 하락하는 위험을 감내해야 한다.

영향을 미칠 수도 있다.

비상장 기업의 경우 이러한 비용은 더욱 커질 수 있다. 기업의 지분을 매매할 공개적인 시장이 없기 때문에 투자자가 직접 매수자를 찾아다녀야 하고, 이렇게 찾아낸 매수자는 유동성이 적다는 이유로 가격을 깎으려 들 것이다. 이 과정을 중개해주는 사람이 있다면 그 사람이 중개 수수료로 가져가고자 하는 몫 또한 상장 시장에서 거래할 때의 비용보다 훨씬 크다.

이러한 비유동성 위험을 투자 전략에 어떻게 반영할 수 있을까? 상장 주식은 유동성이 풍부한 주식을 살 때보다 더 낮은 가격을 목표 매수가로 설정해 기대 수익률을 높일 수 있다. 다른 요소는 차치하더라도 높은 거래 비용만큼은 반드시 보상받아야 한다. 비상장 기업은 아예 이를 명기해버린다. 비상장 기업의 가치를 책정할 때는 '비유동성 할인'이라는 항목을 적용하는 것이 일반적이며 그 값은 예상 가치의 20~30% 수준이다. 따라서 기업 가치를 1,000만 달러로 인정받았다 하더라도 그 주식의 거래 가격은 700~800만 달러에 불과할 수 있다.

초과수익의 가능성

앞에서 비상장, 소규모, 비유동성 기업에 투자하려면 대규모, 고유동성 기업에 투자할 때보다 기대 수익률이 높아야 한다고 했다. 기대 수익률이 높으면 더 좋은 투자일까? 반드시 그렇지는 않다. 이러한 주식의 수익률이 높은 것은 더 많은 위험을 짊어졌기 때문이라는 주장을 검토해보아야 한다. 소규모거나 비상장인 기업에 투자하는 것이 좋은 투자 전략이 되기 위해서는, 더 많은 위험을 수반한 대가를 감안하고도 기대 수익이 그보다 충분히 더 크다는 점을 입증해야 한다. 그것은 가능할 수도 있다.

- 소외된 주식의 정보 수집과 분석에 대한 보상: 상장 시장에서 정보가 부족하고 분석 자료가 많이 제공되지 않은 기업의 정보를 수집하고 분석하는 일에 대한 보상은 매우 클 수 있다. 다시 말해 바겐세일의 기회를 찾을 수 있다.

- 기관투자가의 부재: 이 점은 위의 첫 번째 이유와 이어진다. 기관투자가는 (애널리스트, 데이터베이스 등) 활용할 수 있는 자원이 더 많기 때문에 더 많은 정보를 가지고 있다고 간주할 수 있다. 나보다 더 많은 정보를 가지고 있는 사람과 거래할 경우 손해를 볼 가능성이 높다는 점을 고려하면, 기관투자가가 덜 가지고 있거나 비상장인 기업에서 더 좋은 기회를 찾을 수 있다.

- 미지에 대한 투자자의 두려움: 작은 기업은 주가가 비이성적으로 움직일 수 있다는 점도 고려할 수 있다. 투자자는 잘 알려지고 친숙한 대상(다수가 보유하고 있는 대형 기업)에 머물고자 하는 경향이 있고, 다른 투자자가 다루지 않거나 소규모인 기업은 멀리하려고 한다. 시장이 요동치는 시기에는 후자의 기업에서 일단 벗어나고 보자는 움직임이 있을 수 있고, 이는 해당 주식의 가격을 정당하다고 볼 만한 가격보다 더 아래로 끌어내릴 수 있다.

증거 확인

지금부터는 지난 수십 년간 축적된 자료를 바탕으로 젊고 소규모인 기업에 대한 투자 전략이 효용이 있는지 검증해보고자 한다. 첫 번째로 상장 시장에서 거래되는 소형주의 수익률과 대형주의 수익률을 비교해본다. 두 번째로 주식이 상장되기 전후와 상장 이후의 수익률 추이를 살펴본다. 세 번째로 비상장 기업에 (벤처 캐피털이나 사모 펀드의 형태로) 투자했을 때의 수익률이 얼마나 높은지 알아본다.

소형주

주요 거래소에서는 수천 개 주식이 상장되어 거래되고 있으며 그 규모는 천차만별이다. 한쪽 끝에는 GE와 마이크로소프트처럼 시가총액 수천억 달러의 주식이 있고 다른 한쪽 끝에는 수천만 달러 규모의 주식도 있다. 또한 상장되지 않은 채 공개적으로 거래되는 수백만 달러 규모의 주식도 있다.

공개적으로 거래할 수 있는 주식 중 가장 소규모의 주식에 투자하는 전략은 과연 효과적일까? 소형주(보통주의 시가총액 기준)가 대형주보다 위험 대비 수익률이 높다는 연구 결과는 지속적으로 발표된다. 그림 9.1은 주식을 시가총액 기준으로 10개 집단으로 분류한 후 1927~2001년 동안의 연 수익률을 보여준다.[1]

포트폴리오는 매년 말 시점의 시가총액을 기준으로 다시 구성해 다음 해까지 유지하는 것으로 했다. 수익률은 시가총액 가중(각 주식의 시가총액에 비례해서 투자금을 배분)과 동일 비중(각 주식에 동일한 금액을 배분) 방식을 다 사용해 측정했다.

시가총액 가중 포트폴리오를 보면, 주어진 구간 동안 가장 대형주인 집단의 연 수익률이 11.74%인 데 비해 가장 소형주인 집단의 연 수익률

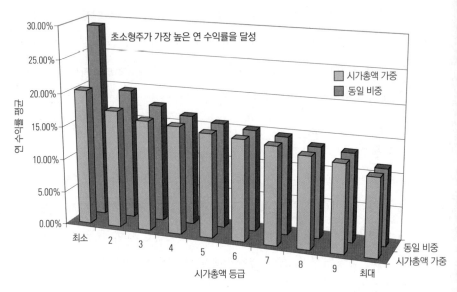

그림 9.1 시가총액 규모별 연 수익률(1927~2001년)

초소형주가 가장 높은 연 수익률을 달성

■ 시가총액 가중
■ 동일 비중

연 수익률 평균

최소 2 3 4 5 6 7 8 9 최대

시가총액 등급

동일 비중
시가총액 가중

자료: 파마·프렌치. 각 해의 시작점에서 시가총액을 기준으로 열 개의 그룹으로 분류. 해당 연도의 각 포트폴리오 수익률을 측정.

은 거의 20%에 달한다. 동일 비중 포트폴리오를 사용하면 소형주의 프리미엄은 더욱 높아서 '소형주의 프리미엄은 가장 작은 집단에서 비롯된다'고 할 수 있다. 다시 말하자면, 소형주 투자의 프리미엄을 누리기 위해서는 시장에서 가능한 한 작은 규모의 회사에 투자해야 한다는 뜻이다. 이 결과는 인상적이며, 소형주에 투자하는 펀드 매니저가 존재해야 하는 합당한 근거가 된다.

전체 구간에서 평균적으로 소형주가 대형주를 뛰어넘는 수익을 보일까? 이 전략의 뛰어난 성과가 매년 나타나는 것은 전혀 아니다. 소형주가 대형주를 초과하는 성과를 내는 구간이 그렇지 않은 구간보다 많기

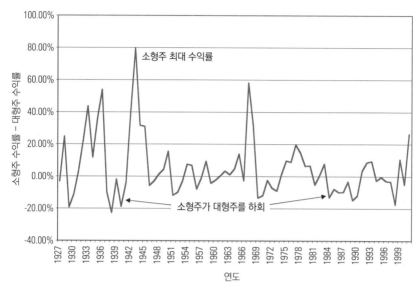

그림 9.2 연도별 소형주 초과수익(1927~2001년)

자료: 파마·프렌치. 최소형주(하위 10%)와 최대형주(상위 10%)의 연간 수익률 차이.

는 하지만, 하회하는 성과를 내는 구간도 상당히 존재한다. 그림 9.2는 1927~2001년 기간에 소형주의 대형주 대비 초과수익을 보여준다.

소형주의 수익률이 대형주의 수익률을 하회하는 구간이 유의미하게 자주 등장한다. 1980년대에는 전반적으로 대형주가 소형주를 꽤 크게 상회했다. 이 때문에 소형주의 초과수익이 장기적으로 줄어드는 추세에 진입했는지, 아니면 일시적인 변화일 뿐인지에 대한 논쟁이 일기도 했다.

한편 제러미 시겔Jeremy Siegel은 그의 저서에서 소형주의 장기간 초과수익은 대부분 1970년대 후반의 높은 소형주 수익에 기인한다고 했다.[2] 1970년대는 물가 상승률이 높은 시기였는데, 그렇다면 소형주 프리미엄은 물가 상승률과 관련이 있는 것일까? 한편 다른 한쪽의 소형주 펀드 매니저는 1980년대가 일시적인 이탈일 뿐이며 소형주 프리미엄은 다시 돌아온다고 주장했다. 실제로 그림 9.3에서 보다시피 소형주 프리미엄은 1990년대에 곧바로 돌아왔다.

수많은 연구자가 소형주 효과의 근원을 찾는 연구를 진행했다.[3] 그 결론의 일부를 소개하자면 다음과 같다.

소형주 효과는 초소형주, 즉 정말로 작은 회사의 경우에 가장 크게 나타난다. 이들 회사의 시가총액은 2.5억 달러 이하다. 대부분의 경우 가격이 싸고 유동성이 부족하며 애널리스트가 다루지 않는다.

이러한 소형주 초과수익의 대부분은 1월에 나타난다.[4] 그림 9.4에서

그림 9.3 구간별 소형주 효과

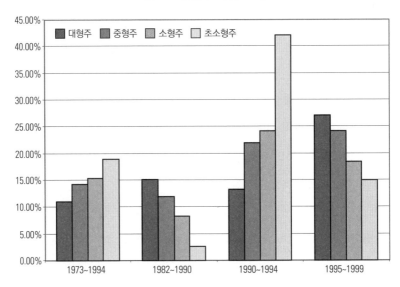

자료: Pradhuman. 메릴린치의 초소형주, 소형주, 중형주, 대형주 분류를 따름.

그림 9.4 1월의 소형주 효과(1935~1986년)

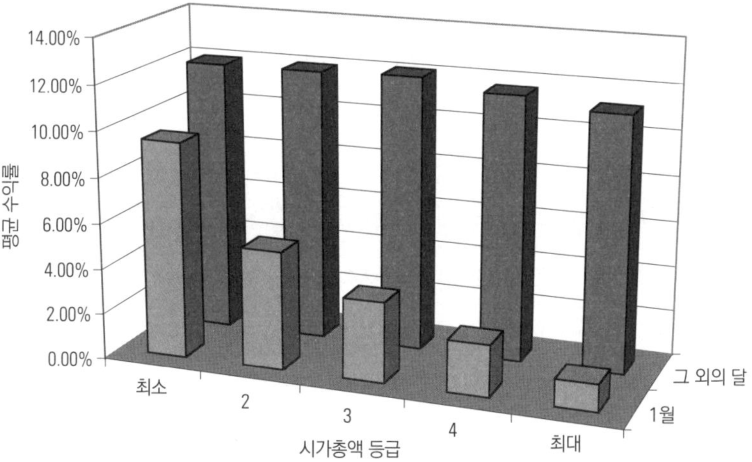

자료: Chopra & Ritter. 시가총액 규모별로 분류한 주식의 수익률을 1월과 그 외의 달로 구분해 계산.

1935~1986년 소형주와 대형주 수익률의 차이를 1월과 그 외의 달로 구분해보았다. 사실 2월과 12월 사이에는 소형주 프리미엄이 존재하지 않을 수 있다.

미국 이외의 지역에서도 소형주 프리미엄이 있다. 소형주 프리미엄은 1955~1984년 영국에서 7%,[5] 프랑스에서 8.8%, 독일에서 이들보다 상당히 낮은 수치,[6] 1971~1988년 일본에서 5.1%로 측정되었다.[7]

소형주는 단기 금리가 장기 금리보다 상대적으로 높고 물가 상승률이 높을 때 수익률이 좋은 경향을 보인다. 1970년대의 높은 수익률을 이러한 이유를 들어 설명할 수도 있다.

리서치 애널리스트가 대형주에 비해 소형주를 덜 분석하기 때문에 소형주 프리미엄이 생긴다고 할 수 있을까? 전문가의 커버리지(애널리스트수와 기관투자가 보유 비중)와 연 수익률의 상관관계를 분석한 연구가 있다. 그 결과를 보면 분석하는 애널리스트의 수가 적어질수록 수익률이 좋은 것으로 드러났으며, 소형주를 다루는 애널리스트 수가 적다는 것을 감안해 수치를 보정하더라도 그 효과는 여전했다.

IPO

IPO는 비상장 기업이 대중에게 주식을 매각하면서 상장 기업으로 변모하는 과정이다. 이미 상장되어 있는 회사가 증자를 단행할 때는 이미 거래되고 있는 시장 가격이 기준점으로 작용하지만, IPO 때는 투자 은행에서 수요와 공급을 고려해 공모 가격을 결정해야 한다. 어떤 투자자는 투자 은행이 가격을 산정하는 과정에서 가지는 편향과 불확실성을 잘 이용해서 고수익을 올릴 수 있다고 믿는다.

IPO 과정

비상장사가 상장사가 될 때 가장 큰 이점은 금융시장에 쉽게 접근해 자본 조달이 용이해진다는 점이다. 빠르게 성장하는 사업을 하면서 적기에 자본을 조달할 수 있다면 사업에 큰 강점이 되며 매력적인 투자 기회를 낳는다. 두 번째 이점은 회사의 소유주가 자신의 지분에 시장 가격을 매겨 그동안의 성공을 현금화할 수 있다는 것이다. 이러한 이점은 상장사가 되면서 발생하는 잠재적인 비용과 저울질을 해보아야 한다. 가장 큰 비용은 상장 기업이 되면서 회사에 대한 지배력을 잃는 것이다. 정보 공개와 여러 법적인 요구 사항도 또 다른 비용이다.[8]

이익이 비용을 넘어서므로 상장을 결심했다면, 이후에 회사는 총 네 단계에 이르는 IPO 절차를 밟게 된다. 첫 번째는 상장 과정을 처리할 상장 주관사를 선정하는 일인데, 대체로 투자 은행(한국에서는 증권사-역자 주)의 평판과 마케팅 능력에 따라 결정한다. 대부분의 IPO에서 투자 은행은 특정 가격에 신주 인수를 보장한다. 상장 주관사는 여러 투자 은행과 연합(신디케이트라 부름)해 위험을 분산하고 마케팅 범위를 넓힌다.

두 번째는 회사의 가치를 평가하고 신주 발행의 세부 사항을 정하는 일이다. 가격 산정은 주로 이미 상장된 유사 회사와 비교[9]하고 잠재적인 매수자의 의향을 묻는 방법으로 진행된다. 세 번째는 SEC에서 제시하는 법적인 요건을 맞추고, 회사의 사업을 소개하며, 상장 절차를 어떻게 진행할 것인지를 설명하는 문서인 투자 설명서를 제출하는 일이다. 네 번째는 공모 가격에 주식을 사겠다고 제안한 투자자에게 주식을 배정하는 일이다. 주식에 대한 수요가 공급을 초과하면(공모 가격이 지나치게 낮게 산정될 경우) 투자자는 적은 수량을 배정받는다. 수요가 공급에 미달하면 상장 주관사의 인수 보장 의무가 발동해 주관사가 나머지 수량 전부를 공모가에 인수한다.

IPO: 가격과 투자 전략

투자 은행은 공모 가격을 얼마나 잘 산정할까? 이를 측정하는 방법 중 하나는 상장 첫날의 거래 가격을 공모 가격과 비교하는 것이다. 구체적인 수치는 매년 다르겠지만, 평균적으로 공모 가격은 10~15% 정도 낮게 책정된다. 그림 9.5는 1990~1994년 진행된 1,767개 IPO 건에 대해 공모 규모별로 저평가 정도를 측정한 결과[10]다.

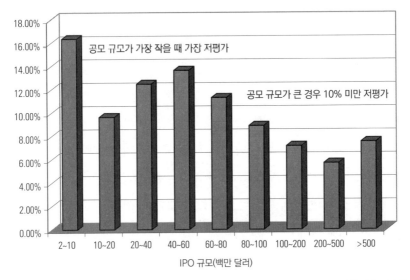

그림 9.5 상장일 평균 수익률과 공모 규모

공모 규모가 가장 작을 때 가장 저평가

공모 규모가 큰 경우 10% 미만 저평가

IPO 규모(백만 달러)

자료: Lee, Lockhead, Ritter, Zhao. 상장일 수익률은 공모 가격에 주식을 사고 상장 첫날의 종가에 매도했을 경우 얻은 것으로 산정.

공모 규모가 작을수록 저평가 정도는 심해진다. 공모 규모가 가장 작은 경우 17% 이상 저평가되기도 하며, 공모 규모가 커질수록 저평가 정도는 줄어든다.

IPO를 다른 관점에서 분석해 저평가의 원인을 찾아볼 수도 있다. IPO에 관한 한 연구[11]에서는 저평가가 생기는 이유에 대한 가설과 경험적인 증거에 광범위한 자료를 제시한다. 일부를 요약하자면 다음과 같다.

IPO 13,308건의 상장 당일 평균 수익률은 15.8%다. 그러나 전체 IPO의 15%는 고평가되었다. 즉 상장 첫날 주가가 하락했다는 뜻이다. 따라서 IPO 주식에 대한 투자는 절대로 무위험 전략이 아니다. 설사 공모 가격에 요청한 수량만큼을 전부 배정받을 수 있다 하더라도 말이다.

상장 전 공모 가격을 인상하는 경우에는 인하할 때보다 저평가되어 있을 가능성이 더 높다. 표 9.1은 1991~1996년 IPO 주식의 상장일 수익률과 상승 확률을 비교한 자료다.

표 9.1 상장일 평균 수익률 – 공모가 변경

공모가	IPO 건수	상장일 평균 수익률	주가 상승 확률
인하	708	3.54%	53%
인상	642	30.22%	95%

상장 당일에 주가가 오를 확률은 높지만 그 이후에도 좋은 투자 대상이 되리라고 보기에는 근거가 약하다. 한 연구[12]에서는 IPO 5,821건의 수익률을 상장 이후 5년간 추적해 위험도와 규모 측면에서 유사하면서 증권을 신규 발행하지 않은 기업과 비교해보았다. 그림 9.6이 그 결과다.

IPO 주식은 꾸준히 비IPO 주식을 하회하는 성과를 냈고, 상장 이후 경과한 기간이 짧을수록 성과는 더욱 저조하다. 이러한 현상은 대규모 IPO의 경우 그렇게 명백하지 않지만, 그래도 여전히 존재한다. 이것이 중요한 발견일까? IPO 주식에 투자한 사람의 수익률은 얼마나 장기적으로 보유하느냐에 따라 달라진다. 이러한 주식을 너무 오래 보유하면 상장 당일 만들어진 수익률이 무의미해질 수 있다.

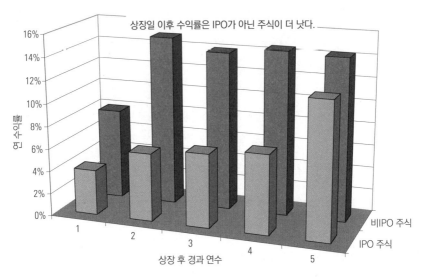

그림 9.6 신주 발행 후 수익률: IPO와 비IPO

상장일 이후 수익률은 IPO가 아닌 주식이 더 낫다.

(세로축: 연 수익률 / 가로축: 상장 후 경과 연수 / 범례: 비IPO 주식, IPO 주식)

자료: Loughran & Ritter. 각 해의 상장 후 수익률을 연율화해 같은 날 IPO가 아닌 다른 주식을 샀을 때의 수익률과 비교.

비상장 기업

벤처 캐피털 투자는 규모가 작고 위험이 큰 회사에 자본금을 대주고 그 대가로 회사 소유권의 일부를 취득하는 행위다. 소유권을 얼마나 취득할 수 있는지는 두 가지 요소에 달려 있다. 첫째, 회사 전체 가치 대비 투입 자본금에 따라 최소한의 지분율을 요구할 수 있다. 예를 들어 어떤 투자자가 총 가치 1,000만 달러인 회사에 200만 달러를 투입한다면 최소한 20%의 지분을 기대할 수 있다. 둘째, 회사가 다른 곳에서도 자본을 조달할 수 있다면 교섭 능력이 더욱 클 것이며 투자자에게 내어줄 지분율은 위에서 언급한 최소 지분율에 근접하게 줄어들 수 있다. 하지만 다른 곳에서 자본을 조달하기 힘들다면 교섭 능력은 크게 줄어 회사의 기존 소유주는 펀딩을 받기 위해서 지분율을 상당히 양보해야 할 것이다. 일반적으로 회사가 커지고 사업 전망의 불확실성이 감소하면 다른 투자자를 찾거나 상장을 하는 등 자본 조달 여력이 다양해지게 마련이다. 따라서 작고 위험한 단계의 회사는 벤처 캐피털을 찾을 유인이 크고, 벤처 캐피털에서 자금을 조달할 때 지분율을 상당히 양보할 가능성이 높다.

사모 펀드와 벤처 캐피털

불과 수십 년 전까지만 해도 벤처 캐피털은 상대적으로 적은 수의 개인이 조성한 자금이었다. 그들은 특정 분야에 특화되어 상대적으로 소수의 회사에 투자하고 회사의 운영에 적극적으로 관여하는 경향이 있었다. 최근 수십 년 사이에는 벤처 캐피털 시장이 커지면서 세 가지 유형으로 분화되었다.

첫 번째는 벤처 캐피털 펀드(venture capital funds)로, 그 근원은 1950년대로 올라간다. 최초의 벤처 캐피털 중 하나인 아메리칸 리서치 앤 디벨로프먼트(American Research and Development)는 디지털 이큅먼트(Digital Equipment)*의 창업 자금을 대주었다. 1960~1970년대에 이러한 자금은 몇 배로 늘어났고, 인텔과 애플 같은 기업이 창업하고 성장해 상장할 수 있도록 도와주었다.

두 번째는 레버리지 바이아웃 펀드(leveraged buyout funds)로, 1980년대부터 본격적으로 등장한 이들은 막대한 차입금을 동원해 상장 시장에서 거래되는 회사를 인수해 비상장 기업으로 만들었다. 이들이 만들어낸 대중

---

* 1957년 창립, 1998년 컴팩(Compaq Computer Corporation)에 인수된 컴퓨터회사.

적인 이미지는 (좋건 나쁘건) 일종의 인격화가 되었는데, 관련된 책과 영화가 인수 합병에 대한 대중의 시각을 형성하는 데 일조했다.[13]

좀 더 최근에는 사모 펀드가 부유한 개인 투자자에게 자금을 조달해 유망한 비상장 기업에 투자하는 경우가 많아졌다. 이러한 방식을 통해 투자자는 분산 투자를 포기하거나 회사에 직접 개입해야 하는 부담을 지지 않고 비상장 기업에 투자할 수 있게 되었다. 비상장 기업 투자의 높은 수익률에 매료된 연기금과 기관투자가 포트폴리오의 일부를 아예 비상장 기업 투자를 위해 떼어놓기도 한다.

벤처 캐피털은 비상장 기업의 여러 단계에서 투자를 시도할 수 있다. 예를 들어 시드머니 벤처 캐피털(seed-money venture capital)이나 엔젤 투자(angel financing)는 스타트업 기업이 신제품을 내놓거나 콘셉트를 테스트하는 단계에 자금을 투입하는 한편, 스타트업 벤처 캐피털(start-up venture capital)은 제품과 콘셉트를 어느 정도 완성하고 판매하는 단계의 회사에 투자한다. 그다음 라운드의 벤처 캐피털은 좀 더 제품이 갖춰진 단계 혹은 시장을 더욱 키워나가는 단계에 투자한다.

대부분의 사모 펀드는 비상장 유한 회사의 형태인데, 자금 운용자는 무한 책임 사원(general partners)이 되고 펀드의 투자자(기관이건 개인이건)는 유한 책임 사원(limited partners)이 된다. 무한 책임 사원은 언제 어디에 투자할지 결정하는 권한을 가지고 그 대가로 전체 자금의 1.5~2.5% 정도의 연간 보수에 더해 성과에 따른 보너스도 상당 부분 가져간다. 유한 회사는 대체로 10~12년 정도 존속하며, 유한 책임 사원은 5~7년 정도 자금을 맡겨두겠다고 약속한다.

벤처 캐피털과 사모 펀드의 성과

벤처 캐피털에서 자금을 조달하는 과정과 벤처 캐피털이 회사에 자금을 투자하는 과정은 모두 자발적이며 해당 거래에서 얻고자 하는 바가 있다는 것을 상기하자. 회사는 다른 방법으로 얻기 어려운 자금 조달 기회를 얻으며, 펀드는 결과적으로 이들 회사가 공개 시장에서 거래되기 전까지 자본시장과 멀어지지 않게 하는 역할을 수행한다.

벤처 캐피털은 경영과 조직 관리 기법을 회사에 전수해줄 수 있고, 회사가 추가로 자금을 조달할 때 신뢰성을 확보하는 데 도움을 주기도 하며, 회사가 마침내 상장에 이르렀을 때 상장 과정에 대한 노하우를 제공할 수도 있다. 물론 이 과정에서 벤처 캐피털도 이득을 얻는다. 이들이 적절한 회사를 골라서 투자하고 좋은 경영 기법과 조언을 전수해준다면 초기 투자의 대가로 막대한 이익을 거둘 수 있다. 벤처 캐피털은 비상장 기업에 대한 투자 자체로 돈을 벌지만, 가장 큰 성과는 그 회사가 상장해서 지분을 시장에 매각할 수 있을 때 얻는다.

벤처 캐피털과 사모 펀드의 수익률은 시장과 비교했을 때 얼마나 좋은 성과를 낼까? 몇몇 사모 펀드가 오랜 기간 몇 개의 딜에서 엄청난 성과를 낸 사례가 있음은 명백하다. 사모 펀드가 전체적으로 큰 수익을 보인 기간 또한 존재한다. 예를 들어 1990년대에 S&P500이 연평균 15.1% 상승하는 동안 벤처 캐피털은 29.5%의 연평균 수익률을 거두었다. 그러나 이러한 비교에는 세 가지 잠재적인 문제가 뒤따른다.

첫째는 나스닥과 비교해야 더욱 적절하다는 점이다. 나스닥은 같은 기간에 붐이 일었다. 나스닥에 속한 주식은 젊은 기술 기업이라는 면에서 벤처 캐피털의 보유 주식과 아주 흡사하다. 둘째는 (벤처 캐피털과 나스닥의) 이러한 수익률이 해당 포트폴리오에 속한 주식의 막대한 위험을 보정하기 전에 산출한 수치라는 점이다. 셋째는 벤처 캐피털이 발표한 수익률 대부분이 비상장 주식의 가치 평가에 기초하기 때문에 그 수치를 의심해보아야 한다는 점이다(보유한 비상장 주식에 대한 가치 평가를 벤처 캐피털이 직접 수행하는 경우도 잦다). 실제로 2000년과 2001년에 그들의 투자처인 신기술 기업이 원래의 가치로 떨어졌을 때 수많은 벤처 캐피털이 리스크와 자체 평가의 문제에 직면해야 했다. 예를 들어 2000년 9월~2001년 9월 벤처 캐피털의 가치는 32% 소실되었고 사모 펀드는 21%, 바이아웃 펀드는 16% 손실을 입었다.

좀 더 긴 기간의 사모 펀드 투자를 관찰한다면 벤처 캐피털의 성과가 투자자의 기대만큼 대단하지 않다는 사실을 마주할 수 있다. 사모 펀드의 수익률을 집계하는 데이터 서비스인 벤처 이코노믹스Venture Economics는 2001년 9월 기준으로 다양한 기간의 수익률 데이터를 발표했다.

표 9.2 벤처 이코노믹스에서 발표한 미국 사모 펀드 수익률 인덱스
(PEPI, 2001년 9월 30일 기준 수익률, %)

펀드 유형	1년	3년	5년	10년	20년
초기·시드 벤처 캐피털	-36.3	81.0	53.9	33.0	21.5
혼합형 벤처 캐피털	-30.9	45.9	33.2	24.0	16.2
후기 벤처 캐피털	-25.9	27.8	22.2	24.5	17.0
전체 벤처 캐피털	-32.4	53.9	37.9	27.4	18.2
전체 바이아웃 펀드	-16.1	2.9	8.1	12.7	15.6
메자닌	3.9	10.0	10.1	11.8	11.3
전체 사모 펀드	-21.4	16.5	17.9	18.8	16.9
S&P500	-15.3	13.6	14.8	15.6	13.9

평균적으로 사모 펀드와 벤처 캐피털 펀드는 S&P500 대비 초과수익을 냈으나 그 차이는 놀랄 정도로 작다. 1991~2001년 사이에 전체 사모 펀드는 S&P500 대비 연평균 3.2%만을 초과했을 뿐이다. 이러한 유형의 투자에서 감수하는 커다란 리스크를 감안한다면 그다지 유의미한 초과수익으로 보이지 않는다.

데이터 정밀 분석

앞에서 규모가 작고 애널리스트가 다루지 않는 회사 혹은 비상장 기업이 투자자에게 높은 수익을 안겨줄 수 있음을 확인했다. 지금부터는 상장 기업의 시가총액에 따른 수익률 및 기관투자가와 애널리스트가 다루는 정도에 따른 수익률 차이를 살펴보고, 최근 분기 IPO 주식의 성과도 살펴볼 것이다. 마지막으로 이러한 투자 전략을 실제 사용하기로 결정했을 때 쓸 수 있는 포트폴리오에 대해서도 검토해볼 것이다.

시가총액 규모

소형주는 무엇일까? 이 질문에 대한 대답은 누구에게 질문하느냐, 어떤 비교군을 두고 질문하느냐에 따라 크게 달라진다. S&P500 투자자에게는 10억 달러 주식이 소형주에 해당할 것이다. 나스닥에 상장된 좀 더 작은 주식을 원하는 투자자에게는 그 기준이 훨씬 낮을 것이다. 이러한 기준은 시장이 오르내림에 따라서도 달라진다. 1999년 주식시장이 최고치일 때는 1,000억 달러를 넘어가는 주식이 허다했다. 이후 3년간의 약세장을 거친 2002년에는 그 정도 규모의 주식은 손에 꼽을 정도만 남았다.

소형주와 대형주의 차이를 판단하는 가장 좋은 방법은 시장별로 시가총액의 분포를 살펴보는 것이다. 그림 9.7에서는 2002년 말 기준 미국에 상장된 주식을 시가총액 규모별로 나누어보았다.

아주 많은 수(1,200개가 넘는)의 회사가 500만 달러 미만의 시가총액을 기록하고 있다. 이는 두 가지 현상이 합쳐진 결과다. 1990년대에 다수의 소형주가 상장했고, 이후 기술주 버블이 붕괴하면서 기업 가치가 드라마틱하게 하락했다. 가장 작은 규모의 회사 중 대부분은 조만간 상장사 지위를 유지하지 못할 가능성이 높다. 소형주를 가르는 전통적인 기준(예

그림 9.7 시가총액 분포(2002년 말)

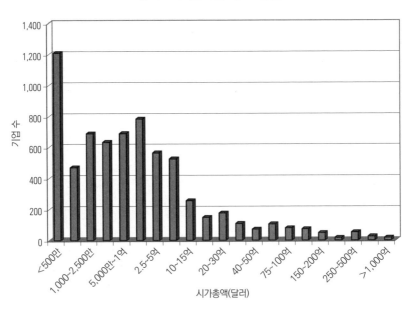

자료: 밸류 라인. 공시된 시가총액 규모를 사용.

를 들자면 2.5억 달러 미만)을 적용한다면 상장사의 3분의 2 이상이 소형주로 분류될 것이다.

'소형'이 무엇인지 정의하기 어렵다면, '소외'를 정의하기는 더욱 어렵다. 한 가지 방법은 각 회사에 대한 보고서를 발간하는 애널리스트의 수를 세는 것이다. 애널리스트는 투자 은행이나 펀드 매니저를 위해 보고서를 발간한다. 그림 9.8에서는 2003년 초반 기준으로 보고서를 발간하는 애널리스트의 수에 따라 기업을 나누어보았다.

약 1,400개 회사는 다루는 애널리스트가 없으며 약 1,600개 회사는 한두 명의 애널리스트가 다룬다. 다른 측정 방법으로는 뮤추얼 펀드와 연기금 같은 기관투자가의 투자 비중이 있다. 그림 9.9에서는 2003년 초반

그림 9.8 주당순이익을 추정하는 애널리스트의 수(미국 회사, 2003년 1월)

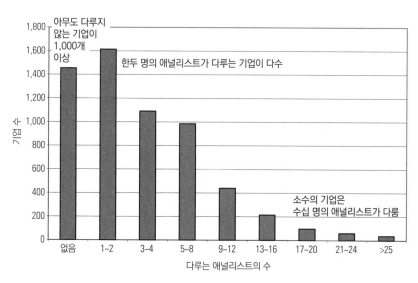

자료: 잭스. 2003년 1월 기준 셀사이드 애널리스트 커버리지.

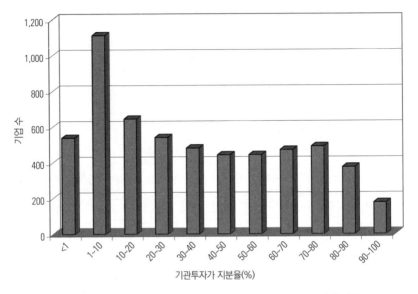

그림 9.9 기관투자가 지분율(2003년 초)

자료: 밸류 라인. 유통 주식에서 뮤추얼 펀드와 연기금을 포함한 기관투자가가 보유한 비중.

기준 기관투자가의 보유 비중으로 회사를 분류해보았다.

기관투자가가 유통 주식의 대부분을 보유하는 경우가 있는 반면 기관
투자가 비중이 10% 미만인 기업도 상당히 많다.

이 세 가지 기준(시가총액, 애널리스트 커버리지, 기관투자가 지분율)으로 분
류한 회사는 서로 겹칠 수 있다. 시가총액이 작으면 기관투자가가 보유
하기 어렵고 애널리스트가 보고서를 쓰기도 어렵다. 그러나 가끔 소형주
임에도 기관투자가 지분율이 높거나 많은 애널리스트가 다루고 있는 경
우도 있다.

IPO

상장하는 기업의 수는 기간별로 상이한데, 시장의 분위기에 크게 좌우된다. 2002년 4분기를 예로 들자면 21건의 IPO가 있었고 총 37억 달러가치였다. 표 9.3에서는 이들 21개 회사를 업종별로 나누어보았다.

이와 대조적으로 2001년 4분기에는 26건의 IPO가 있었는데 시장 가치는 총 100억 달러였다. 1990년대 후반의 주식시장의 열기를 타고 수백개 회사가 매년 상장했고 누적 시장 가치는 수백억 달러에 달했다.

2002년 4분기에 상장된 21개 회사가 투자자에게 돌려준 성과는 어떠했을까? 표 9.4에서는 공모 가격과 분기 말 가격을 비교해 분기 수익률을 계산해보았다.

표 9.3 2002년 4분기 IPO의 업종별 분류

업종	IPO 건수	비율
보험	4	19.00%
은행	3	14.30%
컴퓨터 소프트웨어 & 서비스	2	9.50%
레저	2	9.50%
건강제품 & 서비스	2	9.50%
컴퓨터 하드웨어	1	4.80%
부동산	1	4.80%
전문 소매	1	4.80%
금속 & 광업	1	4.80%
복합 기업	1	4.80%
에너지	1	4.80%
제조	1	4.80%
금융 서비스	1	4.80%

표 9.4 2002년 4분기 IPO 주식의 분기 수익률

기업명	공모가(달러)	분기 말 가격(달러)	수익률
Dick's Sporting Goods, Inc.	12.00	19.20	60%
Montpelier Re Holdings Ltd.	20.00	28.80	44%
Portfolio Recovery Associates, Inc.	13.00	18.25	40%
VistaCare, Inc.	12.00	16.01	33%
Chicago Mercantile Exchange Holdings Inc.	35.00	43.66	25%
IMPAC Medical Systems, Inc.	15.00	18.52	23%
Newcastle Investment Corp.	13.00	15.97	23%
Safety Holdings, Inc.	12.00	14.38	20%
U.S.I. Holdings Corporation	10.00	11.75	18%
Platinum Underwriters Holdings, Ltd.	22.50	26.35	17%
Taylor Capital Group, Inc.	16.50	18.60	13%
Commercial Capital Bancorp, Inc.	8.00	8.87	11%
Natural Resource Partners L.P.	20.00	20.70	4%
Wynn Resorts, Limited	13.00	13.11	1%
Constar International Inc.	12.00	11.75	-2%
WellChoice, Inc.	25.00	23.95	-4%
Harrington West Financial Group, Inc.	12.00	11.25	-6%
Martin Midstream Partners L.P.	19.00	17.75	-7%
Seagate Technology Holdings	12.00	10.73	-11%
Cosí, Inc.	7.00	5.56	-21%
SI International, Inc.	14.00	10.81	-23%

이 수익률은 투자자가 상장 첫날 주식을 사서 얻을 수 있는 수익률이 아니라는 점을 강조할 필요가 있다. 일부 주식의 상장 첫날 거래 가격은 공모가와 크게 다르다. 표 9.5에서는 위 테이블에 올라 있는 종목 중 몇

표 9.5 2002년 4분기 IPO 주식의 상장일 가격 변동

기업명	공모가(달러)	상장일 종가(달러)	수익률
VistaCare, Inc.	12.00	15.05	25%
Chicago Mercantile Exchange Holdings Inc.	35.00	42.90	23%
Portfolio Recovery Associates, Inc.	13.00	15.45	19%
IMPAC Medical Systems, Inc.	15.00	17.72	18%
Montpelier Re Holdings Ltd.	20.00	23.50	18%
Platinum Underwriters Holdings, Ltd.	22.50	24.99	11%
Dick's Sporting Goods, Inc.	12.00	13.15	10%
WellChoice, Inc.	25.00	27.20	9%
Cosí, Inc.	7.00	7.60	9%
Safety Holdings, Inc.	12.00	12.90	8%
Martin Midstream Partners L.P.	19.00	17.70	−7%
Seagate Technology Holdings	12.00	11.50	−4%
Newcastle Investment Corp.	13.00	12.50	−4%
Natural Resource Partners L.P.	20.00	19.40	−3%
Constar International Inc.	12.00	11.85	−1%

개를 예로 들어 공모가와 상장 첫날 종가를 비교해보았다.

비스타케어VistaCare를 보면, 공모 가격에 주식을 인수한 투자자는 상장 당일에 돈을 벌었고 상장 기업은 그만큼 기회 손실을 보았다. 시장에서 매겨진 가격으로 상장했다면 모집할 수 있었던 자금과 실제 공모가를 통해 들어온 자금의 차이를 '테이블 위에 남겨둔 돈(money left on the table)'이라고 부른다. 표 9.6에서 위 주식들의 테이블 위에 남겨둔 돈을 계산해보았다.

표 9.6 테이블 위에 남겨둔 돈

상장 기업	상장 주관사	공모가 (달러)	공모 자금 (달러)	거래 가격 (달러)	거래 가격 기준 공모 자금 (달러)	테이블 위에 남겨둔 돈 (달러)
Platinum Underwriters Holdings, Ltd.	골드만 삭스	22.50	675.90	25.00	751.00	75.10
WellChoice, Inc.	크레디스위스 퍼스트 보스턴	25.00	346.50	28.50	395.00	48.50
Montpelier Re Holdings Ltd.	모건 스탠리	20.00	190.50	22.00	209.50	19.00
Chicago Mercantile Exchange Holdings	모건 스탠리	35.00	166.30	39.00	185.30	19.00
VistaCare, Inc.	리먼 브러더스	12.00	72.00	13.05	78.30	6.30
Portfolio Recovery Associates, Inc.	윌리엄 블레어	13.00	45.10	14.75	51.20	6.10
Taylor Capital Group, Inc.	키프 브루예트 앤드 우즈	16.50	45.80	17.75	49.30	3.50
Cosí, Inc.	윌리엄 블레어	7.00	38.90	7.50	41.70	2.80
IMPAC Medical Systems, Inc.	토머스 위즐 파트너스	15.00	32.80	16.05	35.10	2.30
Dick's Sporting Goods, Inc.	메릴 린치	12.00	87.50	12.25	89.30	1.80

요약하면 위 사례처럼 공모주 분위기가 활발하지 않은 분기에도 투자 은행(상장 주관사)은 공모 가격을 낮게 책정하는 경향이 있어 일부 투자자 는 최소한의 수익을 낼 수 있다.

사모 펀드 투자

개별적인 사모 펀드 투자의 정보를 구하는 것은 IPO 주식의 정보를 구하는 것보다 훨씬 어렵다. 사모 펀드 투자의 전반적인 성과를 측정하 는 방법의 하나로 자금 유출입을 살펴볼 수 있다. 2002년에 벤처 캐피

표 9.7 벤처 캐피털 투자 - 투자 건수와 규모

연도	기업 수	투자 건수	투자 규모(백만 달러)
1992	1,065	1,415	3,594.6
1993	955	1,212	3,876.3
1994	992	1,241	4,202.2
1995	1,583	1,902	7,683
1996	2,126	2,660	11,598.2
1997	2,612	3,251	15,548.7
1998	3,495	4,208	21,525.4
1999	4,514	5,686	55,136
2000	6,478	8,221	106,556.5
2001	3,878	4,712	41,296.5
2002	2,495	3,011	21,179

털은 도합 3,011건의 투자를 집행했고 투자금은 총 211.79억 달러 규모였다. 이와 대조적으로 2000년에는 8,221건의 투자가 있었고 투자금은 1,000억 달러 이상이었다. 표 9.7은 벤처 캐피털의 자금 흐름을 집계한 자료다.

당연하겠지만, 벤처 캐피털의 투자는 대체로 고성장 업종에 집중되어 있다. 표 9.8에서는 2002년 4분기 투자 건을 업종별로 나누어보았다.

소프트웨어와 의료 등 기술 분야의 비중이 매우 높다. 그리고 그중에서도 최근에 새롭게 등장한 기술 분야로 더욱 쏠려 있다.

표 9.8 업종별 벤처 캐피털 투자(2002년)

업종	기업 수	투자 건수	투자 규모(백만 달러)
소프트웨어	183	183	869.3
통신	79	79	561.8
바이오	61	61	474.4
의료 장비	57	57	486.1
통신 장비	48	48	467.7
산업재 & 에너지	38	38	140.7
IT 서비스	33	33	217.7
미디어 & 엔터테인먼트	32	32	142.4
반도체	28	28	242.7
상업용 제품 & 서비스	27	27	81
컴퓨터 & 주변 장치	26	26	134
소비재 & 서비스	18	18	68.4
건강 관리	17	17	98.2
금융	17	17	52
유통 & 물류	16	16	61.6
전자 & 계측	11	11	53
기타	1	1	2
합계	692	692	4,152.9

소외된 소형주 포트폴리오

앞에서 살펴본 정보를 바탕으로 아래와 같은 기준을 적용해 소형주, 소외주의 포트폴리오를 구성할 수 있다.

- 시가총액: 표 9.7에서 볼 수 있듯이 최대 시가총액을 1,000만 달러로 두더라도 수천 개 기업이 등장한다. 이렇게 시가총액이 작은 회

사의 상당수는 부실기업이거나 도저히 주식을 살 수 없는 상태이기 때문에 적어도 시가총액이 1,000만 달러는 넘어가도록 기준을 설정할 필요가 있다. 시가총액의 상한은 5,000만 달러 정도로 하고 다른 조건을 설정하는 것이 적당하다.

- 애널리스트 커버리지: 애널리스트가 아예 다루지 않는 종목만 선정한다. 이 조건이 가혹해 보일 수 있지만 (그림 9.8에서 본 것처럼) 애널리스트가 전혀 다루지 않은 종목만 하더라도 충분히 많다.

- 기관투자가 지분율: 기관투자가의 지분율이 5%를 초과한다면 포트폴리오에서 제외한다. 다시 말하지만 소형주는 대체로 기관투자가의 보유 지분이 적기 때문에 이러한 조건을 거는 것이 가능하다.

- 주당 가격: 1달러 미만에 거래되는 주식은 거래 비용이 너무 클 수 있으니 1달러 이상으로 거래되는 주식만 포트폴리오에 편입한다.

이들 조건(시가총액 1,000만~5,000만 달러, 애널리스트가 다루지 않는 종목, 기관투자가 지분율 5% 미만, 주당 가격 1달러 이상)을 결합하면 126개 기업이 남는다. 표 9.9(328~329쪽)가 그 목록이다.

이 포트폴리오를 자세히 보면, 당연하겠지만 익숙하지 않은 이름이 들어 있다. 많은 기관이 다루지 않는 회사이기 때문이다. 한편 이들 회사의 업종이 상당히 분산되어 있다는 것은 오히려 놀랄 일이다. 일반적인 상식과 달리 소형 회사는 기술 기업만 있는 것이 아니라 전통 제조업과 서비스업도 많다.

표 9.9 소형, 소외주 포트폴리오(2002년 말)

기업명	업종	기업명	업종
American Bio Medica Corp	의료 서비스	Dynamic Materials	건축 자재
B & H Ocean Carriers	해운	Energy West Inc.	천연가스 유통
Williams Industries Inc.	기계	Golden Enterprises	식품 제조
Capital Title Group Inc	보험	American First Apt Inv L P	펀드
American Ecology Corp.	환경	Gallery Of History Inc.	소매(전문점)
Educational Development	출판	Sussex Bancorp	은행
Merrill Merchants Bancshares I	은행	VSE Corp.	산업 서비스
Wellco Enterprises Inc.	신발	Covista Communications Inc	통신 서비스
Citizens First Finl	저축 은행	Pizza Inn Inc.	식품 도매
FIRST REGIONAL BANCORP	은행	Transgene SA	의약품
Tofutti Brands	식품 제조	Bnccorp Inc	은행
Britton & Koontz Capital	은행	Cowlitz Bancorp	은행
BF Enterprises	주택 건설	Canterbury Pk Hldg Corp	호텔
Midsouth Bancorp	은행	Codorus Valley Bancorp	은행
Jameson Inns Inc	호텔	National Sec Group Inc	생명보험
COMMUNITY FINL CORP VA	은행	Chad Therapeutics	의료 장비
Guaranty Bancshares Inc Tex	은행	Big Foot Finl	금융
Peoples-Sidney Finl	저축 은행	Elamex S.A.De C.V. CL I	전자 기기
Falmouth Bancorp	은행	Tag-It Pacific	의류
United Finl Corp Minn	저축 은행	Carmel Container Sys. Ltd.	포장
RGC Resources Inc	천연가스 유통	Halifax Corp.	소프트웨어
Chester Bancorp	은행	1ST FEDL BANCORP OHIO	은행
Goodrich Petro Corp.	석유 생산	Abigail Adams Natl Bncrp	은행
Capital Environmental Resource	환경	Barnwell Industries	석유 생산
Elmer's Restaurants Inc	음식점	ML Macadamia Orchards LP	식품 제조
DWYER GROUP INC	다각화 기업	Antenna TV S A	엔터테인먼트
Nicholas Financial Inc	금융	Poore Brothers	식품 제조
LIFEWAY FOODS	식품 제조	Int'l Remote Imaging	의료 장비
Annapolis Natl Bancorp Inc	은행	Aristotle Corp NEW	의류
Laser-Pacific Media Corp.	레크리에이션	Boston Biomedica	계기
Community Bk Shs Ind Inc	은행	Amcon Distributing Co.	식품 도매
Birmingham Utilities Inc.	수도	Catalyst Semiconductor Inc	반도체

기업명	업종	기업명	업종
Impreso.com	제지	Global Payment Tech	금융
Crystal Systems	화학(특수)	Fountain Power Boat	레크리에이션
Valley Forge Scientific Corp.	의료 장비	Canada Southern Petroleum Ltd	에너지(캐나다)
C2 Inc	트럭운송	Merisel Inc.	소매(전문점)
Innovo Group	소매(전문점)	Magic Software Enterprises	소프트웨어
Ameritrans Cap Corp	금융	Netsmart Technologies	소프트웨어
Leather Factory Inc.	가정용품	Century Casinos Inc	호텔
Double Eagle Pet & Min	석유 생산	Immtech Intl Inc	의약품
Food Technology Service Inc.	의료 장비	Insightful Corp	소프트웨어
Navarre Corp	소프트웨어	NetGuru Inc	소프트웨어
Cohesant Technologies Inc	화학(다각화)	I-Flow Corp	의료 서비스
Palatin Technologies Inc	의료 서비스	Dyntek Inc	소프트웨어
CECO Environmental	환경	Jacada Ltd.	소프트웨어
Micronetics Wireless	전자 기기	NEON Systems Inc.	소프트웨어
Vita Food Prods	식품 제조	Optibase Ltd	컴퓨터
AMERICAN TECHNOLOGY	전자 기기	Mannatech Inc	의약품
Rotonics Mfg Inc	포장	Cryo-Cell Intl Inc	의료 서비스
XATA CORP	전자 기기	DPAC Technologies Corp	컴퓨터
TFC Enterprises	금융	Pacific Internet Limited	인터넷
TRANS INDS INC	전자 기기	Datatec Sys Inc	통신 서비스
Siebert Finl Corp	금융	Dialysis Corp Amer	의료 서비스
Beta Oil and Gas Inc	석유 생산	FOCUS ENHANCEMENTS	소프트웨어
Encore Med Corp	의료 장비	Logility Inc	소프트웨어
ASTA Funding Inc	금융	Certicom Corp	소프트웨어
Quotesmith.com Inc	산업 서비스	New York Health Care	건강 관리 시스템
Credo Pete Corp.	석유 생산	Ross Systems Inc.	소프트웨어
Creative Host Svcs	식품 도매	Extended Systems	무선 통신
Cardiotech Intl Inc	의료 서비스	Covista Communications Inc	통신 서비스
Amerigon Inc 'A'	자동차-OEM	Pizza Inn Inc.	식품 도매
Boston Life Sciences Inc.	의약품	Transgene SA	의약품
Computer Motion	의료 장비		
Penn Octane Corp	천연가스 유통		

추가할 이야기

9장에서는 신생 고성장 기업에 투자하는 세 가지 전략을 살펴보았다. 첫 번째는 상장사 중에서 애널리스트가 거의 다루지 않는 소형주에 투자하는 방법인데, 가장 덜 위험한 전략일 것이다. 두 번째는 IPO 전후 시점에 투자하는 것으로, 조금 더 위험할 수 있다. 세 번째는 신생 회사에 아예 비상장 단계일 때부터 투자하는 전략으로, 가장 위험하다. 각 전략은 꽤 유망해 보이지만 각각의 문제점을 안고 있다.

작고 소외된 주식

소형주 프리미엄이 지속적으로 나타나자 연구자들은 이 프리미엄이 거래 비용과 기업 고유의 위험 때문이라고 주장하기 시작했다. 이들 요소를 고려했을 때 소형주 프리미엄이 완전히 사라질지는 불명확하지만, 이러한 주장은 어느 정도 진실을 담고 있다.

거래 비용

소형주에 투자할 때의 거래 비용은 대형주에 투자할 때의 비용보다 확연하게 크다. 주가 대비 매수·매도 호가 차이의 비율은 소형주에서 더 크다. 소형주는 유동성이 부족하기 때문에 매매할 때 가격에 주는 충격 또한 더 심하다. 대량으로 주문을 내면 주식을 사면서 주가가 올라가고 주식을 팔면서 주가가 떨어진다. 거래 비용의 차이가 소형주 프리미엄을 압도할 정도로 클까? 이 질문에 대한 대답은 투자자의 포트폴리오 크기와 투자 예정 기간에 따라 달라질 것이다. 짧은 기간 동안 매매하고자 한다면 소형주와 관련된 초과수익이 얼마나 크건 간에 거래 비용이 수익을 모조리 없애버릴 수 있다. 반면에 장기적으로 투자하고자 한다면 거래 비용이 전체 보유 기간으로 분산되면서 소형주의 초과수익을 누릴 수 있게 된다. 포트폴리오의 크기가 크면 (중개 수수료 등의) 거래 비용을 줄일 수 있겠지만, (가격 영향 같은) 다른 비용을 늘릴 수도 있다.

소형주 프리미엄을 실제로 구현하기가 얼마나 어려운지를 살펴보기 위해서 가상의 소형주 포트폴리오(CRSP Small Stocks)와 실제 소형주 펀드(DFA Small Stock Fund)의 실적을 그림 9.10에 비교해보았다.

실제 소형주 펀드 수익률이 가상의 소형주 포트폴리오 수익률 대비 2%가량 꾸준히 하회한다. 펀드가 실제 운용을 하며 지출하는 거래 비용

그림 9.10 가상의 소형주 포트폴리오와 실제 소형주 펀드의 수익률

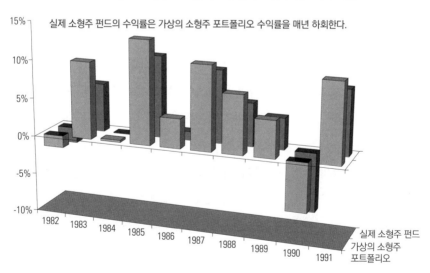

실제 소형주 펀드의 수익률은 가상의 소형주 포트폴리오 수익률을 매년 하회한다.

실제 소형주 펀드
가상의 소형주
포트폴리오

자료: 모닝스타와 CRSP. DFA 뮤추얼 펀드와 CRSP 가상의 소형주 포트폴리오 수익률을 매년 비교.

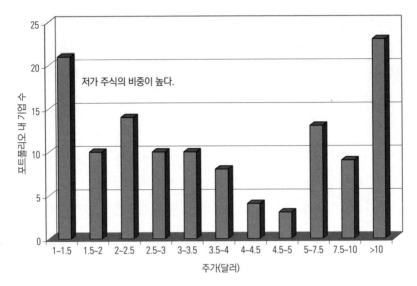

그림 9.11 소형주 포트폴리오의 가격대별 분류

저가 주식의 비중이 높다.

주가(달러)

포트폴리오 내 기업 수

자료: 밸류 라인.

과 기타 비용이 반영된 결과다.

표 9.9에서 제시한 소외된 소형주 포트폴리오를 떠올려보자. 주당 가격이 1달러 이상인 주식만 포트폴리오에 포함되었지만 상당수가 상당히 낮은 가격이다. 그림 9.11에서 이 포트폴리오의 주식을 가격대별로 나누어보았다.

약 3분의 2의 주식이 5달러 미만의 가격에서 거래되고 있다. 이 경우 거래 비용은 상당히 크다. 이 포트폴리오에서 10달러 이상의 주식에만 투자하고자 한다면 종목 개수는 80% 정도 줄어든다.

유동성과 추정 위험의 문제

소형주 프리미엄에 대한 연구 대다수에서는 주식의 위험을 측정하고 관리할 때 전통적인 위험·수익 모델을 따른다. 이러한 접근법은 소형주의 위험과 수익을 과소 측정할 가능성이 다분하다. 어쩌면 소형주 프리미엄의 존재는 재무학에서 위험과 수익을 측정하려는 시도가 실패했음을 의미하는 것일 수도 있다. 소형주의 추가적인 위험에 관해서는 다양한 근거가 있다. 첫째로 소형 기업과 관련된 위험 지표 추정에서 추정 위험(estimation risk)이 대기업의 경우보다 훨씬 크다. 소형주 프리미엄은 이러한 추정 위험에 대한 보상일 수 있다.[14] 둘째로 소형주에 투자할 때는 유동성 위험이 훨씬 크게 작용할 수 있다. (앞에서 언급한 높은 거래 비용을 포함해) 이러한 위험은 전통적인 위험 수익 모델에 반영되지 않는다.

주식의 유동성을 나타내는 지표 중 하나는 거래량이다. 거래량을 기준으로 보자면 소외된 소형주는 상대적으로 유동성이 부족하다고 할 수 있다. 그림 9.12에서 소형주와 그 외 주식의 거래량을 3개월, 6개월, 1년으로 각각 비교해보았다.

소형주는 명백하게 유통 주식 수가 적고 거래 대금도 적다. 적은 수량의 주문이라도 주가를 움직여버릴 수 있고, 그때마다 잠재적인 수익은 줄어든다.

거래 비용을 줄이기 위해 연간 거래량이 유통 주식 수보다 많은 주식만으로 소형주 포트폴리오를 선정하겠다고 해보자. 이 기준을 적용하면 포트폴리오 규모가 50% 정도 줄어든다. 사실 주당 가격이 5달러 이상이기만 해도 포트폴리오의 주식이 126개에서 25개로 줄어든다.

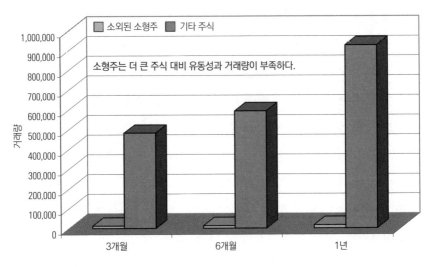

그림 9.12 소형주와 기타 주식의 평균 거래량

소외된 소형주 기타 주식

1,000,000
900,000
800,000
700,000
600,000
500,000
400,000
300,000
200,000
100,000
0

소형주는 더 큰 주식 대비 유동성과 거래량이 부족하다.

거래량

3개월   6개월   1년

자료: 밸류 라인.

정보 위험

기관투자가 보유 비중이 낮고 다루는 애널리스트가 적은 소형주에 투자하는 전략은 정보 위험에 노출된다. 투자자는 애널리스트가 분석해 제시하는 회사의 약점이나 위험에 대한 경고 등을 접하지 못한 채, 회사에서 제공하는 정보에 더 많이 의존해야 한다.

이러한 종류의 위험은 어떻게 드러날까? 작은 기업의 경우 이익이나 배당금 공시가 예상과 다를 때 대기업보다 가격이 더 크게 출렁거릴 수 있다. 그림 9.13에서는 표 9.9에서 제시한 목록의 기업이 2001년 동안 분기 실적을 발표할 때마다 가격이 어떻게 움직였는지(위·아래 포함)를 S&P500에 포함된 기업의 변동 폭과 비교해보았다. 소외된 소형주의 변

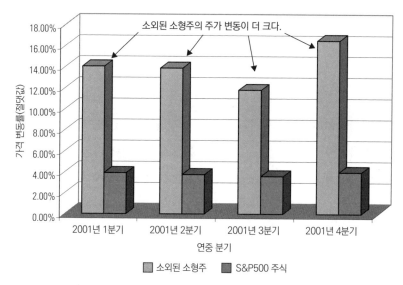

그림 9.13 실적 공시 후 가격 변동

소외된 소형주의 주가 변동이 더 크다.

가격 변동률(절댓값)

18.00%
16.00%
14.00%
12.00%
10.00%
8.00%
6.00%
4.00%
2.00%
0.00%

2001년 1분기   2001년 2분기   2001년 3분기   2001년 4분기

연중 분기

■ 소외된 소형주   ■ S&P500 주식

자료: 컴퓨스탯과 CRSP. 실적 공시 당일 가격 변동률의 절댓값(상승과 하락 동일).

동 폭이 더 크다는 것을 명확하게 확인할 수 있다.

이 그래프에서 두 가지를 명확히 해야 한다. 첫째, 이 수치는 가격 변화의 크기를 의미한다. 다시 말해 애널리스트가 다루지 않은 소형 종목이 실적 발표 당일에 가격 변동 폭이 클 것이라는 의미이지, 변동의 방향을 의미하는 것은 아니다. 가격이 급하게 오를 수도 있고 급하게 떨어질 수도 있다. 둘째, 소형주는 가격이 낮기 때문에 가격의 변동 폭은 위쪽 방향으로 큰 비대칭을 보일 수 있다.

이러한 위험을 어떻게 걸러낼 수 있을까? 과거의 자료를 지루하게 들춰 보며 실적 발표 때 가격 변동 폭이 크지 않았던 주식만 찾아서 투자하는 것도 한 방법일 수 있다. 엄밀하지는 않지만 더 간편하게는 이익이 안

정적이고 꾸준히 성장하는 기업만 골라서 투자하는 방법도 있다. 이들 기업이 투자자를 놀라게 하지 않을 것이라고 가정한다면 말이다.

IPO

공모주 투자는 공모가에 투자했을 때의 평균 수익률만 놓고 보면 상당히 매력적이다. 그러나 여기에는 두 가지 함정이 있다. 첫 번째는 공모주 배정 수량이 저평가보다는 고평가 쪽으로 비대칭적이라는 점이다. 공모가가 고평가되었을 경우 요청 수량을 모조리 배정받게 되고, 공모가가 저평가되었을 경우 배정되는 수량이 요청 수량 대비 한참 부족할 수 있다. 두 번째는 공모주시장에도 호황과 불황 사이클이 있다는 점이다. 공모주시장이 수년간 활황을 겪고 나면 침체기가 오는데, 재산의 대부분을 공모주시장에 의존하고 있다면 침체기에 투자할 대안이 없어 허덕일 수 있다.

배정 절차

공모주가 평균적으로 저평가되어 있다면 IPO에 적극적으로 참여해 공모주를 많이 배정받는 것이 좋은 전략이다. 그러나 배정 절차에 편향이 있기 때문에 수치상으로만 보던 초과수익 포트폴리오를 실제로 구현하는 데 제약이 생긴다.

배정받는 수량은 공모 가격이 얼마나 저평가되어 있는지에 따라 달라진다. 공모 가격이 현저하게 저평가되어 있을 때는 요청 수량의 아주 일부만을 배정받는다. 반대로 공모가가 적정하거나 고평가되어 있을 때는 요청 수량 전체를 배정받게 된다. 그 결과 투자자의 포트폴리오는 저평가된 주식의 비중이 생각보다 적고 고평가된 주식의 비중이 원하는 비율보다 더 많아진다.

2002년 마지막 분기에 상장한 21개 기업의 IPO에 모두 참여했다고 해보자. 각 기업에 10,000달러어치의 주식을 청약했다면* 공모 가격이 시장 가격보다 높았던 5개 기업의 경우 청약 금액 전체를 배정받았을 것이다. 나머지 기업의 경우 청약 수량보다 적은 수량을 배정받았을 것이며, 가장 저평가된 비스타케어의 수량이 가장 적었을 것이다.

이러한 배정 게임에 이기는 방법은 두 가지다. 첫째는 편향된 배정 시스템을 역으로 이용하는 것으로, 공모주가 저평가된 경우 주관사가 당신이 원래 받을 수 있는 몫보다 더 많이 배정하도록 하는 방법이다. 미국에서는 불법이지만[15] 다른 여러 나라에서는 합법이다. 두 번째는 좀 더 합법적인 방법인데, 회사가 제출한 투자 설명서와 기타 SEC 공시 자료를 참고해 저평가된 주식과 고평가된 주식을 판단하는 분석 능력을 갖추는 것이다. 그렇게 저평가되었다고 판단한 주식에만 청약하면 된다.** 판단이 적절하다면 당신이 갖추게 될 포트폴리오는 전체 IPO 주식을 골고루 배정받았다고 가정한 가상의 포트폴리오에 가까워질 수 있다(혹은 그보다 더 뛰어날 수도 있다).

---

* 한국에서는 기관투자가는 수요 예측에 참여해 배정된 수량에 청약하고, 개인 투자자는 기관투자가의 수요 예측이 끝난 후 청약에 참여해 물량을 배정받는다. 따라서 본문의 '청약'은 한국 기관투자가의 경우 '수요 예측에 참여'한다고 해야 하지만, 개인 투자자의 혼동을 피하기 위해 '청약'으로 번역했다.
** 한국의 개인 투자자는 기관투자가의 수요 예측이 끝난 후 청약에 참여하기 때문에, 해당 공모주가 얼마나 매력적인지 판단하는 지표로 이 '기관투자가의 수요 예측 경쟁률'을 활용할 수 있다.

IPO 사이클

공모주시장은 전체가 다 함께 사이클을 겪는다. 시장이 신규 상장으로 넘쳐날 때가 있는가 하면 이예 한 건도 없을 때도 있다. 파릇파릇하던 1990년대 후반을 지나 2001년까지 많은 회사가 IPO에 뛰어들었으나 그 이후 상장 건수는 손에 꼽을 정도로 줄어들었다.

한편 공모주시장은 어떤 시기건 간에 대체로 특정 업종에 집중하는 경향이 있다. 예를 들어 무더기로 상장이 추진되던 1999년에는 신생 기술 기업이 대다수였다. 이러한 현상 때문에 공모주시장으로만 성과를 얻으려는 전략은 두 가지 문제에 봉착한다. 먼저 상장 건수가 많은 시기에 포트폴리오가 충분히 분산되지 않고 그 시기에 시장에서 선호하는 업종의 비중이 과도하게 높아진다. 그리고 상장 건수가 거의 없거나 아예 없는 시기에는 투자 대상을 전혀 찾지 못한 채 시간만 보내야 한다.

IPO에 대한 광범위한 연구 결과[16]에서 1960~1996년의 기업 공개 건수와 평균 수익률을 찾아볼 수 있다. 결과를 요약하면 그림 9.14와 같다.

1970년대 중반 상장 건수는 거의 0에 가깝게 줄어들었고 수익률 또한 급락했음을 알 수 있다. IPO에만 집중하던 펀드 매니저는 이 시기에 시장에서 퇴출되었을 것이다.

2002년 4분기의 IPO 건수는 IPO 사이클을 적나라하게 보여준다. 해당 분기에 21개 기업이 상장했는데, 1999년 4분기의 178개에 비하면 드라마틱하게 줄어든 수치다. 업종에 대한 관심이 바뀌는 것 또한 중요한 지점이다. 1999년 4분기에 상장한 기업의 75%는 기술 기업이었던 반면 2002년 4분기에 상장한 기업 중 기술 기업은 단 한 개뿐이었다.

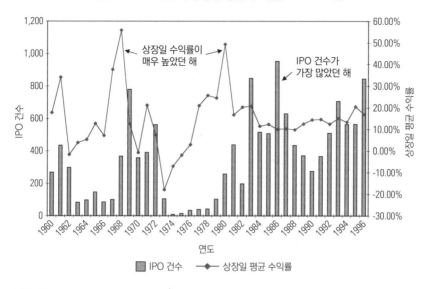

그림 9.14 IPO 건수와 상장일 평균 수익률(1960~1996년)

자료: Ritter.

비상장 기업

9장에서 지금까지 언급한 소형주 투자 관련 문제는 비상장 기업에 투자할 경우 더욱더 심각해진다.

- 거래 비용과 유동성: 비상장 기업에 투자할 때의 거래 비용은 어마어마하다. 투자를 시작할 때 기업 실사, 경영진 미팅, 사업 계획 검토 등의 작업을 직접 해야 할 뿐 아니라 투자금을 회수할 때 감당해야 할 비용도 막대하다. 투자한 지 얼마 지나지 않은 상태에서 바로 마음을 바꾸어 자금을 회수하려 한다면 지불했던 가격에 훨씬 못 미치는 금액을 돌려받을 가능성이 높다.
- 정보 위험: 소형주를 거래할 때와 마찬가지로 소형 비상장 기업은

중요한 정보를 감추어놓기 십상이다. 비상장 기업에 투자하면서 해야 할 숙제를 하지 않는다면, 놓친 사실 때문에 쉽게 타격을 입을 것이다.

사모 펀드와 벤처 캐피털에 관해 중요한 포인트가 하나 더 있다. 별것 아니어 보이는 평균 수익률조차도 단지 몇 건이 견인한 전체 수익률의 결과라는 것이다. 대부분의 사모 펀드와 벤처 캐피털 투자는 실패로 끝나는데, (평균 수익률이 아닌) 중간값을 보면 실상을 짐작할 수 있다. 1997~1999년의 영광스러운 시기를 예로 들어보자. 사람들은 대체로 이 시기의 사모 펀드 투자는 성과가 좋았다고 알고 있다. 1999년에 사모 펀드의 가중 평균 IRR(Internal Rate of Return, 내부 수익률)*은 119%였지만 중간값은 2.9%였다. 1997~1998년에도 마찬가지로 중간값은 평균값을 심하게 하회했다.

시장이 하락한 2000년과 2002년에는 사모 펀드와 벤처 캐피털의 성과도 삐걱거렸다. 당시 만연한 경기 침체 때문에 성과가 저조했을 수 있다. 사모 펀드 투자의 성과는 피투자 기업이 상장 시장으로 가면서 나온 높은 수익률에서 비롯하기 때문에 비상장 투자의 성과 또한 상장 시장의 분위기와 동떨어질 수 없다.

---

* 투자로 지출되는 현금의 현재 가치와 그 투자로 유입되는 미래 현금 유입액의 현재 가치가 동일하게 되는 수익률.

투자자에게 주는 교훈

소외된 소형주, 공모주, 비상장 기업에 투자할 때 직면할 수 있는 문제점은 정도의 차이가 있으나 대체로 비슷하다. 포트폴리오에서 이러한 기업의 위험을 완전히 제거할 수 없다 하더라도 명백히 눈에 보이는 문제점을 걸러낼 수는 있다.

소외된 소형주로 포트폴리오를 구성한다면 다음과 같은 기준을 추가해보자.

- 작지만 너무 작지는 않은 기업: 소형 기업에 투자하고 싶기는 하지만 상장 폐지가 될 정도로 작은 회사는 피하고 싶다면 시가총액의 최댓값과 최솟값을 함께 명시해야 한다. 예를 들어 시가총액 1억 달러와 1,000만 달러 사이의 기업에 투자하는 식으로 말이다. 포트폴리오가 커질수록 이 조건을 바꿀 필요가 생길 텐데, 그때도 최댓값과 최솟값을 함께 바꾸도록 한다.

- 유동성과 거래 비용: 유동성을 걸러내는 가장 단순한 기준은 주당 가격(최소 5달러 정도면 적정)과 거래량(연간 거래량이 발행 주식 수를 초과)이다. 유동성을 걸러내는 다른 기준으로는 유동 주식 비율(실제로 시장에서 거래될 수 있는 주식을 전체 발행 주식 수로 나눈 비율)이 있다. 유동 주식 비율이 충분히 높으면 거래를 쉽게 할 수 있다.

- 가격 지표: 소형주에 투자하는 것이 대형주보다 가격이 잘못 책정되었을 가능성이 높기 때문이라면, 추가로 조건을 설정해 가장 고평가된 기업을 걸러내고 가장 저평가된 기업으로 포트폴리오가 구성되기를 원할 것이다. 이를 실제로 구현하는 간단한 방법은 낮은

PER, 예를 들어 10 이하의 PER에 거래되는 주식만 사는 것이다.

9장의 부록에 제시한 포트폴리오의 18개 기업은 모두 이 조건(시가총액 1,000만 달러에서 1억 달러 사이, 주당 가격 5달러 이상, 연간 거래량이 발행 주식 수 초과, PER 10 이하)을 만족한다.

IPO 주식에 투자할 생각이라면 최소한 다음 사항을 지켜야 한다.

- 배정 게임에서 이기기: IPO 게임에서 이기기 위해서는 저가에 올라오는 공모주를 많이 잡고 고가에 올라오는 공모주는 적게 잡아야(혹은 아예 걸러내야) 한다. 주관사에 유리한 배정을 받을 방도가 없다면 공시된 투자 설명서를 읽는 동시에 가격이 적절한지에 대한 판단도 스스로 해야 한다.

- 좀 더 분산된 다른 전략 혼용: 공모주시장에 투자하다 보면 몇 년간의 활황 이후에 상장을 시도하는 기업이 거의 없거나 아예 없는 상황을 마주하게 된다. 활황인 해라 하더라도 상장되는 기업은 몇 개의 업종에 집중되는 경향이 있기 때문에 투자자는 좀 더 분산 효과를 볼 수 있는 다른 전략을 가미해야 한다. 예를 들어 포트폴리오의 75%는 상장 주식 중 소외된 소형주에 투자하고 25%는 공모주에 투자하는 방법이 있다.

- 규율 엄수: 공모주는 상장 직후 주가가 많이 뛰더라도 보유 기간이 길어질수록 그 이익이 희석된다. 상장 이후 기간 동안 주식을 (1년 이상) 더 보유하고 있어봤자 고수익이 나지 않는다.

사모 펀드와 벤처 캐피털에 관심이 있다면 먼저 개인 투자자로서 이러한 방식으로 직접 투자할 수는 없다는 것을 알아야 한다. 그렇다면 당신의 자금을 받아주는 사모 펀드를 선택해야 하는데, 대부분의 사모 펀드는 최소 투자 자금 기준이 상당히 높다. 사모 펀드를 선택할 때는 과거 성과와 위험을 함께 살펴보아야 한다. 실적이 좋으면 그 펀드는 투자하기에 적절한 회사를 잘 골라낸다는 뜻이다. 고위험 펀드는 성공에서 나락으로 순식간에 떨어진다. 높은 운용 보수, 관리비, 투자에 관한 여러 제약 사항도 각오해야 한다.

결론

9장에서 소개한 전략에 깔려 있는 것은 다른 투자자가 미처 발견하지 못한 보석을 찾아낸다는 유혹적인 아이디어다. 작고 소외된 회사에 투자하는 전략은 개인 투자자가 가장 접근하기 쉽다. 시가총액이 작고, 기관 투자가의 투자 비중이 작으며, 애널리스트가 다루지 않은 기업을 사면 높은 수익을 얻을 가능성이 있다. 여기서 얻은 고수익이 이러한 주식의 높은 위험(유동성이 적고 정보를 취득하기 어렵다는 문제)에 대한 보상일 뿐인지 아니면 진정한 초과수익인지는 이 전략을 추구하는 투자자가 던져야 할 핵심 질문이다. 매력적인 가격대에 있으면서 안정적인 이익을 내고 거래 비용이 적은 기업에 집중한다면 승률은 더 높아진다.

IPO 시점에 주식을 청약하는 전략은 좀 더 위험한 방법이다. 이들 주식이 대체로 (10~15% 정도) 저평가되어 있다는 경험적인 증거가 있기는 하지만, 이 전략에는 세 가지 문제가 있다. 첫째, 가격이 고평가된 경우에는 청약 수량을 모조리 받아버리고 가격이 저평가된 경우에는 청약 수량에 미달하는 주식을 배정받는다는 것이다. 따라서 최종 포트폴리오는 과거 자료에서 제시하는 수치로 만들어낸 이상적인 포트폴리오보다 더 낮은 수익을 얻는다. 둘째, IPO에만 집중하는 전략을 채택하다 보면 (거의 대부분의 주식은 상장 첫날 주가가 뛰어비리고 상장일 이후 수식을 계속 보유하면 그 수익이 희석되기 때문에) 단기적인 시야로 접근할 수밖에 없고, 포트폴리오는 최근의 공모주시장에서 인기를 끈 업종(예를 들면 1999년의 기술 분야)에 편중된다. 셋째, IPO 건수는 그때그때의 시장 분위기를 반영하기 때문에 약세장에서는 급감하고 강세장에서는 급증한다. 공모주 투자자는 시장 분위기가 냉랭할 때 투자 대상을 거의 발견할 수 없고, 시장이 뜨거울 때 지나치게 많은 주식을 살펴보아야 한다.

9장에서 언급한 전략 중 가장 위험한 전략은 상장 이전의 기업에 투자해 그 기업이 다른 기업에 인수되거나 상장 시장으로 올라갈(그래서 투자금을 회수할 수 있는) 때까지 기다리는 방법이다. 이는 사모 펀드와 벤처 캐피털이 사용하는 방법이다. 이 전략은 (비상장 기업을 일일이 들여다보면서 분석하는) 검토 과정을 거치고, 투자 이후에도 (투자금이 엉뚱한 곳에 쓰이지 않는지) 적극적으로 관찰해야 하기 때문에 대부분 개인 투자자의 영역을 넘어선다. 사모 펀드와 벤처 캐피털 펀드는 검토 및 추적 관찰을 할 수 있는 자원을 가지고 있는데도 성공률의 편차가 크다. 상대적으로 적은 수의 펀드만이 높은 성과를 내고 이들 펀드조차 그 성과가 지속 가능한지는 명확하지 않다.

부록: 소외된 소형주(2003년 1월)

기업명	종목 코드	업종	현재 주가 (달러)	12개월 후행 PER	시가총액 (백만 달러)	기관투자가 보유 비중(%)	거래량
American Community Bancshares	ACBA	은행	8.30	10.8	25.00	1.06	1,200
ASTA Funding Inc	ASFI	금융 서비스 (다각화)	14.91	6.6	64.10	3.06	3,800
B & H Ocean Carriers	BHO	해운	7.11	2.9	29.10	0.32	100
BFC Financial Corp	BFCFA	금융 서비스 (다각화)	5.25	4.9	44.80	0.86	1,100
Britton & Koontz Capital	BKBK	은행	14.61	9.5	30.40	4.59	100
Community Bancorp Inc	CMBC	은행	9.20	12.0	34.40	1.73	5,600
Crescent Banking Co	CSNT	은행	16.90	4.0	37.60	2.59	400
ECB Bancorp Inc	ECBE	은행	19.51	12.0	38.80	0.72	1,300
F.M.S. Financial	FMCO	저축 은행	12.73	10.8	85.60	1.39	200
Hungarian Tel & Cable Corp	HTC	통신 서비스	7.90	8.0	89.70	0.62	2,700
Monarch Cement Co	MCEM	시멘트 & 골재	18.15	9.3	75.50	3.73	400
NORTECH SYST	NSYS	전자 기기	6.85	7.5	18.60	3.56	9,700
Pelican Financial Inc	PFI	은행	5.72	2.4	25.50	3.98	100
RGC Resources Inc	RGCO	천연가스 (유통)	19.49	11.9	38.00	3.06	900
Security Cap Corp	SCC	소매(전문점)	6.50	11.3	46.40	0.10	2,400
Thousand Trails Inc.	TRV	레크리에이션	9.20	5.7	63.20	4.30	800
Washington Savings Bank FSB	WSB	저축 은행	8.93	11.9	40.10	4.09	2,300
WVS Financial Corp	WVFC	저축 은행	15.94	9.5	41.70	1.24	500

10장
다 집어삼켜라!
인수 합병 거물

느린 성장에 학을 뗀 피터

피터는 참을성이 부족하다. 그의 포트폴리오는 매년 꾸준히 성장해 괜찮은 수익을 안겨주는 탄탄한 주식으로 가득 차 있었지만 그 정도로는 영 만족스럽지 않았다. 보유하고 있는 주식에 대한 새 소식을 찾느라 저널을 뒤적거리던 그는 인수 합병을 통해 성장하는 회사가 주목받는다는 사실을 깨달았다. 세상을 뒤흔드는 CEO가 경영하는 이들 회사는 경쟁자를 먹어치우고 새로운 사업에 진출하면서 기하급수적인 속도로 성장했다. 인수 합병 스토리를 읽어 내려가던 그는 이러한 유형의 회사에, 그리고 이들 회사의 역동적인 성장 전략에 애널리스트가 열광하는 모습을 보고 충격을 받았다. 지금까지 보유한 주식의 느린 성장에 학을 뗀 그는 보유하던 주식을 모조리 팔아버리고 인수 합병을 통해 파란을 일으키는 회사에 대거 투자했다.

처음 몇 달간은 새로운 전략이 그에 상응하는 보상을 주는 듯했다. 새로 투자한 회사는 계속해서 깜짝 놀랄 만큼 빠른 속도로 매출액과 이익을 늘려나갔고 주가 또한 애널리스트의 강력 매수 의견에 힘입어 시장의 상승을 훌쩍 뛰어넘었다. 문제가 시작된 건 이들 회사 중 하나의 재무제표 재작성(accounting restatement) 뉴스가 알려지면서였다. 과거의 인수 건이 회계 장부에 적절히 반영되지 않은 것으로 드러났고, 이를 정정하면 회사의 실적이 하향 조정되어야 한다는 것이었다. 당연하게도 이 주식의 가격은 하락했는데, 이는 커다란 물결의 시작일 뿐이었다. 이 사건은 피터가 보유한 다른 회사에도 영향을 미쳤다. 그의 포트폴리오에 있는 다른 많은 회사도 문제가 생긴 회사와 동일한 회계 기법을 사용했고, 자연스레 이들 회사도 회계 문제가 생길 것이라는 루머가 시장에 떠돌았다. 주가는 다 같이 급락했고 영웅으로 추대되던 CEO는 악당으로 전락해버렸다. 아주 최근까지도 회사에 대해 지극히 낙관적이던 애널리스트는 복수의 칼을 뽑아 들었다. 이러한 일련의 사태를 겪으며 조금 시무룩해지고 조금 더 현명해진 피터는 주식을 다 팔고 예전의 지루한 회사를 다시 매수했다.

▶ 교훈: 느리게 꾸준히 가는 자가 조급한 자를 이긴다.

회사가 성장하기란 쉬운 일이 아니다. 회사가 빠르게 성장하려면 좋은 투자처를 찾아서 상당한 금액을 투입해야 할 뿐만 아니라 투자의 성과도 빠르게 드러나야 한다. 성급하게 성장하고자 하는 회사는 투자의 성과가 나오기까지 기다리지 않는다. 회사는 신주를 발행해 인수 자금을 댈 수 있기 때문에, 마음만 먹으면 (시장이 감당할 수 있는 한) 사실상 무제한으로 많은 회사를 인수하고 빠르게 성장할 수 있다. 시장이 열기로 가득한 상태라면 특히나 더욱 그러하다. 규모가 작은 회사도 이 전략을 채택하면 아주 빠르게 대형 회사가 될 수 있고, 그 과정에서 투자자를 부유하게 만들어줄 수도 있다.

기업 인수는 큰 사건이고 금융시장에서 많은 조명을 받는다. 인수를 발표하면 주가는 요동치게 마련이고, 이러한 변동성을 투자 기회로 삼고자 하는 전략도 자연스럽게 도출된다. 어떤 투자자는 인수 주체가 되는 회사에 베팅해 인수로 인한 성장과 (시너지 같은) 부수적 효과로 인한 높은 수익을 희망한다. 또 다른 투자자는 인수 발표 전 혹은 후에 인수 대상 회사에 투자해 수익의 기회를 찾으려 한다. 10장에서는 이들 전략이 과연 작동할 수 있는지, 그리고 함께 고려해야 할 위험은 무엇인지 살펴보겠다.

이야기의 핵심

기업 인수에서 인수 회사(acquiring company)와 대상 회사(target company)에 대해 다루어야 할 논점은 서로 다르다. 먼저 인수 회사에 투자할 때 고려해야 할 사항을 이야기해보자.

- 성장 속도를 더욱 빠르게 하고자 하는 작은 회사: 지난 수십 년간 월드컴, 타이코, 시스코 같은 회사는 기업 인수를 통해 빠르게 성장해 대기업이 되었다. 작은 통신회사였던 월드컴은 1990년대 후반 자신보다 몇 배 더 큰 MCI를 인수하면서 규모는 장애물이 아님을 입증했다. 타이코는 다양한 분야의 회사를 인수하면서 사업 영역을 빠르게 확장하고 그 기간에 회사의 성격 자체를 바꾸었다. 가장 유명한 사례는 시스코인데, 1990년대 초만 해도 작은 기업이었던 이 회사는 1999년에 시가총액이 5,000억 달러에 달하면서 전 세계에서 시가총액이 가장 큰 회사가 되었다. 세 기업의 투자자 모두 회사가 성장하는 동안 막대한 수익을 거두었다.

- 고성장 기업이면서도 (각 투자자의 기준에 따른) 싼 가격: 투자자가 왜 인수 회사에 끌리는지를 이해하려면, 대부분의 투자자가 성장의 근원(내부 투자건 외부 기업 인수건)에 상관없이 이익이 성장하기만 하면 좋아한다는 점에서 출발해야 한다. 그다음은 기업 인수가 회계에 어떻게 반영되는지를 이해해야 한다. 회계 준칙에 따르면 기업 인수를 통해서 매출액과 이익이 늘어나는 것을 장부에 기재하면서도 (적어도 일부는) 인수에 들어가는 비용을 숨기는 것이 가능하다. 그 결과 인수 회사의 재무제표는 매력적인 숫자로 가득 채워진다.

이익과 매출액이 급속히 성장하면서도 성장에 필요한 자본 지출은 (적어도 재무제표에는) 극히 미미한 것처럼 보일 수 있다. 수십 년간 미국에서는 기업 인수 시 특정 조건을 만족하면 '지분 풀링법(pooling)' 회계를 적용할 수 있었다.[1] 기업 인수를 지분 풀링법으로 처리하면 대상 회사 자산의 장부가만이 인수 회사의 재무상태표에 나타나고 시장 가격(즉 실제 인수에 얼마를 지불했는지)은 드러나지 않는다. 만약 장부가치가 10억 달러인 회사를 100억 달러에 인수했다면, 인수 회사의 재무상태표에는 단지 (대상 회사의 장부가치인) 10억 달러만 새로운 자산으로 기재되고 이를 초과해 지출한 90억 달러는 주석으로 숨겨진다.

- 천재 CEO: 인수 회사의 공통점 하나는 CEO가 세간의 이목을 끄는 사람, 즉 월드컴의 버니 에버스Bernie Ebbers, 타이코의 데니스 코즐로스키Dennis Kozlowski, GE의 잭 웰치 등 자기 홍보에 재능이 있는 사람이라는 것이다. 이러한 요소는 투자자가 이들 주식을 사게 되는 두 번째 이유라 할 수 있다. 이들 CEO는 인수 합병 게임의 천재여서 기업을 싼값에 사서 큰 가치가 있는 회사로 만들 수 있다는 이야기를 종종 듣게 된다.

대상 회사에 투자하는 경우는 어떨까? 일단 인수 발표가 나면 인수 회사보다 대상 회사의 가격이 치솟는다. 그러므로 인수 대상이 될 수 있는 회사를 인수 발표 전에 미리 찾아내는 전략을 자연스럽게 떠올릴 수 있다.

- 사적인 정보: 기업 인수를 미리 파악할 수 있는 가장 흔한 형태는 개인적으로 아는(그리고 믿을 만한) 사람이 제공하는 정보다. 그 정보가 사실이라면 이는 명백히 불법이다. (각 회사의 직원, 거래에 관련된 투자

은행을 포함해) 이러한 정보를 알 수 있는 모든 개인은 SEC 규정에 따라 내부자로 분류되기 때문이다. 만약 그 정보가 거짓이라면 당신은 그저 시장의 루머를 좇는 또 한 마리의 불나방일 뿐이다.

- 분석 모델: 어떤 투자자는 분석 툴이나 공식을 이용해 잠재적인 인수 대상 회사를 찾아낼 수 있다고 주장한다. 이러한 도구는 갑작스러운 거래량의 증가(누군가가 대량으로 주식을 매집하고 있다는 뜻이니까)나 펀더멘털(낮은 PER과 무능한 경영진 등) 같은 지표를 활용한다. 모델에서 제시하는 기업이 모두 인수되는 것은 아니지만 그중 일부만이라도 인수되면 꽤 높은 수익을 올릴 수 있다.

또 다른 투자자는 좀 더 보수적인 전략을 선택한다. 기업 인수가 발표된 이후에 투자해 인수 대금이 확정될 때까지 만들어지는 차액을 노리거나 (두 개 회사가 인수에 뛰어들어) 입찰 경쟁이 벌어지기를 기대하기도 한다.

이론적 근거: 기업 인수와 가치

만약 기업 인수가 가치를 창출한다면 인수 회사와 대상 회사의 주주는 거래가 성사된 이후에 모두 이익을 볼 수 있을 것이다. 그런데 기업 인수가 가치를 창출한다 하더라도 인수 회사와 대상 회사의 주주 중 어느 쪽이 더 많은 이익을 볼 것이냐는 인수 가격에 따라서 크게 달라진다. 인수 회사가 인수를 통해 창출할 수 있는 가치보다 지나치게 높은 가격을 지불한다면 주식의 가격은 하락할 것이고 대상 회사의 주주는 그만큼 이득을 볼 것이다.

기업 인수와 가치 창출

한 회사가 다른 회사를 인수해 새로운 가치를 창출하는 것이 가능할까? 이 주제에 대해서 비판적인 시각을 견지하더라도, 최소한 이론적으로는 인수 합병이 가치를 증대시킬 수 있다. 기업은 마치 주식시장의 영리한 펀드 매니저처럼, 시장에서 저평가되고 있는 회사를 인수해 시장의 실수에서 그만큼의 차액을 얻을 수 있다. 또한 합병을 통해 시너지를 창출할 수도 있다. 기업 인수에서 참 많이 인용되고 또 오용되는 개념인 그 시너지 말이다. 마지막으로 기업은 무능한 경영진이 운영하는 회사를 인수해 회생시켜 가치를 창출할 수 있다. 지금부터는 이러한 각각의 가치 창출 유인을 살펴보겠다.

저평가된 회사 인수

시장이 기업의 가치를 적절히 평가하지 못하고 있다면 인수 회사는 가치 대비 할인된 가격에 대상 회사를 살 수 있다. 그러면 인수 회사는 인수 가격과 가치 사이의 차이만큼 이득을 얻는다. 이 전략이 작동하기 위해서는 다음과 같은 세 가지 기본적인 요소를 갖추어야 한다.

- 진정한 가치보다 낮게 평가받고 있음을 파악할 수 있는 역량: 이러한 역량을 갖추려면 다른 투자자보다 정보 접근성이 더 좋거나 좀 더 나은 분석 역량을 갖추어야 한다.
- 인수 거래를 성사시킬 수 있는 자금: 어떤 회사가 저평가되어 있다는 것을 알아내는 것과 그 회사를 인수할 수 있는 자금력을 갖추는 것은 별개의 이야기다. 자금을 끌어오는 능력은 인수 회사의 규모 (대기업은 중소기업이나 개인 대비 자본시장 접근성이 좋으며 내부 자금 여력도

좋다)와 트랙 레코드(저평가된 기업을 발굴해 인수한 이력이 있는 회사가 다음 거래도 수월하게 진행할 수 있다)에 좌우된다.

- 실무 진행: 인수 회사는 인수가 진행되는 동안 자칫 대상 회사의 주가를 끌어올려 사전에 추정한 가격을 넘겨 인수하게 될 수도 있다. 이 경우에는 인수에서 얻는 이득이 없다. 예를 들어 어떤 회사가 1억 달러의 가치가 있다고 추정했는데 현재 시장 가격이 7,500만 달러라고 가정하자. 회사를 인수하려면 인수자는 프리미엄을 지불해야 한다. 이 프리미엄이 시장 가격의 33%를 초과한다면 추정한 가치를 넘어서게 되고, 인수 거래는 인수자에게 아무런 가치를 만들어주지 않는다.

저평가된 회사를 사는 전략은 직관적으로 그럴싸해 보이지만 실제로 꽤 험난한 일이다. 특히나 상장사의 경우 시장이 합리적으로 움직이고 있을 때는 인수 가격과 가치 사이의 차익을 빠르게 없애버리기 때문에 싼값에 매입하기가 더욱 어렵다. 시장이 좀 더 비효율적인 상태에 있거나 혹은 아예 비상장인 회사를 인수할 때 확률이 좀 더 유리하다.

운영·재무 시너지 창출

대부분의 인수 거래에서 막대한 프리미엄을 설명하는 가장 흔한 근거가 시너지다. 시너지는 두 회사를 합쳐서 잠재적으로 얻을 수 있는 가치 상승분을 의미한다. 시너지는 운영에서 나올 수도 있고 재무에서 나올 수도 있다.

운영 시너지가 있다면 두 회사는 영업 이익을 늘리거나, 성장세를 높이거나, 둘 모두를 할 수 있다. 운영 시너지는 다음과 같은 네 가지로 분류할 수 있다.

- 규모의 경제: 두 회사가 합병하면 비용 효율성을 높이고 수익성을 확보할 수 있다. 동종 업계에 있는 두 회사가 합쳐져 더 큰 기업이 되는 경우에 일어날 가능성이 가장 높다.

- 교섭 능력 증대: 경쟁이 줄어들고 시장 점유율이 높아지면서 높은 마진과 영업 이익을 낼 수 있다. 합병 전 경쟁이 치열하고 점유율이 쪼개져 있어야 이러한 시너지가 발생할 수 있다.

- 각자의 강점 결합: 한 회사는 강력한 마케팅 능력을 보유하고 있고 다른 회사는 좋은 제품 라인업을 갖추고 있는 경우가 한 사례일 수 있다. 각 회사의 강점이 합쳐진 이후에도 여전히 유지 가능하고 새로운 사업에 적용 가능하다는 것을 전제로 한다.

- 신규 혹은 기존 시장에서 고성장: 서로 다른 시장의 두 회사가 결합하는 경우 일어날 수 있다. 예를 들어 미국의 소비재회사가 신흥국의 회사를 인수한다면 이미 갖추고 있는 유통망과 브랜드 인지도를 바탕으로 제품 판매를 늘릴 수 있다.

운영 시너지는 이익률과 기대 성장률을 높일 수 있고 이는 인수 혹은 합병 후 기업의 가치를 높여준다.

재무 시너지는 현금흐름이 좋아지거나 자본 조달 비용이 낮아지는 효과를 뜻한다. 구체적으로는 다음과 같다.

- 잉여 현금: 현금을 많이 가지고 있는(그러나 좋은 신사업 기회는 별로 없는) 회사와 고수익 신사업 기회가 많은(그러나 현금은 부족한) 회사가 결합한다면 가치가 상승할 수 있다. 현금이 부족해 착수할 수 없었던 사업에 초과 현금을 투자해 가치 상승이 이루어진다. 이러한 형

태의 시너지는 큰 기업이 작은 기업을 인수할 때나 상장 기업이 비상장 기업을 인수할 때 일어날 수 있다.

- 부채 감당 능력: 두 기업이 합쳐지면 이익과 현금흐름이 안정되고 예측 가능해지면서 부채 감당 능력이 좋아질 수 있다. 그렇게 되면 회사는 개별적으로 있을 때보다 더 많은 자금을 빌릴 수 있고 절세 효과도 누릴 수 있다. 이러한 종류의 절세 효과는 현금흐름 증대 혹은 자본 비용 감소로 이어진다.
- 절세 효과: 세법을 잘 활용하거나 손실을 이용해 이익을 보전하는 형태의 절세 효과도 있다. 이익이 나고 있는 회사는 손실 난 회사를 인수해 이익에 대한 세금 부담을 줄일 수 있다.

여러 합병 거래에서 시너지가 날 가능성은 분명히 존재한다. 더 중요한 문제는 시너지가 측정 가능한가, 그리고 가능하다면 어떻게 측정하는가다.

무능한 경영진 교체

어떤 회사는 제대로 경영되지 않고 있고, 누군가는 자신이 그 회사를 더 잘 경영할 수 있다고 믿는다. 경영이 제대로 되지 않는 회사를 인수해 현 경영진을 쫓아내거나 최소한 경영 정책과 방침을 바꾸기만 하더라도 더 가치 있는 회사로 만들 수 있다. 이렇게 된다면 인수자는 가치를 증대시켰다고 주장할 수 있다. 이렇게 상승한 가치를 지배권의 가치(value of control)라고 부르기도 한다. 이러한 스토리로 시장 가격을 훌쩍 뛰어넘는 프리미엄을 정당화하고는 있지만, 이를 실제로 구현하려면 다음과 같은 요소가 필요하다.

- 대상 회사의 부진한 성과는 시장 상황이나 여타 산업에 영향을 미치는 요인 등 경영진이 통제할 수 없는 요인 때문이 아니라 현 경영진의 무능함 때문이어야 한다.
- 기업 인수 이후 경영진 교체가 이루어져야 하고 이 교체는 가치를 상승시킬 수 있어야 한다. 가치를 상승시키는 활동이란 현재의 자산으로 창출하는 현금흐름을 증대시키거나, 향후의 성장성을 높이거나, 자본 비용을 줄이는 등의 활동을 뜻한다.
- 인수하는 가격은 회사의 현재 상태, 즉 현재의 경영진이 계속 경영하고 회사의 성과는 저조한 상태를 반영한 가격이어야 한다. 시장 가격이 새로운 경영진과 그가 창출할 가치를 이미 반영했다면 인수자가 얻을 이득은 거의 없는 셈이다.

지난 20년간 경영권 확보 후 가치 증대라는 명분으로 적대적 인수를 시도하는 사례는 꾸준히 늘어왔다.

기업 인수와 가치 배분

기업 인수는 우호적일 수도 있고 적대적일 수도 있다. 우호적 인수일 때는 대상 회사의 경영진이 인수 회사를 반갑게 맞아들이며, 더 나아가 경영진이 인수 회사를 찾아다니는 경우도 있다. 적대적 인수는 대상 회사의 경영진이 인수되기를 원하지 않는 경우다. 인수 회사는 인수에 앞서 대상 회사의 주주에게 시장 가격보다 더 높은 가격으로 공개 매수(tender offer)를 시도한다.

인수 전 가격과 인수 가격의 차이를 인수 프리미엄(acquisition premium)이라고 부른다. 인수 가격은 인수 회사가 대상 회사의 주식에 대해 지불하는 가격을 의미하는데, 일반적으로 인수 회사와 대상 회사의 경영진 간 협상을 통해 결정된다. 공개 매수의 경우 인수 회사가 대상 회사를 지배하기에 충분한 양의 주식을 확보할 수 있는 가격까지 제시한다. 만약 첫 공개 매수로 취득한 지분이 충분치 않거나 같은 대상 회사에 다른 회사도 인수를 시도한다면 이 가격은 처음에 제안한 가격보다 더 높아질 수 있다. 예를 들어 1991년 AT&T는 NCR을 인수하기 위해 당시 시장 가격에 25달러의 프리미엄을 얹은 주당 80달러를 제시했다. 최종적으로 AT&T는 주당 110달러를 주고서야 인수를 성사시킬 수 있었다.

마지막으로 비교해야 할 수치가 있는데, 바로 대상 회사 자기자본의 장부가치와 인수 가격의 차이다. 이 수치는 인수 회사의 장부에 영업권으로 계상되고 추후에 상각된다.[2]* 인수 가격을 각 요소로 분해해보면 그림 10.1처럼 나타낼 수 있다.

보통은 장부가치와 시장 가치의 차이를 영업권으로 계상한다. 하지만 특정 경우에는 인수 시점의 장부가치만 계상할 수도 있다.

인수 회사의 주주가 종국에 수익을 얻을 수 있는지 아닌지는 인수 행위가 가치를 창출했느냐뿐만 아니라 인수에 얼마를 지불했느냐에 달려 있다. 인수 행위를 하나의 거대한 프로젝트라고 생각해보면 이해하기 쉽다. 회사가 어떤 프로젝트에 1억 달러를 투자하고 그 투자에서 9,000만 달러만 회수했다면 회사의 가치는 1,000만 달러만큼 감소할 것이다. 회사가 다른 회사를 비싼 가격에 인수하고 (시너지, 경영권 등 이익을 포함해) 그보다 못한 현금흐름을 얻는다면 인수 회사의 가치는 그만큼 줄어들 것이다.

---

* 한국은 2011년 도입된 IFRS 기준에서는 영업권을 매년 재평가해서 손상 여부에 따라 상각을 결정한다.

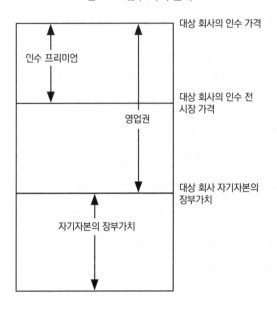

그림 10.1 인수 가격 분해

예를 들어보자. 3,000만 달러 가치로 평가받고 있는 A사가 2,000만 달러 가치로 평가받고 있는 B사를 인수하면서 500만 달러의 시너지를 기대하고 있다. A사가 B사를 2,500만 달러 미만의 가격으로 인수한다면 양사의 주주는 모두 이익을 얻을 수 있다. 인수 가격이 딱 2,500만 달러라면 A사의 주주는 아무 득실이 없고 B사의 주주가 시너지만큼의 이득을 얻는다. 만약 A사가 2,500만 달러 이상을 지불해 B사를 인수한다면 A사의 주가는 초과 지불한 만큼 하락할 것이고 B사의 주주는 그만큼의 이익을 더 얻는다.

증거 확인

지금부터는 기업 인수를 발표했을 때 대상 회사와 인수 회사의 주가가 당일에 어떻게 반응했는지, 그리고 인수 이후 (영업 측면과 주가 측면에서) 성과가 어떠했는지를 검토해보겠다.

인수 발표 당일

기업이 인수를 발표한 당일에는 가격이 크게 움직이고, 막상 몇 달 후 실제로 거래가 완료되었을 때는 움직임이 크지 않다. 인수 거래 시에는 주로 대상 회사에 초점이 맞춰지지만 인수 회사에서 일어나는 일도 상당히 흥미롭다.

대상 회사

증거 자료를 보면 대상 회사의 주주가 명백하게 인수 거래의 승자다. 이들은 발표 당일뿐만 아니라 이어지는 몇 주 동안에도 큰 이익[3]을 거둔다. 1983년의 한 연구에서는 13개 사례를 조사해보았는데, 공개 매수 제안이 성공적으로 끝난 경우 대상 회사의 주주는 평균 30%의 이익을 얻었고, 합병이 성공적으로 끝난 경우에는 평균 20%의 수익을 거두었다.[4] 1988년의 또 다른 연구에서는 1962~1985년에 있었던 663건의 공개 매수를 조사해보았는데, 공개 매수 프리미엄은 평균적으로 1960년대에 19%, 1970년대에 35%, 1980~1985년에 30%로 나타났다.[5] 한 연구[6]에서는 발표 전 10일, 발표 당일, 발표 후 10일 동안 대상 회사의 주가 움직임을 조사했는데, 이를 간략하게 그려보면 그림 10.2와 같다.

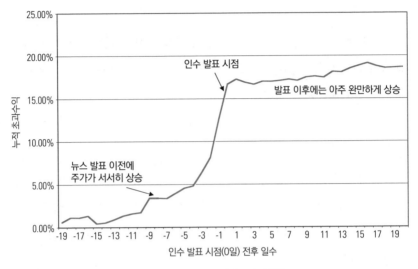

그림 10.2 인수 합병 대상 회사 주식의 누적 초과수익

자료: Dennis & McConnell. 인수 발표 전후 대상 회사의 누적 수익률.

인수가 발표되었을 때 이미 프리미엄의 절반이 가격에 반영되어 있다
는 점에 주목하자. 이는 인수 뉴스가 사전에 어느 정도 새어나가고 누군
가 뉴스가 발표되기 전에 주식을 샀을 가능성을 의미한다. 발표 당일 주
가가 한 번 더 뛰어오르기는 하지만, 그 이후로도 주가가 상승한다는 증
거는 미미하다.

대금 지불 방식을 기준으로 나누어보면, 현금 기준 인수(인수자가 대상
회사의 주식을 취득하는 데 현금만 지불)를 발표한 경우에 주식 기준 인수보다
대상 회사의 주가가 더 많이 오르는 경향이 있음을 알 수 있다. 우호적 인
수보다 적대적 인수에서 프리미엄이 더 높고, 합병보다는 공개 매수에서
프리미엄이 더 높다. 그림 10.3에 이 차이를 도식화해보았다.[7]

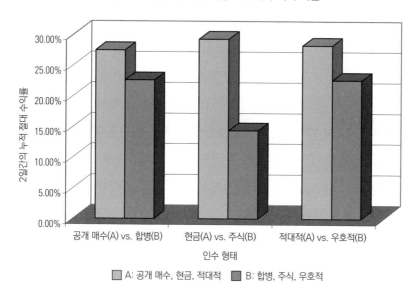

그림 10.3 인수 형태별 대상 회사의 누적 수익률

자료: Huang & Walkling.

어떻게 분류하든 대상 회사의 주주는 주머니가 두둑해진 채 떠날 수 있기 때문에 불만을 가질 이유가 딱히 없다.

인수 회사

기업 인수를 발표했을 때 인수 주체가 되는 기업의 주가에 대한 영향은 대상 회사에 비해 명확하지 않다. 합병에 대한 1983년의 조사 결과로는 공개 매수를 제안한 경우에 인수 회사의 주가가 약 4% 상승하고, 합병의 경우에는 이렇다 할 움직임을 찾을 수 없었다.[8] 1962~1985년 공개 매수 건을 살펴보면 인수 회사의 주가 상승률은 1960년대 4.4%에서 1970년대 2%, 1980년대 -1%로 차츰 낮아지는 경향을 보였다.[9] 다른 연구 결과를 보면 전체 인수 사례 중 약 절반에서 인수 발표 전후로 인수 회사의 주가가 하락했다. 이는 인수 거래가 인수 회사에 가치를 줄 수 있는지에 대해 투자자 대부분이 회의적이라는 것을 시사한다.

이들 근거를 놓고 보면, 인수 합병을 시도하는 회사의 주주는 그 거래가 줄 수 있는 가치에 대해서 회사의 경영진만큼 열광하지 않는다는 점을 명확히 알 수 있다. 이에 대해 경영진은 외부의 주주가 자신들보다 정보 접근성이 떨어지기 때문에 거래의 가치를 모른다고 반박할 수도 있다. 앞으로 우리는 수많은 합병 거래가 실패로 끝났고, 따라서 주주의 시각이 옳았음을 보게 될 것이다.

시장 가격이 시너지를 반영하는가?

시너지는 수많은 인수 합병 거래의 동기로 항상 등장하는 문구다. 한 연구에서는 1985년과 1986년에 있었던 77건의 인수 거래를 조사해보았는데, 전체의 3분의 1에서 시너지를 최우선 동기로 제시했다.[10]

시너지가 과연 존재하는지, 존재한다면 얼마나 되는지 검증하고자 하는 다양한 연구가 있었다. 인수 합병 과정에서 시너지가 정말로 존재하고 투자자가 이를 지각할 수 있다면 합쳐진 회사의 가치는 양사가 독립적으로 운영될 때의 가치 합보다 더 커야 할 것이다. 예를 들어 인수 이전에 인수 주체인 A사가 1억 5천만 달러에 거래되고 있고 인수 대상인 B사가 1억 달러에 거래되고 있다고 하자. 만약 이 두 회사가 합병하고 시너지가 발생한다면 합병 이후 회사의 가치는 2억 5천만 달러보다 커야 한다. 합쳐진 회사의 가치가 2억 7,500만 달러라면 합병으로 인해 2,500만 달러 가치의 시너지가 발생했다고 말할 수 있다.

합병 발표 전후의 주가 변동을 조사해보면 대부분의 경우 합쳐진 회사의 가치가 이전보다 증가하고 그 폭도 상당히 크다는 점을 알 수 있다. 1988년의 한 연구에서는 1963~1984년에 있었던 236건의 회사 간 공개 매수를 조사했는데, 발표 날 양사의 합산 가치는 평균적으로 7.43% 증가(1984년 화폐 가치 기준 1억 1,700만 달러)한 것으로 나타났다.[11] 이 결과는 주의해서 해석해야 하는데, 합쳐진 기업 가치의 증분은 저평가 해소나 경영진 교체로 인한 가치 증가 등 인수 합병을 설명하는 다른 가설과도 부합하기 때문이다. 따라서 시너지만을 측정하기에는 약한 방법이다.

발표에서 실행까지

앞에서 제시한 연구 자료는 인수 발표 당일의 변화일 뿐, 실제 거래가 이루어진 날의 변화를 살펴본 것이 아니다. 실제 거래는 몇 주 혹은 몇 달이 지나서야 실행된다. 발표일과 실행일 사이에는 다양한 변수가 발생할 수 있다. 몇몇 인수 건에서는 새로운 인수자가 나타나서 입찰 경쟁이 벌어지기도 한다. 이 경우 대상 회사의 주가는 초기에 제시한 매수 가격보다 훨씬 위로 치솟아버린다. 대상 회사가 법적·재무적 장치를 이용해 반격에 성공하거나 인수 회사가 돌연 겁을 먹고 발을 빼면서 인수가 무산되기도 한다. 한편 처음에 제시한 가격으로는 경영권 확보에 충분한 지분을 매입하지 못해서 공개 매수 가격을 더 올려야 하는 상황이 벌어지기도 한다.

다수의 인수자

인수자가 다수인 것은 거의 모든 경우 대상 회사의 주주에게 좋은 뉴스이고 인수 회사의 주주에게는 나쁜 뉴스다. 인수자가 다수인 경우 인수를 위해 지불해야 하는 프리미엄이 훌쩍 커지고, 입찰 경쟁에서 승리한 회사의 주가는 오히려 하락하는 경향이 있다. 실패한 인수 건을 조사한 한 분석 자료에서는, 인수 발표 이후 180영업일의 주가 변동을 조사해 보았더니 입찰 경쟁에서 경쟁사에 밀려난 회사의 주가는 유의미한 하락폭(약 8% 수준)을 보였으며, 경쟁 입찰자가 없는 경우에는 아무 초과수익이 없었다.[12]

인수 실패

대상 회사가 적대적 인수에 맞서 회사를 지켜내는 데 성공하거나 인수 회사가 마음을 바꾸는 경우 인수가 무위로 돌아갈 수 있다. 두 경우 모두 실패가 알려지는 순간 인수 회사의 주가는 충격을 받는다. 대상 회사의 주가 역시 두 경우 모두 하락하기는 하지만 인수 시도가 있기 이전 수준으로 돌아가지는 않는디. 아마도 투자자는 인수자가 다른 투자자는 모르는 정보를 가지고 인수를 시도했을 것이라고 생각하거나, 앞으로 새로운 인수자가 등장할 수 있다는 점 등을 고려해 회사의 가치를 다시 평가하는 것 같다.

인수 실패가 대상 회사의 주가에 미치는 영향을 연구한 결과를 보면, 처음 인수 시도 실패가 알려진 당일에는 주가에 작지만 부정적인 영향이 있었고, 그중 대다수의 회사는 60영업일 이내에 인수되어 막대한 초과수익(50~66%)을 보여주었다.

합병·위험 차익 거래

일군의 기관투자가는 적대적 인수가 발표된 이후에 주식을 매수하더라도 돈을 벌 수 있다고 믿는다. 앞에서 살펴보았듯이 인수 발표 직후 대상 회사의 주가는 급등한다. 그렇지만 급등 이후 주가는 대체로 인수 회사가 제시한 가격보다 약간은 낮은 지점에서 머무른다. 발표 이후의 가격과 공개 매수 가격의 차이를 차익 거래 스프레드(arbitrage spread)라고 부르는데, 이 스프레드에서 이익을 취하는 전략을 합병 차익 거래(merger arbitrage) 혹은 위험 차익 거래(risk arbitrage)라고 부른다. 합병이 성공하면 투자자는 차익 거래 스프레드만큼 수익을 거두지만 실패하면 막대한 손실을 본다. (인수 회사의 주식을 대상 회사의 주식으로 교환해주는) 좀 더 복잡한 주식 합병의 경우, 이 전략을 시도하는 투자자는 대상 회사의 주식을 매수하는 것에 더해서 인수 회사의 주식을 공매도한다.

이 전략을 위험 차익 거래라고 부르는 것은 명백히 언어도단이다. 여기에는 (차익 거래의 필수 요소인) 보장된 수익이 존재하지 않으며, 앞에 '위험'이 붙은 이유도 모호하다. 용어가 적합한지에 대한 논쟁은 차치하고, 사례로 드는 위험 차익 거래의 수익이 실제로 존재하는지, 그리고 만약 그렇다면 그 수익이 (합병이 불발될 수도 있는) 위험을 감수한 대가인지 혹은 그 이상의 초과수익인지 검증해볼 수는 있다.

이 질문에 대답하기 위해서 4,750건의 인수 합병 사례를 조사했다.[13] 분석 결과 인수 발표 이후에 대상 회사에 투자하더라도 연 환산 9.25%의 초과수익을 낼 수 있지만, 실제 거래할 때 가격에 미치는 영향과 거래 비용을 고려하면 초과수익의 3분의 2가 사라지는 것(9.25%에서 3.54%로 감소-역자 주)으로 드러났다(저유동성 기업의 경우 더 심하다).

전반적으로 전략의 성과가 괜찮아 보이더라도 또 한 가지 내키지 않는 면이 있다. 이 전략은 대체로 괜찮은 성과를 돌려주지만, 한 번의 실패로 커다란 손실을 안겨주기도 한다. 그렇다면 이것은 나쁜 전략일까? 전혀 그렇지 않지만, (실제로 많은 투자자가 이러한 식으로 접근하는데) 몇 개의 유명한 인수 합병 건에만 제한적으로 이 전략을 사용할 경우에는 단 한 번의 큰 실패로 나락에 빠질 수 있음을 주의해야 한다. 만약 빌린 돈으로 이 전략을 채택한다면 위험은 더욱더 커진다.

인수 이후

인수 합병 거래가 성사된 이후 그 거래가 성공적이었는지를 추적하는 연구는 상당히 많다. 전반적인 결론은, 합병은 처음에 약속했던 효율성 증대나 시너지를 만들어내는 데 실패했으며 인수 회사의 주주에게 가치 창출을 해주는 경우도 거의 없다는 것이다.

시너지가 발생했다는 것은 결합된 회사가 각각 독립적으로 경영될 때보다 좀 더 수익성이 좋아지거나 더 빠른 속도로 성장할 수 있게 되었다는 것을 의미한다. 시너지를 측정하는 방법으로는 합병 이후 합병 회사의 성과(수익성 혹은 성장성)가 경쟁사 대비 얼마나 더 나아졌는지를 검토하는 방법이 있다. 맥킨지McKinsey는 1972~1983년 있었던 58개의 인수 건을 조사하며 두 가지 질문을 던졌다. 첫째, 인수에 투입한 자금에 대한 수익이 자본 비용을 넘어섰는가? 둘째, 인수로 인해 모회사가 경쟁에서 더 나은 성과를 낼 수 있었는가? 연구 결과 58건 중 28건이 두 질문을 모두 통과하지 못했으며, 6건은 둘 중 하나의 질문만 통과했다. 후속 연구로 1990년대에 영국과 미국에서 있었던 115건의 합병을 조사한 결과, 맥킨지는 전체의 60%가 자본 비용에 미달하는 자본 이득을 거두었고 23%만 초과수익을 거두었다고 결론내렸다.[14] KPMG는 1999년의 연구에서 1996~1998년에 가장 비쌌던 700건의 거래를 살펴본 결과 결합된 회사가 가치를 창출한 경우는 17%에 불과하고 30%는 가치중립적이며 53%는 가치를 파괴했다고 결론 내렸다.[15]

1995년에 있었던 8건의 대형 은행 합병 건 조사 결과를 보면 체이스Chase와 케미칼Chemical, 퍼스트시카고First Chicago와 NBD의 단 두 건만이 은행업지수를 초과하는 성과를 거두었다.[16] 가장 큰 건이었던 웰스 파고Wells Fargo의 퍼스트 인터스테이트First Interstate 인수는 처참한 실패였다. 1996년 발간된 책 《M&A 게임의 법칙(The Synergy Trap)》은 이 주제에 대해서 예리한 통찰을 보여주는데, 저자인 서로워Mark Sirower는 시너지를 장담하고 실패한 사례를 상세하게 검토한 후 '시너지라는 것은 쉽게 내걸면서도 실제로 지켜지는 경우는 거의 없는 약속'이라는 우울한 결론을 내린다.[17]

인수의 성과에 대한 가장 뼈아픈 소식은 다수의 인수 합병 건이 금방 번복된다는 점이다. 1990년의 한 분석 자료[18]에 의하면 1982~1986년에 인수된 회사의 20.2%가 1988년에 다시 분리되었다. 1992년의 연구에서는 합병 건의 44%가 되돌려졌으며, 인수자가 지나치게 많은 자금을 투입했거나 두 회사의 운영을 통합할 수 없었기 때문이라고 밝혔다.[19] (10년 혹은 그 이상의) 긴 기간을 추적한 연구 결과를 보면 인수 후 다시 분리되는 비율은 50%에 달해서 인수 시 기대했던 성과를 제대로 얻은 회사는 극히 드물다고 짐작할 수 있다. 결론을 짓자면, 시너지는 존재하지만 아주 희귀하며, 기대를 충족하지 못하는 경우가 대다수다.

데이터 정밀 분석

기업 인수는 다양한 형태로 등장하기 때문에 이를 특정 유형으로 분류하기는 까다롭다. 여기서는 우선 인수 건을 쭉 살펴보면서 성공한 건과 실패한 건 각각에 어떤 공통된 패턴이 있는지를 찾아볼 것이다. 그리고 인수 회사의 포트폴리오와 잠재적 대상 회사들의 포트폴리오를 구성해 보겠다.

인수 회사와 대상 회사

인수 회사와 그 반대편의 대상 회사에는 전형적인 형태가 있을까? 인수 관련 전략을 구축하고자 한다면 최소한 이 질문에 대답할 수 있어야 한다.

인수 회사

인수 회사 사이에는, 나아가 성공적으로 인수를 진행하는 회사 사이에는 어떤 공통된 특징이 있을까? 몇 개의 인수 건을 살펴보든, 1년간 시간을 들여 모든 인수 건을 낱낱이 검토하든 인수 회사 사이의 공통점을 발견하는 것은 참으로 어렵다. 그런데도 연구자들은 장기간에 걸쳐 수백 건의 인수 합병 사례를 연구했고, 성공적인 인수 회사 사이의 공통점 몇 가지를 추려냈다.

우선 인수 회사가 자사와 비슷한 규모의 회사를 인수(동등 합병, mergers of equals)하면 자사보다 작은 규모의 회사를 인수하는 경우보다 성공 확률이 낮다.[20] 1990년대 GE가 매년 수십 개의 작은 회사를 인수한 것이

AOL과 타임 워너Time Warner라는 두 거대 기업의 합병보다 성공적이었던 것도 같은 맥락이다.

또한 인수 회사가 비용 절감에 주력하는 것이 추가 성장을 기대하는 것보다 성공 확률이 높은 것으로 보인다. 비용 절감 계획이 구체적이고 인수 시점에 이미 마련되어 있는 경우 더욱 그러하다. 1990년대의 가장 성공적인 합병 중 하나는 비용 절감과 규모의 경제를 확보하기 위한 은행 간 합병이었다.

그리고 소규모 비상장 기업을 인수하는 경우가 상장 기업을 매수하는 것보다 성공 확률이 높았다. 서비스 인더스트리즈(Service Industries, 장례 서비스), 블록버스터 비디오(Blockbuster Video, 비디오 대여), 브라우닝 페리스(Browning Ferris, 폐기물 처리) 등은 모두 소규모 비상장 기업을 인수하며 성장했다.

시너지에 대해서는 KPMG가 1996~1998년까지 대형 인수 700건을 평가한 결과[21] 다음과 같은 결론을 얻었다. 첫째, 인수 전 시너지를 조심스럽게 평가한 회사가 그렇지 않은 회사보다 성공 가능성이 28% 높다. 둘째, 직원 수 감소 등을 통해 비용 절감을 시도하는 경우가 신제품이나 연구 개발 시너지를 시도하는 경우보다 달성 가능성이 높다. 전자의 경우 66%의 회사가 합병 후 인력을 축소할 수 있었지만 후자의 경우 4분의 1~3분의 1 정도만이 목표를 달성할 수 있었다.

어떤 연구에서는 합병 이후 운영 효율성이 개선되는 모습을 관측했는데, 적대적 인수의 경우 그 빈도가 더욱 높다.[22] 1992년의 조사는 합병에 관여한 회사들은 합병 후 현금흐름 수익률 중간값이 개선되지만 그중 25%는 업계 평균보다 뒤처진다는 결론을 내렸다.[23] 1999년의 또 다른 연구에서는 1982~1987년 이루어진 197건의 인수를 '거래 시점의 경영진 교체'(123건)와 '거래의 동기'에 따라 분류했다.[24] 결론은 다음과 같다. 평균적으로 거래 후 5년간 합병 회사는 산업 평균보다 2.1% 뛰어난 성과를 거두었다. 이러한 초과수익의 거의 전부는 대상 회사의 CEO가 합병 1년 이내에 교체된 경우의 수익에서 비롯되었다. 이러한 회사는 산업 평균보다 3.1% 높은 성과를 보였고 CEO가 자리를 유지한 경우에는 산업 평균 대비 아무런 초과수익을 내지 못했다.

추가로 몇몇 연구에서는 (시너지 목적으로) 연관 산업 인수와 (복합 기업의) 비관련 다각화를 비교해 성과를 살펴보려 했으나 상이한 결론을 내리며 합의에 이르지 못했다.[25] 한 연구에서는 주식 교환 인수 합병 260건을 복합 기업 인수 합병과 동종 업계 인수 합병으로 나누어 비교해보았다.[26] 복합 기업의 인수 합병에서는 주주와 채권자 모두 수익을 거둘 수 없었다. 반면 연관된 기업 간의 합병에서는 주주와 채권자 모두에게 유의미한 수익이 발생했다.

대상 회사

인수 발표 직전과 직후의 주가 반응을 살펴보면, 발표 후보다 발표 전에 투자하는 것이 돈이 된다는 것은 명백하다. 내부자 정보 없이 이것이 가능할까? 어쩌면 가능할 수도 있는데, 대상 회사가 된 기업의 공통점을 찾아보는 것이 그 방법이다. 적대적 인수와 우호적 인수의 동기는 매우 다르기 때문에 방식별 대상 회사의 전형적인 모습 또한 아주 상이하다. 적대적 인수의 경우 대상 회사는 다음과 같은 특징이 있다.[27]

- 수년간 전체 시장과 산업 내의 다른 주식 대비 주주의 수익률이 낮

았다.

- 수년간 산업 평균보다 이익률이 낮았다.
- 유사한 기업과 비교했을 때 내부자의 지분율이 낮다.

이 차이는 적대적 인수와 우호적 인수의 대상 회사 간 차이를 나타내기도 한다. 이 발견을 그림 10.4에 간략히 그려보았다.

보다시피 적대적 인수의 대상이 된 기업은 평균적으로 산업 내 다른 기업보다 ROE가 2.2% 낮고, 주주에게 돌려준 수익률이 시장 전체보다 4% 낮으며, 내부자의 지분율이 6.5%에 불과했다. 이들 회사에서는 적대적 인수 이후 경영 방침이 확 바뀐다는 증거도 확인할 수 있다.

앞에서 인용한 연구에서는 적대적 인수 이후의 변화에 대해서도 살펴보았다.

- 많은 경우 적대적 인수 이후 부채가 증가해 차입 신용도가 하락했으나 부채는 자산을 매각하면서 빠르게 상환되었다.
- 자본 투자가 유의미하게 늘어나지는 않았다.

그림 10.4 대상 회사의 특징 – 적대적 vs. 우호적 인수

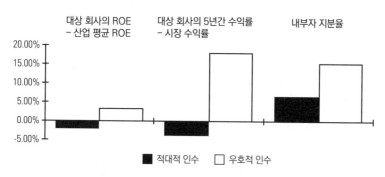

자료: Bhide. 적대적 인수와 우호적 인수의 대상 회사 간 특징을 인수가 있었던 해를 기준으로 비교.

- 기업의 절반 혹은 그 이상을 매각하는 분사 작업이 뒤따른 경우가 60%에 달했다. 절대다수에서 분사 대상이 되는 사업부는 회사의 핵심 사업과 관련이 없는 사업이었나(다시 말해 회사가 과거에 진행한 다각화를 되돌렸다).
- 19건 중 17건에서 경영진의 유의미한 교체가 있었고, 7건에서는 완전히 새로운 경영진으로 교체되었다.

앞의 결과에서 볼 수 있듯 대중적인 견해[28]와 달리 적대적 인수 합병을 한다 해서 인수 회사가 대상 회사를 찢어발겨 풍비박산 내는 일은 거의 일어나지 않는다. 오히려 대상 회사가 그들의 핵심 사업에 다시 집중해 경영 성과를 개선하는 일이 빈번하게 일어난다.

포트폴리오 구축하기

투자자로서 과거의 성공적인 인수 건과 인수 대상 회사의 특징을 살펴보는 일은 흥미롭다. 하지만 그 사건은 결국 과거의 일이기 때문에 현재의 투자와 직접 연관되지 않는다. 10년 전에 있었던 인수 합병 건에서 우리가 어떻게 돈을 벌 수 있다는 말인가? 직접 돈을 벌 수는 없지만, 여기서 얻은 증거를 통해 오늘날 잠재적인 인수 회사와 대상 회사의 포트폴리오를 구축할 수는 있다.

인수 회사 포트폴리오

인수 합병을 잘 수행할 회사의 포트폴리오를 구축하려면 각 회사의 역사와 성장의 근원을 살펴야 한다. 표 10.1은 미국 회사 중에서 2000~2002년에 인수를 (달러 가치 기준) 가장 적극적으로 진행한 회사의 목록이다.

표 10.1 인수 합병에 가장 많이 투자한 기업의 목록(미국, 2000~2002년)

기업명	업종	진행 건수	총 가치(백만 달러)
Comcast Corp.	방송	8	47,680.80
Citigroup Inc.	은행 & 금융	18	21,350.50
General Electric Co.	항공우주, 항공기 & 방위산업, 은행 & 금융	71	19,725.00
Tyco International Ltd.	전기 기구	19	16,882.20
Johnson & Johnson	욕실 용품 & 화장품	11	14,062.00
Nestle SA	식품 가공	8	11,266.80
AOL Time Warner Inc.	컴퓨터 서비스, 레저 & 엔터테인먼트	13	8,984.20
AT&T Corp.	통신	9	5,616.20
Schlumberger Ltd.	에너지 서비스	9	5,242.90
Berkshire Hathaway Inc.	보험	13	4,776.00
J.P. Morgan Chase & Co.	은행 & 금융	12	4,442.40
Cendant Corp.	복합 서비스	33	3,797.80
BB&T Corp.	은행 & 금융	23	3,098.70
Solectron Corp.	전자 기기	12	2,496.40
Calpine Corp.	전기, 가스, 수도 & 위생 서비스	9	2,494.80
Microsoft Corp.	컴퓨터 소프트웨어, 부품 & 서비스	8	2,402.20
Intel Corp.	전자 기기	11	1,943.10
VeriSign Inc.	컴퓨터 소프트웨어, 부품 & 서비스	8	1,647.90
Interpublic Group of Cos.	복합 서비스	12	1,605.30
NRG Energy Inc.	전기, 가스, 수도 & 위생 서비스	10	1,510.70
SPX Corp.	금속 가공 제품	10	1,447.90
Baxter International Inc.	의약품, 의료 기기	8	1,185.20
Danaher Corp.	산업·농업용 장비	11	1,075.40

자료: www.mergerstat.com

인수 회사의 산업 분야가 다양하다는 점과, 그들 중 일부가 진행한 거래의 횟수에 주목하자. 예를 들어 GE는 이 2년간 71개의 회사를 인수했지만 대체로 소규모의 회사에 집중되어 있었던 반면 컴캐스트Comcast는 같은 기간 큰 규모의 회사를 8개 인수했다.

달러 환산 인수 금액 기준으로 회사를 정렬했으므로 이 목록에는 대형 회사 위주로 등재된다는 편향이 존재한다. 인수 회사가 성장 방안으로 인수에 얼마나 의존했는지 제대로 파악하기 위해서는 인수 금액을 인수 회사의 가치와 비교해야 한다. 예를 들어 마이크로소프트가 인수에 지불한 24억 달러는 시가총액의 1% 미만에 해당하는 반면 AT&T가 인수에 지불한 56억 달러는 시가총액의 20%에 달한다. 인수가 회사의 가치에 얼마나 많은 비중을 차지하느냐를 기준으로 포트폴리오를 구성할 수도 있다. 이러한 식으로 구성한 포트폴리오는 표 10.1과 사뭇 다를 테고, 소형 기업을 더 포함할 수 있다.

잠재적 인수 대상 회사 포트폴리오

과거에 인수 대상이 되었던 회사의 특징을 모아서 포트폴리오를 구성해보겠다면 앞서 언급한 변수를 기준으로 회사를 선별할 수 있다. 예를 들어 (시가총액 기준) 소형 기업이면서, 내부자의 지분율이 낮고, (낮은 PBR이나 PER 등) 가치 평가 지표가 눌려 있으며 (업종 대비) ROE가 낮은 기업으로 걸러내는 식이다. 실제로 이들 지표를 사용하고자 한다면, 잠재적 인수 대상 회사의 특징은 다음과 같은 형태가 될 것이다.

- 소형 기업: 소형 기업은 대형 기업보다 인수에 나서기 쉽기 때문에 시가총액 5억 달러 미만의 기업만을 포트폴리오에 편입한다.

- 낮은 내부자 지분율: 내부자가 소유한 지분의 비율이 발행 주식 수의 10% 미만인 기업만 포트폴리오에 편입한다. 차등 의결권을 가진 주식이 발행되어 있는 경우는 제외한다. 이러한 회사는 적대적 인수의 대상이 될 가능성이 낮다.
- 싼 주식: 후행 PER이 12 미만이어야 싸다고 할 수 있으며 포트폴리오에 편입할 가치가 있다.
- 저조한 사업 성과: ROE가 산업 평균보다 5% 이상 낮은 회사만을 포트폴리오에 편입한다.

이 기준을 만족하는 15개 기업 목록을 표 10.2에서 볼 수 있다.

표 10.2 잠재적 인수 대상 회사

기업명	업종	주가 (달러)	12개월 후행 PER	시가총액 (백만 달러)	내부자 지분율(%)
AMN Healthcare	인적자원	11.22	9.6	456.6	3.6
Blair Corp.	소매(전문점)	24.00	9.7	186.2	8.7
Chesapeake Corp.	포장 & 컨테이너	16.13	10.2	228.2	5.6
Cone Mills	직물	2.01	6.4	48.2	9.3
Crompton Corp.	화학(특수)	4.03	8.1	443.6	7.6
Culp Inc.	직물	4.45	6.0	54.5	4.5
Enesco Group	소매(전문점)	6.91	11.8	90.3	3.8
Information Resources	정보 서비스	1.32	11.7	41.4	7.1
Int'l Multifoods	식품 가공	19.20	11.6	334.5	5.8
Intermet Corp.	자동차 부품	3.58	10.2	91.0	3.1
Myers Inds.	다각화 기업	9.57	11.0	264.5	2.7
SEMCO Energy	천연가스(유통)	4.12	7.5	74.3	1.3
ShopKo Stores	소매점	10.85	6.7	292.2	3.5
Standard Register	사무용품	14.84	10.6	372.9	2.7
Wellman Inc.	화학(특수)	9.59	10.8	284.5	6.7

이 목록에 있는 그 어떤 회사도 적대적 인수 대상이 될 것이라는 보장은 전혀 없지만, 두세 개 기업만 그렇게 되더라도 전체 포트폴리오는 높은 수익을 낼 수 있을 것이다.

추가할 이야기

인수 합병을 노리고 투자하는 전략에서 잠재적으로 성공 가능성을 깎아내릴 수 있는 요인은 무엇일까? 인수 합병 관련 어떤 세부 전략을 채택했느냐에 따라 고려해야 할 요인은 확연히 달라진다. 인수 회사를 산다면 재정 과부하(financial overreach, 인수에 너무 많은 돈을 투입)와 운영 과부하(operational overreach, 기존 사업을 위험에 빠트리면서 신규 사업으로 너무 빠르게 확장)를 모두 걱정해야 한다. 잠재적 인수 대상 회사가 될 회사로 포트폴리오를 꾸린다면, 영원히 인수되지 않은 채 계속해서 저조한 성과를 내는 주식에 둘러싸여 세월을 보낼 수도 있다.

인수 회사에 투자하기

인수에 적극적인 회사로 포트폴리오를 구성한다고 해보자. 인수 전략을 성공적으로 실행해온 회사를 신중하게 골랐다 하더라도 여전히 많은 위험이 남아 있다.

인수에 과다한 비용 지불

과거의 성공 사례가 미래의 성공을 담보하지는 않는다. 인수를 통해 성장한 회사의 성공 이력이 미래의 실패를 가리키는 이정표가 되기도 한다. 1990년대 초 두말할 나위 없는 성공적 인수 과정을 거쳐온 시스코의 사례를 보자. 1991년 시스코는 1억 8,300만 달러 매출에 4,300만 달러 이익을 내고 시가총액이 약 40억 달러에 달했다. 유망한 기술을 가진 회사를 인수해 그들의 기술로 훌륭한 제품을 내놓으면서 짧은 시간에 빠르게 이익을 늘린 시스코는 매년 성공적인 인수 과정을 거치면서 매출액과 시가총액 양면에서 더욱더 큰 기업이 되었다. 그런데 시스코는 성장 속도를 유지하기 위해서 매년 인수의 규모와 건수를 계속해서 늘려야 했다. 1999년 시스코는 매출액 121.5억 달러에 시가총액이 4,000억 달러를 넘는 거대 기업이 되었고, 성장세를 유지할 수 있는 인수 건을 찾아내기가 아주 어려워졌다.

투자자가 걱정해야 할 위험은 저성장 국면에 돌입하는 것이 아니라, 과거의 성공적인 인수 성과를 가진 기업이 더 이상 좋은 인수 건을 찾아낼 수 없는데도 계속해서 인수를 통한 성장을 밀어붙이는 상황이다. 이 지점에서 회사는 성공을 이루어낼 수 있었던 초심과 원칙을 쉽사리 내팽개치기 마련이다. 적극적으로 인수 합병을 수행하다 실패한 회사를 살펴보면 거의 모든 경우 이러한 변질 지점을 가지고 있다.

시간이 지나고 나면 인수 회사에 대한 투자는 시장 수익률에 뒤처지는, 변변치 않은 투자 전략이었다는 것을 알게 된다. 그림 10.5에서는 S&P100 기업 중 1998~2001년에 가장 적극적으로 인수를 진행한 15개 회사에 투자했을 경우 2001년과 2002년에 얻을 수 있었던 수익률을 구한 후, 1건의 인수를 진행한 회사 및 인수를 진행하지 않은 회사의 수익률과 비교해보았다.

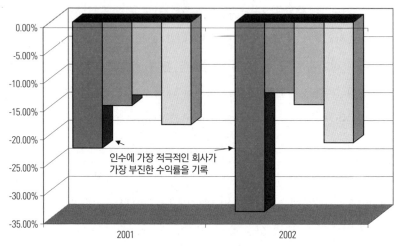

그림 10.5 인수에 적극적인 회사의 수익률(2001~2002년)

■ 인수에 가장 적극적인 회사 ■ 1건의 인수를 진행한 회사 ■ 인수를 진행하지 않은 회사 □ S&P100

자료: 컴퓨스탯. 인수에 가장 적극적인 회사는 S&P100 기업 중 1998~2001년에 가장 적극적으로 인수를 진행한 회사(횟수 기준).

인수에 가장 적극적인 회사에 투자한 주주가 2001년과 2002년에 거둔 수익률은 인수를 한 건도 진행하지 않은 회사와 시장 전체에 투자했을 때보다 10% 이상 하회한다.

인수에 과다한 비용을 지출하는 회사를 어떻게 걸러낼 수 있을까? 찾아볼 수 있는 통계 중 하나는 인수 회사가 인수에 평균적으로 지불한 프리미엄이다. 이 프리미엄이 높을수록 대상 회사를 비싸게 주고 샀을 가능성이 높아진다. 두 번째 방법은 대상 회사의 규모를 인수 회사와 비교하는 것이다. 다시 말하지만 작은 회사를 살 때보다 큰 회사를 살 때 과다 지출할 가능성이 높다는 연구 결과가 있다. 세 번째는 인수 발표 시 시장의 반응이다. 인수를 발표하고 인수 회사의 주가가 상승했다면 하락했을 때보다는 미래를 긍정적으로 볼 수 있다.

회계의 복잡성

인수 합병에 대한 회계 처리는 회사가 자체 사업에 투자했을 때보다 훨씬 더 복잡하다. 우선 거래를 기록하는 방식에 다양한 선택지가 있다는 것부터 살펴보자. 1999년까지만 해도 인수 거래를 하는 회사는 매수법과 지분 풀링법 중 하나를 선택해 장부에 기재할 수 있었다. 기재 방식에 따라 재무제표의 모습은 엄청나게 달라진다. 매수법을 선택하면 인수 대금을 재무상태표에 기재하되 피인수 회사의 장부가치와 인수 대금의 차이를 새로운 자산 항목(영업권)으로 계상한다. 지분 풀링법을 선택하면 매수 금액을 기재하지 않고 피인수 회사의 장부가치만 자산의 한 항목으로 계상한다. 지분 풀링법은 2001년 폐기되었지만 회사는 여전히 영업권을 조작하고자 한다. 현행 회계 기준은 기업에 과거의 인수 건을 재평가해 과도하게 지불한 금액이 있다면 상각하라고 요구한다. 이에 따라 AOL 타임 워너는 1999년에 합병으로 취득한 AOL의 자산 가치의 하락을 반영, 2001년에 1,000억 달러를 상각했다.

역사를 살펴보면 인수에 적극적인 회사가 회계 문제에 노출되기 쉽다는 사실이 더욱 자명해진다. 1990년대에 가장 큰 인수 합병을 진행한 10개 회사 중 엔론, 월드컴, 타이코, 루슨트Lucent, 센단트Cendant, AOL 타임 워너, 콘세코Conseco 등 7개 회사가 심각한 회계 부정을 저지른 것으로 밝혀졌다. 이들 회사는 단지 회계 준칙을 왜곡하는 것에 그치지 않고 아예 송두리째 무너뜨려버렸다.

인수 회사에 투자하는 투자자는 인수에 적극적이지 않은 회사에 투자할 때보다 재무제표를 분석하기가 훨씬 어렵다는 점을 각오해야 한다. 심지어 가장 기초적인 질문, 즉 회사에 투자된 금액이 얼마인지, 투자금을 어떻게 활용해 돈을 벌고 투사자에게 얼마를 돌려주는지, 회사가 낸 이익은 사업에 얼마나 재투자되는지 등에 대한 답을 듣기 어려울 수도 있다.

부채 그리고 희석

인수 회사가 대금을 지불하는 데는 두 가지 방식이 있고, 둘 모두 투자자에게 부정적인 결과를 안겨줄 수 있다. 하나는 새로운 주식을 발행해 자금을 조달하는 것인데, 발행 주식 수가 늘어나면 최소한 단기적으로는 주당순이익이 줄어든다. 다른 하나는 차입을 통한 자금 조달인데, 기업의 부도 가능성을 높이고 이자와 원금 상환의 부담을 지게 된다. 그림 10.6을 보면 차입을 통해 자금을 조달해 연속적인 인수를 진행하는 회사의 주가 수익률이 주식이나 현금을 이용하는 경우보다 더 낮다는 것을 알 수 있다. 그리고 두 그룹 모두 전체 시장에 뒤처지는 결과를 보인다.

이렇게 짧고 변동성이 큰 기간의 자료를 사용해 결론을 내리는 것은 한계가 있다. 그러나 시장이 하락하는 구간에서 부채에 기초한 인수 전략에는 주의를 기울여야 한다는 것만큼은 명백하다. 부채에 대한 의존성을 측정하는 방법 중 하나는 회사의 부채 비율을 경쟁 회사와 비교해보는 것이다. 부채에 의존해 큰 인수 건을 진행하면 이는 반드시 높은 재무 레버리지로 드러난다.

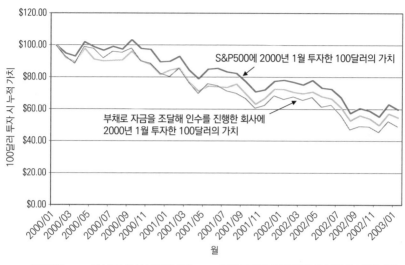

그림 10.6 부채를 통한 인수 vs. 기타 방식과 전체 시장

S&P500에 2000년 1월 투자한 100달러의 가치

부채로 자금을 조달해 인수를 진행한 회사에
2000년 1월 투자한 100달러의 가치

월

━━ S&P500   ━━ 연속으로 인수를 진행한 회사   ━━ 부채로 자금을 조달해 연속으로 인수를 진행한 회사

자료: CRSP. 각 그룹의 회사에 100달러를 투자하고 배당을 재투자했다고 가정했을 때의 누적 가치.

집중력 상실

인수에 주력하는 회사는 그렇지 않은 회사에 비해 기존의 사업과 관련되지 않은 새로운 사업에 뛰어드는 경우가 많다. 이렇게 생각해보자. 어떤 철강회사가 소프트웨어 산업에 독자적으로 진출하려고 한다면 어마어마한 업무량과 전문성이 필요할 것이다. 하지만 소프트웨어회사를 인수하면 그 과정을 빠르게 뛰어넘을 수 있다. 복합 기업이 수십 가지 서로 다른 영역의 사업을 벌이는 과정에서 내부 투자보다 인수를 선호해온 것은 전혀 놀랄 일이 아니다. 투자자의 처지에서는 회사가 이렇게 다양한 산업에 눈독을 들이는 것은 위험한 일이다. 복합 기업에 대한 연구 결과를 보면 대체로 이들의 가치는 개별 사업부의 가치보다 할인되는데, 그 이유로 경영진의 집중력 분산과 자원 낭비가 꼽힌다. 할인의 이유가 무엇이건 간에 투자자는 기존의 전문성을 유지하는 선에서만 인수를 진행하는 회사를 선호할 것이다.

대상 회사에 투자하기

인수 합병의 대상이 될 회사를 미리 찾아낼 수 있는 완벽한 방법을 찾아낸다면 어마어마한 수익을 거두게 될 것이다. 너무나 비상식적인 성공이라 SEC 직원에게 심문을 당할 수도 있다. 역사적으로 보면 이 전략을 꾸준히 성공시키는 유일한 길은 내부자 정보를 얻는 것이었다. 합법의 테두리 안에서 잠재적 인수 대상 회사를 필터링하고자 한다면 아주 낮은 성공 확률과 여러 가지 잠재된 위험을 고려해야 한다.

물러나지 않는 경영진

잠재적 인수 대상 회사를 찾는 데 참고할 수 있는 주요 지표 중 하나는 멍청한 경영진이다. 그러므로 우리는 쓸데없는 곳에 돈을 써버리고(낮은 자본 이익률) 주식의 수익률이 시장과 업종을 하회하는 회사를 찾아야 한다. 이러한 회사에 투자할 때는 경영진 교체를 염두에 두기 마련이다. 그런데 교체가 이루어지지 않는다면 어떤 일이 일어날까? 무능한 경영진이 지속적으로 가치를 파괴하는 회사로 가득 채워진 포트폴리오를 계속 떠안고 가게 될 것이다.

표 10.2에 정리한 잠재적 인수 대상 15개 기업을 생각해보자. 과거 이력을 조사해보면 잘 알겠지만, 이들 회사의 지표가 이 수준이 된 지는 이미 몇 년이 지났다. 심지어 그중 10개 기업의 CEO는 5년 혹은 그 이상 그

자리를 지키고 앉아 있다. 경영진의 위치가 얼마나 위태로운지를 정량적으로 걸러내기는 어렵다. '경영진의 임기'를 필터링 기준으로 삼거나 (CEO가 5년 이상 연임하고 있는 회사는 피함) 정성적 기준(이사진이 주주 가치를 중시함)을 적용할 수 있지만, 어떤 방법을 쓰더라도 미래에 경영진이 교체될 가능성은 여전히 알기 어렵다.

시장 분위기

인수 합병은 종종 시장의 전반적인 분위기에 영향을 받아서, 시장이 강세일 때 활황을 띠다가 시장이 약세일 때 수그러들고는 한다. 그림 10.7에 1968~2002년 합병 건수가 얼마나 오르내렸는지 나타냈다.

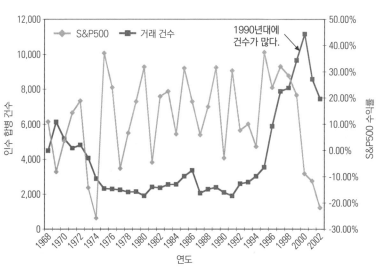

그림 10.7 인수 합병 건수와 시장 수익률(1968~2002년)

자료: 머저스탯(Mergerstat).

잠재적 인수 대상 회사에 투자하다 보면 시장의 분위기에 따라 적대적·우호적 인수 건수가 모두 감소하는 상황에 맞닥뜨릴 수 있다. 인수 합병 활동의 또 다른 특징으로는 특정 업종에 집중되는 경향이 있다는 점인데(1990년대 후반에는 통신 업종과 기술 업종의 인수 합병이 지배적이었다) 그 업종도 시기에 따라 계속 변한다.

이러한 요소가 잠재적 인수 합병을 기대하며 투자하는 전략에 주는 함의는 무엇인가? 첫째는 이 전략이 부분적으로 투자자의 마켓 타이밍 스킬(혹은 행운)에 의존한다는 것이다. 정말로 잠재적 피인수 회사를 잘 골라서 포트폴리오를 구축했다 하더라도 시장의 분위기가 나쁠 경우에는 실제로 인수되는 회사의 수는 기대에 못 미칠 수 있다. 둘째는 포트폴리오의 업종 집중도를 고려해야 한다는 점이다. 다시 말해, 최근 인수 합병과 통합이 활발히 일어나는 업종에 포트폴리오를 집중해야 한다는 뜻이다.

위험

멍청한 경영진이 멍청하게 경영하는 회사에 투자한다면, 이익은 누군가가 회사를 인수해서 더 낫게 만드는 상황에서 얻을 수 있을 것이다. 여기에도 위험은 존재한다. 멍청한 경영진이 경영하는 회사는 아예 파산해버릴 수도 있다. 잠재적 대상 회사로 짜인 포트폴리오는 따라서 상당한 위험에 노출된다. 고려해야 할 위험은 크게 두 가지다.

- 재무 레버리지: 큰 부채를 짊어지고 멍청한 경영을 하는 회사가 부채 없이 멍청한 경영을 하는 회사보다 위험하다는 것은 자명하다. 표 10.2에서 잠재적 인수 대상으로 언급한 15개 회사 중 7개 회사는 부채가 총자본의 50%를 넘는다. 이들 회사에 적자가 나기 시작하면

생존조차 어려워질 것이다.

- 베타와 표준편차: 주가 측면과 사업 측면에서 저조한 성과를 보인 회사는 대체로 변동성이 크다. 표 10.2에 나열한 15개 회사의 표준 편차는 평균적으로 시장의 두 배 정도다. 이들 회사의 평균 베타는 1.43인데, 역시나 시장 평균을 한참 넘어선다.

포트폴리오가 이러한 위험에 노출되는 것을 피하고자 한다면 부채 비율과 주가 변동성이 낮은 회사들만 투자해야 한다.

투자자에게 주는 교훈

인수 합병을 노리는 투자는 때때로 큰 수익을 안겨주지만 위험이 따른다. 인수 회사에 투자한다면 회사의 매출액과 이익 성장으로 인한 주가 상승에 몸을 싣고자 할 텐데, 다음과 같은 특징을 필터링 지표로 삼아야 한다.

- 전문 영역에 집중하고 원칙을 유지한다: 인수를 시도하면서도 기존의 핵심 사업 분야에 머물러 있거나 핵심 역량을 계속 유지하는 회사를 우선적으로 편입해야 한다. 이러한 회사는 외부의 압력에 직면하더라도 기존의 원칙을 고수할 가능성이 높다.
- 비싸게 사지 않는다: 인수 회사에 투자해서 돈을 벌 수 있느냐를 가르는 핵심 요소는 인수 가격이다. 인수 회사는 시너지와 경영권의 가치를 잘 평가하고 각종 후속 조치를 통해 실제로 가치를 만들어내어 인식한 가치의 최소한 일부라도 주주에게 돌려줄 수 있어야

한다. 입찰 경쟁에 참전한 회사는 보통 어떤 가격을 지불하더라도 전쟁에서 이기고자 하는데, 그 대가는 주주가 지불한다.

- 인수 자금을 건전하게 조달한다: 인수를 시도하면서 부채 비율을 높이거나 신주 발행을 공짜 돈 쓰듯이 하는 회사라면 장기적으로 좋은 투자처가 아닐 가능성이 높다.

- 복잡한 회계를 피한다: 인수 관련해서 가능한 한 많은 정보를 재무제표에 기재하고, 회계로 장난치지 않는 회사여야 장기적으로 좋은 투자처가 될 수 있다.

이러한 기준을 적용해보면 포트폴리오에 편입하기 좋은 주식은 시장에 파란을 일으키며 커다란 거래를 연속해서 성사하는 회사가 아니라, 뉴스 없이 조용히 거래를 성사하는 작은 규모의 회사라는 것을 알게 된다. 이러한 기준을 적용했다 하더라도 투자한 회사가(그리고 그들의 CEO가) 너무 멀리 가지 않는지 계속해서 감시해야 한다.

잠재적 대상 회사를 고르는 것이 더 낫다고 생각했다면, 앞에서 언급한 필터링 기준을 사용해보자.

- 경영 성과가 나쁘다: 성공 확률을 높이려면 단지 경영진이 회사의 자원을 제대로 활용하지 못한(비교군 대비 4% 이상 낮은 ROE) 정도에서 그치는 것이 아니라 주식의 수익률도 나빠야(비교군 대비 5% 이상 저조한 주가 수익률) 한다.

- 경영진의 지위가 위태롭다: 내부자의 지분율이 낮고(10% 미만), 정관에 경영권 방어 조항이 없으며, CEO의 권력이 공고하지 않은 회사에 집중한다.

- 위험 노출도가 적다: 부채가 너무 많거나(자본 대비 부채 비율이 50% 초

과) 변동성이 큰 주식(연율화된 표준편차가 80% 초과)은 배제해서 위험 노출도를 줄인다.

이들 조건을 조합해보면 2003년 3월 기준 17개 주식이 도출된다. 10장 부록에 목록을 정리했다.

결론

인수 합병은 여러모로 뉴스거리가 된다. 주가가 드라마틱하게 치솟으니 투자자는 인수 합병에 연관된 회사에 자연스럽게 주목한다. 어떤 투자자는 인수를 시도하는 회사의 매출액과 이익의 빠른 성장세에 매혹당하기도 한다. 역사에서 배운 점이 있다면, 연속해서 인수 합병을 하는 회사는 대체로 좋은 투자처가 아니라는 것이다. 그들은 너무 자주 과도한 인수 금액을 지불하며, 제대로 이해하지도 못하는 사업으로 확장하고, 심지어 돈을 빌려서 그 작업을 진행한다. 그들은 그들의 약점을 재무제표에서 감춰버리기도 하지만, 결국은 문제가 터지고야 만다.

인수 합병에서 가장 큰 혜택을 입는 쪽은 인수 발표 시점에 대상 회사의 주식을 이미 들고 있는 주주다. 이러한 이익을 얻기 위해서는 회사가 인수 대상이 되기 전에 미리 주식을 사야 한다. 인수 발표 이후에 주식을 사는 것은 위험한 전략이고 수익률도 제한적이다. 과거 인수 대상이 되었던 회사의 공통점을 추려보면 미래에 인수 대상이 될 잠재적인 회사를 골라낼 수 있다. 이러한 회사는 대체로 내부자의 지분율이 낮고 경영이 방만해서 사업의 수익성과 주식의 수익률이 모두 낮다.

부록: 미국 내 잠재적 인수 대상 회사(2003년 3월)

기업명	종목 코드	업종	주가 (달러)	12개월 후행 PER	시가총액 (백만 달러)
Universal Corp.	UVV	담배	37.09	8.7	949.7
ICN Pharmaceuticals	ICN	의약품	8.82	9.9	709.1
Saks Inc.	SKS	소매점	7.87	11.1	984.4
Libbey Inc.	LBY	가정용품	25.00	10.5	379.3
Conmed Corp.	CNMD	의약품	16.01	11.8	429.9
Wellman Inc.	WLM	화학(특수)	9.59	10.8	284.5
Blair Corp.	BL	소매(전문점)	24.00	9.7	186.2
Information Resources	IRIC	정보 서비스	1.32	11.7	41.4
Hughes Supply	HUG	건축 자재	24.80	9.1	509.9
Building Materials	BMHC	건축 자재	14.25	7.7	174.7
Myers Inds.	MYE	다각화	9.57	11.0	264.5
Cambrex Corp.	CBM	화학(다각화)	23.70	10.8	550.5
Phillips-Van Heusen	PVH	의류	11.97	11.0	329.5
Standard Register	SR	사무용품 & 소모품	14.84	10.6	372.9
Armor Holdings	AH	항공우주 & 방위산업	9.92	11.6	287.8
IHOP Corp.	IHP	음식점	23.72	11.2	449.7
AnnTaylor Stores	ANN	소매(전문점)	19.34	11.1	791.3

기업명	내부자 지분율(%)	부채 비율(%)	3년 표준편차	ROE	업종 평균
Universal Corp.	1.8	46.0	34.87	18.14%	35.85%
ICN Pharmaceuticals	8.3	38.1	64.30	10.50%	24.29%
Saks Inc.	9.8	38.9	60.78	1.04%	13.11%
Libbey Inc.	6.3	44.3	32.18	23.82%	35.46%
Conmed Corp.	8.5	39.8	48.30	8.60%	19.63%
Wellman Inc.	6.7	25.3	47.40	1.36%	10.30%
Blair Corp.	8.7	0.2	38.07	2.24%	10.71%
Information Resources	7.1	2.8	77.16	2.71%	11.14%
Hughes Supply	6.6	40.1	48.19	7.41%	15.80%
Building Materials	5.9	39.8	40.15	8.78%	15.80%
Myers Inds.	2.7	47.9	44.40	6.98%	12.51%
Cambrex Corp.	13.5	41.8	36.48	12.96%	17.95%
Phillips-Van Heusen	4.1	46.3	39.56	9.06%	13.93%
Standard Register	2.7	38.5	44.69	6.66%	11.53%
Armor Holdings	13.7	3.4	48.60	5.96%	10.78%
IHOP Corp.	9.5	39.8	30.93	12.89%	17.36%
AnnTaylor Stores	3.5	14.7	55.64	6.43%	10.71%

11장
확실한 한 방!
무위험 절대 수익

린다의 공짜 점심

린다는 공짜로 무언가를 얻는 기회를 좋아한다. 식료품점에서 잘못 인쇄한 쿠폰이라든가 리조트의 무료 용품 등을 거리낌 없이 사용한다. 그는 이러한 방식으로 주식 투자에서도 돈을 벌 수 있지 않을까 생각했다. 주식 중개인으로 일하는 친구 브라이언은 그에게 위험 없이 확정적으로 고수익을 거둘 수 있는 길이 있다고 귀띔해주었다. 미국에 상장된 해외 주식은 자국의 주식시장에서 거래되는 가격보다 미국에서 더 비싸게 거래되기도 한다. 그 친구는 지인을 통해 그 주식을 싸게 사는 동시에 미국에 상장된 주식을 빌려서 공매도할 수 있다고 했다. 두 주식은 같은 회사의 주식이기 때문에 확실한 수익이 보장된다는 것이다.

린다는 그 계획에 동참하기로 했다. 브라이언은 자카르타에 상장된 한 인도네시아 회사의 주식을 사는 동시에 미국에 상장되어 20% 높은 가격에 거래되고 있는 같은 회사의 주식을 빌려서 공매도했다. 빌린 주식은 두 달 이내에 갚아야 하지만 가격 차이는 그때까지 좁혀질 것이기 때문에 확실히 돈을 벌 수 있다고 했다.

린다는 이후 며칠 동안 인도네시아와 미국 시장의 주가를 지켜보았다. 가격 차이는 여전히 좁혀지지 않았지만 아직은 그다지 걱정스럽지 않았다. 한 달이 지나도 가격 차이가 여전히 20%에 머무르자 그는 브라이언을 찾았다. 브라이언은 모든 게 잘되고 있다며 안심시켰다. 린다가 직접 조사해보니, 미국에 상장된 주식은 ADR이라는 것이었고 과거에도 언제나 자국의 주식보다 프리미엄을 받고 거래되었다. 또한 ADR은 자국의 주식으로 교환되는 것도 아니었다. 가격 차이가 오히려 25%로 늘어나자 그는 더 이상의 손실을 막기 위해 브라이언에게 계좌를 닫아달라고 했다. 자신의 강점은 주식시장보다는 식료품점에서 살리겠노라고 마음먹었다.

▶ 교훈: 주식시장에서 돈 벌기가 쉬워 보인다면, 충분히 검토하지 않은 것이다.

공짜 점심은 없다는 말을 반복해서 들으면서도 투자자는 멈추지 않고 그 점심을 찾아다닌다. 위험을 짊어지지 않고도 국채 이상의 수익을 올릴 수 있다면 그것이 바로 공짜 점심이다. 기관투자가냐 개인 투자자냐를 막론하고 이 희귀한 기회를 찾아 돈을 벌고자 하는 시도는 늘 있었다. 무위험 이자율 이상의 수익을 위험 없이 거둘 수 있는 투자를 차익 거래라고 한다. 11장에서는 차익 거래의 가장 순수한 형태를 먼저 살펴보고, 실제로 마주칠 수 있는 여러 형태와 거기에 남아 있는 위험을 살펴보고자 한다. 나아가 눈앞에 보이는 차익 거래 기회가 있음에도 실제 그 수익을 얻어내기가 어려운 이유도 알아보겠다.

이야기의 핵심

무자본, 무위험, 무한 이익! 이러한 상품이 있다면 아마도 불티나게 팔릴 것이다. 회의적인 투자자라면 과거 휴지 조각이 되었던 비슷한 사례를 떠올리며 조롱 섞인 표정으로 바라보겠지만 말이다. 이러한 투자자는 애초에 이러한 상품이 어떻게 존재할 수 있는지부터 물어볼 것이다. 차익 거래 기회를 팔고자 한다면 우선 이 기회가 왜 존재하는지 설명해야 한다. 몇 가지 예가 있다.

- (아직) 아무도 모른다: 이러한 이야기는 실제로 잘 먹힌다. 모든 훌륭한 투자 기회는 최초에 발견한 누군가가 있어야 한다. 그리고 참으로 편리하게도 그 누군가는 바로 당신의 지인이다. 사기극에서는 이러한 엄청난 기회를 발견한 사람이 왜 다른 사람과 이 정보를 공유하려 하는지, 그 정보를 수령하는 운 좋은 사람이 왜 굳이 당신이어야 하는지에 대해 별로 설명해주지 않지만, 어쨌거나 당신은 스스로가 특별하다고 느끼게 된다.

- 특별한 기술이 필요하며, 당신은 그 기술을 (싸게) 얻을 수 있다: 투자자가 어느 정도 설득되긴 했지만 그 '공짜' 점심을 사는 데 큰 비용을 지불하려 하지 않을 때 이러한 말을 추가로 듣게 된다. 만약 당신이 이 특별한 기술을 돈 들여 획득한다면 (그것이 책이건, 소프트웨어건, 비밀의 주술이건 간에) 다른 투자자를 뛰어넘을 수 있는 고지에 올라설 수 있다고 한다.

- 아주 짧은 시간 동안만 기회가 열려 있다(그러니 빨리 결정해야 한다): 실제로 시장은 때때로 실수하며, 적절한 때 적절한 위치에 있었던 사람에게 차익 거래 기회를 제공하기도 한다. 이번에는 그 사람이 바로 당신이다. 즉시 움직이기만 한다면 말이다.

- 특별한 자질을 가진 사람만 이 기회를 잡을 수 있다(당신은 그 자질을 가지고 있다): 이 말은 영업에서 아마도 가장 효과적일 것이다. 당신이 남과 다르다면(거래 비용이 적다거나 세율이 낮다거나), 다른 사람에게는 적당한 가격이더라도 당신에게는 무위험 이익이 발생하는 가격이 될 수 있다.

이론적 근거: 차익 거래

차익 거래를 이해하기 위해서는 우선 세 종류의 차익 거래를 구별할 수 있어야 한다.

첫째는 순수 차익 거래(pure arbitrage)로, 동일한 두 자산이 같은 시간에 다른 가격으로 거래되고 있고 그 두 가격이 미래의 특정 시점에 하나로 수렴하는 경우다. 이러한 유형은 파생상품시장(선물과 옵션)에서 주로 발견할 수 있으며 채권시장에서도 때때로 보인다.

둘째는 근사 차익 거래(near arbitrage)로, 두 자산이 동등하거나 혹은 거의 동등한 현금흐름을 낳지만 두 가격이 수렴한다는 보장이 없고 투자자가 그렇게 되도록 강제하기에도 많은 제약이 따르는 경우다.

셋째는 투기적 차익 거래(speculative arbitrage)인데, 이것은 애초에 차익 거래가 아니다. 투자자는 자신이 보기에 유사한(완전히 동일하지는 않더라도) 두 자산의 가격이 다를 때 싼 쪽을 사고 비싼 쪽을 팔면서 돈을 벌고자 한다. 그들이 옳다면 시간이 지나 차이가 좁혀지면서 수익을 낼 수 있다. 앞으로 살펴보겠지만, 세상이 틀린 게 아니라 그들이 틀렸고, 애초에 가격이 잘못 책정된 게 아니었던 경우가 많아서 이 전략은 위험하다.

순수 차익 거래

순수 차익 거래가 되려면 현금흐름이 동일한 두 자산이 다른 가격에 거래되어야 하기 때문에 그만큼 찾아내기 어렵다. 우선 완전히 동일한 두 자산은 실제 세계에서 그다지 자주 볼 수 없고, 주식에 투자하는 경우라면 더욱 그러하다. 완전히 같은 두 개의 회사란 존재하지 않으며 따라서 두 회사의 주식 또한 대체 관계가 아니다. 동일한 두 자산이 실제로 존재한다 하더라도 두 자산의 가격이 다르게 거래되는 것을 금융시장이 왜 가만히 보고 있는지 의심해보아야 한다. 여기에 더해 두 가격이 특정 시점에 합쳐져야 한다는 제약 조건까지 고려한다면 순수 차익 거래 기회는 아주 드물게 발생하며, 발생한다 하더라도 그 폭이 아주 미미하고 짧은 시간 내에 사라질 것이다. 이러한 일이 일어나게 하는 요인은 다음과 같다.

- 시장별 정보 접근성의 제약: 동일한 자산이 두 개의 시장에서 각각 거래되는 상황에서 한쪽의 투자자가 다른 쪽의 가격을 관찰하기 어렵다면 두 자산이 다른 가격에 거래될 수 있다. 지금처럼 CNBC가 있고 온라인 거래가 활성화된 상황에서는 어색하게 느껴지지만, 십수 년 전만 하더라도 대체로 기관투자가인 아주 소수의 투자자만이 실시간으로 가격과 거래 정보를 얻을 수 있었다는 점을 상기할 필요가 있다. 아직도 세계 여러 나라에서 가격과 거래 정보가 투명하게 공개되지 않거나 아예 제공되지 않는다.

- 거래의 제약: 잘못 책정된 가격을 교정하려면 거래를 할 수 있어야 한다. 거래를 쉽사리 할 수 없는 상황에서는 잘못 책정된 가격이 계속 유지될 수 있다. 예를 들어 다른 투자자에게 주식을 빌려서 팔아야(공매도) 차익 거래 포지션을 구축할 수 있는데, 많은 나라에서 공매도가 제한적이거나 아예 금지되어 있다.

선물 차익 거래

선물 계약은 미래의 특정 시점에 특정 가격으로 어떤 자산을 사겠다는 약속이다. 선물 계약에는 항상 거래의 양방(미래의 특정 시점에 자산을 양도하기로 약속한 매도자 측과, 미래의 특정 시점에 고정된 가격을 지불하고 자산을 양수하기로 약속한 매수자 측)이 존재한다. 예를 들어 금 1년물이 온스당 425달러에 거래되고 있다고 하자. 이 계약을 산다면 1년 후에 금 100온스를 온스당 425달러에 사겠다고 약속한 것이다. 한편 만약 1년 후에 금 100온스를 보유하는 것이 목적이라면 오늘 돈을 빌려서 금 100온스를 현재 시세에(현물 시장에서) 사서 1년 동안 보관해도 같은 목적을 달성할 수 있다. 두 번째 방안(빌린 돈으로 금을 사서 보관)의 경우 두 가지 추가 비용이 발생한다.

- 이자 비용: 돈을 빌렸기 때문에 빌린 기간 동안(이 사례에서는 1년) 이자를 지불해야 한다.

- 보관 비용: 선물 만기일까지 원자재를 보관하는 비용이 있다면 그 비용 또한 전략에 반영해야 한다. 몇몇 경우에는 실물 원자재를 직접 보유하는 것이 더 이득인 경우가 있다. 이 이득을 편의 수익(convenience yield)이라고 하며, 선물 가격을 낮추는 요인이다. 순수 보관 비용은 전체 보관 비용에서 편의 수익을 뺀 값으로 정의한다.

두 전략은 종료 시점에서 동일한 결과(현재 알고 있는 일정 비용을 지불하고 1년 후에 금 100온스를 소유하게 된다)를 낳기 때문에 비용도 동일해야 한다. 만약 그렇지 않다면 무위험 수익 기회가 될 수 있다.

단순하게 계산해보자. 금 현물의 현재 가격이 온스당 400달러이고 1년 선물 가격이 온스당 425달러라고 하자. 지금 선물을 산다면 1년 후에 온스당 425달러에 금을 사게 된다. 한편 지금 400달러를 빌려서 금 1온스를 사서 1년간 보관할 수도 있다. 후자를 택한다면 돈을 빌리는 데 따른 이자 비용과 금 보관 비용을 내야 한다. 연간 무위험 이자율이 5%이고 금의 1년 보관 비용이 온스당 2달러라면 이 방안은 온스당 422달러의 비용이 든다.

> 선물 가격 = $425

> 차입, 구매, 보관 가격 = $400 × 1.05 + $2 = $422

최종 결과가 동일(1년 후 1온스의 금을 갖게 됨)하기 때문에 다음과 같이 차익 거래 포지션을 구축할 수 있다.

> 차익 거래 포지션: 400달러를 빌려서 금 1온스를 사서 보관

> 금 선물 1온스를 425달러에 매도

1년이 지나 선물 매수자에게 금을 양도하고 425달러를 받는다. 이와 동시에 차입금과 이자(420달러)를 청산하고 보관 비용(2달러)을 지불하면 수중에는 온스당 3달러의 차익 거래 이익이 남는다. 이러한 차익 거래 기회를 없애려면 선물 가격은 422달러가 되어야 한다.

이 차익 거래에는 여러 가지 가정이 포함되어 있다. 첫째, 투자자가 돈을 빌리고 빌려줄 때 적용되는 이자율은 동일하며 무위험이다. 둘째, 선물 가격이 저평가된 경우 (차익 거래를 시도하는) 선물 매수자는 현물을 빌려서 매도하고 나중에 갚을 수 있는데, 이 과정에서 보관 비용이 절약된다.* 이러한 가정은 비현실적이기 때문에 차익 거래가 가능한 가격대가 쉽사리 눈에 띄지 않는다.

---

* 예를 들어 선물 가격이 410달러인 경우 차익 거래자는 선물 매수, 현물 매도를 통해 차익 거래 포지션을 구축할 수 있다. 1온스 현물을 빌려서 매도하면 400달러의 현금이 생기고 이 현금에서 1년간 20달러의 이자가 발생한다. 선물 만기일에 410달러를 지급하고 금 현물을 수령해 빌린 금을 갚으면 10달러의 무위험 차익이 발생한다. 이 경우에 차익 거래자는 금 보관 비용을 부담하지 않고, 금 보관 비용은 처음 공매도 시 금 현물을 매수한 제3자가 지불한다. 따라서 명시적으로는 보관 비용을 내지 않는다.

옵션 차익 거래

또 다른 파생상품인 옵션은 선물과 아주 중요한 차이점이 있다. 옵션은 의무가 아니라** 권리를 나타낸다는 것이다. 옵션 보유자는 만기일에 특정 가격(행사 가격, exercise price)에 기초 자산을 거래할 수 있는 권리를 지니는데, 콜 옵션은 살 수 있는 권리를, 풋 옵션은 팔 수 있는 권리를 의미한다. 따라서 옵션의 결정적인 특징은 매수자가 기초 자산의 가격이 유리할 경우에만 권리를 행사해 이득을 취하고, 그렇지 않을 경우에는 초기에 옵션을 취득할 때 지불했던 가격만큼만 손해 보고 끝난다는 점이다.

예를 들어 행사 가격이 50달러인 마이크로소프트의 콜 옵션 6개월물을 4달러에 샀다고 하자. 이 옵션으로 투자자는 마이크로소프트의 주식을 6개월 내에 언제든 50달러에 살 수 있다.*** 당연하겠지만 투자자는 마이크로소프트 주식의 가격이 50달러를 넘어섰을 때만 옵션을 행사할 것이다. 옵션을 행사하면 행사 시점의 기초 자산 가격과 행사 가격의 차이만큼 이득을 본다. 마이크로소프트의 주가가 50달러를 하회한다면 투자자는 옵션을 행사하지 않을 것이고, 옵션을 사는 데 지불한 가격만큼 손해를 본다. 같은 행사 가격을 가진 풋 옵션의 경우 50달러 가격에 마이크로소프트 주식을 팔 수 있는 권리를 보유하는 것이고, 마이크로소프트의 주가가 50달러 아래로 떨어졌을 때만 권리를 행사할 것이다.

** 선물 계약을 체결할 경우 이행 의무가 발생한다. 선물 매수자는 만기일에 현물 가격에 상응하는 금액을 지불해야 하고 선물 매도자는 만기일에 현물을 인도해야 한다. 물론 실제 선물 계약에서는 양자 간의 차액을 정산하는 것으로 이행 의무를 종료시키는 경우가 많다. 여기서 언급하고자 하는 바는, 선물 계약을 보유하고 있으면, 옵션 (매수) 계약과 달리, 만기일에 가격이 불리해졌다고 해서 계약을 포기할 수 없다는 점이다(옵션 매도자는 옵션 매수자가 옵션을 행사할 경우 반드시 거래에 응할 의무를 진다).
*** 유러피언 옵션은 만기일에만 권리 행사가 가능하고 아메리칸 옵션은 만기일 이전에도 행사가 가능하다. 저자는 아메리칸 옵션을 기준으로 설명하고 있다.

옵션시장에서 가장 쉬운 형태의 차익 거래 기회는 옵션 가격이 특정 범위를 넘어섰을 때 발생한다. 어떤 옵션도 행사 가격 아래에서 팔려서는 안 되는데, 그 가치는 다음과 같다.

콜 옵션: 콜의 가치 > 기초 자산의 가격 - 행사 가격

풋 옵션: 풋의 가치 > 행사 가격 - 기초 자산의 가격

예를 들어 행사 가격이 50달러인 콜 옵션이 있는데 기초 자산의 가격이 60달러라면 이 콜 옵션은 절대로 10달러 미만에 거래되어서는 안 된다. 만약 10달러 미만에서 거래된다면 투자자는 그 옵션을 매수한 후 바로 행사해 즉시 10달러를 벌 수 있다.[*]

기초 자산과 옵션을 둘 다 매매하고 옵션의 만기일까지 그 포지션을 유지할 예정이라면 옵션 가격의 합리적인 범위를 다음과 같이 압축할 수 있다.

콜 옵션: 콜의 가치 > 기초 자산의 가치 - 행사 가격의 현재 가치

풋 옵션: 풋의 가치 > 행사 가격의 현재 가치 - 기초 자산의 가치

앞에서 언급한 사례의 콜 옵션을 생각해보자. 만기가 1년이고 무위험 이자율을 10%라고 가정한다.

행사 가격의 현재 가치 = \$50/1.10 = \$45.45

콜 가치의 하한선 = \$60 - \$45.45 = \$14.55

이 콜 옵션은 14.55달러 위에서 거래되어야 한다.[**] 만약 그 아래, 예를 들어 12달러에 거래된다면 어떤 일이 벌어질까? 투자자는 콜 옵션을 12달

---

[*] 유러피언 옵션은 만기일 이전에 기초 자산의 가격이 콜 옵션 행사 가격 이상(혹은 풋 옵션 행사 가격 이하)가 되었다 하더라도 옵션 가격이 행사 가격 이하가 될 수 있다. 옵션을 즉시 행사할 수 없고 만기일까지 기다려야 하는데, 만기일에 다시 기초 자산의 가격이 하락(풋 옵션의 경우 상승)할 수 있기 때문이다.

러에 사고 기초 자산인 주식을 60달러에 공매도해 남은 48달러($60-$12)의 현금에 대해서 무위험 이자 10%를 얻는다. 1년이 지나면 다음과 같은 일이 벌어진다.

- 주식 가격 > 행사 가격($50)인 경우: 무위험 수익($48×1.10=$52.80)을 얻고 옵션을 행사($50에 주식 매수)해 산 주식으로 빌렸던 주식을 갚는다. 둘의 차액인 2.80달러가 이익으로 남는다.

- 주식 가격 < 행사 가격($50)인 경우: 무위험 수익($52.80)을 얻고, 시장 가격($50 미만)으로 주식을 사서 갚으면서 차액만큼 추가 이익을 얻는다.

다시 말해 현재 시점에서 자금을 투입하지 않으면서도 미래에 확정적으로 수익이 보장된다. 풋 옵션으로도 비슷한 사례를 만들어낼 수 있다.

차익 거래가 가능한 기준선을 설정하는 일은 기초 자산인 주식이 배당을 지불하지 않고, 옵션의 권리를 만기일에만 행사할 수 있는 경우(유러피언 옵션)에 가장 적합하다. 실제 거래되는 대부분의 옵션은 만기일 이전에 권리 행사가 가능(아메리칸 옵션)하고 주식은 배당을 지급한다. 이러한 옵션도 가격이 경계선을 유의미하게 넘어가는 일은 거의 없는데, 부분적으로는 권리를 미리 행사하는 경우가 매우 드물고 배당금도 대체로 소규모이기 때문이다. 옵션 만기가 길고, 배당금이 크고 불확실할수록 옵션 가격이 경계선을 넘는 경우를 발견할 가능성이 높아지는데, 만약 그렇다 하더라도 거기서 이득을 취하기는 어렵다.

** 행사 가격이 50달러이고 기초 자산의 가격이 60달러라면 콜 옵션 가격의 하한선이 10달러라고 생각하기 쉽지만, 10달러 이상의 가격 범위(본문 예시에서는 14.55달러 미만)에서도 차익 거래 기회가 발생할 수 있음을 설명하고 있다.

1970년대 초반에 옵션 가격 결정에 관한 혁명적인 아이디어가 등장했다. 차입한 돈으로 기초 자산을 매수해 콜 옵션과 완전히 동일한 현금흐름을 창출하는 포트폴리오를 만들어내는 것이다. 피셔 블랙Fischer Black과 마이런 숄스Myron Scholes는 차익 거래 아이디어를 활용해 옵션의 가격을 결정하는 모델을 도출했다. 핵심 아이디어는 복제된 포트폴리오와 옵션이 동일한 현금흐름을 낳으므로 동일한 가격에 거래되어야 한다는 것이다.[1] 만약 상장된 옵션의 가격이 복제 포트폴리오를 만드는 데 드는 비용보다 낮은 가격에 거래되고 있다면 투자자는 그 옵션을 매수하고 복제 포트폴리오를 매도해 무위험 수익을 얻을 수 있다. 두 포지션에서 나오는 현금흐름이 서로를 상쇄하기 때문에 가격의 차이만 남는다. 만약 복제 포트폴리오를 만드는 비용이 옵션 가격보다 더 싸다면, 투자자는 복제 포트폴리오를 사고 옵션을 매도해 확정 수익을 얻을 수 있다.

근사 차익 거래

근사 차익 거래는, 동일하지 않지만 매우 흡사한 두 자산이 다른 가격에 거래되고 있거나, 동일한 자산이 다른 가격에 거래되고 있지만 가격이 수렴할 것이라는 보장이 없는 경우에 이루어진다. 아무리 정교하게 매매 전략을 짠다 하더라도 이러한 시나리오는 더 이상 무위험이라 할 수 없다. 다음의 세 가지 예시를 보자.

- 동일 증권, 복수 시장: 지금처럼 세계화된 시장에서는 한 주식이 여러 시장에 상장되어 거래되는 경우가 많다. 같은 주식을 한 시장에서 사는 동시에 좀 더 높은 가격에 매도할 수 있다면 무위험 수익을 확보할 수 있다. 그러나 실제 세상에서는 같은 회사의 주식이 다른

시장에서 거래되는 경우, 두 주식은 다른 형태일 수 있다. 예를 들어 미국 외 회사의 주식이 미국 시장에서 거래될 때 미국 시장에서는 주식 예탁 증서(American Depository Receipts, ADRs)* 형태로, 자국에서는 일반 주식으로 거래되는 경우가 많다. 만약 ADR을 자국 주식으로 제한 없이 전환할 수 있다면 두 시장의 유의미한 가격 차이에서 이익을 얻을 가능성이 있다.

- 폐쇄형 펀드: 전통적인 뮤추얼 펀드는 고객의 자금이 들어오고 나감에 따라서 발행 주식 수가 조절되며 주당 가격은 펀드의 순자산 가액(net asset value)을 발행 주식 수로 나눈 값에 따라 매겨진다.** 청산일이 정해진 폐쇄형 펀드는 다른 뮤추얼 펀드와 확연히 다른 한 가지 특징이 있다. 폐쇄형 펀드는 일반적인 상장 기업처럼 발행 주식 수가 고정되어 있고 시장 가격은 순자산가치와 다를 수 있다. 다시 말해 폐쇄형 펀드는 그 펀드가 소유한 주식의 동일 시점 값어치보다 훨씬 싼 값에, 혹은 훨씬 비싼 값에 거래될 수 있다는 뜻이다. 만약 폐쇄형 펀드의 시장 가격이 순자산가치보다 낮아지면 이를 통해 이득을 보는 구조를 짤 수도 있겠지만, 그 방법이 명쾌하지는 않다.

- 전환 사채 차익 거래: 전환 사채(convertible bond)는 두 주식(전통적인 채권에 주식으로 전환할 수 있는 옵션이 포함)이 하나의 주식에 담겨 있는 특수한 형태를 띤다. 어떤 회사가 전환 사채나 전환 우선주

---

* 원래의 주식은 자국의 보관 기관에 예탁해두고 미국 시장에는 해당 주식과 교환 가능한 주식 예탁 증서(ADR)를 미국의 통화로 발행한다.
** 미국은 뮤추얼 펀드가 상장되어 일반 주식처럼 거래되지만 한국에서는 ETF가 아닌 공모 펀드는 상장되지 않는다.

(convertible preferred stock)를 발행해 회사의 보통주, 신주 인수권, 우선주 등과 결합해놓았다면 이러한 주식의 가격 차이를 통해 거의 무위험에 가까운 포트폴리오를 구성할 수 있다.

유사 차익 거래 혹은 투기적 차익 거래

차익 거래라는 용어는 투자업계에서 아무렇게나 갖다 붙이는 단어다. 수많은 전략이 차익 거래라고 불리지만 실제로는 투자자를 위험에 노출시킨다. 다음과 같은 경우를 생각해보자.

- 페어 트레이딩(paired arbitrage): 진짜 차익 거래에서 투자자는 하나의 자산을 사고 완전히 동일한 자산을 다른(더 높은) 가격에 매도한다. 페어 트레이딩은 하나의 주식(예를 들어 GM)을 사고 비슷하다고 생각하는 다른 주식(말하자면 포드)을 팔면서 위험이 없다고 주장한다. 이 전략이 무위험이 아니라는 점은 명백하다. 두 주식은 같지도 않고, 비슷하다 하더라도 두 주식의 가격이 수렴해야 할 이유가 없다.
- 합병 차익 거래(merger arbitrage): 10장에서 인수 합병이 발표된 이후 해당 거래와 관련된 주식을 사는 전략을 다루었다. 이 전략은 합병 차익 거래라고 부르는데, 애초에 차익 거래라고 불러야 할 이유가 없다. 이러한 수익은 무위험이 아니며 이 전략은 투기적이다.

증거 확인

지난 수십 년간의 경험적인 연구 자료에서 차익 거래의 기회가 거의 없었다고 밝혀진 것은 놀랄 일이 아니다. 애초에 그런 기회가 존재하는 것이 오히려 놀랄 일이다. 지금부터 보게 되겠지만, 차익 거래 기회의 증거는 모호하고 각자의 관점에 따라 다르게 해석할 소지가 있다. 시장이 효율적이라 믿는 사람은 이들 증거에 대해서 거래 비용과 실행상의 문제점을 고려하면 수익을 내는 데 활용할 수 없다고 주장할 것이다. 시장이 가끔 실수한다고 믿는 사람은 자산 가격이 잘못 책정된 상황을 이용해, 모든 투자자는 아니지만 누군가는 수익을 낼 기회로 활용할 수 있다고 주장할 것이다.

순수 차익 거래

차익 거래 기회가 존재하는지 확인하는 방법 중 하나는 선물과 옵션의 가격이 어떻게 매겨지는지를 살펴보는 것이다. 그러나 무위험 이익을 얻기 위해서는 실제로 이 가격에 매매할 수 있어야 하기 때문에 차익 거래 기회가 존재한다는 증거로 삼기에는 약하다. 두 번째 방법은 차익 거래를 한다고 주장하는 투자자가 실제로 성공했는지 성과를 파악하는 것이다.

선물 옵션 시장

선물과 옵션의 차익 거래가 그렇게 간단하다면 합리적이고 효율적인 시장이 왜 그 기회가 존재하도록 가만히 두는 것일까? 상품commodity 선물 시장에 관한 1983년의 연구에서는 차익 거래 기회는 거의 존재하지 않는다는 결론을 내렸고, 최근의 연구 역시 같은 결과를 반복적으로 도출한다.

선물 옵션 시장에서는 물론 차익 거래 기회가 존재하기는 하지만 아주 일부의 투자자만 그 기회를 포착할 수 있고 지속 기간도 매우 짧다.[2] 거래 비용의 차이가 이 차이를 대부분 설명해준다. 대형 기관투자가는 개인 투자자와 달리 선물시장과 기초 자산에 대해 거의 제로에 가까운 거래 비용으로 즉각 거래를 진행할 수 있다. 이에 더해서 대형 기관투자가는 차익 거래에 필요한 조건을 좀 더 잘 만족시킬 수 있다. 이들은 무위험 이자율에 가까운 이자율로 자산을 빌려서 공매도할 수 있다.

그런데 이러한 기회를 활용할 수 있는 대형 기관투자가라 할지라도 차익 거래로 인한 수익의 크기가 작아서[3] 유의미한 수익의 원천이 되지 못한다. 유의미한 수익 기여를 하기 위해서는 다음 세 조건 중 하나를 만족해야 한다. 첫째, 다른 투자자 대비 거래 비용을 낮출 수 있어야 하는데, 기관투자가끼리도 경쟁하기 때문에 이는 실현하기 어렵다. 둘째, 다른 투자자보다 정보를 더 빨리 취득할 수 있어야 한다. 다시 말하지만, 차익 거래에 필요한 대부분의 정보는 가격 정보이며 이는 공개되어 있다. 셋째, 특정 선물이나 옵션의 가격이 잘못 책정되었음을 다른 투자자가 파악하기 전에 알 수 있어야 한다. 차익 거래 기회는 어떤 자산에 대해서 선물 옵션 계약이 처음 도입될 때 가장 빈번하게 발생하는데, 투자자가 이 파생상품의 디테일을 이해하는 데 시간이 걸리기 때문이다. 예를 들어 주가지수나 국채의 선물이 처음 도입되었을 때 투자자는 이들의 가격을 어떻게 책정해야 하는지 학습하는 데 어느 정도 시간이 걸렸다.[4] 아마도 시장의 특성을 빨리 학습하는 투자자는 선물 옵션 등의 금융 상품이 도입되는 초기에 이를 활용해 막대한 이익을 거둘 수 있을 것이다.

고정 수익 증권 차익 거래

채권은 존속 기간이 한정되어 있고 현금흐름이 고정되어 있기 때문에 주식보다 차익 거래 기회가 좀 더 쉽게 발생할 수 있다. 특히 국채는 고정 현금흐름이 보장되기 때문에 더욱 그러하다. 한 가지 아주 간단한 사례를 생각해보자. 국채의 쿠폰 지급일과 동일한 만기일을 가지는 제로쿠폰채를 조합하면 10년물 국채를 복제할 수 있다. 쿠폰 이자율(액면 이자율)이 8%인 10년물 국채에 100만 달러를 투자한다면 향후 10년간 6개월마다 4만 달러의 이자를 받고 10년째에는 원금인 100만 달러를 돌려받을 것으로 기대할 것이다. 지금 시점에서 향후 10년간 6개월마다 만기가 되는 액면가 4만 달러짜리 제로쿠폰채와 10년 후 만기가 되는 액면 100만 달러짜리 제로쿠폰을 사면 앞서의 10년물 쿠폰과 동일한 현금흐름을 얻는다. 두 포지션의 현금흐름이 동일하기 때문에 두 포지션을 구축하는 데 드는 비용도 동일해야 한다. 만약 두 포지션이 같은 가격에 거래되지 않는다면 싼 쪽을 사고 비싼 쪽을 매도해 미래의 어떠한 현금흐름 변동이나 위험 노출 없이 현재 시점에서 수익을 확정지을 수 있다.

회사채의 경우 회사의 채무 불이행 위험(default risk)이라는 요소를 추가로 고려해야 한다. 어떤 두 회사도 채무 불이행 위험이 완전히 동일할 수 없기 때문에, 두 회사가 발행한 회사채를 이용해 포지션을 구축하려고 할 경우 다소간 위험에 노출된다. 같은 회사가 발행한 두 개의 채권이라 하더라도 상환 우선순위가 다르기 때문에 완전히 동일하다고 볼 수 없다. 차익 거래 투자자 중 일부는 채권 신용등급이 채무 불이행 위험의 좋은 지표라고 주장하면서 AA등급의 채권 하나를 사면서 같은 AA등급의 채권을 매도하기도 하지만, 채권 신용등급은 채무 불이행 위험을 나타내는 완전한 지표가 아니다.

사실 모기지담보부증권 등 현금흐름이 명시된 다양한 종류의 증권에 대해서 차익 거래 시도가 빈번하게 일어난다. 현금흐름이 예상대로 발생하지 않을 위험을 열심히 헤지하려 해도 현금흐름의 본질적인 속성 때문에 어느 정도는 위험에 노출될 수밖에 없다. 모기지담보부증권의 경우, 집주인의 예상치 못한 조기 상환(prepayment) 때문에 '무위험' 포지션이 위험에 노출된다.

투자자가 충분한 수익을 얻을 정도의 차익 거래 기회를 채권에서 발견할 수 있다는 증거는 없을까? 국채 스트립 프로그램(투자자가 국채의 개별 현금흐름을 사고팔 수 있는 프로그램)을 평가한 연구를 보면, 프로그램 도입 초기 몇 년간은 잠재적인 차익 거래 기회가 존재했지만 이러한 기회를 이용하기 위한 거래는 거의 없었다.[5]

스페인 채권시장에 대한 한 분석 자료는 이 문제에 대해 약간의 희망을 준다.[6] 1994~1998년 스페인의 무위험 채권(default free bond)과 무옵션 채권(option free bond)을 연구한 결과 금융시장의 변혁과 관련해 차익 거래 기회가 있었음을 밝혔다. 이러한 발견을 확장해서 생각해본다면 채권과 관련한 차익 거래 기회는 새로운 형태의 채권이 도입되는 시기(1980년대의 모기지담보부증권, 1990년대의 물가연동채권, 1980년대의 국채 스트립 프로그램 등)에 빈번히 발생할 것이라고 주장할 수 있다. 투자자가 이들 채권을 공부하고 가격 결정 구조를 잘 연구할수록 차익 거래 기회를 발견할 가능성이 높아질 것이다.

근사 차익 거래

근사 차익 거래는 순수 차익 거래보다 자주 발생하고 또 형태도 다양하다. 여기서는 과거에 있었던 근사 차익 거래의 증거를 살펴보겠다.

동일 증권, 복수 시장

로열 더치, GE, 마이크로소프트 같은 대기업의 주식은 여러 대륙의 다양한 시장에서 거래된다. 하루 중 같은 시간에 두 시장에서 거래가 가능한 경우도 있기 때문에 한쪽 시장에서 주식을 사고 다른 시장에서 같은 주식을 (더 높은 가격에) 파는 전략을 (어쩌면) 떠올려볼 수 있겠다. 각 주식은 현지의 통화로 거래될 것이기 때문에 이 전략이 무위험이려면 거래가 정확히 같은 시간에 일어나면서 외환을 현지 통화로 바꾸는 환전 절차도 동시에 일어나서 환율 위험을 완전히 제거할 수 있어야 한다. 또한 다른 두 시장의 거래 비용을 뛰어넘을 정도로 수익의 폭이 커야 한다. 가끔은 예외적으로 같은 나라의 다른 시장에서 같은 주식이 거래되기도 한다. 체코의 두 주식시장인 프라하증권거래소와 장외 거래 시스템에서 거래되는 84개 주식을 연구한 결과, 두 시장의 가격 차이가 천천히 보정되면서 차익 거래 기회가 (최소한 서류상으로는) 존재했고 가격 차는 대략 2%에 달했다.[7] 차익 거래 기회는 유동성이 적은 주식일수록 더 컸다. 논문에서는 거래 비용을 고려하기는 했으나 거래가 가격에 미칠 영향까지는 고려하지 않았고, 따라서 차익 거래의 이익이 실제 거래에서도 발생할지는 미지수다.

아시아, 남미, 유럽의 많은 회사는 미국 시장에 미국 예탁 증서ADR를 상장해놓았다. 예탁 증서DR는 미국의 투자자가 미국 외의 회사에 투자하고자 중개인에게 요청하고 매수를 결정할 때 발행된다. 중개인은 그 회사가 있는 국가의 자체 지점 혹은 현지의 중개인을 통해 주식을 매수해 현지 예탁 은행(depository bank)의 수탁 기관에서 증권을 관리하도록 한다. 중개인은 거래를 실행하면서 투자자에게 받은 미 달러를 현지의 통화로 환전해 현지의 중개인에게 지급한다. 같은 날 주식은 수탁 은행(custodian bank)으로 넘어가며, 수탁자는 예탁 은행에 이를 통보한다. 이 통보에 의해 DR이 발행되고, 발행된 DR은 거래를 실행하는 중개인을 거쳐 투자자에게 넘어간다.

이 DR의 소유자는 현지에서 직접 주식을 매수한 투자자와 같은 권리를 가진다. 따라서 DR의 가격은 현지의 주식 가격과 동일해야 한다. 그러나 DR은 동시 상장(dual listing)과 달리 현지의 보통주와 완전히 대응되지 않아서 현지의 주식과 가격이 달라질 수 있기 때문에 차익 거래 전략을 실행하기에 조금 더 위험하다. 예를 들어 멕시코의 통신회사인 텔멕스 Telmex의 ADR 1주는 텔멕스 주식 20주와 교환된다. 이에 더해 ADR을 현지 주식으로 전환하는 과정에는 비용과 시간이 소모된다.

어떤 경우에는 의결권에 차등을 두기도 한다. 이러한 제약에도 ADR의 가격이 현지 시장의 주식 가격을 흡사하게 따라갈 것이라 기대할 수 있다. ADR은 달러 기준이니까 환율 변동은 여전히 고려해야 하지만 말이다. ADR과 현지 주식의 연관성에 대한 한 연구에서는 ADR 가격 변동의 60~70%가 기초 자산의 가격 변동으로 설명되며, 이는 미국 시장의 변동에 대해 과잉 반응하고 환율 변동과 기초 자산 가격 변동에는 과소 반응하는 것으로 결론 내렸다.[8] 그러나 투자자는 ADR의 가격 오류를 이용해 돈을 벌 수 없다. 가격 차이가 빠르게 혹은 예상 가능한 방식으로 좁혀지지 않기 때문이다. 투자 기간을 장기로 늘리는 한편 ADR이 원주로 전환될 수 있는 옵션을 고려한다면 가격 차이가 클 경우 이를 통해 수익을 낼 수는 있을 것이다.

폐쇄형 펀드

미국과 영국의 폐쇄형 뮤추얼 펀드는 상당히 기이한 속성을 가지고 있다. 펀드가 조성될 때는 주당순자산 가액에 프리미엄이 붙은 가격으로 거래된다. 그러나 시장에서 거래되면서 가격이 점점 하락해 순자산가치 이하에 머무른다. 어떤 기간을 놓고 보더라도 60~70% 정도의 뮤추얼 펀드가 순자산가치 대비 낮은 가격에 거래된다. 할인율은 때때로 아주 커서 20%를 넘어가기도 한다.

수많은 회사가 자산의 시장 가격 이하에서 거래되지만 폐쇄형 뮤추얼 펀드는 두 가지 면에서 이와 달리 봐야 한다. 첫째, 펀드의 자산은 모두 거래 가능한 주식이고 이 시장 가치는 추정치가 아니라 실제로 거래되는 가치다. 둘째, 거래 가능한 자산은 유동화가 어렵지 않다. 따라서 청산에 비용이나 시간이 많이 들지 않는다. 이 두 조건을 생각해보면 폐쇄형 뮤추얼 펀드를 할인된 가격에 사서 직접 청산하거나 다른 누군가가 청산해주길 기다리는 전략을 택하지 않을 이유가 없다. 혹은 폐쇄형 펀드에 압력을 넣어서 개방형 펀드로 전환한 다음 순자산가치에 수렴하는 것을 지켜볼 수도 있다. 그림 11.1은 영국의 94개 폐쇄형 펀드가 개방형 펀드로 전환되었을 때의 성과를 나타낸다.[9]

개방형 펀드로 전환되는 시점(0개월)이 가까워짐에 따라 다른 폐쇄형 펀드의 평균 할인율 대비 할인율이 줄어드는 것을 알 수 있다. 타 펀드 대

그림 11.1 영국 폐쇄형 펀드의 개방형 펀드 대비 할인율

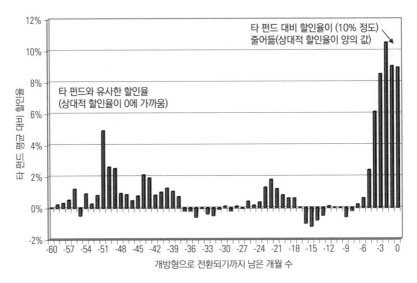

자료: Dimson & Minio-Kozerski.

비 상대적 할인율이 거의 동일하다가 10% 정도 덜 할인된다.

이것은 무슨 의미일까? 폐쇄형 펀드를 순자산가치 대비 싼값에 인수하는 일은 실제로는 매우 어렵다. 그 이유 중 일부는 기업 지배구조 및 시장 유동성과 관련이 있다. 폐쇄형 펀드가 청산된 사례가 일부 있기는 하지만 예외적인 경우일 뿐이다.

할인된 가격에 펀드를 산 다음에 할인율이 사라지기를 기대하는 전략은 어떤가? 이 전략이 무위험이 아니라는 점은 명백하지만 몇 가지 희망은 있다. 이 전략을 처음으로 검토한 연구 중 하나에서 1940~1975년의 폐쇄형 펀드를 조사해보았는데, 할인된 가격에 펀드를 사면 연 4%의 초과수익을 거둘 수 있다고 발표했다.[10]

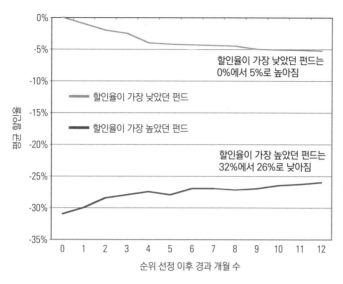

그림 11.2 할인율이 가장 높은 펀드와 가장 낮은 펀드의 할인율 변화

자료: Minio-Paluello.

　1986년의 분석 자료에서는 폐쇄형 펀드의 할인율이 클 때 사서 줄어들 때 파는 역발상 전략의 성과를 연구해보았다. 할인율이 20% 이상인 폐쇄형 펀드는 다른 폐쇄형 펀드보다 6%가량 수익률이 높았다.[11] 영국의 연구 결과도 이와 유사한데, 폐쇄형 펀드의 할인율은 평균으로 강하게 수렴하는 경향이 있는 것 같다. 그림 11.2는 영국의 폐쇄형 펀드 중 할인율이 가장 높은 집단과 가장 낮은 집단의 할인율을 추적해본 결과다.[12]

　할인율이 가장 높았던 펀드의 할인율은 시간이 지나며 낮아졌고, 할인율이 가장 낮았던 펀드의 할인율은 시간이 지나며 높아져 둘의 격차가 줄어들었음을 알 수 있다.

전환 사채 차익 거래

전환 사채 차익 거래의 가장 단순한 형태는 전환 옵션이 주식에 대한 콜 옵션이라는 점에 착안, 기초 자산과 국채를 이용해 동일한 포지션(복제 포트폴리오)을 만드는 것이다. 전통적인 채권에 이 포트폴리오를 합성해 전환 사채와 동일하게 만들 수 있는데 이를 합성 전환 사채라 한다. 일단 이 작업을 거치고 나면 전환 사채와 합성 전환 사채의 가격 차이를 이용해 수익을 낼 수 있다. 좀 더 복잡한 형태로 신주 인수권이나 전환 우선권(convertible preferred) 혹은 다른 옵션이 붙어 있는 경우에는 각 옵션의 가격이 잘못 책정된 것을 찾아서 싼 쪽을 사고 비싼 쪽을 팔면 된다.

유사 차익 거래 혹은 투기적 차익 거래

10장에서 합병 차익 거래의 경험적 증거를 살펴보았다. 결론을 요약하자면 합병 차익 거래는 꽤 쓸 만한 수익을 만들어내기는 하지만 무위험이 아니다. 실상 이 전략은 성공했을 경우 작은 이익을 쌓아나가다가 한번 실패했을 때 커다란 손실을 본다.

이제 페어 트레이딩 전략의 증거를 찾아보자. 이 전략은 두 가지 유사한 주식을 골라 상대적으로 싼 쪽을 사는(비싼 쪽을 파는) 전략이다. 페어 트레이딩 전략을 추구하는 월스트리트의 사람들은 역사적으로 함께 움직였던(상관계수가 높은) 두 주식을 발견하고자 했다. 이러한 시도는 자연스럽게 동종 업종 내의 두 주식, 이를테면 GM과 포드 같은 주식으로 이어졌다. 짝을 이루는(paired) 두 주식을 발견했다면 이제 둘 간의 현재 스프레드가 과거의 흐름 대비 어떤 상태인지를 계산한다. 스프레드가 크게 벌어져 있다면 싼 쪽을 사고 비싼 쪽을 판다. 대부분의 경우에서 이 전략은 무자본으로 실행 가능하다. 예를 들어 포드의 가격이 역사적으로 GM의 3분의 1 가격에 거래되었다고 해보자. 포드의 현재 가격이 20달러이고 GM의 현재가가 40달러라면 포드의 가격이 GM 대비 상대적으로 비싼 상황이다.* 이 경우 GM 1주를 사고 포드 2주를 공매도하면, 공매도한 현금으로 매수 자금이 충당되므로 투자자는 아무런 자금을 투입할 필요가 없다.** 투자자가 옳다면 두 주식 간의 스프레드가 좁혀질 것이고 페어 포지션에서 이득을 얻을 수 있다.

전적으로 과거의 가격에 기초한 이 단순한 전략이 초과수익을 낼 수 있을까? 1999년의 한 연구에서는 1982~1997년의 다양한 페어 트레이딩 규칙을 다음과 같은 절차로 검증해보았다.[13]

우선 매일 거래된 주식을 골라내고 그중에서 가장 가깝게 움직였던 한 쌍의 주식을 찾는다.[14] 쌍으로 움직인 주식을 찾으면 이들 주식의 최소 제곱 편차(smallest squared deviation)를 구한다. 각 쌍에서 주식의 표준화된(normalized) 가격을 추적해 포지션을 구축하고, 가격의 차이가 역사적인 범위에서 두 표준편차를 초과하면 싼 쪽을 사고 비싼 쪽을 판다.

15년의 기간에 페어 트레이딩 전략은 매수 후 보유(buy-and-hold) 전략보다 유의미하게 나은 성과를 보였다. 가장 성과가 좋은 20개의 페어에 투자했다면 6개월간 6%의 초과수익을 냈고, 그보다 부진한 페어에 투자했다 하더라도 여전히 초과수익을 냈다. (역사적 가격 대신) 업종 그룹별로

---

* 역사적 평균이 옳다면 포드가 20달러일 때 GM은 60달러가 되거나 GM이 40달러일 때 포드는 13.2달러가 되어야 한다.
** 한국에서는 개인이 대주 거래를 통해 공매도를 할 수 있지만 매도 후 남은 현금을 투자자에게 돌려주지 않는다. 그리고 공매도 대금이 현금으로 돌아온다 하더라도 대차 수수료와 중개 수수료를 지급해야 하므로 자금 투입이 전혀 필요 없는 것은 아니다.

페어를 구축해도 초과수익은 존재하는데, 상대적으로 작은 규모였다. 매수·매도 호가 차이를 감안하면 초과수익은 5분의 1가량 줄어들지만 그래도 여전히 유의미한 성과를 냈다.

　전반적으로 이 전략은 유망해 보이지만 실행에서 강조해야 할 점이 두 가지 있다. 첫째는 위에서 언급한 연구를 보면 알 수 있듯이 페어 트레이딩 전략은 대략 여섯 구간 중 하나에서는 손실이 발생했으며, 페어의 격차는 좁혀지지 않고 오히려 더 넓어지기도 한다는 점이다. 다시 말해 이 전략은 위험을 수반하며 즉각적이면서도 낮은 비용으로 거래할 수 있어야 한다는 조건이 붙는다. 둘째는 유명한 퀀트 애널리스트인 데이비드 쇼David Shaw의 발언을 빌려와야겠다. 그는 "1990년대 말에 수많은 투자 은행이 (페어 트레이딩 같은) 퀀트 전략을 채택하면서 이 전략으로 낼 수 있는 수익이 줄어들었다"라고 아쉬움을 토로한 바 있다. 참신함은 시간이 지나며 바래기 마련이다. 페어 트레이딩 전략이 앞으로도 1980년대 같은 수익을 창출하기는 어려워 보인다.

데이터 정밀 분석

　사용 가능한 차익 거래 전략이 다양하기 때문에 어떤 전략을 채택하느냐에 따라 포트폴리오의 모습은 상당히 달라진다. 여기서는 첫 번째 파트에서 (금) 선물시장과 (주가지수) 옵션시장을 놓고 순수 차익 거래 전략의 후보를 발견할 수 있는지 살펴볼 것이다. 두 번째 파트에서는 심하게 할인되는 폐쇄형 펀드와 예탁 증서로 구성한 포트폴리오가 수익을 낼 수 있는지 면밀하게 살펴볼 것이다.

선물 옵션 차익 거래

상품의 선물 계약과 여타 금융 자산에 차익 거래가 발생하지 않도록 따라야 할 가격 결정 규칙 같은 것이 있을까? 보관 비용이 적게 들고 가격이 비싼 금에 대한 선물 계약을 생각해보자. 표 11.1은 시카고상품거래

표 11.1 금 선물 계약: 실제 가격과 예측 가격(2003년 4월 4일)

만기	선물 가격	만기일까지의 기간	무위험 이자율	예측 가격	가격 차이
2003년 4월	325.3	0.08333333	1.25%	325.24	0.02%
2003년 5월	325.6	0.16666667	1.26%	325.58	0.01%
2003년 6월	326.0	0.25	1.27%	325.93	0.02%
2003년 8월	326.7	0.41666667	1.27%	326.61	0.03%
2003년 10월	327.2	0.58333333	1.28%	327.32	−0.04%
2003년 12월	327.7	0.75	1.35%	328.18	−0.15%
2004년 2월	328.3	0.91666667	1.38%	329.01	−0.22%
2004년 4월	328.8	1.08333333	1.41%	329.87	−0.32%
2004년 6월	329.3	1.25	1.43%	330.72	−0.43%
2004년 8월	330.0	1.41666667	1.45%	331.59	−0.48%
2004년 10월	331.1	1.58333333	1.48%	332.55	−0.44%
2004년 12월	331.9	1.75	1.51%	333.53	−0.49%
2005년 2월	332.8	1.91666667	1.52%	334.43	−0.49%
2005년 6월	334.6	2.25	1.56%	336.42	−0.54%
2005년 12월	337.6	2.75	1.50%	338.48	−0.26%
2006년 6월	341.6	3.25	1.58%	341.88	−0.08%
2006년 12월	346.2	3.75	1.70%	346.10	0.03%
2007년 6월	351.1	4.25	1.84%	351.08	0.01%
2007년 12월	355.9	4.75	1.93%	355.78	0.03%

소에서 확인한 2003년 4월 4일의 금 선물 가격 목록이다. 해당 시점의 금 현물 가격은 온스당 324.9달러였고 무위험 이자율은 표에 기재된 대로다. 보관 비용이 0이라 가정하면 예측 가격 혹은 이론 가격은 다음과 같다.

이론 가격 = 현물 가격(1 + 무위험 이자율)$^{경과 시간}$

거의 모든 선물 계약의 실제 가격이 이론 가격과 상당히 근접함(0.5% 이내)을 알 수 있다.

다른 방향으로 접근해보자. 표 11.2는 행사 가격이 서로 다른 S&P500의 콜 옵션과 풋 옵션의 2003년 4월 4일 자 가격 목록이다. 같은 시간 지수 현물의 가격은 876.04였다.

간단하게 차익 거래 기회를 시험해볼 수 있는 방안이 여럿 있다. 그중 하나로 2003년 6월 만기인 콜 옵션과 풋 옵션을 보자. 표 11.3에서 콜 옵션과 풋 옵션을 행사했을 때의 가치와 거래 가격을 비교해보았다.

예를 들어 행사 가격 865인 콜 옵션을 행사하면 주가지수의 현재 가격(876.04)에서 행사 가격을 뺀 만큼의 이익을 얻을 수 있다. 행사 가격 885인 풋 옵션을 행사하면 행사 가격에서 주가지수의 현재 가격을 뺀 만큼의 이익을 얻을 수 있다. 6월물 옵션은 어떤 계약도 행사 가격 아래에서 거래되고 있지 않다.

표 11.2를 보면 기재된 어떤 옵션도 행사 가격 아래에서 거래되지 않는다. 이 테스트는 차익 거래 기회를 검증하기에는 강도가 약하지만, 이러한 식의 테스트를 다른 차익 거래 기회를 검증하는 데 활용할 수 있고, 역시나 어떤 것도 테스트를 통과하지 못함을 알 수 있을 것이다(최소한 이 정도로 간단하게 활용할 수 있는 차익 거래 기회는 존재하지 않는다는 정도는 알 것이다).

표 11.2 S&P500지수 옵션(2003년 4월 4일)

행사 가격 (달러)	콜			풋		
	4월	5월	6월	4월	5월	6월
865	23.9	35.8	45.1	15.6	27.5	36.8
870	21.0	32.9	42.2	17.7	29.6	38.9
875	18.3	30.2	39.5	20.0	31.9	41.2
880	15.8	27.6	36.9	22.5	34.3	43.6
885	13.6	–	34.4	25.3	–	46.1
890	11.6	23.0	32.0	28.3	39.7	48.6

표 11.3 시장 가격 vs. 행사 가격(2003년 6월물 옵션)

행사 가격 (달러)	콜		풋	
	시장 가격(달러)	간단한 계산: 현물 – 행사(달러)	시장 가격(달러)	간단한 계산: 행사 –현물(달러)
865	45.10	11.04	36.80	0.00
870	42.20	6.04	38.90	0.00
875	39.50	1.04	41.20	0.00
880	36.90	0.00	43.60	3.96
885	34.40	0.00	46.10	8.96
890	32.00	0.00	48.60	13.96

일반적인 경우라면 몇 주 동안 매일매일 선물 옵션 창을 훑어보더라도 명백한 차익 거래 기회를 발견할 수 없다. 만약 명백한 가격 오류를 발견했다면 아마도 그것은 오타거나, 가격을 계산하는 공식이 잘못되었거나, 그 가격에 거래를 진행할 수 없는 상황일 가능성이 높다. 다시 말해 순수 차익 거래 기회는 좀 더 정교한 형태로 존재하며 더 많은 연구를 요한다.

DR

미국 시장에 상장된 외국 회사의 DR은 수백 가지다. 시장에서 가격을 잘못 책정한 증거를 찾기 위해서 2003년 4월 4일 기준으로 가장 유동성이 좋은 ADR 20개를 선정, ADR의 가격과 현지 주식의 달러 환산 가격을 비교해 표 11.4에 기재했다.

표 11.4 미국에서 유동성이 가장 좋은 ADR(2003년 4월 4일)

발행된 DR	ADR 가격(달러)	현지 주식 가격(달러)
Nokia Corporation	14.70	14.71
Ericsson Lm Telephone Company	6.99	6.98
Sap Ag	19.82	19.83
Taiwan Semiconductor Manufacturing Co	7.55	7.55
Bp Plc	39.01	38.95
Royal Dutch Petroleum Co	42.06	42.04
Teva Pharmaceutical Industries Ltd	44.07	44.07
Vodafone Group Plc	19.00	18.99
America Movil Sa De Cv-Series "L"	14.50	14.52
Stmicroelectronics NV	18.64	18.64
Telefonos De Mexico SA De CV-Series "L"	30.67	30.66
Business Objects SA	18.33	18.33
Gold Fields Limited	10.19	10.19
Tele Norte Leste Participacoes SA	9.29	9.30
Astrazeneca Plc	34.85	34.86
Hsbc	52.87	52.89
United Microelectronics Corporation	3.27	3.26
Cemex SA De Cv	18.25	18.25
Asml Holding Nv	6.91	6.91
Petroleo Brasileiro SA-Preferred	15.28	15.26

표에 사용한 가격은 특정 시점의 미국 가격과 동일 시점 현지 상장 주식의 가격을 가장 널리 쓰이는 환율을 적용해 미 달러로 변환한 것이다. 가격의 차이가 1~2센트 정도밖에 안 된다. 두 가지 이유에서 이 현상은 자연스럽다. 하나는 이 ADR은 상대적으로 적은 비용에 현지 주식으로 교환될 수 있다. 다른 하나는 현지 주식과 ADR 모두 거래량이 많다. ADR과 현지 주식의 가격 사이에 유의미한 차이가 생긴다면 거의 즉각적으로 차익 거래가 발생해 그 괴리가 사라진다.

ADR을 현지 주식으로 전환하는 데 유의미한 제약을 가하는 국가가 있다. ADR을 발행한 인도 회사가 실제로 그런 사례다. 이들 ADR은 현지의 가격과 매우 다르게 형성되는 경우가 종종 있다. 표 11.5는 미국에서 가장 거래량이 많은 인도 회사의 가격을 현지 가격과 비교해보았다.

이들 ADR은 전부 현지 주식 대비 할증 거래된다. 인도에서 가장 큰 회

표 11.5 ADR과 현지 주식 가격 – 인도 회사

기업명	ADR 가격 (달러)	현지 가격 (루피아)	현지 가격 (달러)	할증(할인)	달러 환산 시가총액 (현지 시장)
Dr Reddy (Rdy)	19.60	915.2	19.35	1.30%	1,629.60
Hdfc Bank (Hdb)	17.30	240.0	15.35	12.70%	1,427.90
Icici Bank (Ibn)	6.60	136.8	5.77	14.40%	1,768.60
Infosys Tech (Infy)	62.90	4226.8	44.58	41.10%	5,903.70
Mtnl (Mte)	4.20	97.5	4.09	2.60%	1,295.90
Satyam Comp (Say)	9.10	186.0	7.82	16.40%	1,234.00
Silverline Tech (Slt)	1.50	7.2	0.30	400.30%	13.00
Vsnl (Vsl)	3.40	76.8	3.25	4.70%	461.50
Wipro (Wit)	29.50	1251.5	26.36	11.90%	6,139.70

사 중 하나이면서 널리 알려진 기술 기업인 인포시스Infosys의 ADR은 현지 주식보다 41% 비싸게 거래된다. 거래에 제약이 없다면 뭄바이증권거래소에서 현지 주식을 사고 ADR을 공매도할 수 있다. 그리고 현지 주식을 ADR로 전환해 갚는다면 수익을 확정짓게 된다.

폐쇄형 펀드

2003년 3월 기준으로 미국에 상장된 폐쇄형 펀드는 수백 가지다. 그림 11.3에 2002년 6월 기준으로 전체 폐쇄형 펀드의 순자산가치 대비 할인율 분포를 그려보았다.

그림 11.3 폐쇄형 펀드의 할인·할증(2002년 6월)

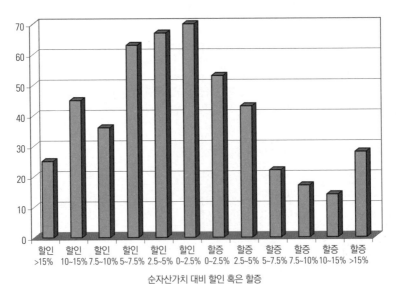

순자산가치 대비 할인 혹은 할증

자료: 모닝스타.

거의 70%에 달하는 폐쇄형 펀드가 순자산가치 대비 할인되고 있고, 중
간값은 5% 정도다. 이들 펀드 중 일부는 할인율이 매우 큰데, 할인율이
가장 큰 20개 펀드를 표 11.6에 실었다.

폐쇄형 펀드의 종류는 다양한데 신흥 시장 펀드가 다수다. 만약 이러

표 11.6 미국 증시에서 가장 많이 할인된 폐쇄형 펀드(2003년 3월)

펀드명	할인율	거래량	자산 규모(백만 달러)
Equus II (EQS)	-44.33%	3,881	171
meVC Draper Fisher Jurvetson I (MVC)	-27.77%	36,565	109
Bexil Corporation (BXL)	-25.03%	2,349	9
Indonesia Fund (IF)	-22.28%	28	11
Thai Capital (TF)	-22.20%	473	19
Singapore Fund (SGF)	-20.76%	14,794	66
New Ireland (IRL)	-19.95%	7,517	96
Morgan Funshares (MFUN)	-19.84%	533	6
First Israel (ISL)	-19.64%	5,651	75
New Germany (GF)	-19.27%	39,393	124
Morgan Stanley India Investment Fund (IIF)	-18.61%	32,567	172
Latin America Equity (LAQ)	-17.68%	9,409	89
Latin American Discovery (LDF)	-17.63%	12,821	85
Scudder New Asia (SAF)	-16.80%	11,506	84
Malaysia Fund (MF)	-16.67%	13,049	46
Emerging Mkts Telecommunications (ETF)	-16.61%	12,365	112
Central Securities (CET)	-16.37%	11,511	366
Swiss Helvetia (SWZ)	-16.36%	21,471	287
John Hancock Bank & Thrift (BTO)	-16.29%	189,085	804
Brazil Fund (BZF)	-16.27%	26,316	168

한 펀드를 할인된 가격에 사서 시장 가치에 청산을 시도한다면 커다란 이익을 얻을 수도 있을 것이다. 에쿠스 2호Equus II 펀드의 경우 펀드의 전체 지분을 1억 달러에 살 수 있고 1억 7,100만 달러에 달하는 시장성 증권을 팔아 7,100만 달러의 수익을 얻을 수 있다.

추가할 이야기

회의적인 투자자라면 좀 더 확실한 기회를 기다릴 수 있다. 차익 거래 기회가 그렇게나 많다면 투자가 참 쉬울 것이다. 지금부터는 차익 거래 기회를 찾기가 어려운 이유, 그리고 그 기회를 보고도 수익 기회로 활용하기가 어려운 이유를 살펴보겠다.

순수 차익 거래

순수 차익 거래는 본질적인 특징(두 개의 동일한 자산이 다른 가격에 거래) 때문에 짧은 시간 동안만 존재한다. 다시 말해 투자자가 무위험 수익에 눈독을 들이는 시장에서는 아주 작은 가격 차이만 발생해도 누군가 순식간에 잡아채 그 차이를 없애버린다. 결과적으로 순수 차익 거래를 가능케 하는 두 조건은 실시간 가격 확인과 즉각적인 실행이다.

또한 순수 차익 거래에서는 가격 차이가 아주 작은(때때로 1%도 안 되는) 경우가 대부분이다. 그러므로 순수 차익 거래가 가능해지려면 두 가지 조건을 더 추가해야 한다. 첫째는 우호적인 이자율로 돈을 빌릴 수 있어야 한다. 그래야 작은 차이를 통해서도 얻는 이익의 폭을 키울 수 있다.

많은 차익 거래자가 무위험 이자율에 돈을 빌릴 수 있기를 원한다. 둘째는 규모의 경제다. 수천 달러보다 수백만 달러로 거래할 수 있어야 한다. 순수 차익 거래를 성공적으로 수행하는 기관투자가는 거래의 수익이 보장되어 있다는 점을 담보로 자기자본의 몇 배 규모로, 무위험 이자율에 근접한 이자율로 자금을 차입할 수 있다.

이러한 요구 사항을 고려하면 개인 투자자가 순수 차익 거래에 성공하는 경우가 많지 않음을 어렵지 않게 이해할 수 있다. 기관투자가 중에서도 순수 차익 거래를 성공적으로 집행하는 투자자는 소수에 불과하며, 그렇게 차익 거래에 성공하는 투자자도 차익 거래 수익은 두 가지 의미에서 일시적일 뿐이다. 첫째, 차익 거래 기회가 미래에도 존재할 것으로 기대할 수 없다. 그러려면 시장이 반복적으로 오류를 저지른다고 가정해야 한다. 둘째, 어떤 기관투자가가 차익 거래에 성공했다는 사실 때문에 다른 기관투자가가 비슷한 시도를 하게 되어 미래의 차익 거래 가능성을 줄인다. 차익 거래에 장기적으로 성공하기 위해서는 늘 새로운 형태의 차익 거래 기회를 노려야 한다.

근사 차익 거래

폐쇄형 펀드, 이중 상장 주식, 전환 청구권 등에 대한 연구를 보면, 어느 정도 비효율성이 발생하고 있으며 수익을 만들어낼 기회로 활용할 여지가 존재한다는 점을 알 수 있다. 그러나 이러한 전략에는 여전히 위험이 남아 있으며 그 위험은 때때로 두 자산이 완전히 동일하지 않거나 두 가격이 수렴하도록 압력을 가하는 메커니즘이 없기 때문에 발생하기도 한다.

완전히 같지 않은 자산

전환 사채 차익 거래의 경우 투자자는 같은 회사가 발행한 주식과 채권을 결합해 합성 전환 사채를 만들고 이 사채와 실제 전환 사채의 가격 차이를 이용해 차익 거래를 시도한다. 이론적으로 합성 전환 사채와 실제 전환 사채는 동일하지만 실제 세계에서는 유의미한 제약이 존재해 동일하지 않게 된다. 첫째, 전환 사채를 발행한 많은 회사가 순수 회사채를 발행하지 않으며, 투자자는 비슷한 채무 불이행 위험을 가진 다른 회사가 발행한 순수 회사채로 대체해야 한다. 둘째, 기업이 전환 사채의 전환을 강제하는 경우 차익 거래 포지션은 붕괴된다. 셋째, 전환 사채는 만기가 길기 때문에 장기간 가격이 수렴하지 않을 수 있고 투자자는 이 기간에 차익 거래 포지션을 유지해야 한다. 넷째, 거래 비용과 (다른 증권을 거래해야 한다는 것과 관련된) 실행의 문제 때문에 차익 거래가 안 되기도 한다.

이들 사항이 뜻하는 바는 무엇인가? 전환 사채를 사고 합성 전환 사채를 팔아서 (혹은 전환 사채를 팔고 합성 전환 사채를 사서) 차익 거래인 것처럼 보이는 포지션을 만들었다 하더라도 두 자산이 동일하지 않다는 것 때문에 예상치 못한 손실이 날 수 있다. 이 포지션을 구축하는 데 차입을 이용했다면 손실 폭은 더욱 확대될 것이다.

가격 수렴 메커니즘의 부재

앞에서 폐쇄형 뮤추얼 펀드와 일부 ADR에서 차익 거래 기회가 존재한다는 증거를 찾아보았다. 폐쇄형 뮤추얼 펀드는 펀드가 소유한 증권의 시장 가치보다 할인된 가격에 거래되고 있고, ADR은 때때로 현지 주식보다 유의미하게 차이가 나는 가격에 거래된다. 그러나 두 경우 모두 실제로 차익 거래를 실행하려다 보면 제약에 부딪히게 된다.

폐쇄형 펀드의 경우 할인된 시장 가격에 펀드를 사서 그 펀드의 시장성 증권을 유동화하면 차액만큼의 수익을 거둘 수 있다. 각 단계에서 해결해야 할 문제가 있다. 많은 폐쇄형 펀드는 거래량이 적어서 펀드의 지분을 매집하는 과정에서 가격을 거의 순자산가치에 달할 정도로 상승시켜버릴 수 있다.

또한 폐쇄형 펀드 중 다수는 지배구조가 공고해서 펀드의 의결권을 충분히 확보하기가 어렵다. 폐쇄형 펀드의 지분을 충분히 그리고 싼 가격에 확보해 청산까지 할 수 있다 하더라도, 주식을 팔면 자본 이득에 대한 세금을 지불해야 하고 이 세금은 잠재적인 수익을 모조리 없애버릴 정도로 많을 수 있다.

거래 비용을 감안한 이후에도 유의미한 수익이 남을 정도로 거래 비용이 충분히 낮아야 한다. 표 11.6에 나열한, 할인 폭이 가장 큰 25개 펀드 중 대략 절반이 거래 비용이 상당히 높은 신흥 시장 펀드라는 점에 유의하자. 청산 압력을 받는 폐쇄형 펀드가 극히 드물다는 점은 놀라운 일이 아니다.

ADR의 경우 차익 거래 이익을 거두게 되기까지 두 가지 잠재적인 장애물이 있다. 표 11.5에서 강조했던 인포시스의 ADR을 떠올려보자. 수익을 거두기 위해서는 현지 주식을 ADR로 전환하고 ADR을 공매도해야 한다. 현지 주식을 전환하는 데 제약이 있을 수 있고 ADR을 공매도하는 것도 때때로 무척 어렵다. 어떻게든 ADR을 몇 개월간 공매도하고 현지 주식을 샀다 하더라도 ADR의 프리미엄이 그 몇 개월 사이에 줄어들거나 사라진다는 보장이 없으며, 오히려 더 커질 수도 있다.

투기적 차익 거래

11장에서 투기적 차익 거래로 분류한 전략을 부정적으로 볼 필요는 없다. 이들 전략은 역사적으로 초과수익을 가져다준 적이 있는 유망 전략이며, 단지 무위험이 아닐 뿐이다. 순수 차익 거래에 성공한 투자자는 펀드 규모가 커지면서 근사 차익 거래를 거쳐 투기적 차익 거래로 넘어오기가 쉽다. 몇몇 경우에는 순수 차익 거래와 근사 차익 거래의 성공을 통해 모집한 투자자가 오히려 이러한 변화를 요구하기도 한다. 이렇게 전략이 변화하면 새로운 위험을 고려해야 한다.

지나치게 많은 레버리지(차입)

재무 레버리지는 사용하는 전략의 위험을 반영해 늘려야 한다. 순수 차익 거래라면 필요한 자금의 100%를 차입으로 조달해도 된다. 선물 차익 거래의 경우 현물 가격의 100%를 빌리고 상품commodity도 빌린다. 위험이 없기 때문에 레버리지를 쓰더라도 아무런 타격을 입지 않는다. 근사 차익 거래와 투기적 차익 거래로 전략을 바꾸면 레버리지를 줄여야 한다. 얼마나 줄여야 할지는 사용하는 전략이 감내하는 위험의 정도와 가격이 수렴하는 속도에 따라 달라진다. 위험이 크고 가격 수렴 여부가 불확실할수록 부채를 적게 짊어져야 한다.

가격 충격

투기적 차익 거래 전략은 시장에 충격을 주지 않고 실행할 수 있어야 가장 잘 작동한다. 펀드 자금이 늘어나고 전략이 다른 사람에게 노출될수록 내가 발견한 바로 그 차익 거래 기회를 내가 거머쥐지 못할 가능성이 높아진다. 다시 말해 이 전략은 다른 투자자의 레이더를 피해서 움직일 수 있는 작은 투자자일 때 잘 작동하기 때문에, 거래할 때마다 이목을 끄는 대형 투자자가 실행하기는 어렵다.

작은 수익, 큰 손실

단지 두 전략만 가지고 일반화하는 것은 위험하지만, 합병 차익 거래와 페어 트레이딩은 공통점이 있다. 두 전략 모두 대체로 많은 경우에 이기지만, 이겨서 얻는 수익의 규모는 그다지 크지 않다. 손실을 보는 경우는 가끔이긴 하지만 규모가 크다. 이러한 비대칭적인 보상 때문에 부주의한 투자자는 큰 문제에 봉착할 수 있다. 이들 전략이 연속적으로 수익을 내주다 보면 투자자는 이 전략이 가진 위험이 실제보다 덜하다고 생각해버릴 수 있다. 그런 생각으로 차입금의 비율을 더 높여서 전략을 실행하면 결국 드라마틱한 위험을 떠안게 된다.

롱텀 캐피털 매니지먼트

투기적 차익 거래를 주 투자 전략으로 삼고자 하는 투자자라면 롱텀 캐피털 매니지먼트(Long Term Capital Management, LTCM)의 경험을 반드시 주의 깊게 살펴보아야 한다. 살로먼 출신의 트레이더 존 메리웨더John Merriweather가 1990년대 초에 설립한 이 회사는 최고 전문가를 데려와서 전 세계의 차익 거래 기회를 찾아 수익을 내겠노라고 공언했다.

메리웨더는 살로먼의 최고 채권 트레이더를 기용했으며, 마이런 숄스와 로버트 머튼Robert Merton이라는 두 명의 노벨상 수상자를 영입해 약속의 첫 번째 부분을 이행했다. 이들은 처음 몇 년간 월가의 엘리트에게 어마어마한 수익률을 올려주면서 약속의 두 번째 부분도 지켜냈다. 그 기간 LTCM은 저비용 차입을 통해 레버리지를 높여서 순수 차익 거래와 근사 차익 거래를 수행해 월가의 부러움을 샀다.

투자해야 할 자금이 늘어나면서 이들은 투기적 차익 거래까지 범위를 넓혔다. 이 전략 자체의 위험은 그렇게 치명적이지 않았지만, 문제는 더 위험한 투자에 대해서 과거의 안전한 투자 때와 동일한 수준의 레버리지를 계속 사용했다는 점이다. 이들은 유럽 각국의 채권시장에서 페어 트레이딩을 시도하면서 스프레드가 줄어드는 쪽에 베팅했다. 포트폴리오가 다양하게 분산되어 있기 때문에, 하나의 투자에서 손실을 입더라도 다른 투자에서 이익을 거둘 것이라 생각했다.

1997년 한 시장(러시아)의 붕괴가 다른 시장으로 전이될 수 있다는 것이 드러났다. 포트폴리오의 가치가 급감하면서 LTCM은 규모와 레버리지가 동시에 축소되어야 하는 상황에 직면했다. 시장에 충격을 주지 않고서는 포지션을 청산할 수 없는 상태에서 대여자의 상환 압력에 부딪혔고, LTCM은 갑작스럽게 파산하고 말았다. 이 사태가 시장의 다른 투자자에게 영향을 미칠 것을 우려한 연준은 LTCM에 구제 금융을 승인했다.

이 실패담에서 무엇을 배울 수 있을까? 역시 고위층에 연줄이 있어야 한다는 시니컬한 교훈은 제쳐두고, LTCM의 몰락은 다음과 같은 논점을 낳는다.

- 규모는 양날의 검이다. 규모가 커질수록 거래 비용과 자금 조달 비용에서 규모의 경제가 생기기는 하지만, 만들어놓은 포지션에서 철수하는 것이 더욱 어려워진다.
- 레버리지는 저위험 포지션을 고위험 포지션으로 만든다. 작은 가격

변동도 자본에 큰 변화를 초래하기 때문이다.

- 세계에서 가장 똑똑한 사람과 가장 뛰어난 분석 툴이 있다 하더라도 시장의 변덕으로부터 안전하지는 않다.

여러 면에서 LTCM의 흥망은 가장 뛰어난 투자 전문가라 할지라도 실수로 혹은 의도적으로 현실을 무시할 수 있다는 점을 알리는 간증이 되어야 한다. LTCM의 실패에는 여러 이유가 있겠지만 직접적인 이유는 엄청난 레버리지를 활용해 구축한 투기적 차익 거래(페어 트레이딩, 금리 베팅 등) 포지션의 크기였다.

투자자에게 주는 교훈

11장의 목적은 말로만 듣던 공짜 점심을 실제로 발견했다고 믿는 투자자에게 경각심을 주는 것이다. 순수 차익 거래(다른 가격에 거래되는 동일한 두 자산을 발견해 수익을 확보하는 전략)를 추구한다면 유동성이 있는 시장에서는 발견할 수 없을 것이다. 유동성이 부족한 시장에서라면 가격 오류를 발견할 수 있겠지만 수익을 남길 수 있을 정도로 거래 비용이 적어야 한다.

거의 동일한 두 자산의 가격 오류를 이용하는 근사 차익 거래를 추구한다면 기회를 더 많이 발견할 수 있을 것이다. 이 전략을 추구한다면 다음 요소를 명심해야 한다.

- 자신의 강점을 찾아내라(뭐라도 있다면): 잠깐의 자기 성찰이 귀중한 첫걸음이 될 수 있다. 차익 거래 전략을 실행하는 데 도움이 되는,

다른 투자자는 가지지 못한 자신만의 특별한 요소를 찾아내야만 한다. 기관투자가라면 더 깊이 있고 더 빠른 정보와 더 낮은 거래 비용이 있을 것이고, 이러한 강점을 차익 거래에 활용할 수 있다. 소규모 개인 투자자라면 조급한 고객을 응대할 필요 없이 투자 기간을 마음껏 설정할 수 있다.

- 잔존 위험을 자각하라: 근사 차익 거래는 무위험이 아니므로 노출된 위험의 원천이 어디이며 크기가 얼마나 되는지를 파악해야 한다. 이렇게 해야 현실적으로 자금을 조달하고 전략을 설계할 수 있다.

- 레버리지는 신중하게 사용하라: 차익 거래로 얻을 수 있는 이익의 크기가 작기 때문에 투자자는 종종 상당한 크기의 자금을 빌려서 이익을 극대화하고자 한다. 여기에는 반드시 명심해야 할 반대급부가 있다. 돈을 빌리면 위험 또한 커진다. 차입하는 자금의 크기는 전략이 감내하는 위험 수준을 반영해야만 한다. 위험이 클수록 차입은 작게 해야 한다. 차익 거래 전략이라는 이름의 요리책에서 모든 전략에 같은 크기의 레버리지를 사용하라고 한다면 이 레시피는 재난이 될 것이다.

- 전략을 효율적으로 실행하라: 차익 거래 기회는 순식간에 사라지는 경향이 있어서 투자자가 이득을 얻기 위해서는 전략을 즉각 실행할 수 있어야 한다. 거래 비용이 통제 가능한 수준으로 적게 발생하면서도 빠르게 거래할 수 있어야 하는데, 이 둘을 동시에 달성하기는 어렵다.

일반적으로 근사 차익 거래 전략은 아주 소규모의 투자자나 아주 대규모의 투자자에게 적합하지 않다. 소규모 투자자는 거래 비용과 실행상의 문제 때문에 발목을 잡힌다. 대규모 투자자는 거래를 시작하자마자 가격에 영향을 미쳐서 초과수익의 기회를 사라지게 만든다. 이 전략을 채택하려 한다면 가격이 수렴할 가능성이 높은 상황만 추려내서 집중해야 한다. 예를 들어 폐쇄형 펀드의 할인율을 이용하고자 한다면 할인율이 가장 높으면서 잠재적으로 경영진이 개방형 펀드로 전환하라는 압력에 직면할 수 있는 펀드에 집중해야 한다. 또한 너무 유동성이 부족하거나 아예 거래가 안 되는 자산을 담고 있는 펀드는 순자산가치가 과대 계상되어 있을 수 있기 때문에 피해야 한다.

투기적 차익 거래를 하고자 한다면 아주 신중해야 한다. 여기에는 정말로 무위험이라는 것은 없으며, 두 자산의 가격 차이가 과거의 장기 평균으로 회귀할 것이라는 데 대한 베팅이라는 점을 자각해야 한다. 이 전략을 실행할 때 가장 큰 위험은, 대부분의 경우에 옳았어도 한 번만 틀리면 막대한 손실을 입을 수 있다는 점이다. 투기적 차익 거래에서 성공하는 두 열쇠는 다음과 같다.

- 연구: 장기적인 관점에서 자산 간의 정상 상태가 어떠한지를 파악하는 것이 중요하다. 이 수치가 가격이 수렴한다고 가정할 수 있는 지점이다. 이를 파악하기 위해서는 장기 가격 데이터를 얻는 것에 그치지 않고 사실과 소음을 분리하는 통계 기법을 능숙하게 다룰 줄 알아야 한다.

- 하방 방어: 하나의 손실 포지션이 그간 쌓아온 성공 포지션의 이익을 모두 없애버릴 수 있다. 따라서 포지션 손실 조짐을 좀 더 일찍 파악할 수 있는 체계를 갖춘다면 기대 수익률이 드라마틱하게 높아질 수 있다.

여전히 공짜 점심을 찾는 투자자에게 이러한 메시지는 실망스러울 것이다. 차익 거래 기회를 찾는 것은 어렵고, 수익을 얻기는 더욱 어려우며, 현실 세계에서는 수백만 명의 투자자가 돈을 벌 방법을 찾아다니기 때문이다. 이는 당연하다. 좋은 소식은, 자신의 숙제를 열심히 하고 다른 사람과 다른 차별성을 찾아내는 투자자는 여전히 큰 수익을 얻을 가능성이 있다는 점이다.

결론

'무자본 무위험 수익'은 '돈을 찍어내는 기계'와 같은 말로 들리겠지만, 이는 순수 차익 거래를 지칭하는 표현이다. 순수 차익 거래가 존재하기 위해서는 완전히 동일한 현금흐름을 가지면서도 다른 가격에 거래되는 두 자산이 필요하다. 낮은 가격에 거래되는 자산을 사고 높은 가격에 거래되는 자산을 팔아서 가격 차이만큼의 확정 수익을 거둘 수 있다. 두 자산의 현금흐름이 서로를 정확히 상쇄하면서 무위험 투자가 된다.

순수 차익 거래 기회는, 만약 존재한다면 선물 옵션 시장에서 찾을 수 있을 것이며 거의 대부분 그 폭이 아주 좁고 기간도 아주 짧을 것이다. 정보 접근성이 좋고 실행에서 강점을 가진 소수의 투자자만이 여기에서 이익을 취할 수 있다.

근사 차익 거래는 거의 동일한 두 자산이 다른 가격에 거래되는 경우를 지칭하는데, 두 가격이 수렴하지 않도록 막는 유의미한 제약이 존재한다. 한 사례로 폐쇄형 펀드는 펀드가 소유한 주식의 시장 가치보다 현저히 할인된 가격으로 거래된다. 펀드 전체를 사서 청산시켜버리면 상당한 수익을 거둘 수 있을 것이다. 아쉽게도 펀드를 청산하기까지 여러 제약 사항 때문에 펀드의 지분을 들고도 그저 할인율이 줄어들기를 기다리는 수밖에 없을 수도 있다.

투기적 차익 거래는 유사한 두 자산이 과거의 정상 상태에서 벗어난 상태에서 거래되는 경우로, 투자자는 이를 공짜 점심이라고 착각한다. 현실에서 이 전략은 위험을 수반하는 포지션이며, 많은 경우에 (작은) 수익을 내다가 한 번의 실수에서 큰 손실을 본다.

12장

달리는 말에 올라타라!
모멘텀 투자

마사의 자기실현적 예언

마사는 매일 아침의 첫 출발이 중요하다고 믿었다. 하루를 기분 좋게 시작하면 계속 좋은 일이 벌어지고, 아침에 기분 나쁜 일이 벌어지면 안 좋은 일이 계속된다고 강하게 믿었다. 그는 투자도 그런 식으로 했다. 최근 몇 달간 유의미하게 상승한 주식만 매수했다. 주가가 급등했다는 사실 자체가 새로운 매수자를 불러오는 원인이 될 것이고, 그로 인해 주가는 또 상승해 일종의 자기실현적 예언이 될 터였다. 주가가 지나치게 많이 오른 것 아니냐는 질문에 마사는 더 비싼 가격에 팔아넘길 누군가가 있는 한 그런 것은 신경 쓰지 않는다고 대답했다.

마사는 포트폴리오에 있는 주식이 매수 이후 도통 이전 같은 움직임을 보여주지 않는다는 것을 깨달았다. 그리고 그 주식의 가격은 극단적으로 변동성이 컸다. 또한 아주 작은 나쁜 뉴스 한 토막에도 투매가 쏟아져 나오며 그 전 몇 주간의 상승 폭을 모조리 반납하는 장면을 보이기도 했다. 좋은 일에는 더 좋은 일이 뒤따른다고 믿고 싶었지만 주식에는 이 법칙이 적용되지 않는 것 같았다. 그는 환멸을 느꼈고, 주식시장은 자신의 인생철학과 맞지 않다고 결론지었다.

▶ 교훈: 군중에 휩쓸리면 밟혀 죽는다.

대세에 편승하라. 모멘텀 투자란 간단히 말해 이게 전부다. 여기에는 과거 주가가 상승한 주식은 앞으로도 오를 가능성이 높고 하락한 주식은 앞으로도 떨어질 것이라는 전제가 깔려 있다. 모멘텀을 어떻게 측정하느냐에 따라서 이 이야기에는 여러 변형이 있다. 어떤 투자자는 과거 특정 기간(일주일, 3개월, 6개월, 혹은 그 이상) 동안의 주가 변화율을 살펴보고 가장 상승률이 높은 주식을 산다. 거래량을 함께 고려해 투자하는 사람도 있다. 이들은 큰 거래량을 동반한 주가 상승이 최고의 지표라고 생각한다. 또 다른 투자자는 실적 예상치보다 공시된 실적을 보고 주식을 매수해 실적 발표 이후에도 주가 상승이 이어지기를 기대한다.

12장에서는 모멘텀 투자의 기초를 살펴보고 장기간에 걸친 경험적인 증거를 통해 이 전략이 효과가 있는지 검증한다. 모멘텀이 큰 주식(가격과 거래량 측면에서)의 포트폴리오를 구성하고, 이 전략과 관련된 잠재적인 위험에 대해서도 논의하겠다.

이야기의 핵심

모멘텀 투자 전략은 자기실현적 예언이 될 수 있기 때문에 강력하다.

투자자가 모멘텀 전략을 믿고 과거에 주가가 상승한 기업을 사면 주가는 그 후에도 더욱 상승한다. 상승 추세는 새로운 투자자가 유입되는 한 계속 이어진다. 따라서 모멘텀의 핵심 쟁점은 군집 행동(herding behavior)이다. 투자자가 군집 행동을 왜 보이는지, 이를 통해 수익을 창출할 수 있는지에 대해서 보통 다음과 같은 세 가지 이유를 든다.

- 투자자는 느리게 배운다: 새로운 정보가 주가에 미칠 영향을 파악하는 속도가 느리다면 뉴스가 나오고 나서 주가가 오르내리는(좋은 뉴스라면 상승하고 나쁜 뉴스라면 하락하는) 데까지 시간이 걸릴 것이다. 정보의 영향을 가장 빨리 판단하는 투자자라면 다른 투자자가 뒤늦게 따라오면서 수익을 얻을 수 있다.

- 투자자는 다른 투자자의 행동을 보고 배운다: 어떤 투자자는 펀더멘털을 직접 분석하기보다 다른 투자자가 어떻게 매매하는지를 보고 배운다. 이 관점이 옳다면 거래량이 늘어나면서 주가가 꾸준히 상승할 경우 다른 투자자도 이 주식에 매력을 느끼게 될 것이다.

- 투자자는 최근의 변화를 과도하게 중시한다: 심리학자는 인간이 최근의 정보에 대해 적정한 수준보다 더 많은 가치를 부여하고 과거의 정보에 대해 더 적은 가치를 부여한다는 강력한 증거를 확보했다. 다시 말해 어떤 회사에 관한 긍정적인 뉴스가 발표되면 투자자의 과잉 반응 때문에 가격이 정당한 수준보다 더 많이 오를 수 있다.

모멘텀 전략은 언제나 긴박한 느낌을 준다. 얼른 버스에 올라타지 않으면 버스가 떠나버린다고 한다. 몇몇 투자자는(기관투자가와 개인 투자자를 막론하고) 남겨지기 싫다는 두려움에 버스에 올라탄다.

이론적 근거

모멘텀 투자를 뒷받침하는 이론적 근거는 거의 없는데, 앞으로 살펴보 겠지만 약간의 경험적 근거는 있다. 여기서는 모멘텀 투자자가 이용하는 몇 가지 측정법을 살펴보고 이 투자가 가능하려면 투자자가 어떻게 행동 해야 하는지를 알아볼 것이다.

모멘텀 투자자가 사용하는 측정법

모멘텀 투자자는 추세가 자신의 편이며 주가가 과거에 어떤 장기 추세 를 따라 움직였는지를 파악하는 일이 필수라고 믿는다. 추세를 파악하는 가장 간단한 지표는 추세선이다. 그림 12.1에 두 가지 추세선을 그려놓았 는데, 왼쪽은 몇 개월간의 은 선물 가격이고 오른쪽은 좀 더 긴 기간의 코 코아 선물 가격이다.

왼쪽의 은 선물 가격에서는 상승 추세를 볼 수 있다. 가격대의 각 저점 은 이전 저점보다 높다. 오른쪽 코코아 가격은 잠깐 횡보하다가 고점을

그림 12.1 추세선

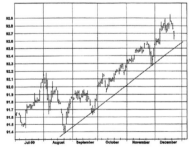
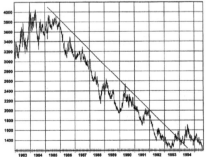

계속 낮추는 하락 추세를 그렸다. 모멘텀 투자자는 상승 추세선 위에서 가격이 계속 움직이는 주식을 산다. 가격이 상승 추세선을 하향 이탈하면 추세가 반전되는 신호로 판단한다. 반대로 가격이 하락 추세선을 상승 이탈하면 상승으로 향하는 추세 전환으로 판단한다.

여기에 바로 뒤따라오는 모멘텀 측정 지표가 상대 강도(relative price strength)인데, 장기간(6개월이나 1년 등)의 평균 대비 현재 가격의 비율이다. 상대 강도가 높다는 것은 주가가 과거 평균 대비 많이 상승했다는 뜻이며, 낮다는 것은 주가가 그만큼 많이 하락했다는 뜻이다. 상대 강도는 절대적인 지표로도 쓰이는데, 주어진 기간에 주가가 상승한 주식만을 투자 대상으로 추려낼 수 있다. 주식 간 비교를 하는 데도 쓸 수 있다. 상대 강도가 가장 높은 주식은 다른 주식보다 상승률이 높은 주식이라는 뜻이다.

모멘텀 투자자가 사용하는 수십 가지 기술적 지표 중 단 두 개만 언급해보았다. 이들 지표는 추세선과 상대 강도처럼 과거의 가격 패턴을 기반으로 하며 일부는 거래량을 함께 감안한다.

모멘텀 투자 모델

주가의 모멘텀을 만드는 모델은 두 가지다. 첫 번째는 정보 기초 모델로, 투자자가 정보를 느리게 학습하기 때문에 정보가 시장에 반영되는 속도도 느리다고 가정한다. 두 번째는 거래량 기초 모델인데, 투자자는 다른 투자자의 행동을 보고 어떻게 행동할지를 결정한다고 가정한다.

정보 기초 모델

효율적인 시장에서 주가는 새로운 뉴스가 나올 때마다 즉각적으로 반응한다고 한다. 합리적인 투자자는 정보가 가치에 미치는 영향을 즉시 판단해 가격을 새로운 가치에 맞게 변화시킨다. 투자자가 실수할 수는 있지만, 각 실수는 서로를 상쇄해 주가가 지나치게 올라가거나 내려가게 하지 않는다. 세상이 이렇게 돌아간다면 정보가 발표되기 이전이나 이후의 주가 변동에 패턴이 존재하지 않을 것이다.

시장 참여자가 정보를 습득하고 가격 모멘텀으로 반영하는 속도가 얼마나 느린지를 보기 위해, 우선 기업이 예상보다 더 좋은 실적을 발표했다고 가정해보자. 뉴스가 발표된 직후 주가가 상승하는데, 이 정보가 가치에 미칠 영향을 투자자가 차츰 깨달으면서 이후로도 주가가 계속 상승한다. 이는 실적 발표에 따른 점진적인 주가 상승이라고 해석할 수 있다. 나쁜 뉴스가 나오면 반대 현상을 목격한다. 뉴스가 발표되고 주가가 하락한 다음에 투자자가 가치를 새로 평가하면서 주가가 추가로 하락한다.

이 스토리의 맹점은 투자자가 비합리적이라는 가정이다. 시장이 정보를 늦게 반영하는 것이 사실이라면 호재가 발표된 직후 주식을 사서 이후의 상승분을 즐길 수 있다. 충분히 많은 투자자가 이렇게 행동한다면 가격은 순식간에 조정될 것이고 발표 이후의 추세적인 변동은 사라진다. 마찬가지로 나쁜 뉴스에서도 발표 직후 주식을 공매도해 이후의 주가 하락에서 돈을 벌 수 있다. 역시나 충분히 많은 투자자가 이를 따라 한다면 악재 발표 직후 주가가 하락하고 더 이상 추세적인 하락은 없을 것이다.

모멘텀 투자가 가능하다고 믿는다면 추세적인 변화가 계속 이어진다는 것을 입증할 충분한 근거가 있어야 한다. 악재의 경우 (당신을 제외한) 많은 투자자가 공매도를 하는 데 제한을 받기 때문에, 시장이 느리게 학습한다는 사실을 알더라도 여기서 이득을 취하기가 어렵다고 주장할 수 있다. 호재의 경우 대다수의 투자자가 정보를 제대로 해석할 줄 몰라서 명백한 투자 기회를 놓친다거나 거래 비용이 너무 높아서 이 전략을 따라 할 수 없다고 가정해야 한다.

거래량 모델

투자자는 다른 투자자의 거래를 보고 배운다. 모멘텀 투자의 좀 더 정교한 버전은 이 명제를 토대로 만들어진다. 어떤 주식의 거래량과 주가가 동시에 상승한다는 것은 그 주식에 대한 수요가 증가하고 있다는 뜻이다. 다른 투자자는 이러한 가격과 거래량의 상승을 보고 이렇게 결론을 내린다.

- 이 주식을 사는 투자자는 자신만이 알고 있는 정보나 내부자 정보에 의해서 주식이 저평가되어 있다는 판단을 했을 것이다.
- 주식의 매수세는 최소한 잠깐은 더 지속될 것이다.

이렇게 판단한 투자자는 주식을 사고 주식 가격은 더 오르게 된다. 결과적으로 새로운 투자자를 더 끌어들이고, 거래량이 더 늘어나며, 가격은 더욱더 올라간다. 가격이 하락하면 동일한 현상이 반대 방향으로 일어난다.

가격 모멘텀이 끝나는 지점은 거래량 모델과 정보 모델이 동일하지만 차이점도 있다. 거래량은 새로운 정보가 없더라도 가격 모멘텀을 만들어 낸다. 투자자는 거래의 이유가 아니라 거래 행위 자체를 관찰하기 때문에, 회사에 대한 특별한 정보가 없더라도 그저 대량의 주식 매수가 있었다는 사실만으로 모멘텀이 발생할 수 있다. 다른 투자자는 이 거래를 지켜보고는 무언가 정보가 있어서 거래가 일어났을 것이라고 가정하고 매수 주문을 낸다. 이러한 연쇄 반응은 최초의 거래를 뒷받침할 아무런 정보가 없다는 것을 깨닫고 나서야 끝난다.

이러한 관점의 세계에서는 모멘텀이 가격과 거래량 두 가지를 모두 수반해야 한다. 다시 말해 가격과 거래량은 함께 증가하거나 줄어들어야 한다.

증거 확인

시장이 늦게 학습한다는 증거는 무엇일까? 이 질문에 답변하기 위한 연구는 대략 세 가지로 나눌 수 있다. 첫째는 특정 시간 동안 주가의 추세를 파악하고 그 추세가 이후 기간에도 이어지는지 관찰하는 것이다. 둘째는 기업의 새로운 뉴스(실적이나 배당)에 시장이 어떻게 반응하는지, 즉 가격이 새로운 정보에 따라 어떻게 변동하는지 살펴보는 것이다. 셋째는 과거에 성과가 좋았던 뮤추얼 펀드가 미래에도 성과가 좋은지 알아보는 것이다.

가격의 점진적 변화

8장에서 역발상 투자를 다루며 가장 많이 상승한 주식이 가장 많이 하락하는지를 살펴보았다. 가격의 변화가 이후 구간에서도 지속될지에 대해 제시한 자료는 12장의 모멘텀 투자와도 관련이 있다. 무엇보다 역발상 전략과 모멘텀 전략은 정반대의 세계관이다. 한 전략을 지지하는 증거는 다른 전략을 기각하는 증거가 된다.

계열 상관은 어떤 구간에서 일어난 가격 변화와 다음 구간에서 일어난 가격 변화 사이의 상관관계다. 8장에서 언급했듯이 계열 상관이 양수이면 주가가 올랐을 때 더 오를 가능성이 높다는 뜻이고, 계열 상관이 음수이면 가격이 하락한 이후 반등할 가능성이 높다는 뜻이다. 그림 12.2에 이를 간략히 표시해보았다.

모멘텀 투자자는 가격 변화가 양의 계열 상관을 보이기를 원할 것이다. 실제로 그러한가? 8장에서 인용했다시피 계열 상관에 관한 초기의 연구는 짧은 기간(일간·주간)에 계열 상관이 존재한다는 증거를 거의 발견하지 못했다. 최근의 연구 중 일부는 시간별·일간 수익률에 계열 상관이 존재한다는 증거를 발견하기도 했지만, 거래량이 많은 경우와 적은 경우에 상관계수의 차이가 있었다. 거래량이 많은 주식은 짧은 기간 동안 방향이 뒤집힐 가능성이 높은, 즉 음의 계열 상관을 보였다. 거래량이 적은 주식은 가격이 같은 방향으로 움직일 가능성이 높은, 즉 양의 계열 상관

그림 12.2 계열 상관과 가격 패턴

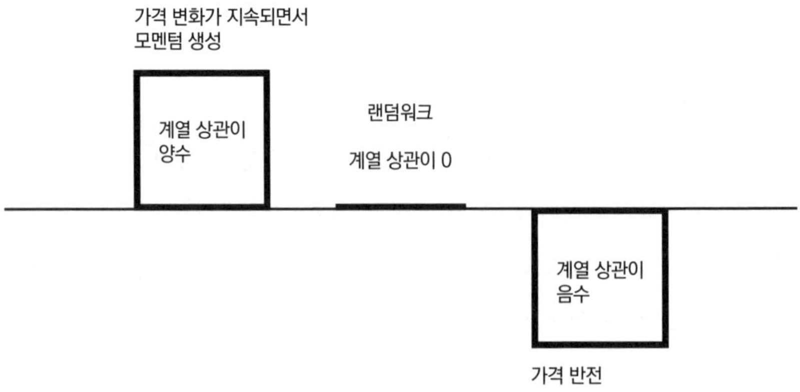

가격 변화가 지속되면서
모멘텀 생성

계열 상관이
양수

랜덤워크

계열 상관이 0

계열 상관이
음수

가격 반전

을 보였다.[1] 이제 가격 모멘텀과 거래량은 상호 상관(intercorrelation)이 있다는 점을 살펴볼 것이다.

장기간에 걸친 수익률의 계열 상관을 보면 시계열을 어떻게 정하느냐에 따라 가격 모멘텀이 지속되거나 반전되는 경우에 대한 더 많은 증거를 얻을 수 있다. 제가디시와 티트먼은 최대 8개월의 기간에서 주가 모멘텀에 대한 증거를 제시했다. 과거 6개월간 가격이 상승한 주식은 계속 상승하는 경향을 보였고, 과거 6개월간 하락한 주식은 계속 하락하는 경향을 보였다. 장기간을 수년간으로 정의한다면, 특히 5년으로 정의한다면 가격 반전의 명백한 증거가 존재해 역발상 투자자가 승리하게 된다. 다시 말해 지난 5년간 가장 많이 오른 주식은 이후 5년간 하락할 가능성이 높다.

요약하면 모멘텀 전략의 증거는 얼마나 긴 기간을 측정 단위로 할 것이냐, 그리고 투자자가 주식을 얼마 동안 보유할 것이냐에 따라 매우 달라진다. 모멘텀은 몇 개월간 주식을 보유할 경우에는 내 편이지만, 지나치게 긴 기간 혹은 짧은 기간 동안 보유할 경우에는 재빨리 등을 돌린다.

정보 공개

시장이 느리게 학습한다는 확실한 증거를 찾기 위해서는 이익이나 인수 합병 발표 등 새로운 뉴스에 시장이 어떻게 반응하는지 살펴보면 된다. 새로운 뉴스가 발표된 이후에도 시장은 지속적으로 조정을 거친다는 증거가 존재한다. 예를 들어 예상치 이상의 실적을 발표한 회사의 주가는 발표 시점에 확 뛰었다가 이후 며칠 동안에도 조금씩 상승한다. 인수 합병의 대상이 되는 회사에서도 비슷한 일이 일어난다.

이러한 점진적인 가격 변화를 여러 방식으로 설명할 수 있는데, 그중 하나가 시장은 느리게 학습하며 정보를 융화하는 데 시간이 필요하다는 설명이다. 좋은 뉴스일 경우(좋은 실적을 발표했다거나 애널리스트가 실적 전망치를 상향했다거나 등) 투자자는 뉴스가 나온 이후에도 가격이 추가로 상승할 것을 기대한다. 나쁜 뉴스일 경우에는 그 반대를 기대한다.

실적 발표

기업이 실적을 발표할 때는 현재의 실적과 미래의 전망에 대한 정보를 공개한다. 공개되는 정보의 내용과 그에 따른 시장의 반응은 그 정보가 시장의 예상치 대비 얼마나 초과하거나 미달했느냐에 따라 달라져야 할 것이다. 시장이 효율적이라면 실적 공시에 따라 시장의 반응은 즉각적이어야 하며, 긍정적인 소식이라면 주가가 상승하고 부정적인 소식이라면 주가가 하락해야 한다.

투자자는 기대치와 발표된 실적을 비교하므로 실적 발표의 영향을 검증하는 핵심 중 하나는 이러한 기대치를 측정하는 것이다. 초기의 연구는 전년 동기의 이익을 기대치로 사용했다. 즉 분기 실적이 증가했다고 발표하면 긍정적인 뉴스로, 분기 실적이 감소했다고 발표하면 부정적인 뉴스로 간주했다. 최근의 연구에서는 애널리스트의 추정치를 기대치로 간주해 실제 발표된 실적과 비교한다. 그림 12.3에서는 어닝 서프라이즈에 따른 가격 변동을 표시해보았는데, 어닝 서프라이즈는 강도에 따라 '가장 부정적인' 실적 공시(그룹 1)부터 '가장 긍정적인' 실적 공시(그룹 10)까지 분류했다.[2]

이 그림에서 확인할 수 있는 사실은 가장 최신의 연구 결과와도 일치

그림 12.3 분기 실적 공시에 따른 가격 변동

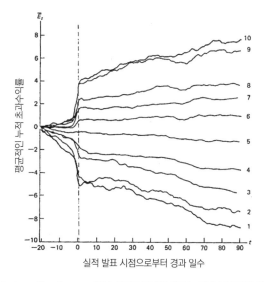

자료: Jones, Latane, Rendleman. 어닝 서프라이즈의 강도는 가장 부정적인 경우를 1로, 가장 긍정적인 경우를 10으로 표시. 실적 발표일 전후의 수익률을 측정.

한다.

- 실적 공시는 명백히 시장에 영향을 주는 정보를 담고 있다. 가장 긍정적인 실적 발표(10) 이후 주가가 상승하고 가장 실망스러운 실적 발표(1) 이후 주가가 하락했다.

- 실적 공시 직전 며칠 동안 실적 공시의 내용에 부합하는 시장 움직임이 일부 있다. 즉 긍정적인 실적 공시 직전 며칠간 주가가 상승하고 부정적인 실적 공시 직전 며칠간 주가가 하락한다. 내부자 거래 혹은 정보 유출로 볼 수 있다.

- 미약하긴 하지만 실적 공시 이후에도 주가가 동일한 방향으로 움직인다는 증거가 있다. 긍정적인 공시는 발표 당일의 긍정적인 주가

반응을 불러오고 그 이후 며칠 혹은 몇 주 동안에도 주가가 상승한다. 부정적인 실적 공시도 마찬가지로 당일에 주가가 하락하고 이후에도 며칠 동안 주가가 계속 하락한다.

앞서 인용한 연구에서는 모든 실적 발표를 검토했는데, 또 다른 연구는 어닝 서프라이즈에 더욱 명백하게 반응하는 특정 종류의 기업이 있음을 보여주기도 한다. 예를 들면 가치주와 성장주에 대한 연구 결과, 실적 발표 이후 3일간을 보면 가치주(낮은 PER과 PBR로 정의)가 성장주보다 더 나은 성과를 보이며 이는 긍정적인 실적과 부정적인 실적 모두 동일하다. 이는 성장주보다 가치주에 투자했을 때 어닝 서프라이즈로 수익을 거두기가 더 쉽다는 뜻이며, 아마도 시장은 성장주에 대해서 과도하게 낙관적인 기대를 한다는 사실에 대한 방증일 수 있다.[3]

작은 기업일수록 실적 발표가 당일 주가에 미치는 영향이 크고 이후의 주가 흐름도 추세적으로 이어질 가능성이 더 높다.

주식 분할

주식 분할을 하면 기업의 이익이나 현금흐름의 변화 없이 발행 주식 수가 늘어난다. 순전히 겉모습만 바뀌는 것이기 때문에 기업의 가치나 발행된 주식의 총 가치에는 영향이 없어야 한다. 그러나 주가는 주식 분할 이후 발행 주식 수가 늘어났다는 이유로 하락하고는 한다. 한 연구에서는 1927~1959년에 있었던 940건의 주식 분할에 대해 분할 기일 전후 60개월간의 주가 변화를 검토해보았다(그림 12.4).[4]

평균적으로 주식 분할 이전에는 양의 수익률을 관찰할 수 있다. 주식 분할은 대체로 주가 상승 이후에 실행된다는 점을 생각해보면 자연스럽

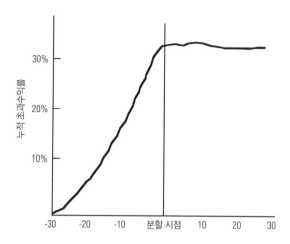

그림 12.4 주식 분할에 대한 시장의 반응

자료: Fama, Fisher, Jensen, Roll. 분할 기일 기준 30개월 이전과 30개월 이후의 누적 초과수익률.

다. 분할일 전후로는 초과수익이 관측되지 않았으므로 분할 자체는 중립적인 이벤트다. 이 연구에서는 일간 수익률이 아니라 월간 수익률을 사용했다는 한계가 있다.

좀 더 최근의 연구에서는 주식 분할에 대한 일간 변동을 관찰해 약간의 긍정적인 영향이 있음을 발견했다. 주식 분할이 발표되면 주가는 약간 상승한다.[5] 1975~1990년에 있었던 2 대 1 주식 분할 이벤트 전체를 검토한 결과, 주식 분할 발표 당일 주가는 평균적으로 3.38% 상승했고 이 효과는 소형주(10.04%)가 대형주(1.01%)에 비해 훨씬 컸다.[6] 연구자는 이를 신호 효과(signaling effect), 즉 자사의 주가가 오를 것이라고 예상하는 회사만 주식 분할을 실행했기 때문이라고 해석했다.*

최근 몇 년 사이 어떤 연구에서는 주식 분할이 거래 비용을 늘려 투자자에게 의도치 않은 부정적인 영향을 미친다고 지적했다. 예를 들어 주식이 40달러일 때보다 20달러일 때 거래 시 발생하는 매수·매도 호가 차이의 주가 대비 비율이 더 커질 수 있다. 분할 이후 거래 비용이 증가하고 거래량이 감소한다는 증거도 일부 존재한다.[7] 이렇게 주식 분할의 결과 늘어나는 비용과 주가에 대한 신호 효과(투자자가 주식 분할을 미래 전망에 대한 긍정적인 신호로 해석하는 정도) 중 무엇이 더 강한지는 추가로 고민해보아야 한다.

최근 몇 년간 있었던 흥미로운 사실을 보자면, 주가가 2달러나 그 이하로 심하게 하락한 주식의 경우 병합을 통해 발행 주식 수를 줄여서 매매하기 적절한 범위로 가격을 끌어올리려는 시도가 종종 있었다. 주가가 1달러 미만으로 떨어지면 상장 폐지의 주요 사유가 되기 때문에 때때로 이를 막기 위해 주식 병합을 실행하기도 한다. 혹은 거래 비용을 줄이기 위해서 실행하기도 한다.[8]

배당 변화

금융시장은 기업이 어떤 의사 결정을 할 때마다 향후의 현금흐름과 기업 가치에 어떤 영향을 미칠지 세세하게 살펴본다. 회사의 배당 정책 변경은 의도와 관계없이 시장에 특정한 정보를 전달한다. 배당 증가는 일반적으로 긍정적인 신호로 해석된다. 회사가 투자자에게 이러한 약속을 하려면 향후 그만큼의 현금흐름을 창출할 역량이 반드시 있어야 하기 때문이다. 배당 감소는 부정적인 신호다. 회사는 배당금 삭감을 꺼리는데,

---

* 주식 분할 발표로 자사의 주식이 저평가되어 있거나 호재가 임박했음을 간접적으로 시장에 알려준다는 뜻이다.

배당금을 삭감하거나 아예 없앴다는 것은 회사가 장기적으로 커다란 재무 문제에 봉착했음을 의미한다. 그러므로 이러한 움직임은 주가 하락으로 이어진다. 2장에서 인용했던 경험적 증거를 보자면 배당의 증가와 감소에 대한 주가의 반응은 적어도 평균적으로는 이러한 신호 이론과 부합한다. 평균적으로 배당금이 증가하면 주가는 상승하고 배당금이 감소하면 주가는 하락한다.

한편 증가보다는 감소에 대한 주가 반응이 훨씬 거세다.[9] (내부자 정보를 가지고 있지 않은 한) 배당 변화 공시로 인한 주가 변동은 그 자체로 투자자에게 수익 기회를 제공하지 않을 수 있지만, 배당 변화 공시 이후 주가의 추세적인 변화를 살펴본 한 연구에서는 배당금 증가를 발표한 이후에도 주가는 추세적으로 상승하고 배당금 감소를 발표한 이후에는 장기적으로 하락한다고 밝혔다.[10] 투자자는 이러한 추세적인 변화에서 이익을 얻을 수 있을 것이다.

거래량이 만들어내는 신비로운 현상

12장 서두에서 투자자가 다른 투자자의 행동을 보고 학습하기 때문에 모멘텀이 존재할 수도 있다는 가설을 세웠다. 가격을 놓고 보자면 거래량이 미래의 가격 변화에 대한 정보를 담고 있다는 증거가 있다. 1998년의 한 연구에서는 거래량이 적은 주식이 거래량이 많은 주식보다 수익률이 높음을 보여주었다. 연구자는 이 초과수익이 유동성 부족에 따른 프리미엄이라고 해석했다.[11]

좀 더 놀라운 사실은 가격과 거래량의 상호 관계에 숨어 있다.[12] 12장의 앞에서 언급한 가격 모멘텀 효과(오르는 주식은 몇 개월 후에도 더 오르고 떨어지는 주식은 더 떨어지는)는 거래량이 많은 주식에서 좀 더 확연히 드러난다. 그림 12.5에서 주식을 과거 6개월간의 수익률에 따라 분류(승자, 평균, 패자)하고 거래량(적음, 평균, 많음)에 따라 이후 6개월간의 수익률을 살펴보았다.

가격 모멘텀 효과는 거래량이 많은 주식에서 가장 강하게 나타난다. 다시 말해 많은 거래량을 동반하는 주가 상승이나 하락은 이후 기간에도 지속될 가능성이 높다. 좀 더 짧은 기간의 수익률을 살펴보아도 같은 결과를 얻을 수 있다. 일간 수익률에서도 거래량이 많은 경우 다음 영업일에도 가격의 상승세가 유지될 가능성이 높다.[13]

그림 12.5 거래량과 가격의 상호 작용(NYSE와 AMEX 주식, 1965~1995년)

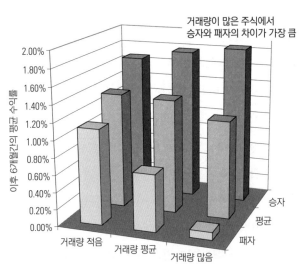

자료: Lee & Swaminathan. 포트폴리오 작성 이후 6개월간의 월 평균 수익률.

뮤추얼 펀드의 모멘텀

한 구간에서 높은 순위에 오른 펀드가 다음 구간에서도 높은 순위를 차지할 수 있을지를 입증하는 증거는 거의 없지만, 최상위권 펀드에 대해 조사한 일부 자료는 있다. 많은 연구[14] 결과 한 구간에서 평균 이상의 성과를 낸 펀드는 다음 구간에서도 평균 이상의 성과를 낼 가능성이 높다. 버턴 맬킬은 뮤추얼 펀드 20년 성과를 연구해 소위 '핫 핸드(hot hands)' 현상을 분석해보고자 했다. 그는 1970년대와 1980년대에 각 해의 승자가 다음 해의 승자가 되는 비율을 살펴보았다. 그 결과를 표 12.1에 요약했다.

표에서 이야기하는 결과는 놀랍다. 1970년대의 반복 승리 비율은 순전히 운에 의지했을 경우보다 명백히 높다. 그런데 1980년대의 반복 승

표 12.1 두 해 연속 승리(1971~1990년)

연도	연속 승리 비율	연도	연속 승리 비율
1971	64.80%	1980	36.50%
1972	50.00%	1981	62.30%
1973	62.60%	1982	56.60%
1974	52.10%	1983	56.10%
1975	74.40%	1984	53.90%
1976	68.40%	1985	59.50%
1977	70.80%	1986	60.40%
1978	69.70%	1987	39.30%
1979	71.80%	1988	41.00%
1971~1979	65.10%	1989	59.60%
		1990	49.40%
		1980~1990	51.70%

리 비율은 거의 무작위로 보인다. 이는 1980년대에 뮤추얼 펀드 랭킹 자료를 쉽게 구해볼 수 있게 되었기 때문일까? 어쩌면 그럴 수도 있다. 혹은 전체 시장 수익률의 영향일 수도 있다. 1970년대의 주식시장은 줄줄이 하락한 해가 많았고, 뮤추얼 펀드 중에서 그저 현금 보유량만 늘린 펀드는 지속적으로 상위권에 머무를 수 있었다. 특정 해의 수익률 상위권 펀드(톱10, 톱20, 톱30, 톱40)를 사서 다음 해까지 보유했을 경우의 수익률을 비교해보는 것도 의미 있을 것이다. 그 결과는 그림 12.6과 같다.

또 한 번 충격적인 결과가 나왔다. 1973~1977년과 1978~1981년에 상위권 펀드는 S&P500을 초과하는 수익률을 냈지만, 1982~1986년에는

그림 12.6 상위권 펀드의 수익률(1973~1991년)

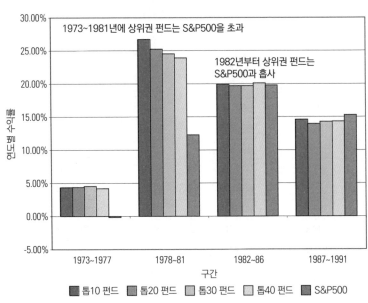

자료: Malkiel. 톱 펀드는 직전 해의 실적으로 선정했고 수익률은 다음 해의 것으로 계산함.

비슷한 수익률을 냈고, 1987~1991년에는 하회했다. 요약하면 직전 해에 좋은 성과를 낸 펀드가 다음 해에도 평균 이상의 수익률을 낼 거라는 증거는 거의 없으며 특히 최근에는 더욱 그러하다. 사실 이러한 펀드는 수수료와 비용을 높이는 경향이 있어서 오히려 하위권 펀드의 일부보다 더 나쁜 투자가 되기도 한다.

데이터 정밀 분석

모멘텀을 측정하는 방식에는 여러 가지가 있는데 이들 대부분은 상대적인 지표를 사용한다. 즉 모든 주식이 전반적으로 상승하는 와중에 어떤 주식이 30% 오른 것을 강한 모멘텀이라고 간주하기는 어렵고, 하락장에서 5% 상승한 주식의 모멘텀이 더 강하다고 본다. 우선 시장별로 모멘텀을 측정하는 방식이 얼마나 다양한지를 살펴보고, 모멘텀에 기초한 포트폴리오를 구축해보겠다.

모멘텀 측정

여기서는 세 가지 모멘텀 측정법을 검토해보겠다. 첫 번째는 가격의 변화와 상대적인 강도를 통한 가격 모멘텀 측정이다. 두 번째는 거래량이고 세 번째는 어닝 서프라이즈다.

가격 모멘텀

가격 모멘텀을 측정하기 위해서 우선 2002년 10월~2003년 3월의 6개월간 가격이 상승한 종목에 투자했다고 가정해보자. 그림 12.7은 그 기간 (가격 상승을 통한) 주가 수익률의 분포를 나타낸 것이다.

이 6개월간 시장은 약 13% 상승했고 주가가 상승한 종목이 하락한 종목보다 많았다. 각 주식의 상대 강도는 다음과 같이 계산한다.

$$\text{가격의 상대 강도} = \frac{(1 + \text{특정 구간의 가격 상승률})}{(1 + \text{같은 구간의 시장 상승률})}$$

예를 들어 2002년 10월~2003년 3월 전체 시장의 상승률이 14.83%인데 비아콤Viacom은 3.16% 하락했고 스테이플스Staples는 44.56% 상승했다. 이들 주식의 상대 강도는 다음과 같다.

그림 12.7 가격 변화율(2002년 10월~2003년 3월)

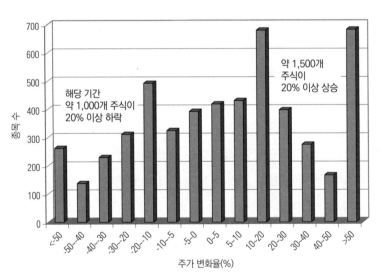

자료: 밸류 라인.

비아컴의 상대 강도 = (1-0.0316)/(1.1483) = 0.84

스테이플스의 상대 강도 = (1.4456)/(1.1483) = 1.26

그림 12.8에 앞서 6개월간(2002년 10월~2003년 3월) 주식의 상대 강도 분포를 나타내보았다.

많은 회사의 주식이 시장의 등락과 유사한 수준의 등락(상대 강도가 1에 가까움)을 보였지만 시장과 동떨어진 변화를 보인 주식도 상당히 많다. 이러한 주식이 모멘텀 포트폴리오에 포함될 수 있다. 상대 강도를 측정하는 다른 방식도 있지만, 어느 정도 공통점이 있다. 각 방식은 모두 특정 기간 전체 시장의 움직임 대비 개별 주식의 가격 변화율을 측정한다.

그림 12.8 가격의 상대 강도(2002년 10월~2003년 3월)

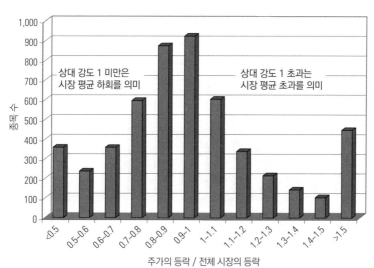

자료: 밸류 라인. 각 주식의 등락률을 전체 시장의 등락률로 나누어 상대 강도를 측정.

거래량

종목마다 가격 모멘텀 차이가 큰데 거래량 차이는 훨씬 크다. 어떤 주식은 매일 수백만 주가 거래되면서 유동성이 극히 좋은 반면 어떤 주식은 거래가 거의 일어나지 않는다. 따라서 거래량 수준에 따른 거래량 모멘텀을 유의미하게 구별해 측정할 수 있다. 어떤 주식에 대해서 지난 6개월간의 일평균 거래량과 그 이전 6개월간의 일평균 거래량을 비교하는 식으로 모든 주식의 거래량 변화를 측정할 수 있다. 그림 12.9에 이러한 변화의 분포를 표시해보았다.

2002년 10월~2003년 3월의 거래량을 2002년 4~9월의 거래량과 비교

그림 12.9 6개월간 거래량의 변화

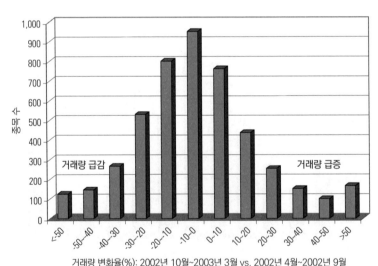

거래량 변화율(%): 2002년 10월~2003년 3월 vs. 2002년 4월~2002년 9월

자료: 밸류 라인. 각 주식의 6개월 거래량(2002년 4월~9월)과 다음 6개월 거래량(2002년 10월~2003년 3월)을 비교해 거래량 변화율 계산.

했다. 가격 모멘텀과 마찬가지로 이러한 거래량의 변화도 전체 시장의 거래량 변화와 비교해 상대적인 거래량 모멘텀으로 측정할 수 있다.

$$상대\ 거래량\ 모멘텀 = \frac{(1 + 주식의\ 거래량\ 변화율)}{(1 + 시장\ 전체의\ 거래량\ 변화율)}$$

전체 시장의 거래량이 20% 늘어나고 특정 주식의 거래량이 50% 늘어났다면 이 주식의 상대 거래량 모멘텀은 1.25(1.5/1.2)다. 그림 12.10에 상대 거래량의 분포를 표시해보았다.

가격의 상대 강도에서 본 것과 마찬가지로 많은 기업이 평균과 비슷한 정도의 거래량 변화를 보였지만 평균보다 훨씬 많이 혹은 적게 변화한

그림 12.10 상대 거래량(2002년 10월~2003년 3월)

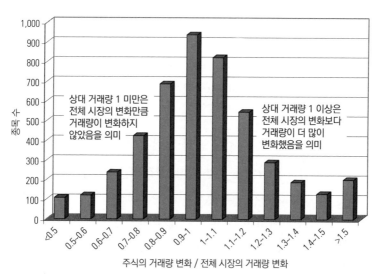

자료: 밸류 라인. 각 주식의 거래량 변화율을 시장 전체의 거래량 변화율로 나누어 상대 거래량 측정.

기업도 상당히 많다.

어닝 서프라이즈

기업이 실적을 발표할 때는 직전 기간의 실제 주당순이익뿐 아니라 미래에 예상하는 실적도 함께 발표한다. 실적 발표에 얼마만큼의 정보가 포함되어 있는지를 측정하기 위해서는 해당 기간에 대해서 시장이 기대하던 실적과 실제로 발표된 실적을 비교해보아야 한다. 시장의 기대치를 얻기 위해서는 그 회사를 커버하는 애널리스트가 있어야 하고, 이러한 애널리스트의 실적 추정치를 모을 수 있어야 한다. I/B/E/S, 잭스, 퍼스트 콜First Call 같은 회사는 20년째 애널리스트 추정치를 투자자에게 제공해왔다. 주당순이익 추정치의 컨센서스는 금융 언론이 다양하게 인용하고 전파한다.

애널리스트가 실적 추정을 할 때 사용 가능한 자원이 풍부하고 기업의 경영진과 직접 접촉할 수 있다는 점을 감안한다면 이들의 추정치는 대부분 기업의 실제 이익과 유사할 것이라고 기대할 수 있다. 실제로도 대부분의 경우 그렇다.

때때로 기업은 실적 예상치를 훌쩍 뛰어넘거나 혹은 그에 못 미치는 실적을 내놓으면서 시장에 충격을 준다. 실적의 강도를 주당순이익 추정치 대비 실제 발표치 계산으로 측정할 수 있는데, 이렇게 측정하면 주당순이익의 크기가 큰 기업의 실적이 크게 측정되는 편향을 낳을 수 있다. 주당순이익 예상치가 2달러인 기업의 실적이 0.2달러인 기업보다 더 클 수 있다. 어닝 서프라이즈의 강도를 측정하는 다른 방법으로 예상 주당순이익 대비 발표치의 퍼센티지를 계산할 수 있다.

어닝 서프라이즈(%) = (실제 EPS - 예상 EPS) / 예상 EPS

어닝 서프라이즈를 이렇게 측정하더라도 한계가 있다. 적자를 낼 것으로 예상되는 경우 혹은 예상 EPS가 거의 0에 가까울 경우 어닝 서프라이즈 강도를 계산하기가 어려워진다. 이러한 문제는 차치하고, 2003년 1분기에 발표된 어닝 서프라이즈(%)의 분포를 보면 그림 12.11과 같다.

그림의 샘플은 애널리스트 커버리지 내에서 예상 주당순이익이 양수인 경우만 포함했다. 따라서 (적자거나 애널리스트가 커버하지 않을 가능성이 높은) 소형·저유동성·신생 기업은 샘플에서 제외되었다. 대형·고유동성 기업에 한정된 결과이긴 하지만 흥미로운 점을 발견할 수 있다. 대부분의 어닝 서프라이즈는 예상치 대비 10% 이내로 작은 크기다. 몇몇 회사가

그림 12.11 미국 시장 EPS 서프라이즈(2003년 1분기)

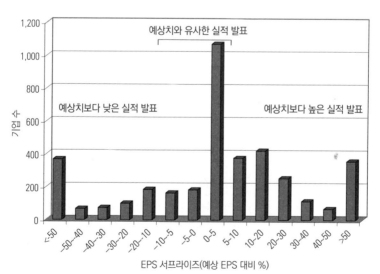

자료: 잭스. 실제 이익과 주당순이익 예상치의 차이를 주당순이익 예상치로 나누어 어닝 서프라이즈를 계산.

큰 폭의 어닝 서프라이즈를 시현했는데, 긍정적인 어닝 서프라이즈의 빈도가 부정적인 서프라이즈의 빈도보다 더 높다. 실적이 부진한 기업은 안 좋은 소식을 미리 외부에 전달해 실적 발표 이전에 기대치를 낮춰놓는 것이 분명하다.

모멘텀 포트폴리오 구축

모멘텀 포트폴리오는 두 가지 형태로 구성할 수 있다. 하나는 앞에서 언급한 모멘텀 측정법을 이용해 가격과 거래량 모멘텀을 보유한 주식을 포함하는 방법이다. 다른 하나는 큰 폭의 어닝 서프라이즈를 보인 기업으로 구성하는 방법이다. 여기서는 이 두 포트폴리오를 구축할 때 어떤 문제가 있을지 면밀하게 살펴본다.

가격·거래량 모멘텀

가격 모멘텀이 미래의 가격 변화에 대한 정보를 담고 있다는 명제를 받아들인다면, 특히나 거래량 증가를 동반할 경우에 더욱 그렇다면, 두 모멘텀을 모두 보유한 주식으로 포트폴리오를 구성할 수 있다. 2003년 4월의 모멘텀 포트폴리오를 구축한다면, 우선 지난 6개월에 해당하는 2002년 10월~2003년 3월의 가격과 거래량 모멘텀을 측정한다. 측정 결과 가격과 거래량 둘 다 상위 10%에 해당하는 주식을 추려내서 포트폴리오를 구성한다. 거칠게 이야기하면 이들 회사의 주식은 가격의 상대 강도와 거래량의 상대 강도가 1.5 이상이다. 목록은 표 12.2(468~469쪽)와 같다.

이들 53개 주식은 다양한 업종에 걸쳐 있다. 가격·거래량 모멘텀 포트폴리오는 (6개월 대신 3개월을 쓰는 등) 시간대를 달리하면 매우 다른 모양이 될 수 있다. 따라서 모멘텀 투자자끼리도 포트폴리오 보유 종목이 상이할 수 있다.

정보 모멘텀

포트폴리오 구축에 사용할 수 있는 공시 정보의 종류는 다양하지만 그중에서도 단연 으뜸은 실적 발표다. 모든 미국 기업은 1년에 4번 실적을 공시하고 이는 미디어의 상당한 주목을 받는다. 대조적으로 주식 분할과 인수 합병 발표는 빈도가 매우 낮다.

최근 가장 큰 어닝 서프라이즈를 보인 주식으로 포트폴리오를 구축할 경우 순이익의 크기가 아주 작은 주식으로 편향될 수 있다는 문제가 있다. 이 문제를 방지하기 위해서 두 가지 기준을 추가할 수 있다. 첫째는 발표된 주당순이익이 0.25달러를 넘어야 한다는 것이다. 이렇게 하면 주당순이익이 지나치게 작은 회사가 제거된다. 둘째는 어닝 서프라이즈의 폭이 50%를 넘어야 한다는 것이다. 즉 발표된 주당순이익이 예상치보다 50% 이상 높아야 한다. 이 기준으로 선정한 105개 기업을 표 12.3(470~471쪽)에 정리했다.

추가할 이야기

앞에서 가격·거래량 모멘텀이 있는 주식과 어닝 서프라이즈 강도가 큰 주식으로 포트폴리오를 구성해보았다. 전자의 경우 가격 모멘텀이 미래

표 12.2 가격과 거래량 모멘텀을 보유한 주식

기업명	과거 26주간 수익률	가격 상대 강도	거래량 변화율	거래량 상대 강도
Aceto Corp.	123.59%	1.95	68.55%	1.74
Allen Telecom	107.00%	1.80	68.63%	1.74
Alpha Pro Tech Ltd	82.93%	1.59	46.97%	1.52
Ask Jeeves Inc	707.07%	7.03	68.00%	1.74
Avid Technology	143.75%	2.12	71.84%	1.78
Boots & Coots Intl Well Cntrl	711.11%	7.06	104.35%	2.11
Captiva Software Corp	235.56%	2.92	62.02%	1.68
Castelle	474.07%	5.00	60.11%	1.66
CNB Finl Corp	74.86%	1.52	47.55%	1.53
Concur Technologies Inc.	201.70%	2.63	46.55%	1.52
Document Sciences Corp	163.06%	2.29	60.88%	1.66
DOR BioPharma Inc	271.43%	3.23	55.72%	1.61
Double Eagle Pet & Min	90.27%	1.66	56.69%	1.62
E-LOAN Inc.	82.64%	1.59	50.80%	1.56
Evolving Sys Inc	927.59%	8.95	52.72%	1.58
FindWhat.com Inc	151.51%	2.19	54.78%	1.60
First Colonial Group	84.71%	1.61	62.01%	1.68
Flamel Technologies S.A.	181.01%	2.45	65.01%	1.71
Forward Inds Inc	133.33%	2.03	66.81%	1.73
Garmin Ltd.	93.03%	1.68	59.95%	1.66
GRIC Communications Inc	87.04%	1.63	70.33%	1.76
Group 1 Software	170.00%	2.35	64.64%	1.70
Hi-Tech Pharm.	201.74%	2.63	80.00%	1.86
ID Biomedical Corp	97.83%	1.72	69.79%	1.76
IEC Electrs Corp.	350.00%	3.92	86.66%	1.93
ImageX.com Inc	131.82%	2.02	46.97%	1.52
ImagicTV Inc	160.00%	2.26	47.00%	1.52

기업명	과거 26주간 수익률	가격 상대 강도	거래량 변화율	거래량 상대 강도
InterDigital Commun	95.94%	1.71	48.41%	1.54
KVH Inds Inc	113.90%	1.86	47.71%	1.53
Metrologic Instruments Inc	142.77%	2.11	52.63%	1.58
Metropolitan Finl	74.07%	1.52	61.57%	1.67
Movie Star Inc.	127.27%	1.98	45.77%	1.51
Netease.com Inc ADS	382.13%	4.20	83.73%	1.90
Network Equip. Tech.	85.10%	1.61	65.23%	1.71
North Coast Energy Inc.	73.75%	1.51	62.04%	1.68
Old Dominion Freight	75.32%	1.53	93.85%	2.01
Pacific Internet Limited	183.82%	2.47	85.74%	1.92
Packeteer Inc	199.11%	2.60	57.81%	1.63
Pan Am Beverages 'A'	135.17%	2.05	53.53%	1.59
Perceptron Inc.	106.67%	1.80	44.78%	1.50
Premier Bancorp Inc	98.38%	1.73	52.29%	1.58
ProBusiness Services	101.35%	1.75	53.48%	1.59
Pumatech Inc.	825.00%	8.05	56.78%	1.62
Rambus Inc.	222.35%	2.81	50.76%	1.56
Sanfilippo John B.	115.00%	1.87	61.72%	1.67
Sohu.com Inc	514.59%	5.35	62.07%	1.68
Stratasys Inc	204.74%	2.65	48.10%	1.53
Transcend Services Inc.	129.59%	2.00	51.50%	1.57
United Security Bancshares Inc	82.76%	1.59	72.60%	1.79
US SEARCH.com	87.34%	1.63	55.27%	1.61
Vital Images Inc	140.39%	2.09	57.25%	1.63
Whitman ED Group	146.02%	2.14	76.02%	1.82
Xybernaut Corp	80.95%	1.58	46.00%	1.51

표 12.3 EPS > 0.25달러 & 어닝 서프라이즈 > 50%인 기업

기업명	주가(달러)	실제 EPS(달러)	예상 EPS(달러)	EPS 서프라이즈
Electr Arts Inc	57.56	1.79	0.33	442.42%
Mobile Mini Inc	15.24	0.41	0.29	41.38%
Advanta Co Cl B	8.00	0.43	0.29	48.28%
Artesian Res	30.48	0.45	0.30	50.00%
Coach Inc	38.97	0.68	0.29	134.48%
Columbia Sports	38.00	0.72	0.26	176.92%
Kellwood	28.45	0.38	0.26	46.15%
Toro Co	71.60	0.38	0.26	46.15%
Lee Entrprs	32.83	0.51	0.34	50.00%
Mettler–Toldeo	32.70	0.69	0.37	86.49%
Avon Prods Inc	57.57	0.80	0.41	95.12%
Education Mgmt	41.91	0.70	0.50	40.00%
Shaw Group Inc	9.70	0.42	0.30	40.00%
Landstar System	61.22	0.88	0.61	44.26%
Ansys Inc	25.13	0.43	0.29	48.28%
Sunrise Assist	24.95	0.83	0.55	50.91%
Odyssey Hlthcr	23.58	0.42	0.27	55.56%
Chicago Merc Ex	47.12	1.02	0.63	61.90%
Harland (John H)	23.83	0.66	0.40	65.00%
Certegy Inc	25.02	0.46	0.26	76.92%
Career Edu Group	50.71	0.65	0.35	85.71%
Diebold	36.14	0.67	0.36	86.11%
Bausch & Lomb	34.45	0.60	0.31	93.55%
Meritage Corp	36.30	1.72	0.88	95.45%
Firstenergy CP	31.04	1.19	0.47	153.19%
Raytheon Co	27.98	0.64	0.25	156.00%
Polaris Indus	49.82	1.51	0.54	179.63%
WCI Communities	10.88	0.99	0.25	296.00%
Flir Systems	47.21	0.71	0.50	42.00%
Invacare Corp	32.42	0.56	0.39	43.59%
Viacom Inc Cl B	40.40	0.36	0.25	44.00%
Yum! Brands Inc	24.73	0.55	0.38	44.74%
Omnicom Grp	59.27	1.08	0.71	52.11%
McClatchey Co-A	52.80	0.86	0.56	53.57%
Biovail Corp	40.10	0.60	0.38	57.89%
L-3 Comm Hldgs	36.48	0.79	0.47	68.09%
Intl Bus Mach	79.01	1.34	0.79	69.62%
Coastal Bancorp	31.80	1.05	0.61	72.13%
Knight Ridder	59.65	1.16	0.64	81.25%
Newell Rubbermd	29.93	0.49	0.27	81.48%
SPX Corp	31.31	1.37	0.54	153.70%
Gannett Inc	72.28	1.29	0.92	40.22%
Tribune Co	46.85	0.57	0.38	50.00%
NY Times A	44.22	0.69	0.42	64.29%
Ryland Grp Inc	48.00	2.50	1.24	101.61%
Beckman Coulter	34.57	0.90	0.43	109.30%
Pulte Homes Inc	53.96	2.78	1.22	127.87%
Bunge Ltd	27.30	0.98	0.33	196.97%
Waters Corp	20.70	0.41	0.29	41.38%
Select Ins Group	24.67	0.41	0.28	46.43%
Viacom Inc Cl A	40.47	0.37	0.25	48.00%
America Svc Grp	12.75	0.46	0.28	64.29%
Boeing Co	27.09	0.71	0.42	69.05%

기업명	주가(달러)	실제 EPS(달러)	예상 EPS(달러)	EPS 서프라이즈
Goodrich Corp	14.17	0.66	0.35	88.57%
Lockheed Martin	44.75	0.85	0.42	102.38%
Black and Decker	36.20	1.05	0.43	144.19%
Sears Roebuck	26.55	2.11	0.56	276.79%
Old Dominion Fl	33.38	0.57	0.40	42.50%
Engelhard Corp	22.45	0.44	0.30	46.67%
Marriott Intl-A	33.01	0.55	0.36	52.78%
Fossil Inc	17.68	0.48	0.29	65.52%
Union Pac Corp	57.50	1.10	0.60	83.33%
Radioshack Corp	23.20	0.59	0.32	84.38%
Ingersoll Rand	40.30	1.19	0.61	95.08%
Washington Post	705.89	9.83	3.71	164.96%
Energizer Hldgs	26.37	0.91	0.33	175.76%
Honeywell Intl	22.00	0.50	0.33	51.52%
Estee Lauder	29.30	0.44	0.28	57.14%
Ameristar Casin	12.57	0.62	0.36	72.22%
Coors Adolph B	48.24	0.63	0.30	110.00%
Safeway Inc	19.90	0.80	0.53	50.94%
Capitol Fedl FN	30.43	0.38	0.25	52.00%
Baxter Intl	19.26	0.59	0.37	59.46%
SBS Commun Inc	21.05	0.62	0.35	77.14%
MDU Resources	28.00	0.63	0.26	142.31%
Roadway Corp	36.03	1.48	0.35	322.86%
Garmin Ltd	35.16	0.42	0.30	40.00%
Startek Inc	24.35	0.45	0.29	55.17%
Electr Data Sys	16.27	0.51	0.32	59.38%
Hon Inds	28.80	0.48	0.28	71.43%
UTD Defense Ind	21.80	0.82	0.47	74.47%
Standard Pac	27.95	1.58	0.64	146.88%
Bear Stearns	67.48	2.00	1.33	50.38%
Cemex SA Adr	18.48	0.54	0.28	92.86%
Lear Corp	38.45	1.76	0.99	77.78%
G&K Svcs A	24.69	0.48	0.32	50.00%
Ryder Sys	20.38	0.58	0.31	87.10%
Steel Dynamics	11.90	0.65	0.34	91.18%
Seagate Tech	10.83	0.43	0.27	59.26%
Ocular Sciences	14.26	0.48	0.28	71.43%
Textron Inc	28.62	1.04	0.51	103.92%
Corrections Crp	19.40	1.14	0.48	137.50%
Northrop Grummn	81.38	1.73	0.62	179.03%
Arkansas Best	26.58	0.57	0.33	72.73%
Mohawk Inds Inc	51.32	1.25	0.61	104.92%
Alliant Engy CP	16.77	0.62	0.34	82.35%
Invision Tech	22.04	2.40	1.62	48.15%
Timberland Co A	43.48	0.73	0.33	121.21%
Hooker Furnitur	27.00	0.88	0.55	60.00%
Landamerica Fin	41.94	3.42	2.27	50.66%
Haverty Furnit	11.35	0.36	0.25	44.00%
Paccar Inc	53.67	1.05	0.61	72.13%
Carmike Cinema	20.94	0.89	0.25	256.00%
Nautilis Group	10.91	0.69	0.44	56.82%
Nucor Corp	38.91	0.50	0.25	100.00%

에도 지속될 것이라는 기대로 주식을 산다. 후자의 경우 기대를 큰 폭으로 상회하는 실적을 발표한 기업의 주가가 발표 이후에도 꾸준히 상승해야 돈을 벌 수 있다. 지금부터는 이들 전략의 약점을 살펴보고 그 약점에 덜 노출되는 방법을 알아보겠다.

위험

앞에서 두 종류의 포트폴리오를 구성했을 때 해당 주식을 포트폴리오에 편입할 때의 위험은 고려하지 않았다. 위험한 주식일수록 가격과 거래량 모멘텀을 보여줄 가능성이 높다는 점을 고려하면 이러한 포트폴리오는 시장보다 상당히 위험할 수 있다. 그림 12.12는 가격·거래량 모멘텀이 큰 주식이 시장 대비 얼마나 위험한지 베타와 표준편차라는 두 가지

그림 12.12 위험 비교: 모멘텀 주식 vs. 나머지 시장

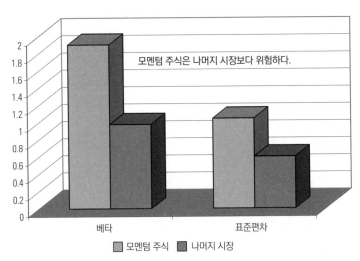

자료: 밸류 라인. 베타와 표준편차는 모든 주식의 과거 3년간 자료를 사용해 계산.

측면에서 살펴본다.

위험 수준이 충격적으로 크게 차이가 난다. 모멘텀 주식의 평균 베타는 나머지 시장의 거의 두 배(1.91 대 0.98)에 달하며 변동성도 무척 크다(표준편차 100% 대 나머지 시장 60%). 따라서 모멘텀 포트폴리오가 추가로 감수한 위험을 보상받으려면 시장보다 훨씬 좋은 성과를 내야 한다. 베타의 최대치를 1.20으로, 표준편차의 최대치를 80%로 한정하면 표 12.2의 53개 주식 중 15개가 남는다.

어닝 서프라이즈 포트폴리오의 경우 예상 이익의 추정치에 위험이 숨어 있다. 주당순이익 예상에 사용하는 애널리스트 컨센서스 수치는 한 회사를 커버하는 다양한 애널리스트의 추정치를 평균하는 방식으로 구한다. 애널리스트 사이에 존재하는 의견 불일치는 이러한 컨센서스에 반영되지 않는데, 이 불일치로 인해 발생할 수 있는 불확실성을 투자 전략에 포함해야 한다.

예를 들어 어떤 두 회사가 2달러의 주당순이익을 발표했고 주당순이익 예상치가 둘 다 1.50달러였다고 해보자. 첫 번째 회사는 애널리스트 간 의견 불일치가 거의 없었고 두 번째 회사는 애널리스트 간 상당한 의견 차이가 있었다고 하자. (의견 불일치가 거의 없었던) 첫 번째 회사가 (의견 불일치가 있었던) 두 번째 회사보다 더욱 양질의 어닝 서프라이즈 뉴스를 공시했다고 판단할 수 있다. 그렇다면 마땅히 첫 번째 회사에 더 많이 투자하고 싶을 것이다. 그림 12.13은 애널리스트 간 이익 추정치의 편차를 어닝 서프라이즈의 강도가 큰 주식과 나머지 시장에 대해 구해본 결과다. 비교를 용이하게 하기 위해 EPS 추정치의 표준편차를 컨센서스로 나누었다.

그림 12.13 애널리스트 간의 의견 불일치 – 서프라이즈 포트폴리오 vs. 시장

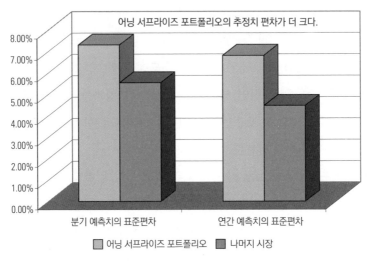

자료: 잭스. 각 주식을 커버하는 애널리스트의 주당순이익 추정치 표준편차를 계산.

어닝 서프라이즈 포트폴리오에 있는 기업의 애널리스트 이익 추정치 편차가 나머지 시장보다 확연히 더 크다.

모멘텀 변동(언제 팔 것인가?)

모멘텀에 기초한 전략의 위험 요인 중 하나는 한때 내 편이었던 모멘텀이 어느 순간 적으로 돌변한다는 것이다. 이들 전략에 대한 실증 테스트에서 보았듯이 주식을 얼마나 오래 보유하느냐에 따라 수익률은 급격히 변한다. 주식을 너무 짧게 보유하든 너무 길게 보유하든 모두 수익률에 악영향을 미치는데, 모멘텀이 언제 변할지를 예측하는 것은 투자에서 가장 어려운 작업 중 하나다.

오류가 없지는 않지만, 모멘텀 변화를 사전에 알려주는 몇 가지 신호

가 있다. 하나는 내부자 매수 혹은 매도다. 내부자는 종종 모멘텀이 가격을 지나치게 높게 상승시켰을 때 가장 먼저 파는 사람이 되기도 한다. 아쉽게도 내부자의 매수와 매도에 대한 정보는 그 거래가 이루어지고 몇 주가 지나야 공개되고, 몇몇 경우에 이는 지나치게 늦다. 다른 하나는 PER 같은 표준 가치 평가 지표를 활용하는 것이다. 이익 대비 여러 지표의 배수가 지속 불가능한 수준에서 거래되는 모멘텀 주식에 대한 투자가, 적당한 가치를 부여받으며 거래되는 주식에 대한 투자보다 위험한 것은 명백하다. 그림 12.14에 모멘텀 포트폴리오와 나머지 시장의 평균 PER, PBR, PSR을 표시해보았다.

모든 측정 지표에서 모멘텀 포트폴리오는 나머지 시장보다 비싼 것으

그림 12.14 가치 평가 지표들 - 모멘텀 주식 vs. 시장

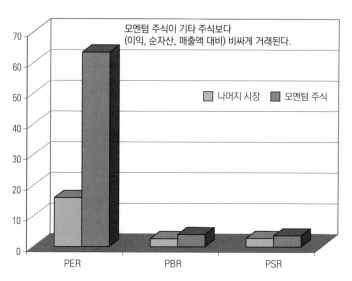

자료: 밸류 라인. PER은 2003년 4월 현재 주가를 주당순이익으로 나눔.

로 나타났다. 예를 들어 모멘텀 포트폴리오의 평균 PER은 63인데 나머지 시장의 평균 PER은 16이다. PBR을 보자면 모멘텀 포트폴리오의 평균은 4이고 나머지 시장은 2.6이다. 따라서 모멘텀 포트폴리오는 고평가된 주식을 대량 보유하고 있을 가능성이 높다. 최대 PER을 20으로 제한하면 모멘텀 포트폴리오의 주식은 53개에서 10개로 줄어든다.

어닝 서프라이즈 포트폴리오에서 핵심은 긍정적인 어닝 서프라이즈가 일시적인 요인(환율 효과 등 일회성 이익)에서 비롯되었는지 아니면 진정으로 성과가 개선된 것에서 비롯되었는지를 구별하는 것이다. 당연히 후자가 더 좋은 소식이다. 이익의 세부 사항을 검토하려면 실적 공시 직후에 바로 투자에 나설 수 없게 되는데, 잠깐의 기다림에 따른 결과의 차이는 아주 클 수 있다. 기다리는 것이 싫다면 어닝 서프라이즈와 가격 모멘텀의 지속 가능성을 높여주는 다른 조건을 탐색해볼 수 있다. 한 가지는 직전 분기의 어닝 서프라이즈를 검토하는 것이다. 여기에는 기대치를 초과하는 이익을 연속해서 여러 번 발표한 기업의 이익 개선 가능성이 다른 기업보다 더 높다는 가정이 들어간다. 표 12.3의 어닝 서프라이즈 강도가 가장 높은 105개 기업에 이 조건을 덧붙여보자. 25개 기업이 직전 분기에도 어닝 서프라이즈를 냈다.

실행 비용

모멘텀과 정보에 기초한 전략은 본질적으로 잦은 매매를 요하기 때문에 대량의 거래 비용을 낳는다. 여기서 거래 비용은 단지 거래 수수료만 이야기하는 것이 아니라 거래하면서 일으키는 가격 충격도 포함한다. 개인 투자자라면 가격 충격이 덜하겠지만, 유동성이 부족한 주식을 매매한다면 아주 작은 거래라도 가격에 영향을 미칠 수 있다.

어닝 서프라이즈 전략에서는 타이밍이 성패를 좌우한다. 실적 발표 직후에 거래를 실행할 수 있다면 이후의 주가 상승에서 큰 수익을 거둘 수 있다. 아쉽게도 실적 발표는 즉각적으로 거대한 매수세를 불러일으키므로 개인 투자자는 기관투자가에 비해 실행 속도에서 불리하다. 개인 투자자도 좀 더 빠르게 매매할 수 있는 옵션이 있기는 하지만 상당히 비싸다.*

투자자에게 주는 교훈

가격·거래량 모멘텀 추종 전략을 선택하려면 단기 투자자가 되어야 하고 거래도 자주 해야 한다. 이 전략은 언제나 위험하지만 위험에 대한 노출을 제한할 수는 있다. 일반적으로 다음과 같은 사항을 고려해야 한다.

- 확실한 경험적 분석에 기초해 전략을 짠다: 궁극적으로 모멘텀이 미래의 가격 변화에 대한 정보를 담고 있느냐는 질문은 아직까지도 실증적으로 검증되지 않았다. 과거가 꼭 미래의 전주곡이 될 필요는 없다. 가격 모멘텀 효과가 존재한다는 증거가 있기는 하지만 시간 지평을 어떻게 두느냐에 따라 결과가 매우 민감하게 변한다. 따라서 과거의 데이터로 모멘텀 전략을 검증하려면 수익률을 극대화할 수 있는 시간 지평을 반드시 특정해야 한다.

---

* 기관투자가는 트레이더에게 대량의 주문을 위임할 수 있기 때문에 유리하다고 할 수는 있으나, 현재는 개인 투자자도 증권사 API를 통해서 공시 직후 주문이 실행되게 할 수 있다. 체결해야 할 거래량이 일반적으로 더 적기 때문에, 신속한 체결 측면에서는 개인 투자자가 기관투자가보다 더 유리하다고 할 수 있다.

- '문제아' 주식을 걸러내는 방법을 개발한다: 모멘텀 주식은 나머지 시장보다 위험하고 펀더멘털 대비 높은 가격에 거래되는 경향이 있다. 고평가된 이들 주식은 모멘텀이 뒤집힐 가능성이 높기 때문에 가장 위험하고 고평가된 주식을 포트폴리오에서 제거해야 한다.
- 실행: 모멘텀 전략에서 거래 비용은 이익을 빠르게 잠식할 수 있으며, 이 비용은 빠르게 거래해야 할 필요성 때문에 생각보다 더욱 커질 수 있다. 거래 비용을 통제하는 것이 이 전략을 성공시키는 열쇠다.
- 규율: 예상한 만큼의 수익을 거두기 위해서는 검증한 전략을 계속 고수해야 한다. 많은 투자자가 실패에 직면했을 때 마구잡이로 전략을 수정하곤 한다.

이러한 요소를 포트폴리오에 반영하고자 한다면 다음과 같은 스크리닝 조건을 추가할 수 있다.

- 가격과 거래량 모멘텀 > 1.4: 이 조건은 앞에서 사용한 조건에 비해서 덜 엄격하다. 그만큼 더 위험하고 고평가된 주식을 어느 정도 걸러내게 해준다.
- 위험 기준: '베타 < 1.20, 표준편차 < 80%' 조건은 포트폴리오에서 가장 위험한 주식을 제거해준다. 이 수치는 전체 미국 주식에서 75% 수준을 반영한다. 즉 전체 시장에서 가장 위험한 기업 4분의 1을 포트폴리오에서 배제한다.
- 가격 조건: PER이 20 미만인 주식만 최종적으로 포트폴리오에 포함한다.

이렇게 한 결과 나온 7개 주식을 부록 1(482쪽)에 정리했다.

만약 어닝 서프라이즈 혹은 정보에 기초한 전략을 선택한다면, 즉 좋은 뉴스에 사고 나쁜 뉴스에 팔고자 한다면 시간 지평은 주간 단위가 아니라 시간 단위로 측정할 수 있을 것이다. 이 전략의 수익을 극대화하고자 한다면 다음을 시도해보라.

- 정보 취득과 주문 집행에 투자한다: 가격은 정보에 반응하기 때문에 투자자는 정보를 즉시 취득할 수 있어야 한다. 적시에 뉴스를 알려주고 거래할 수 있게 해주는 정보 시스템에 투자하는 일은 이 전략이 작동하기 위해 반드시 필요한 준비물이다.

- 정보가 부족한 주식을 선별하는 기준을 개발한다: 이 전략을 사용하는 투자자는 종종 불완전한 정보에도 매매하곤 한다. 긍정적인 이익이 발표되었을 때 세부 사항을 확인하지 않고 주식을 사는 경우가 있다. 이익 발표에서 문제가 될 소지를 걸러내는 기준을 개발하면 잠재적인 리스크에서 스스로를 보호할 수 있다. 예를 들어 실적 발표 이후 정정한 사례가 많다거나 알기 어려운 회계 기법을 동원하는 회사는 평판이 좋은 회사에 비해서 좀 더 의심스럽게 바라볼 여지가 있다.

- 투자 대상을 지속적으로 관찰해 최적의 보유 기간을 결정한다: 뉴스 발표에 따른 모멘텀은 특정 시점에 정점을 찍고 반전하는 경향이 있다. 과거의 사례를 보고 최적 보유 기간을 정해 그대로 고수하거나, (거래량의 감소 등) 기술적인 규칙을 사용해 모멘텀 변화를 감지할 수 있어야 한다.

- 거래 비용과 세금을 고려한다: 뉴스에 따라 거래하는 것은 비싸다. 거래를 자주 해야 할 뿐만 아니라 거래를 빠르게 실행하기 위해서 더 많은 비용을 지불해야 한다. 이러한 비용은 시간이 지나면서 누

적되고, 이 전략에서 얻은 모든 수익을 없애버릴 수 있다.

어닝 서프라이즈 포트폴리오에 다음과 같은 기준을 적용해 앞의 요소를 포함할 수 있다.

- 최근 분기 EPS 예상치 > 0.25달러: 아주 미미한 수준의 이익인데도 큰 폭의 어닝 서프라이즈로 측정되는 경우를 배제한다. 부수적인 효과로 아주 저가에 거래되면서 거래 비용이 큰 주식을 함께 제거할 수 있다.

- EPS 서프라이즈 > 40%: 어닝 서프라이즈가 예상치와 실제치의 차이를 예상치로 나눈 값이라고 했을 때 이 값은 40% 이상이어야 한다. 다시 말해 기대치를 최소 40% 이상 초과 달성해야 한다.

- 애널리스트 전망치의 표준편차 < 5%: 애널리스트들의 전망이 동일할 때 어닝 서프라이즈의 충격이 더욱 크기 때문에 애널리스트들 전망의 편차가 큰 주식은 제거해야 한다.

- 전 분기 EPS 서프라이즈 > 0: 전 분기에 긍정적인 어닝 서프라이즈를 낸 기업은 기대치에 미달하는 실적을 낸 기업보다 이익이 지속적으로 증가할 가능성이 높다.

- 낮은 PER: 가치 지표가 좋은 기업이 어닝 서프라이즈를 발표했을 경우 주가가 상승할 가능성이 더 높다는 연구 결과가 있다. 이 결론을 반영하려면 PER이 20 미만인 주식만 포트폴리오에 편입한다.

이 기준을 적용한 결과 29개 주식이 도출되었고 부록 2(482쪽)에 수록해놓았다.

결론

가격이 오른 주식이 앞으로도 올라갈 것이라는 생각은 직관적이다. 이 때문에 모멘텀 기반 전략은 많은 투자자를 유혹한다. 금융시장에서 가격 모멘텀 효과가 존재한다는 증거가 존재하기는 하지만 주의 사항이 있다. 과거에 상승한 주식(승자 주식)은 가까운 미래에도 상승하는 경향이 있다. 그러나 그 모멘텀은 몇 달 이내에 반전할 수 있으며 장기간 보유할수록 반전 가능성은 더욱 높아진다. 실적 발표와 주식 분할 등 특정 정보가 공개된 이후의 주가 반응도 마찬가지로 모호하다. 좋은 소식 공시 후 주가가 상승하고 이후에도 꾸준히 상승하는 경향이 있기는 하지만 단지 며칠에 그친다. 가격 모멘텀은 어떤 지점에서 끝나거나 반전된다. 두 경우 모두 거래량 증가가 수반되면 모멘텀이 지속될 가능성이 높은 것으로 확인되었다.

투자자가 사용할 수 있는 모멘텀 전략은 두 가지다. 첫째는 가격과 거래량 모멘텀이 있는 주식을 사는 것이다. 즉 특정 기간에 다른 주식 대비 더 많이 상승하고 거래량 증가 폭도 큰 주식을 산다. 이러한 주식은 다른 주식보다 좀 더 위험한데, 내부자가 매도하는 고평가된 주식을 제거하는 식으로 성공 확률을 높일 수 있다. 둘째는 긍정적인 어닝 서프라이즈를 발표한 주식을 사서 실적 발표 이후에도 주가가 오를 것으로 기대하는 것이다. 다시 말하지만, 지속적으로 이익이 증가할 가능성이 높은 기업과 그렇지 않은 기업을 구별해야 성공 가능성을 높일 수 있다.

기업명	6개월 수익률	상대 가격 강도	상대 거래량 강도	PER	베타	표준편차
Chronimed Inc.	68.35%	1.47	1.46	18.76	0.76	79.83%
Movie Star Inc.	127.27%	1.98	1.51	20.40	1.11	70.26%
Aceto Corp.	123.59%	1.95	1.74	17.06	0.74	52.04%
North Coast Energy Inc.	73.75%	1.51	1.68	8.52	0.56	46.32%
Sanfilippo John B.	115.00%	1.87	1.67	11.87	0.71	44.28%
First Colonial Group	84.71%	1.61	1.68	23.89	0.36	32.94%
CNB Finl Corp	74.86%	1.52	1.53	22.20	0.66	25.10%

부록 2: 긍정적인 어닝 서프라이즈와 이익 전망치 컨센서스

기업명	주가 (달러)	발표 EPS (달러)	예상 EPS (달러)	EPS 서프라이즈	직전 EPS 서프라이즈	전망치의 표준편차	PER
Shaw Group Inc	9.70	0.42	0.30	40.00%	1.45%	2.00%	3.87
Coastal Bancorp	31.80	1.05	0.61	72.13%	11.48%	3.00%	4.97
Firstenergy Cp	31.04	1.19	0.47	153.19%	19.70%	2.00%	4.98
Ryland Grp Inc	48.00	2.50	1.24	101.61%	12.58%	4.00%	5.64
Harland(John H)	23.83	0.66	0.40	65.00%	3.92%	2.00%	5.96
Sunrise Assist	24.95	0.83	0.55	50.91%	1.61%	2.00%	6.27
Meritage Corp	36.30	1.72	0.88	95.45%	14.49%	2.00%	6.41
America Svc Grp	12.75	0.46	0.28	64.29%	46.43%	5.00%	6.58
Bunge Ltd	27.30	0.98	0.33	196.97%	12.94%	4.00%	6.93
Pulte Homes Inc	53.96	2.78	1.22	127.87%	1.67%	4.00%	6.96
Polaris Indus	49.82	1.51	0.54	179.63%	0.64%	2.00%	7.02
Black & Decker	36.20	1.05	0.43	144.19%	14.46%	5.00%	7.49
Yum! Brands Inc	24.73	0.55	0.38	44.74%	2.08%	3.00%	7.64
Bausch & Lomb	34.45	0.60	0.31	93.55%	9.09%	2.00%	8.31
Toro Co	71.60	0.38	0.26	46.15%	14.81%	1.00%	9.19
Newell Rubbermd	29.93	0.49	0.27	81.48%	2.22%	3.00%	11.37
Mcclatchy Co-A	52.80	0.86	0.56	53.57%	2.90%	3.00%	11.70
Diebold	36.14	0.67	0.36	86.11%	1.69%	2.00%	11.83
Intl Bus Mach	79.01	1.34	0.79	69.62%	3.13%	3.00%	11.87
Columbia Sports	38.00	0.72	0.26	176.92%	5.19%	0.00%	12.32
Lee Entrprs	32.83	0.51	0.34	50.00%	2.38%	1.00%	13.73
Gannett Inc	72.28	1.29	0.92	40.22%	1.02%	4.00%	13.97
Select Ins Grp	24.67	0.41	0.28	46.43%	2.70%	5.00%	14.67
Landstar System	61.22	0.88	0.61	44.26%	1.22%	2.00%	15.94
Biovail Corp	40.10	0.60	0.38	57.89%	2.17%	3.00%	16.40
Tribune Co	46.85	0.57	0.38	50.00%	21.05%	4.00%	16.68
Flir Systems	47.21	0.71	0.50	42.00%	17.65%	3.00%	16.77
Education Mgmt	41.91	0.70	0.50	40.00%	14.29%	2.00%	19.39
Avon Prods Inc	57.57	0.80	0.41	95.12%	2.13%	1.00%	19.78

13장

전문가를 따르라

현자를 찾는 스탠리

스탠리는 일생 동안 깨달음을 추구했다. 그는 새로운 종교와 다이어트 기법에 열정적으로 빠져들었고, 올바른 조언을 따르기만 한다면 행복해질 수 있다고 굳게 믿었다. 그는 투자를 시작하면서 금융 전문가가 쓴 '부자 되는 법'에 대한 책을 읽고 CNBC를 시청했다. 투자에 성공하는 열쇠를 쥐고 있는 그들을 모방하기만 하면 성공에 다다를 수 있다고 확신했다. 미국의 가장 큰 뮤추얼 펀드를 운용하는 펀드 매니저가 〈배런스(Barron's)〉에 선호 종목 10개를 공개하면 스탠리는 그 주식 모두에 투자했다. 어쨌거나 이 펀드 매니저는 월스트리트 최고 전문가와 고급 자료에 접촉할 수 있을 뿐 아니라 회사 경영진과도 만날 것 아닌가.

몇 달 후 스탠리는 크게 실망했다. 목록의 몇 종목은 그럭저럭 괜찮았지만 포트폴리오 전체 수익률은 시장을 크게 하회하고 있었다. 무엇이 잘못되었는지를 알아보려고 자신이 따랐던 펀드 매니저에 대한 뉴스를 검색했고, 그 펀드 매니저는 10년간 운용한 펀드 성과 저조를 이유로 해고되었다는 뉴스를 보게 되었다. 스탠리는 주식을 모두 팔아치웠고, 파산 전문가가 쓴 '금융위기에서 생존하는 법'에 대한 책을 집어 들었다.

▶ 교훈: 똑똑한 사람이 언제나 좋은 주식을 찾아내는 것은 아니다.

투자자 중에는 다른 투자자보다 더 많이 아는 것처럼 보이고, 남보다 더 나은 성과를 냈다고 주장하는 사람이 있다. 이러한 '전문가'를 따라서 그 투자 의사 결정을 복제한다면 성공에 묻어갈 수도 있을 것이다. 이러한 연유로 투자자는 투자에 대한 뉴스레터를 읽고 증시에 관한 TV 프로그램을 시청하곤 한다. 또한 이러한 믿음 덕분에 투자 전문가(애널리스트, 투자 자문가, 펀드 매니저)가 금융시장에 커다란 영향을 행사할 수 있다. 13장에서는 전문가가 일반 투자자보다 투자를 더 잘하는지, 그들의 조언이 그만큼의 성과를 올려주는지 검증해보겠다.

이야기의 핵심

모든 분야에는 전문가가 있기 마련이지만 투자 세계에는 그 비율이 다른 분야보다 더 높다. 워런 버핏과 피터 린치 같은 투자자는 오랜 기간 자신의 포트폴리오에서 높은 성과를 올리면서 전문가의 지위를 얻었다. 어떤 사람은 자신의 직업(투자 은행의 전략 담당 애널리스트나 주식 애널리스트 등)으로 인해 전문가가 된다. 한편 어떤 사람은 그들이 접근할 수 있는 정보(기업의 내부자 및 의사 결정권자의 측근) 때문에 전문가가 되기도 한다. 마지막으로, 자신을 뒷받침할 무언가도 없이, 스스로를 잘 포장하는 능력 덕분에 전문가 행세를 하는 사람도 있다. 이러한 사람은 성공적인 투자에 대한 책을 쓰거나 다른 사람이 구독할 수 있는 뉴스레터를 발간한다. 초심자는 왜 이렇게 전문가의 조언에 끌리는 것일까? 이러한 현상의 저변에는 다양한 믿음이 깔려 있다.

- 전문가는 시장에 대해서 더 많이 알고, 따라서 실수를 더 적게 한다: 투자는 무척 어려운 일이며 특히 요즘의 시장에서는 선택지가 더욱 다양하고 복잡하다. 투자자는 자신의 퇴직 연금과 저축을 잘못된 시기에 잘못된 곳에 투자할까 봐 두려워하고, 치명적인 실수를 피할 수 있도록 전문가가 잘 인도해줄 것이라 생각한다.

- 전문가는 사용 가능 자원(데이터, 모델, 인력)이 많으므로 투자 대상을 더 잘 골라낼 수 있다: 개인 투자자는 분석에 사용할 수 있는 시간과 자원에 제약이 있다. 증권사의 애널리스트나 자산 운용사의 펀드 매니저는 더 많은 자원을 사용하고 더 많은 시간을 쓸 수 있으므로 그 대가로 더 나은 투자 대상을 선별할 수 있을 것으로 간주한다.

- 전문가는 공개되지 않은 정보(귀동냥, 소문, 뉴스)를 가지고 있어서 무언가 큰 일이 일어나기 전에 미리 알 수 있다: 시장은 정보에 따라 움직이므로 좋은 정보에 빠르게 접근할 수 있는 사람은 그 정보를 이용해 고수익을 올릴 수 있다. 개인 투자자는 기업 경영진, 애널리스트 등과 접촉해 고급 정보를 알아내기 어렵다. 많은 투자자는 정보가 대중에게 도달하기 전에 월가로 미리 흘러간다고 생각한다.

이론적 근거

전문가가 시장을 이기는 방식과 원인을 이해하기 위해서는 시장 가격이 결정되는 과정을 검증하는 데서 출발해야 한다. 시장 가격은 수요와 공급에 의해서 결정되며 특정 자산의 시장 가격은 그 자산의 가치에 대한 추정치다. 투자자는 자산의 미래를 예측하고 그 예측에 기초해 가치를 평가한다. 예측할 때는 자신이 가진 정보를 활용하는데 이 정보는 다양한 형태로 존재한다. 그 자산의 과거 가격 변동일 수도 있고, 연차 보고서나 SEC 공시 자료 등 공개된 정보일 수도 있으며, 소수의 사람만이 얻는 정보일 수도 있다.

모든 투자자가 이와 동일한 과정(정보 획득, 정보 처리와 미래 예측, 자산 거래)을 거치겠지만, 구체적으로 어떤 정보를 취득하고 그 정보를 어떻게 처리하느냐는 투자자별로 상당히 다를 것이다. 누군가는 다른 사람보다 더 많은 정보를 가지고 있을 것이다. 예를 들어 시스코를 분석하는 애널리스트라면 소액 투자자보다 그 회사에 대해 더 많은 정보를 가지고 있을 것이다. 정보 차이와 함께 정보를 다루는 방식도 상이하다. 어떤 투자자는 복잡한 정량적 모델을 구축해 정보를 예상 이익과 현금흐름으로 변환해 가치를 산출한다. 어떤 투자자는 동일한 정보를 가지고 주식 간 비교를 하는 데 사용한다. 그 결과 어떤 시점에서는 자산의 가치에 대한 투자자 간 견해의 차이가 나타난다. 특정 자산이 좀 더 가치 있다고 생각하는 사람은 그 자산을 살 것이고 그렇지 않다고 생각하는 사람은 팔 것이다. 시장 가격은 시장이 만들어지는 지점, 즉 수요(매수자)와 공급(매도자)이 만나는 지점의 가격이다.

가격은 자주 가치에서 멀어지는데, 그 이유로 세 가지를 꼽을 수 있다. 이들은 가격 산정 절차의 결함에 기인하며, 전문가가 초과수익을 거두는 원천이 될 수 있다.

- 다수의 투자자에게 제공되는 정보가 불충분하거나 잘못되었다: 그렇다면 이러한 정보에 기초한 예측치 또한 잘못될 수밖에 없다. 더 나은 정보 혹은 더 많은 정보를 취득할 수 있는 투자자는 정보 우위를 통해 초과수익을 거둘 수 있다. 회사 내부자가 외부 투자자보다 유리할 수 있다.

- 투자자가 주어진 정보를 활용해 예측하는 과정에서 오류가 발생할 수 있다: (좀 더 복잡하거나 더 나은 모델을 사용해) 정보를 처리하는 방법을 개발한 투자자는 잘못 책정된 가격을 찾아내 이득을 취할 수 있다. 이는 애널리스트와 펀드 매니저가 가치를 창출해내는 방법이다.

- 정보가 올바르고 투자자가 평균적으로 적절한 예측을 할 수 있다 하더라도 투자자가 예측을 제대로 반영하지 않은 가격에 거래하는 경우가 있다: 어떤 주식의 가치를 50달러로 평가했다 하더라도 60달러에 살 수도 있는데, 다른 누군가에게 75달러에 팔 수 있다는 믿음 때문이다. 이러한 비합리성을 관찰하고 거기에 베팅하거나 혹은 그에 반대로 베팅해 장기적으로 높은 수익을 거둘 수도 있다. 버핏과 린치 같은 성공적인 투자자가 이러한 방법을 사용하는 것으로 알려져 있다.

이러한 구조를 바탕으로 시장에서 전문가가 하는 역할을 살펴보자. 전문가는 다른 투자자보다 더 일찍 정보를 획득하거나, 그 정보를 더 잘 처리하거나, 시장이 자산 가격을 결정하는 과정에 내재된 구조적인 결함을 발견할 수 있다. 다른 투자자는 그들에게 배우고 그들을 추종하면서 그들의 성공에 일부분이라도 동참할 수 있다.

증거 확인

다른 누구도 모르는 정보를 가지고 있다면, 즉 미공개 정보를 안다면 이 정보를 이용해서 수익을 얻을 수 있을까? ("그렇다"라고) 대답하기는 쉽지만 실제로 확인하기는 대단히 어렵다. 공개적으로 그렇게 할 수 없기 때문이다. 규제 당국은, 최소한 미국에서는 중요한 정보가 공개되기 전에 미리 거래하는 것을 금지하고 있다. 법을 따르는 내부자라면 SEC에 그들의 거래를 제출해야 하기 때문에 중요 정보에 따른 거래를 애초에 시도하려 들지 않을 것이다.

이러한 선택 편향을 감안하더라도, 여기서는 우선 내부자가 사고파는 행위가 미래의 주가 변동에 대한 신호가 될 수 있는지를 살펴보겠다. 내부자는 중요 미공개 정보가 아닌 일반적인 정보 또한 외부인보다 많이 취득할 수 있기 때문이다. 그다음으로 좀 더 어려운 질문인, 불법적으로 미공개 정보를 사용해서 거래하는 행위가 초과수익을 낼 수 있는지를 살펴보겠다. 이를 확인하는 것은 거의 불가능에 가깝지만, 중요한 뉴스가 공시되기 전의 거래량과 가격 변동을 통해서 약간의 추측을 해볼 수는 있다. 마지막으로는 애널리스트의 조언을 듣고 따르는 것으로 수익률을 높일 수 있는지 살펴보겠다.

내부자

SEC는 기업의 임원, 이사, 주요 주주(발행 주식 수의 5% 이상 보유)를 내부자로 규정한다. 내부자는 회사에 대한 특정 정보가 공개되기 전에 회사의 주식을 거래하는 것이 금지되어 있으며, 해당 주식을 사고팔 때는 SEC에 거래 내역을 제출해야 한다. 여기서는 내부자의 거래와 이후의 주가 변화를 검토하는 것에서 시작해 내부자가 아닌 사람이 이러한 내부자의 거래를 이용해 초과수익을 낼 수 있는지를 살펴보겠다.

내부자 거래와 주가

내부자가 회사에 대해 더 많은 정보를 가지고 있다고 가정한다면, 내부자는 다른 투자자보다 회사의 가치를 더 정확하게 추정하고, 이들이 주식을 사고파는 의사 결정은 미래의 가격 변화에 대한 정보를 담고 있어야 할 것이다. 내부자가 회사에 대해 더 많은 정보를 가지고 있다는 가정은 합리적인 것 같다. 그림 13.1은 내부자 거래가 초과수익을 낳는지에 대한 연구 결과다.[1] 이 연구에서는 내부자 거래를 두 유형으로 분류해 각각의 초과수익을 측정해보았다. '매수자 그룹'은 내부자의 매수에서 내부자의 매도를 뺀 값이 큰 그룹의 주식이고, '매도자 그룹'은 내부자의 매도에서 내부자의 매수를 뺀 값이 큰 그룹의 주식이다.

내부자가 가장 적극적으로 매수한 주식은 내부자 매도가 많았던 주식에 비해서 주가 상승 폭이 훨씬 컸다. 후속 연구에서도 비슷한 결과가 나왔다.[2] 그러나 내부자가 매수한 주식이 언제나 오르는 것은 아니고(대략 10개 중 4개가 저조한 성과를 냈다) 평균으로 보더라도 초과수익의 폭이 그다지 크지 않음에 유의하자. 내부자 거래와 주가의 변화를 좀 더 면밀히 살

그림 13.1 내부자 거래 이후의 누적 수익률: 매수자 그룹 vs. 매도자 그룹

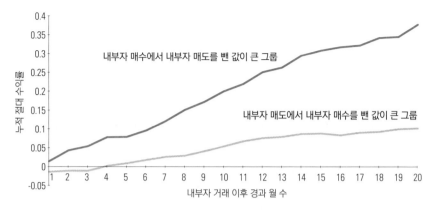

자료: Jaffe. 내부자 매수(매도) 그룹은 내부자 매수(매도)가 내부자 매도(매수)를 가장 크게 초과한 그룹.
수익률은 포트폴리오 생성 이후 24개월간의 누적 수익률.

펴본 연구에서는 내부자의 매도가 많았던 주식의 수익률이 이후 12개월
간 14.4%로, 내부자 매수가 많았던 주식이 기록한 22.2%에 한참 못 미친
다고 밝혔다.[3] 한편 내부자 거래와 이후 수익률의 관계는 소형 기업에서
가장 크게 관측되었으며 대형 기업에서는 거의 아무런 관계가 없었다.

앞에서 언급한 연구의 대부분은 전체 내부자 매수와 매도에 집중했는
데, 내부자 거래를 좀 더 세부적으로 나누어 볼 수도 있을 것이다.

- 모든 내부자가 동일한 정보를 가진 것은 아니다. 최고 경영진과 이
  사회 멤버는 좀 더 중요한 정보에 비밀스럽게 접근할 수 있을 것이
  며, 그들의 거래는 직급이 낮은 사람보다 좀 더 정확도가 높을 수 있
  다. 전체 내부자 거래가 아니라 최고 경영진의 대규모 거래에만 집
  중한 연구에서는 더 나은 성과를 확인한 바 있다.[4]

- 보통주 투자의 대안이 증가하면서 내부자는 대안적 방법을 좀 더

정교하게 사용할 수 있게 되었다. 예를 들어 주식의 가격 상승 이후 혹은 부정적인 실적 발표 이전에 내부자는 자신의 보통주 포지션을 헤지하기 위해서 파생상품(특히 옵션)을 거래할 수 있다.[5] 덧붙이면 내부자가 이러한 헤지 포지션을 잡은 이후에 주가가 하락하는 경향이 있다.

요약하면 내부자 거래는 당연히 내부자가 가진 정보를 반영하지만 그 정보의 우위가 그렇게 크지는 않다. 최소한 미국에서는 말이다. 이를 설명하는 근거로, 법적인 내부자는 중요한 공시 이전에 거래할 수 없다는 점, 아무리 좋은 정보라도 정확하지 않을 수 있다는 점 등을 든다. 내부자의 매수나 매도에 기초한 전략을 쓰려는 투자자는 내부자도 자주 틀린다는 점을 깨달아야 한다.

불법 내부자 거래

내부자가 정말로 초과수익을 낼 수 있느냐는 질문에는 앞에서 인용한 어떤 연구도 직접적으로 답하지 않았다. SEC가 요구하는 보고 절차에 따른 내부자 거래는 합법적이면서 이득을 취할 가능성이 낮은 거래로, 돈이 될 것으로 짐작되는 불법적인 거래와 차이가 있다. 중요한 미공개 정보를 이용한 불법적인 거래는 합법적인 내부자 거래보다 반드시 높은 성과를 올려야만 할 테지만 이를 직접 입증하기는 쉽지 않다. 이 명제를 뒷받침할 만한 증거로는 다음과 같은 사항들을 생각해볼 수 있다.

첫 번째이자 가장 약한 증거는 일화적 증거다. 불법적인 거래를 하다 붙잡힌 내부자는 대체로 어마어마한 이익을 거두었다. 내부자 중 일부가 그들의 지위를 남용해 큰 이익을 거둔 것은 명백하다. 그러나 이 사실을 약한 증거로 간주해야 하는 것은 이익의 크기 자체가 SEC의 기소 결정 기준 중 하나이기 때문이다. 다시 말해 내부자가 불법적으로 거래했더라도 그 결과 손실을 보았으면 기소될 가능성이 낮다.*

기업이 중대 발표를 할 때는 거의 모든 경우에 주가의 상승(긍정적인 뉴스인 경우)이나 하락(부정적인 뉴스인 경우)이 선행한다. 어떤 기업이 인수 합병을 발표할 때는 발표 이전에 대상 회사의 주가가 급등하고, 어떤 기업이 실망스러운 실적을 보일 때는 실적 공시 며칠 전부터 주가가 하락하는 모습을 관찰할 수 있다. 시장의 선견지명이라고 볼 수도 있겠지만, 아마도 기업의 정보에 접근할 수 있는 누군가가(기업의 직원이나 거래처의 직원) 그 정보를 활용해서 거래했을 가능성이 높다. 실제로 뉴스 발표 이전에 주식 본주와 파생상품의 거래량이 치솟는 것을 내부자 거래의 또 다른 지표로 삼기도 한다.[6]

내부자는 중요 정보에 접근할 수 있을 뿐만 아니라 그 정보가 시장에 공개되는 시점을 정할 수 있는 위치에 있기도 하다. 그들은 선행 매매를 할 수 없다는 규정을 알기 때문에 SEC의 조사 대상이 되는 것을 피하기 위해 공시 시점을 조정하기도 한다. 한 연구[7]에서는 기업의 꾸준한 실적 증가가 끝나기 3~9분기 전에 내부자가 주식을 파는 경향이 있음을 밝혔다.[8]

---

* 저자가 원하는 입증은 불법 내부자 거래의 전반적인 수익률을 집계해 초과수익이 나느냐를 검토하는 형태일 것이다. 그러나 불법 내부자 거래는 말 그대로 불법이기 때문에 전체 데이터를 집계하기가 대단히 어렵다. 불법 거래를 하는 사람 중 일부가 적발되었을 때 그 이익의 규모를 측정할 수는 있지만, 거꾸로 이익의 규모가 크기 때문에 기소되고 대중에게 이익의 규모가 알려지기 때문에 생존 편향이 강하게 작용했을 것이므로 이를 불법 내부자 거래 전체의 일반적인 성과로 간주해서는 안 된다는 뜻이다.

투자 의사 결정에 내부자 거래 활용하기

합법적인 내부자 거래를 추적하는 것은 어렵지 않다. 누구든 SEC 웹 사이트(http://www.sec.gov)에서 회사 공시 자료를 열람할 수 있다. 내부자 거래는 양식 3, 4, 144번에서 확인 가능하다. 주식 정보를 제공하는 대부분의 웹 사이트에서는 개별 기업의 최근 내부자 거래 정보를 보여준다. 좀 더 비용을 지불하면 이러한 정보를 취합해서 제공하는 서비스를 구독할 수도 있다.

내부자 거래 정보를 취득하기가 쉬워지면서 그 정보가 투자 도구로서 지니는 가치는 오히려 줄어들었다. 여기에 더해 경영진에 대한 보상 체계로서 스톡옵션을 활용하는 경우가 늘어나면서 보고 시스템의 불확실성은 더욱 커졌다. 현재 내부자 거래는 경영진이 스톡옵션을 행사한 다음 유동성을 확보하거나 자산을 분산하려는 목적으로 주식을 매도하는 경우가 많은 비중을 차지한다. 내부자 거래 정보를 좀 더 유용하게 활용하기 위해서는 전체 내부자의 거래를 보기보다 좀 더 소규모이면서 애널리스트의 관심이 적은 회사의 최고 경영진이 행하는 대량 거래에 집중하는 편이 좋다.

진짜 성과는 거래량과 매수·매도 호가 차이를 통해서 불법적인 내부자 거래를 찾아내는 경우에 발생한다. 거래량과 미공개 정보의 관계는 직관적으로 추측해볼 수 있어서 거래량을 사용하는 기술적 지표 일부를 뒷받침할 수 있다.

애널리스트

애널리스트는 공개된 정보와 비공개 정보를 결합하는 특수한 지위를 누리고 있다. 이들은 두 종류의 정보를 사용해 기업의 이익 전망치를 산출하고 고객에게 매수와 매도 의견을 제시하면서 매매를 돕는다. 여기서는 애널리스트의 이익 전망치와 투자 의견이 가치 있는 정보인지, 그리고 이 정보를 투자에 활용했을 때 더 나은 수익이 나오는지 살펴보겠다.

이익 전망치

애널리스트는 많은 시간과 자원을 투입해 기업의 다음 분기 혹은 다음 해의 주당순이익을 전망한다. 이들은 기업의 경영진과 직접 접촉할 수 있고 사적인 정보를 들을 수도 있기 때문에 이익 추정에 강점을 지닌다고 생각된다. 따라서 이들이 이익 전망치를 상향하거나 하향하는 것은 기업에 대한 정보를 시장에 전달하는 것이며 가격은 그에 따라 반응하는 것이 마땅하다. 여기서는 시장이 애널리스트의 추정치 변경에 어떻게 반응하는지, 그리고 투자자가 이러한 반응에서 이익을 얻을 수 있는지 살펴보겠다.

① 애널리스트 전망치에 담긴 정보

애널리스트가 추정하는 기업의 성장 전망치가 단순히 과거의 이익만 살펴보는 것보다 더 정확할 것이라고 생각하는 데는 단순한 이유가 있다. 애널리스트는 과거의 실적에 더해서 유용한 다른 정보를 활용해 미래를 예측한다.

- 직전 실적 발표 이후에 공개된 개별 기업의 정보: 애널리스트는 직전 실적 발표 이후에 공개된 회사에 대한 정보를 이용해 미래를 예측한다. 이 정보는 때때로 기업의 미래 이익과 현금흐름을 재평가

하는 데 상당히 중요하게 작용하기도 한다. 예를 들어 연방 정부와 상당히 좋은 조건의 계약을 체결했다거나 경영진이 교체되었다거나 하는 등의 사건은 미래의 이익 전망에 상당히 많은 영향을 미칠 것이다.

- 미래 성장에 영향을 미칠 거시 경제 정보: 모든 기업의 성장률은 GNP 성장, 이자율, 인플레이션 등의 경제 뉴스에 영향을 받는다. 애널리스트는 거시 경제의 현황 및 당국의 재정 정책과 통화 정책에 변화가 있을 때마다 이를 반영해 전망치를 업데이트한다. 예를 들어 경제의 성장 속도가 예상보다 빠르다는 뉴스가 나오면 애널리스트는 경기 순환 기업의 이익 전망치를 상향한다.

- 경쟁사를 통해 알 수 있는 미래 전망: 애널리스트는 경쟁사가 밝힌 자료를 조사해서 회사의 가격 정책이나 성장 전망에 대한 추정치를 조정할 수도 있다. 예를 들어 어떤 소매 유통 회사가 매출액 성장세 둔화를 발표하면 이는 다른 소매 유통 회사의 이익 성장세를 조정하는 근거가 될 수 있다.

- 기업에 대한 비공개 정보: 애널리스트는 가끔 비공개 정보를 취득해 기업의 미래 추정치를 변경하기도 한다. 이렇게 되면 비공개 정보가 언제 불법적인 내부자 정보가 되는지 답하기가 어려워진다. 양질의 비공개 정보가 있으면 미래를 추정하는 데 크게 도움이 된다. 이러한 식으로 정보가 유출되는 것을 막기 위해서 SEC는 기업이 몇몇 애널리스트나 투자자에게 차등적으로 정보를 제공하는 것을 금지했다. 그러나 미국 외에서는 기업이 자사를 분석하는 애널리스트에게 비공개 정보를 제공하는 일이 여전히 발생한다.

- 이익 이외의 공개된 정보: 순전히 과거 실적에만 의존해서 미래를 전망하는 모델은 미래 이익 추정에 도움이 되는 다른 공개 정보를 간과할 수 있다. 예를 들어 이익 유보금, 이익률, 자산 회전율 등은 미래를 예측하는 데 유용한 것으로 밝혀졌다. 애널리스트는 이러한 변수를 전망치에 반영한다.

② 이익 전망치의 질[9]

기업을 분석하는 애널리스트가 많고 이들이 다른 시장 참여자보다 더 많은 정보를 취득했다면 당연히 이들이 평가한 기업의 미래 전망은 단순히 과거 이익 성장에 기초한 예측이나 다른 공개된 정보에서 제시하는 전망치보다 더 나아야 할 것이다. 이것은 타당한 가정일까? 애널리스트의 전망치는 과연 다른 예측보다 우월할까?

전반적인 연구 결과를 보면 단기적인 전망(1~4개 분기)에서는 애널리스트의 전망치가 과거 데이터에만 의존하는 모델보다 정확성이 높다는 결론에 이르게 된다. 다음 분기의 추정치와 실제 결과치의 차이를 계산해 보니 애널리스트의 추정치가 역사적 데이터에 기초해 예측한 결과보다 오차가 작았다. 애널리스트 전망치의 정확도에 대한 연구 결과를 요약해 보면 다음과 같다.

- 애널리스트 추정치는 과거 성장률을 곧바로 적용한 것보다 정확하지만 차이가 크지는 않다: S&P에서 발간하는 어닝스 포캐스터(Earnings Forecaster)는 50개 이상 투자 회사의 이익 전망치를 요약해서 발표한다. 이 자료의 연도별 이익 추정치 오차를 월별로 추적해 상대적인 정확도를 검증한 연구[10]에서는 애널리스트 전망치가 과

거 이익만을 사용한 시계열 모델보다 오차가 작다고 밝혔다. 연구 결과 시계열 모델의 성과가 4~8월에는 애널리스트 전망치를 뛰어넘었으나 9~1월에는 뒤처졌다는 것이 확인되었다. 논문의 저자는 뒷부분에 해당하는 시기에 애널리스트가 활용할 수 있는 개별 기업 정보가 더 많았을 것이라고 추측했다.

- 애널리스트는 장기 전망에서 나쁜 성과를 보인다: 한 연구[11]에서는 애널리스트 전망치의 컨센서스와 I/B/E/S의 전망치를 비교해보았다. I/B/E/S의 시계열 모델은 순수하게 과거 이익만을 사용한다. 미래 1~4개 분기 전망치의 정확도를 비교해본 결과 1~2개 분기에서는 애널리스트의 전망치가 더 정확했고, 3개 분기에서는 애널리스트 추정치와 시계열 모델이 비슷했으며, 4개 분기에서는 시계열 모델이 더 정확했다. 애널리스트가 가지는 개별 기업 정보의 유용성은 투자 기간이 길어질수록 퇴색되는 듯하다.

- 애널리스트는 이익 추정에서 놀랍도록 큰 실수를 한다: 1974~1991년의 애널리스트 전망치에 대한 연구 결과, 조사한 전망치의 55% 이상이 실제 이익 대비 10% 이상의 오차를 보였다.[12] 연구 결과 중 하나는 애널리스트가 미래 성장에 대해 지나치게 낙관적인 경우가 잦다고 설명한다. 또 다른 연구에서는 애널리스트가 거시 경제의 거대한 국면 전환을 놓치기 때문에 이러한 오차가 생긴다고 결론 내리기도 했다.[13] 그림 13.2에서 나타나듯이 애널리스트는 경제 회복기의 정점에서 성장률을 과다 추정하고, 침체가 가장 극심할 때 성장률을 지나치게 낮게 평가한다.

- 애널리스트는 경제가 고성장 국면일 때 지속적으로 이익을 낮게 추

그림 13.2 이익 전망치의 오차와 경제 성장률

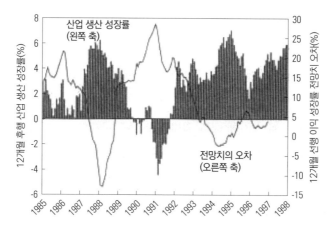

자료: Chopra. 경제 성장률의 지표로 산업 생산을 사용했고, 이익 전망치의 오차는 전체 애널리스트 이익 추정치의 (실제 이익 대비) 오차를 평균해서 계산.

정하고 경제가 저성장 국면일 때 지속적으로 이익을 높게 추정해왔다. 7개 국가 비교 연구에서는, 당연하겠지만 재무 공시 요건이 많은 국가에서 애널리스트의 추정치가 더 정확하고 덜 편향되었다.[14]

■ 예측 기간이 3~5년을 넘어가면 애널리스트의 이익 전망치가 다른 전망치보다 더 낫다는 근거가 거의 없다: 5개 투자 회사를 대상으로 한 장기 전망치의 정확성을 검증하는 연구에서 1962년과 1963년 시점으로 향후 3년간의 이익 전망치를 검증해본 결과 애널리스트의 장기 전망은 질이 낮다는 결론을 내렸다.[15] 이와 상충하는 후속 연구 결과도 있다. 다른 연구에서는 I/B/E/S의 5년 성장 예측 컨센서스가 과거 수치에 기초한 미래 예측보다 우월하다고 밝혔다.[16]

직관적으로 보자면 애널리스트는 더 많은 정보를 사용하기 때문에 그들의 예측은 단순한 시계열 분석이나 기타 과거 수치에 기초한 모델보다 더 정확해야 한다고 주장할 수 있다. 그러나 증거에 따르면 이러한 우월함은 장기 전망에서 놀랍도록 미미하게 작용하며, 과거의 이익 성장률이 애널리스트의 전망에 결정적인 역할을 한다.

③ 이익 전망치 변경에 대한 시장의 반응

12장에서 가격 모멘텀 전략을 사용하는 투자자는 최근 가장 많이 상승한 주식을 사면서 미래에도 그 모멘텀이 지속될 것으로 기대한다고 했다. 이익 모멘텀에 대해서도 비슷한 전략을 구축할 수 있다. 이러한 전략의 일부는 발표된 이익의 성장률만 사용하지만 대부분의 전략은 애널리스트 예상치를 측정한다. 실제로 한 전략은 애널리스트의 예상치가 상향되는 주식을 사고 이익 전망치의 변경에 따라 주가가 상승할 것이라고 기대한다.

미국 시장의 대다수 연구에서는 애널리스트의 전망치 변경을 이용해서 초과수익을 얻을 수 있다고 결론 내린다. 초기 연구에서는 애널리스트의 추정치 변경에 기초해 3개 업종 49개 종목을 선정해 포트폴리오를 구축했는데, 전망치 변경이 가장 강했던 종목군에서 향후 4개월간 4.7%의 초과수익이 발생했다.[17] 다른 연구에서는 I/B/E/S 데이터베이스에서 전망치 상향 폭이 가장 큰 20종목으로 포트폴리오를 구축했더니 같은 기간 지수 수익률 7%를 훌쩍 넘는 14%의 연 수익률을 얻을 수 있었다.[18] 초과수익에 대한 다른 연구에서는 전망치가 변경되기 몇 주 전후로 초과수익이 집중된다고 밝혔다. 전망치 변경 직전 주에 1.27%, 변경 바로 다음 주에 1.12%의 초과수익이 발생하며, (적시성, 영향력, 정확도 측면에서) 리더

그룹으로 분류되는 애널리스트의 전망치 변경은 거래량과 가격 양 측면에서 모두 큰 영향이 있었다.[19] 2001년에는 다른 국가에 대한 연구 결과도 나왔는데, 전망치가 가장 크게 상향되는 주식을 따라 살 경우 영국에서 4.7%, 프랑스에서 2%, 독일에서 3.3%의 초과수익을 거둘 수 있었다.[20]

이익 추정치와 추정치의 변경은 다양한 경로로 공개되며 잭스와 퍼스트 콜 같은 서비스를 통해서 추적할 수 있다. 이러한 서비스는 애널리스트의 이익 추정치를 집계하고 평균해 주당순이익 컨센서스를 발표한다.* 또한 개별 추정치의 변경을 파악하고 컨센서스 값에 그 변동을 반영하기도 한다. 투자자는 전망치 변경을 추적하고 변경 폭이 가장 큰 주식을 매수할 수 있다.

애널리스트 투자 의견

애널리스트 보고서의 핵심 요소는 해당 주식에 대한 투자 의견이다. 투자자는 애널리스트의 투자 의견에 따라 가격이 반응할 것이라 예상할 텐데, 일부 투자자가 애널리스트의 긍정적인(부정적인) 의견에 따라 매수(매도)한다는 사실을 감안하면 당연한 발상이다. 여기서는 애널리스트의 투자 의견에 대한 몇 가지 핵심적인 사실을 검증해보고 시장이 이러한 정보에 어떻게 반응하는지 살펴보겠다. 마지막에는 애널리스트의 투자 의견을 의사 결정 지표로 삼았을 때 장단기적으로 어떤 성과를 낼 수 있는지 살펴보면서 마무리하겠다.

---

* 한국에서는 에프앤가이드의 데이터 가이드, 퀀티와이즈 등 서비스를 이용할 수 있다.

① 투자 의견 게임

투자 의견에 대해서 시장의 반응을 이야기하기 전에 세 가지 사실을 살펴볼 필요가 있다.

애널리스트 의견을 매수, 매도, 보유 세 가지로 분류한다면 매수 의견이 압도적으로 많다. 2001년을 예로 들면 매수 의견이 매도 의견보다 7배 더 많다. 이 수치는 1990년대 후반부터 줄어들었는데 그 이전에는 매수 의견이 매도 의견보다 25배 이상 많은 적도 있었다.

매수 의견과 매도 의견의 수가 이렇게 비대칭적인 이유 중 하나로 애널리스트가 종종 매수, 매도, 보유 사이에 다양한 단계를 사용한다는 점을 들 수 있다. 예를 들어 일부 증권사나 투자 자문 기관은 수치로 표현되는 등급 체계를 갖추어서 (밸류 라인에서 하는 것처럼) 1~5의 숫자로 주식을 분류하며, 어떤 회사는 매수와 매도 사이를 강력 매수(strong buy)와 그냥 매수(weak buy) 등 하위 분류로 나누기도 한다. 이렇게 하면 애널리스트는 주식에 좀 더 세부적인 등급을 매길 수 있을 뿐만 아니라 별다른 표현을 하지 않고 매도 신호를 내보낼 수 있다. 즉 어떤 주식을 강력 매수에서 그냥 매수로 하향 조정하면서 사실상 매도 의견을 내는 것이다.

이익 전망과 마찬가지로 투자 의견에도 군중 심리가 존재한다. 한 애널리스트가 그냥 매수에서 강력 매수로 의견을 상향하면 다른 애널리스트도 이후 며칠 동안 연이어 의견을 상향하는 경향이 있다.

② 투자 의견에 대한 시장의 반응

애널리스트의 투자 의견에 대해서 시장은 어떻게 반응하는가? 애널리스트가 매수 혹은 매도 의견을 낸 당일과 그 이후의 몇 주간의 가격 변화를 파악해서 이를 검증해볼 수 있다. 매수와 매도 의견이 둘 다 가격에 영향을 미치는데, 매도 의견이 매수 의견보다 훨씬 강한 영향을 미친다.[21] 매수 의견의 수가 매도 의견의 수보다 압도적으로 많다는 점을 감안하면 자연스러운 현상이다. 흥미롭게도, 매수 의견에 대한 반응은 즉각적이며 이후의 주가 움직임에는 영향을 주지 않는 경향이 있는 반면, 매도 의견의 경우에는 주가가 추세적으로 하락하는 경향이 있다. 그림 13.3에 이를 표시해보았다.

투자 의견이 나온 시점(보고서 발간 전후 3일)을 보면 주가는 매수 의견에 따라 3%가량 상승하고 매도 의견에 따라 4%가량 하락한다. 이후 6개월을 보면 매수 의견에 대한 반응의 폭은 감소하는 반면에 매도 의견에 대

그림 13.3 애널리스트 투자 의견에 따른 가격 변동

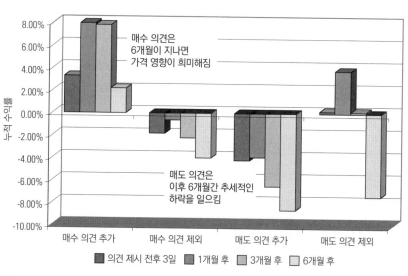

자료: Womack.

해서는 5% 추가로 하락한다.

　애널리스트의 투자 의견을 이용해 수익을 낼 수 있을까? 단기적으로는 그럴 수 있을 것 같다. 투자 의견에 새로운 정보가 추가되지 않더라도 이러한 의견에 따라 매매하는 고객의 자기실현적 예언이 작동해, 매수 의견이 나오면 주가가 상승하고 매도 의견이 나오면 주가가 하락할 수 있다.[22] 그러나 만약 이것이 주가 반응의 유일한 이유라면 수익의 폭이 미미할뿐더러 큰 거래 비용 때문에 그 작은 수익조차 빠르게 사라질 것이다.

투자 자문가와 기타 전문가

　각종 투자 아이디어로 넘쳐나는 시장에서 내부자와 애널리스트는 단지 두 부류의 시장 참여자일 뿐이다. 시장에는 이 외에도 뉴스레터를 뿌리면서 최고의 주식을 골라주겠다고 호도하는 자문 업자, (건전한 기준으로) 주식을 선별해주는 밸류 라인과 모닝스타 같은 자문 서비스, 성공 투자로 가는 확실한 길을 찾았다며 동네방네 얼굴을 비치고 다니는 자칭 전문가가 가득하다. 이러한 전문가 조언의 성공(혹은 실패)에 대한 모든 연구를 훑어보는 것보다, 다음과 같은 요약된 결과를 보는 것이 좋겠다.

- 투자 자문가와 전문가 중에서 장기적으로 종목 선정에 성공한 사례는 거의 없다: 자신만의 고유한 주식 선정 모델을 발견했다고 주장하는 투자 뉴스레터 중에서 그 주장을 뒷받침할 만한 근거를 제시하는 경우는 거의 없다. 헐버트 파이낸셜 다이제스트(Hulbert Financial Digest)에서 제공하는 뉴스레터 153개 이상을 조사해본 결과, 종목 선정에 남다른 기술을 보유한 곳은 거의 없다는 결론이 나왔다.[23] 심지어 거래 비용을 감안하지 않더라도 말이다. 이들 뉴스레터의

상당수는 잦은 매매를 요하기 때문에, 투자자가 그 조언을 실제로 따랐을 때 얻을 수 있는 수익은 믿기지 않을 정도로 더 나빠진다. 몇 가지 예외는 있다. 다수의 연구[24] 결과, 가장 오래된 투자 자문 서비스 중 하나인 밸류 라인의 등급 체계는 좋은 주식을 선별할 수 있게 해준다.[25]

■ (밸류 라인처럼) 좋은 조언을 제공하는 서비스라 하더라도 실제로 구현할 때는 '현실의 장벽(implementation shortfall)'에 부딪힌다: 다시 말해 이론상의 수익률과 실제 포트폴리오로 얻을 수 있는 수익률 사이에는 큰 차이가 존재한다. 한 연구에서 밸류 라인 등급을 활용한 수익률을 검증해보았더니, 1979~1991년에 밸류 라인 랭킹 최우수 등급(적시성 1)을 받은 주식들로 만든 가상의 포트폴리오는 연 환산 26.2%의 수익률을 냈지만, 해당 주식들을 실제로 매수한 투자자는 연 16.1%의 수익률에 그쳤을 것이라고 발표했다. 실제로 1980년대에 밸류 라인의 조언을 추종하는 펀드가 만들어졌는데, 가상 포트폴리오의 성과를 현저히 하회했다.

■ 성공적인 종목 선정 공식을 발견한 자문업자의 성과는 최초로 자문을 제공했을 때에 가장 유효하다: 장기적으로 성공은 스스로를 갉아먹는다. 모방자들이 나와서 아주 빠른 속도로 수익의 근원을 없애버린다. 밸류 라인의 초창기 성공은 대체로 이익 모멘텀(이익 성장률의 변화를 등급화)을 선도적으로 도입한 데 기인했다. 밸류 라인이 성공하자 다른 업자들도 종목 선정 전략에 이익 모멘텀을 반영하기 시작했고, 그 지표의 효용을 깎아먹었다.

■ 언론에서 조명하는 스타 펀드 매니저와 애널리스트의 성공은 대부

분 자기실현적이다: 그리고 이러한 조언을 따르는 투자자가 조금이라도 성공할 수 있었는지는 증거가 희박하다. 주간 금융 뉴스레터인 〈배런스〉의 예를 들면 매년 가장 뛰어난 펀드 매니저들을 불러서 회담을 가지는데, 여기서 다음 해에 가장 유망한 종목들을 골라달라고 한다. 이 종목들을 상세히 검토한 결과, 추천일과 발간일 사이의 2주 동안 주가가 약 2% 상승했지만, 발간일부터 1년 혹은 3년을 보유했을 때는 아무런 초과수익이 발생하지 않았다.[26]

데이터 정밀 분석

전문가를 따르는 전략을 채택해 내부자 매수나 애널리스트의 매수 의견을 따라 주식을 사겠다고 마음먹기 전에 살펴보아야 할 사실이 있다. 시장 간의 차이가 어떤지, 회사별로 내부자가 주식을 얼마나 보유하고 있는지, 그들이 얼마나 자주 거래하는지, 애널리스트는 어떤 종류의 기업을 많이 다루는지, 애널리스트 추천의 본질적인 속성은 무엇인지 등이다. 여기서는 내부자 거래와 애널리스트 커버리지에 대해서 다각도로 살펴보겠다.

내부자 거래

SEC의 정의에 따라 내부자를 기업의 이사, 임원, 직원으로 정의한다면 각 기업 내부자의 지분 비율을 계산할 수 있다. 마이크로소프트와 오라클 같은 회사는 창업자가 여전히 경영진으로서 역할을 수행하고 있고 상당량의 지분을 보유하고 있어서 발행 주식 수 대비 내부자의 지분율이 상당히 높음을 알 수 있다. 오라클을 예로 들면 래리 엘리슨Larry Ellison은 2003년 4월 기준으로 유통 주식 수의 20% 이상을 보유하고 있다. 설립된 지 좀 더 오래된 성숙한 기업은 내부자 지분율이 훨씬 낮다. 그림 13.4에서 2003년 4월 기준 미국 회사의 내부자 지분율 분포를 확인할 수 있다.

유통 주식 수 대비 내부자 지분율이 70%, 80%, 심지어 90%에 달하는 회사가 일부 있다는 점을 주목하자. 대부분의 투자 전략은 내부자 지분율의 변화를 중요한 기준으로 삼는다. 내부자는 자신의 거래가 투자 전

그림 13.4 미국 기업의 내부자 지분율(2003년 4월)

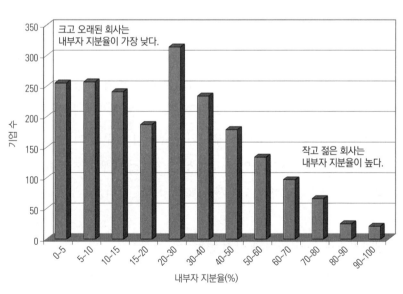

자료: 밸류 라인. SEC가 정의하는 내부자는 직원, 이사, 유통 주식의 5% 이상 보유한 주주임.

그림 13.5 내부자 지분율 변화(2003년 1~3월)

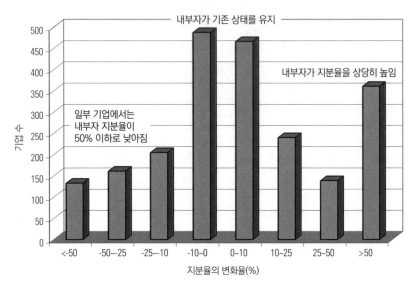

자료: 밸류 라인. 12주간의 지분율 변화를 퍼센티지로 표시.

략의 기준이 될 수 있을 정도로 자주 거래할까? 이 질문에 답하기 위해서 2003년 1~3월의 12주간 각 미국 회사의 지분율 변화 폭을 계산해 분포를 그림 13.5에 표시했다.

3개월밖에 안 되는 기간에 내부자의 지분율이 아주 많이 변화한 회사가 있다. 2003년 1~3월 사이 약 350개 회사에서 내부자 지분율이 50% 이상 상승했고 약 150개 기업에서 50% 이상 감소했다.

애널리스트 투자 의견과 의견 변경

월스트리트와 그 밖의 영역에서 미국 회사를 다루는 애널리스트는 수백 명에 달하지만 모든 회사가 동일한 정도의 관심을 끌지는 않는다. 여기서는 회사별로 애널리스트 커버리지의 수가 얼마나 다른지, 애널리스트가 얼마나 자주 매수와 매도 의견을 제시하는지, 투자 의견과 이익 추정치를 얼마나 자주 변경하는지를 살펴보겠다.

애널리스트는 어떤 회사를 다루는가?

회사별로 담당하는 애널리스트의 수는 다르다. 한쪽 끝에는 GE, 시스코, 마이크로소프트처럼 수십 명의 애널리스트가 분석하는 기업이 있고, 다른 한쪽 끝에는 어떤 애널리스트도 관심을 가지지 않는 수백 개 기업이 있다. 다음과 같은 조건이 영향을 끼치는 것으로 보인다.

- 시가총액: 시가총액이 큰 회사일수록 많은 애널리스트가 다룰 가능성이 높다. 실제로 이는 소형주가 초과수익을 낼 수 있는 잠재적인 원인 중 하나로 꼽혔다.
- 기관투자가 지분율: 기관투자가의 지분율이 높을수록 애널리스트가 다룰 가능성이 높다. 그러나 애널리스트가 기관투자가를 따라서 기업을 다루는지, 기관투자가가 애널리스트를 따라서 기업에 투자하는지는 불분명하다. 기관투자가가 애널리스트의 가장 큰 고객인 점을 감안하면 아마도 인과 관계는 양방향인 것 같다.
- 거래량: 애널리스트는 대체로 유동성이 높은 주식을 다룬다. 그러나 다시 언급하지만, 기업을 분석하는 애널리스트의 존재, 그리고 이들이 매수(혹은 매도) 의견을 내는 행위 자체가 거래량을 증가시키는 역할을 한다.

애널리스트 투자 의견

애널리스트의 투자 의견은 형태가 조금씩 다르다. 단순히 매수, 매도, 보유로 나누는 애널리스트가 일부 있는 반면 대부분은 좀 더 다양한 분류로 제시한다. 보편적인 분류법은 강력 매수, 매수, 보유, 매도, 강력 매도의 다섯 단계다. 증권업계에서 투자 의견이 매수 쪽으로 편향되어 있다는 것은 주지의 사실이다. 이러한 편향을 확인할 수 있는 두 가지 방법이 있다. 각 기업을 분석하는 애널리스트의 투자 의견을 평균한 다음 얼마나 많은 기업이 각 범주에 속하는지 살펴보는 것이다. 그림 13.6에서 2003년 4월 기준으로 투자 의견의 분포를 표시해보았다.[27]

애널리스트가 커버하는 주식이 4,000개 이상인데 그중 300개 미만이

그림 13.6 투자 의견 평균(미국 주식, 2003년 4월)

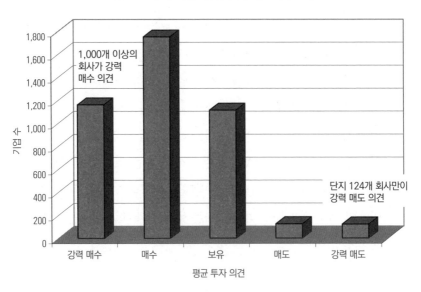

자료: 잭스. 각 주식에 대한 애널리스트의 투자 의견을 합산해 주식별 컨센서스 의견을 산출.

매도와 강력 매도 의견이다. 대조적으로 거의 3,000개에 달하는 주식이 매수와 강력 매수 의견이다.

투자 의견이 매수 쪽으로 편향되어 있다는 사실을 확인하는 다른 방법은 각 기업을 담당하는 애널리스트가 매수, 보유, 매도 의견을 내는 비율이 몇 퍼센트인지를 계산하는 것이다. 그림 13.7에서 이 계산에 대한 통계를 내보았다.

여기서도 분포 양 끝단의 매수와 매도 의견 차이가 극명하게 드러난다. 거의 900개의 기업에 대해서 그 기업을 담당하는 애널리스트의 90%가 매수 의견을 냈다. 애널리스트의 매수 의견이 10% 이하인 기업은 20개 미만이다. 반면 매도 의견이 90% 이상인 회사는 150개 정도밖에 안 되고 매

그림 13.7 주식별 투자 의견 분해(미국 주식, 2003년 4월)

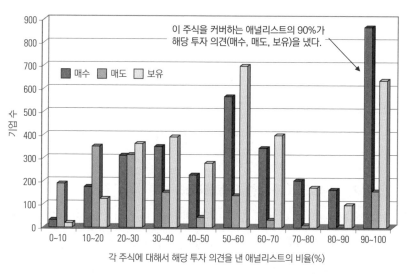

자료: 잭스. 각 주식에 대해서 매수, 매도, 보유 의견을 낸 애널리스트의 비율을 표시함. 각각의 주식에 대한 비율의 합은 100%가 되어야 함.

도 의견이 10% 미만인 회사는 거의 200개에 달한다.

애널리스트 이익 추정치

애널리스트는 투자 의견을 내는 것에 더해서, 기업의 실적 발표 전 주당순이익 추정치를 제시한다. 앞에서 언급했듯이 이러한 이익 추정치의 상향 조정은 향후 주가 상승에 대한 신호가 될 수 있다.

애널리스트는 얼마나 자주 그리고 얼마나 큰 폭으로 이익 추정치를 변경하는가? 이 질문에 답하기 위해서 2003년 3월의 4주 동안 이루어진 모든 이익 추정치 변경 내역을 조사해보았다. 이러한 변경은 1분기 실적이 발표되는 2003년 4월 이전에 이루어졌다. 그림 13.8에 애널리스트 커버리지가 있는 미국 전체 주식에 대해서 이 4주 동안의 주당순이익 추정치 컨센서스 변경 비율을 표시했다.

그림 13.8에서 알 수 있는 첫 번째 사실은 기업 대부분에서 이익 전망치의 변경 폭이 상당히 작다는 점이다. 70% 정도에서 추정치의 변경 폭이 10% 미만(플러스건 마이너스건)이었다. 그러나 변경 폭이 상당히 큰 회사도 꽤 많다. 이익 추정치가 50% 이상 상향된 회사가 100개 이상이다. 이익 모멘텀 전략을 채택한다면 아마 이런 회사에 투자하게 될 것이다.

'전문가' 주식으로 구성한 포트폴리오

13장에서 논의한 내용을 모두 포괄하는 포트폴리오를 만들고자 한다면, 내부자와 애널리스트가 모두 긍정적으로 보는 주식을 살 수도 있다. 이러한 포트폴리오를 만들려면 다음과 같은 기준으로 선정해보자.

- 애널리스트의 긍정적인 투자 의견: 매수 의견이 매도 의견보다 훨

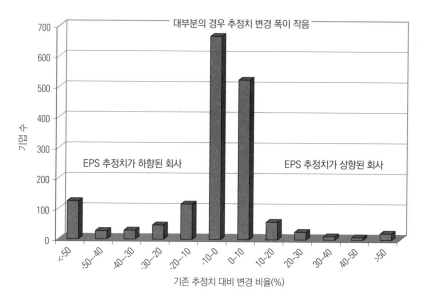

그림 13.8 분기 순이익 추정치 변경(2003년 3월)

자료: 잭스. 애널리스트가 커버하는 기업에 대해서 이익 추정치 컨센서스의 변경 폭을 퍼센티지로 표시.

씬 많다는 점을 고려한다면 매수 의견의 비율이 80% 이상인 주식
으로 한정할 수 있다. 1~2명의 애널리스트가 다루는 주식은 이 기준
을 너무 쉽게 통과할 수 있으므로 3건 이상의 매수 의견이 있는 주
식만 편입하기로 한다. 마지막으로 투자 의견 변경의 영향력이 클
것이기 때문에, 직전 주에 최소 1명의 애널리스트가 의견을 상향한
종목만 포함한다.

- 최근 이익 추정치 상향: 최근의 이익 추정치가 상향이어야 의미가
  있다. 이 조건을 반영하기 위해 스크리닝 시점에서 4주 이내에 이익
  추정치가 상향된 종목만 편입한다.

- 내부자 순매수: (스크리닝 기준일에서 직전 3개월 이내) 내부자의 매수가 매도보다 많은 주식만 고려한다.

2003년 4월 15일에 확인할 수 있는 자료 기준으로 이 조건을 만족하는 주식은 20개로 표 13.1에 수록했다.

표 13.1 내부자 매수 & 애널리스트의 의견이 긍정적인 회사

기업명	현행 주가 (달러)	강력 매수 혹은 매수 의견 수	보유 의견 수	강력 매도 혹은 매도 의견 수	최근 4주 사이 이익 추정치 변동	직전 분기 내부자 지분율 증가
Amgen Inc	59.54	24	3	0	0.33%	17.48%
Applebees Intl	28.09	12	6	0	0.14%	47.30%
Biomet	28.86	13	6	1	0.50%	1.80%
Anheuser Busch	47.23	9	6	0	0.01%	4.12%
Corinthian Col	39.66	6	2	0	1.29%	5.54%
Cognizant Tech	20.16	10	2	1	1.15%	155.60%
Donaldson Co	39.69	3	2	0	2.42%	3.69%
Ebay Inc	88.41	9	4	0	3.75%	10.93%
Express Scripts	54.53	13	3	1	0.15%	139.09%
Hot Topic Inc	22.77	14	3	0	0.12%	39.57%
Hutchinson Tech	24.22	4	1	1	0.43%	12.46%
Medtronic	46.65	18	9	0	0.15%	2.00%
Merrill Lync&Co	39.75	11	7	0	2.43%	10.13%
Altria Group	31.70	7	2	1	0.20%	22.95%
Peets Coffe&Tea	15.65	5	1	0	1.67%	8.66%
Pfizer Inc	31.36	24	4	0	0.35%	4.24%
Boston Beer Inc	11.31	3	0	0	160.00%	500.00%
USA Interactive	27.69	13	1	0	57.26%	0.01%
Williams-Sonoma	23.05	10	6	0	2.39%	333.33%
Zimmer Holdings	44.70	12	7	0	0.69%	362.47%

이들 주식 대부분은 유동성이 풍부하고 다수가 보유하고 있다. 3건 이상의 매수 의견이 있어야 한다는 조건 탓이 크다. 큰 폭의 내부자 지분율 변화도 주의 깊게 살펴보아야 한다. (퍼센티지 기준으로) 변화 폭이 큰 것은 기존의 내부자 지분율이 작았기 때문이다.

추가할 이야기

전문가를 추종하다가 잘못되는 경우는 무엇 때문일까? 다양한 문제가 발생할 수 있지만, 여기서는 앞에서 제시한 3가지 기준(내부자 거래, 추정치 변경, 애널리스트 투자 의견)과 관련된 가장 중요한 문제만 다루겠다.

내부자 추종: 타이밍이 전부다

내부자의 거래가 비록 소음으로 가득하다 하더라도 미래의 가격 변동에 대한 힌트를 줄 수 있다고 한다면, 외부의 투자자는 이 정보를 활용해 더 나은 투자 의사 결정을 할 수 있을까? 다시 말해 내부자가 얼마나 주식을 사고팔았느냐를 기준으로 투자 대상을 선정해도 될까?

우선 SEC에서 내부자 거래를 즉각 공시할 것을 요구하지 않기 때문에, 외부의 투자자는 내부자 거래가 발생한 지 몇 주 혹은 몇 달이 지나서 해당 거래를 알 수 있다는 사실을 인지해야 한다. 이러한 공시 정보는 온라인에 등록되면서 광범위하게 활용할 수 있게 되었다.

내부자가 SEC에 거래를 보고한 시점과 다른 투자자가 공식적으로 그 정보를 활용할 수 있게 된 시점(official summary date) 사이의 초과수익을 검토해보면 흥미로운 결과가 나온다. 그림 13.9를 보자.

내부자가 SEC에 거래를 보고한 날 주식을 샀다면 약간의 초과수익(1%가량)을 거둘 수 있었다. 그러나 자료가 대중에게 공개되는 날까지 기다려야 한다면 이 수익은 거의 0에 가까워진다. 여기에 거래 비용까지 고려하면 내부자 거래 정보를 이용해도 초과수익이 나지 않는다.[28]

점점 더 많은 회사가 온라인에 공시를 하면서 투자자가 내부자 거래 정보를 좀 더 일찍 알게 될 수는 있다. 그러나 모든 투자자가 이 자료에 접근할 수 있게 되므로 이것이 초과수익으로 이어질지는 불투명하다. 내부자 거래를 추종해서 성공하기 위한 핵심 요인은 적시에 거래하는 것이

그림 13.9 보고일과 배포일 부근의 이상 수익

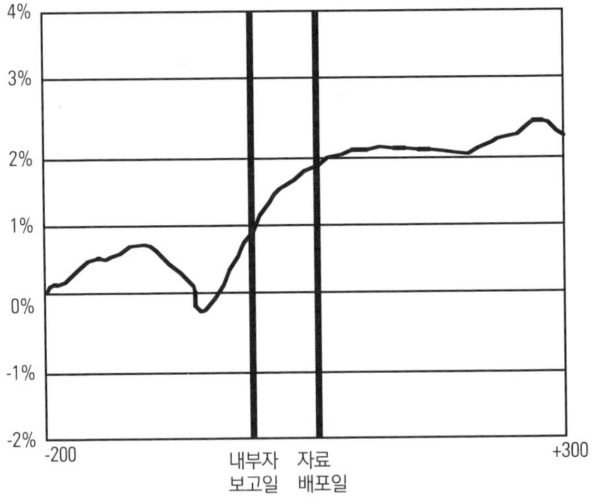

이벤트 발생일 기준 경과 일수

내부자 보고일은 내부자가 SEC에 자료를 올린 날짜이고, 실제 거래는 이 날짜 몇 주 전에 일어났을 수 있다. 자료 배포일은 내부자의 보고 자료가 대중에게 공개되는 날짜다.

다. 투자자는 SEC 공시 자료가 공개되기까지 기다리는 것보다 거래량 증가 등 불완전하지만 내부자 거래를 암시할 만한 지표를 따르는 것이 더 나을 수도 있다.

이익 추정치 변경

이익 모멘텀 전략의 한계는 애널리스트의 실적 전망치와 회사의 실제 실적 공시 간 연결 고리가 그다지 견고하지 않다는 데에 있다. 최근 몇 년 동안 투자자는 기업이 실적을 마음먹은 대로 조절할 수 있을 뿐만 아니라 의심스러운 회계 기법을 동원해 조작할 수 있다는 사실을 알아채기 시작했다. 동시에 투자자는 애널리스트와 분석 대상 회사 사이의 관계뿐 아니라 그들이 소속된 회사의 고객 관계로 인해 추정치에 편향이 생길 수 있다는 사실도 깨달았다.

애널리스트는 그들의 고객이 거래에 나설 수 있을 정도까지 추정치를 변경하려 하고, 이는 가격에 영향을 미칠 가능성이 높다. 변경 폭이 크면 클수록 가격에 미치는 영향도 커지는데, 문제는 이 효과가 얼마나 지속되느냐다. 발표되는 이익 수치가 회사의 의도대로 조작되고 애널리스트의 추정치에 편향이 들어간다면, 이익 추정치 변경 전후의 주가 변동은 무의미해질 수 있다.

이익 추정치 변경에 기초해 투자하는 전략은 몇 주 혹은 몇 개월 사이의 구간에서 상당히 미미한 초과수익을 내는 단기 전략이다. 시장은 기업이 발표하는 이익과 애널리스트의 전망치 모두에 의심의 눈초리를 보내고 있으며 이는 이익 모멘텀 전략에 부정적인 징조다. 전망치 변경이나 어닝 서프라이즈가 그 자체로 좋은 포트폴리오를 생성할 가능성은 낮지만 좀 더 장기적인 다른 전략을 강화하는 형태로 사용할 수는 있다. 이 전략을 활용해 수익률을 더 높이는 한 방편으로, 전체 애널리스트의 추정치를 고려한 컨센서스가 아니라, 독립적이면서 영향력이 큰 애널리스트를 골라 그들이 만들어내는 전망치 수정을 따라 투자하는 전략이 있을 수 있다.

애널리스트 투자 의견

닷컴 버블 붕괴 이후 애널리스트가 당면한 핵심 이슈 중 하나는, 투자 의견이 애널리스트 개인의 순수한 의견이 아니라 소속된 회사가 분석 대상 회사와 좋은 영업 관계를 유지하도록 응원하는 도구로 비치는 것이다. 이 명제를 검증해보고자 한 실험[29]에서는 기업이 IPO를 한 이후의 주식 수익률을 인수단underwriters* 소속 애널리스트의 투자 의견과 그렇지 않은 회사 소속 애널리스트의 투자 의견으로 구분해서 산출해보았다. 그 결과는 그림 13.10과 같다.

인수단이 아닌 증권사의 매수 의견이 나온 주식의 성과가 전체 시장보다 유의미하게 높은 반면, (해당 주식의) 인수단 증권사의 매수 의견이 나온 주식의 성과는 뒤떨어지는 경향이 있다. 이 차이는 명백하지만, 1990년대 후반의 투자자는 애널리스트와 분석 대상 회사의 관계를 의도적으로 간과했고 이에 따라 큰 대가를 치렀다.[30]

애널리스트 투자 의견을 전략에 반영하려면 섬세한 접근 방식을 취해야 한다. 우선 영향력이 크고 투자 의견의 내용(개별 정보)이 풍부한 애널

---

* IPO 시 소량의 판매 물량을 할당받아 소화하는 책임을 지는 증권사나 투자 은행 집단.

그림 13.10 1년(1990~1991년)간 신규 매수 의견이 있었던 주식의 수익률 비교

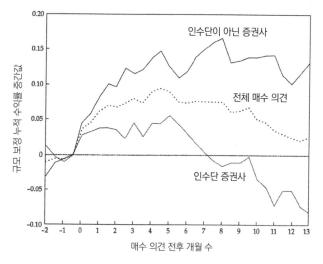

자료: Michaely & Womack.

리스트를 선별해야 한다. 동시에 잠재적 이해 상충이 너무 커서 의견이 중립적일 수 없는 애널리스트는 걸러내야 한다. 최고의 애널리스트를 어떻게 선별할 수 있을까?

과대광고에 속지 말아야 한다. 화려한 경력을 가진 애널리스트가 언제나 최고인 것은 아니며 어떤 애널리스트는 자기 홍보로 악명이 높다. 애널리스트를 평가하기에 가장 좋은 자료는 특정 증권사와 이해관계가 없는 외부 서비스에서 찾을 수 있다. 예를 들어 〈월스트리트 저널〉에는 셀사이드 증권 애널리스트에 대한 특별 지면이 있는데, 여기서 애널리스트 투자 의견의 질을 평가하고 그 기준에 따라 등급을 매긴다. 몇몇 온라인 서비스에서는 증권 애널리스트의 전망치와 투자 의견을 추적해 그들의 전망과 실제 발표된 실적이 얼마나 일치했는지에 대한 정보를 제공하기

도 한다. 정성적인 요소도 고려할 필요가 있다. 사업에 대한 깊이 있는 이해를 바탕으로 신중하면서도 명확한 의견을 제시하는 애널리스트는 피상적인 분석으로 겉보기에 화려한 의견을 제시하는 애널리스트보다 더 비중 있게 다루어져야 한다. 그리고 가장 중요한 요소인데, 좋은 애널리스트는 기업의 경영진에 맞서고 그들에게 동의하지 않는다는 의견을 표출할(그리고 매도 보고서를 발행할) 수 있어야 한다.

믿을 수 있는 애널리스트를 선별했다면 그들의 투자 의견에 따라서, 가능하면 그들의 투자 의견이 만들어진 시점에 맞추어서 투자를 진행해야 한다.[31] 이들 애널리스트의 의견을 믿기로 마음먹었다면 이후에도 그 신뢰성을 계속 유지할 수 있는지 꾸준히 지켜보아야 한다. 애널리스트가 처한 상황이 바뀌었거나 다른 마음을 먹기 시작했다는 신호는 때때로 눈치채기 어려울 정도로 미묘하다.

투자자에게 주는 교훈

전문가를 따르기로 결정한 투자자라면 성공 확률을 높이기 위해 13장에서 제시한 증거에 기초해 다음과 같은 행동 지침을 세울 수 있다.

- 전문가를 잘 선정한다: 어떤 내부자는 다른 내부자보다 더 내부에 있고, 어떤 애널리스트는 다른 애널리스트보다 더 믿을 만하다. 전문가 추종 전략의 성패는 진짜 전문가와 허풍쟁이를 구별하는 데 달려 있다. 내부자를 예로 들면 특정 내부자(CEO나 이사진)를 더 면밀하게 추종한다는 뜻이 될 수 있다. 애널리스트의 투자 의견이나 추

정치 변경을 따를 때는 과거 이력을 면밀히 살펴야 한다. 과거에 실적을 정확하게 잘 전망한 애널리스트가 제시한 추정치에 더 관심을 두어야 한다.

- 편향을 제거한다: 애널리스트는 복수의 이해관계를 가진 경우가 종종 있고, 애널리스트가 제시하는 매수 의견은 진정으로 그 주식이 살 만해서라기보다 분석 대상 회사와 관계를 유지하거나 소속 회사의 거래를 지원하기 위한 방편일 때가 있다. 이 편향을 제거할 수 있는 두 가지 방법이 있다. 하나는 분석 대상 회사와 관련이 없는 회사에 소속된 애널리스트의 의견만 고려하는 것이다. 다른 하나는 애널리스트의 트랙 레코드를 살피는 것이다. 회사의 경영진에 맞서고 매도 의견을 낸 이력을 가진 애널리스트라면 회사에 대해 좋은 이야기만 하는 애널리스트보다 더 믿음직하다.

- 향후 일어날 일을 전망할 수 있는 힌트를 찾는다: 내부자 거래와 애널리스트 투자 의견 둘 다 실제 뉴스(SEC 내부자 공시 혹은 애널리스트 의견 변경) 이전에 가격이 큰 폭으로 상승하는 경향이 있다. 완벽한 조기 경보 시스템은 없지만 향후 일어날 일에 대한 힌트로 거래량을 살펴볼 수도 있다. 내부자 거래 결과 거래량이 갑자기 튀어오를 수 있고, 거래량이 적은 주식의 경우 그 가능성은 더욱 높다.

- 면밀히 추적한다: 내부자 거래 혹은 애널리스트 투자 의견에 가능한 한 근접하게 포지션을 유지해야 한다. 이를 위해 더 나은 정보 시스템에 비용을 투자해야 할 수도 있다. 예를 들어 SEC에 내부자 거래 공시가 올라오자마자 몇 분 안에 이를 요약해서 제공하는 유료 서비스도 있다.

- 빠르게 거래한다: 내부자가 주식을 사거나 가장 믿을 만한 애널리스트가 투자 의견을 상향했다면 가능한 한 빠르게 거래에 나서야 한다. 주식의 각종 지표를 확인한다거나 내재 가치를 평가하고 싶다면 일이 있기 전에 미리 끝내놓았어야 한다. 예를 들어 PER 20 미만에서 거래되는 주식만 사고 싶다면 이 조건을 만족하는 주식의 목록을 미리 갖추고 있어야 한다. 이들 주식 중에서 내부자 매수나 애널리스트 의견 상향이 있다면 포트폴리오에 즉각 편입할 수 있다.

결론

투자의 세계에는 다른 분야보다 전문가가 더 많을 것이다. 이들은 금융 매체에 칼럼을 기고하고, 텔레비전에 나오며, 책을 내면서 부자가 될 수 있는 방법을 이야기한다. 투자자는 자신보다 이들이 더 많은 것을 알고 있고 따라서 더 나은 선택을 할 수 있으리라는 믿음으로 이들의 의견을 따른다.

전문가 지위는 다른 투자자가 얻을 수 없는 정보에 접근할 수 있거나 (모델이나 지표를 사용해) 동일한 정보를 남보다 더 잘 처리할 수 있을 때 얻어진다. 기업의 내부자(CEO와 이사진)는 정보 획득 측면에서 유리한 위치에 있고 이를 강점으로 활용할 수 있다. 내부자가 유의미하게 매수하는 주식은 내부자가 유의미하게 매도하는 주식보다 가격이 상승할 가능성이 훨씬 높다. 내부자의 거래 시점과 그 거래 정보가 공시되는 시점의 차이는 개인 투자자가 그들의 성과를 복제하기 어렵게 만든다.

애널리스트는 주식에 대해서 매수와 매도 의견을 제시하거나 다음 분기에 이익을 얼마나 낼지에 대한 추정치를 변경해 가격에 영향을 미칠 수 있다. 두 경우 모두 추천·변경 시점에 큰 폭의 시장 반응이 있으며 그 이후에도 추세적인 변화가 있다. 다시 말해 매수 의견이나 이익 추정치 상향이 있은 지 며칠 혹은 몇 주 이후에도 주가가 꾸준히 상승하는 경향이 있다. 애널리스트는 그들을 추종하는 투자자가 많고 신뢰성이 높을수록, 추종자가 적고 명백한 이해 상충이 있는 애널리스트보다 가격에 미치는 영향력이 크다.

투자자는 진짜 전문가(핵심에 있는 내부자와 편향되지 않은 애널리스트)에게 집중해 그들의 발언과 움직임을 면밀히 추적하고 그들의 의견에 따라 즉시 거래에 나서야 한다. 성공한다면 거래 비용이 꽤 높은 단기 투자 전략을 갖춘 셈인데, 이를 통한 수익은 거래 비용을 제하고도 남을 것이다.

14장

장기적으로는 말이야…
전체 시장에 대한 미신

장기 투자에 대한 사라의 믿음

사라는 인내심이 강하다. 그는 충분히 오래 기다린 사람에게 좋은 일이 찾아온다는 믿음을 가지고 있었고, 지난해 연금 펀드에서 20% 손실을 보았을 때도 실망하지 않았다. "이건 단지 서류상의 손실일 뿐이야. 그리고 주가는 장기적으로 다시 올라와"라고 스스로에게 이야기했다. 실제로 그는 어디선가, 역사적으로 10년이라는 기간을 두고 보면 어떤 구간에서도 주식은 채권을 이기며, 주가가 몇 년간 하락한 후에는 반등하는 경향이 있다는 글을 읽은 적이 있다. 그는 아직 은퇴하기까지 30년이나 남았고 손실에 대해서 걱정하지 않았다.

장기 투자에 대한 그의 믿음은 친한 친구인 가즈미와 이야기를 나누면서 흔들렸다. 가즈미는 일본에서 자랐고 퇴직에 대비해 일본 주식시장에 꾸준히 투자해왔다. 그는 1989년 시점에 이미 상당한 자산을 주식에 투자하고 있었고 10년 후 조기 은퇴를 기대하고 있었다. 불행히도 1990년대에 시장이 붕괴했고 이후 15년간 그의 포트폴리오 가치는 75% 줄어들었다. 시장이 흔들릴 때마다 '주식은 언제나 장기적으로 승리한다'는 브로커의 말에 안심하던 그가 맞이한 현실은, 그 돈이 다시는 회복되지 않았고 조기 은퇴는 더 이상 선택지가 아니라는 것이다. 아주 긴 기간에도 주식은 손실을 안겨줄 수 있다는 것을 깨달은 사라는 퇴직금의 일부를 채권으로 옮겼다.

▶ 교훈: 주식이 장기적으로 반드시 이기는 것은 아니다.

지금까지 최고의 주식을 선별할 수 있다고 주장하는 전략을 살펴보았지만, 전체 시장에 대한 전략이야말로 투자의 세계에서 가장 강력한 미신이다. 이번 장에서는 이러한 미신 중 몇 가지와, 이러한 믿음이 투자자에게 끼칠 수 있는 피해를 살펴보고자 한다. 그중 첫 번째로 살펴볼 가장 치명적인 미신은 주식이 장기적으로 언제나 채권을 이긴다는 것이다. 이 추론을 따라가다 보면 주식은 장기 시계열에서 무위험 자산이 된다는 주장까지 할 수 있다.

　두 번째 미신은 마켓 타이밍*의 성과가 개별 종목 선정의 성과를 이긴다는 것이다. 이 주장을 믿는다면 투자자는 포트폴리오에 좋은 주식을 선별해서 담기보다 전체 시장의 방향이 어떻게 될 것인가를 고민하는 데훨씬 많은 시간을 쏟아야 한다.

　세 번째 미신은 마켓 타이밍 실행이 수월하고, 성공적으로 마켓 타이밍을 해내는 투자자가 많다는 믿음이다.

이야기의 핵심

주식은 장기적으로 언제나 승리한다

주식은 단기적으로 위험 자산이지만 장기적으로는 그렇지 않다고 이야기하는 투자 자문가와 전문가가 많다. 이들은 주식을 장기적으로 보면, 덜 위험하다고 알려진 다른 자산보다 언제나 더 뛰어난 성과를 냈다고 주장한다. 그 증거로 이들은 미국 시장에서 1926년 이후 어떤 시점에서건 20년간 주식에 투자했다면 국채나 회사채보다 더 나은 수익을 냈을 것이라는 점을 꼽는다. 그러므로 투자 기간을 장기간(보수적으로 20년쯤)으로 가져가기만 한다면 언제나 다른 자산을 뛰어넘는 성과를 낼 수 있다고 결론짓는다.

개인 투자자뿐 아니라 전문 투자자도 이러한 관점을 취하곤 한다. 피리 부는 사나이에게 이끌리듯, 젊은 노동자는 연금 펀드 전부를 주식에 투자한다. 35세의 투자자는 향후 30년간 연금 펀드를 해지할 수 없으니 이렇게 긴 기간 투자하다 보면 주식은 거의 무위험이 될 것이다. 기업은 퇴직 연금의 상당 부분 혹은 전부를 주식에 투자한다고 가정하고 퇴직금 적립 금액을 조정했다. 주식의 수익률을 높게 가정하면 적립 금액을 줄이면서 이익을 높일 수 있다. 주 정부와 지방 정부도 동일한 가정으로 예산 제약을 맞추어왔다.

장기간의 정의가 변하면서 문제가 악화된다. 보수적인 자문가는 20년 혹은 그 이상이어야 장기라고 부를 수 있다지만, 좀 더 공격적인 투자자와 자문가는 이 수치를 줄인다. 주식이 5년 혹은 10년 기간으로는 모든 구간에서 채권을 이길 수 없는데도 이들은 (역시나 20세기 미국 주식시장의 자료를 가지고) 주식이 안전하다고 계속 주장한다. 강세장 동안 투자자는 이러한 주장을 적극적으로 수용해, 자신의 연령과 리스크 선호도를 고려했을 때의 적절한 비율보다 더 많은 금액을 주식에 할당한다. 사상 최대의 강세장 중 하나였던 1999년에 주식이 타 투자 자산보다 우월하다고 강조하는 책과 문헌의 발간이 정점에 달한 것은 전혀 놀랄 일이 아니다.

이론적 근거: 마켓 타이밍

지난 일을 짚어보며 마켓 타이밍을 강조하는 일은 아주 강력한 영업 전략이다. 생각해보라. 1992년에 나스닥에 투자하고 1999년 말에 빠져나왔으면 얼마나 많은 돈을 벌었겠는가. 마켓 타이밍의 본질은 기회를 취하고 위기를 피하는 것이다. 14장에서는 주식시장의 타이밍에 관해 널리 알려진 주장 세 가지를 다룬다.

마켓 타이밍이 종목 선정을 이긴다

1986년 한 연구자 집단[1]이 액티브 펀드 매니저의 분노를 촉발한 사건이 있었다. 그들은 전문가가 관리하는 포트폴리오의 분기 성과 차이는 93.6%가 자산 배분에서, 즉 주식, 채권, 현금의 배분에서 나왔다고 계산했다.[2] 1992년의 다른 연구에서는 성과가 안 좋은 달에 아예 투자하지 않았다면 연간 수익률이 어떻게 바뀌었을지 조사해보았다.[3] 1946~1991년 가장 성과가 안 좋았던 50개 달에 시장에서 빠져나와 있었다면 연 수익률이 11.2%에서 19%로 거의 두 배 뛰어오를 수 있다고 한다.

자산 배분과 종목 선정의 상대적인 중요도를 측정하기 위해 수행한 연구에서는 혼합형 밸런스 뮤추얼 펀드 94개와 연금 펀드 59개를 조사해 보았다.[4] 이들 펀드는 모두 자산 배분과 종목 선정을 동시에 수행했는데, 펀드 간 성과 차이의 40%가량은 자산 배분에서, 60%가량은 종목 선정에서 비롯되었다는 결과가 나왔다. 수익률의 크기 면에서는 수익률의 거의 전부가 자산 배분 때문이라고 한다. 이들 연구를 종합하면 자산 배분 의사 결정이 수익률에 아주 큰 영향을 미치며 투자 기간이 길어질수록 그 중요도는 더욱 커진다.

포트폴리오 수익률에서 실제로 자산 배분이 얼마나 기여했는지는 여전히 논쟁의 대상이지만, 마켓 타이밍이 종목 선정보다 크고 즉각적인 보상을 준다는 주장을 무시할 수는 없을 듯하다. 자신의 종목 선정 능력에 실망한 투자자가 고수익의 희망을 품고 마켓 타이머(market timer)가 되거나 최소한 시도라도 해보는 것은 자연스러운 과정이다. 프로 기관투자가도 마켓 타이밍의 유혹에서 자유롭지 않다. 펀드 매니저는 자신이 시장의 타이밍을 예측할 수 있다고 믿는 만큼 현금과 주식 비중을 적극적으로 조절한다. 예를 들어 주식시장이 고평가되어 있고 조정이 임박했다고 믿는 펀드 매니저는 포트폴리오의 상당 부분을 현금으로 보유하려 할 것이다.

마켓 타이밍은 작동한다

미래의 시장 움직임을 예측할 수 있다고 여겨지는 지표는 상당히 많다. 이들 지표 중 일부는 어설픈데도 대중의 사랑을 받는다. 대표적인 사례는 매년 1월 슈퍼볼 시즌을 전후해 나타난다. 구 아메리칸 풋볼 콘퍼런스(American Football Conference, AFC) 소속팀이 슈퍼볼에서 우승하면 증시가

안 좋을 것이라는 이야기가 언론을 장식한다.

좀 더 정교하면서 경제 논리를 따르는 지표도 있다. 시장은 전체 경제와 이자율에 영향을 받으므로 이자율이나 GDP 성장률을 이용해 증시를 전망하는 일은 논리적으로 보인다. 개별 기업에 사용하는 측정 지표를 전체 시장에 확장 적용하는 경우도 있다. 이익 대비 낮은 배수에 거래되는 주식이 싸고, 전체 시장의 이익 대비 배수가 다른 시장에 비해서 혹은 역사적으로 싸다면 마찬가지로 전체 시장이 저평가된 상태라고 주장할수 있다. 지표가 무엇이건 간에 기초가 되는 명제는 이들 지표를 활용해 시장에 들어오고 나가는 타이밍을 잴 수 있다는 것이다.

이러한 지표와 밀접하게 연관된 다른 가정이 있다. 시장의 누군가는 마켓 타이밍을 성공적으로 수행하고 있다는 것이다. 증권사의 전략 애널리스트(market strategists)가 주목받는 것은 이러한 가정 때문이다. 전략가는 마켓 사이클에 대한 본인의 판단을 제시하고 강세장(약세장)에서는 주식 비중을 늘리라는(줄이라는) 등 적절한 자산 배분 비율에 대해서 의견을 피력한다. 그리고 이러한 가정 때문에 마켓 타이밍을 논하는 수십 개 투자 뉴스레터가 꾸준히 번성한다.

왜 수많은 투자자가 마켓 타이밍의 작동을 믿으려 할까? 과거 데이터를 놓고 보면 작동하는 것처럼 보이는 마켓 타이밍 지표를 찾기가 아주 쉬워서일 수도 있다. 광범위한 주가 데이터를 가지고 있고 충분히 성능이 좋은 컴퓨터를 보유하고 있다면, 아마도 (수백 가지 중에서) 수십 개 지표를 찾아낼 수 있을 것이다. 동일한 접근법으로, 대부분의 마켓 타이밍 뉴스레터는 그들의 기법을 따르는 가상의 포트폴리오가 어마어마한 수익률을 보였다고 주장한다. 아마도 전문적인 마켓 타이머의 상당수는 예측이 맞았을 때는 모두에게 떠벌리고 다니다가 틀렸을 때는 조용히 숨을 것이다.

증거 확인

마켓 타이밍에 대한 미신을 확인하려면 과거 기록을 살펴보아야 한다. 미국은 주식시장이 제대로 형성된 지 한 세기가 넘었고, 따라서 마켓 타이밍에 대한 대부분의 연구는 자연스럽게 미국 주식시장을 기준으로 이루어져왔다. 여기서는 주식이 다른 대체 자산 대비 장기적으로 어떤 성과를 보였는지 살펴보겠다. 다음으로 시장의 타이밍을 측정할 수 있다고 여겨지는 지표 그리고 마켓 타이머라 주장하는 자들이 실제로 성공적이었는지 알아보겠다.

주식은 장기적으로 항상 승리하는가?

모든 투자자가 한 번씩 듣게 되는 문구를 떠올려보자. 투자 기간이 1년 혹은 그 이내로 짧다면, 주식은 채권보다 높은 수익률을 낼 수도 있지만 더 많은 위험을 감수해야 한다. 여기서 위험은 해당 기간 주식이 채권보다 훨씬 뒤떨어지는 성과를 낼 수도 있다는 의미다. 투자 기간이 길어지면 주식은 점점 덜 위험해진다. 때때로 주식이 나쁜 성과를 내는 해가 있지만 회복 이상을 보여주는 좋은 해가 뒤따른다. 이렇게 장기간을 놓고 보면 주식은 거의 언제나 다른 대안보다 덜 위험한 것처럼 보인다.

직관적으로 마음을 움직이는 이 이야기는 실제 증거로 뒷받침되는 것일까? 이러한 주장을 하는 사람은 지난 20세기 미국 주식시장의 성과를 제시한다. 실제 가장 많이 사용되는 미국 주식시장에 관한 자료는 시카고에 있는 이봇슨 어소시에이츠Ibbotson Associates의 것인데, 1926년부터 지금까지의 자료를 제공한다. 이봇슨의 자료에 따르면 주식은 해당 기간 평균적으로 6~7%가량 국채보다 더 나은 성과를 보였다.

주식의 수익률을 좀 더 상세하고 엄격하게 살펴보려면 분석 기간을 1871년부터 현재까지로 늘려야 한다. 그림 14.1은 전체 기간의 연도별 주식 수익률을 나타낸다.

주식은 전반적으로 플러스 수익률을 내긴 했지만 꽤 오랜 기간 고통스러운 시기를 보내야 했거나 끔찍한 마이너스 수익률을 안겨준 해(1930년

그림 14.1 미국 주식시장 수익률(1871~2002년)

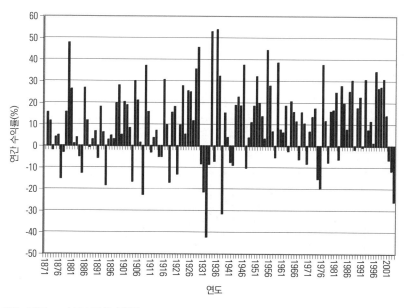

자료: 실러(Shiller) 교수의 웹 사이트.

대 초반과 1970년대)도 있으며 그냥 마이너스인 해도 많다. 사실 주식시장 수익률은 거의 4년에 한 번꼴로 마이너스가 되었고 3년에 한 번 정도는 국채보다 못한 수익률을 냈다.

주식을 지지하는 사람은 주식이 단기적으로는 위험하지만 장기적으로는 그렇지 않다고 주장할 것이다. 보유 기간이 10년이라 가정하고, 1871년부터 매년 10년 투자를 시작한 경우의 누적 연 수익률을 구해보자. 투자자는 중간에 어느 해건 투자를 시작할 수 있으니 각 10년은 서로 겹쳐져야 한다. 1871~1881년, 다음은 1872~1882년 하는 식으로 계속 이어가서 마지막은 1992년부터 2002년까지 투자한 결과다. 이렇게 하면 1871~2002년 기간에 겹쳐진 10년 구간이 121개 나온다. 그림 14.2에 이

그림 14.2 10년씩 투자했을 경우의 연 수익률(1871~2002년)

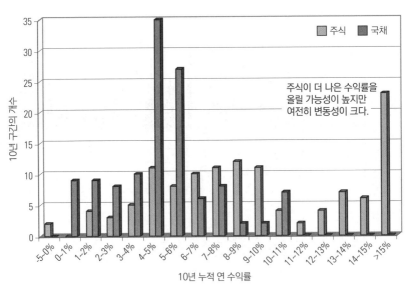

자료: 실러. 1871~2002년 기간에서 주식과 채권의 수익률이 발생한 빈도를 표시.

러한 각 10년 구간의 주식과 채권 수익률이 어떻게 분포되어 있는지 표시했다.

10년이라는 기간을 놓고 보면 주식 투자의 위험은 상당히 완화된다. 1871~2002년에 10년 동안 투자해서 마이너스가 난 경우는 단 두 번밖에 없다. 주식과 국채의 위험 차이 또한 그림 14.2에서 시각적으로 확인할 수 있다. 국채의 수익률은 4~5%를 중심으로 몰려 있으며, 최악의 구간에서는 0~1%의 수익률을, 최고의 구간에서는 10~11%의 수익률을 낸다. 주식의 경우 가장 좋은 10년 동안에는 연 환산 15%가 넘는 수익률을 보인다.

10년 구간의 수익률을 기준으로 주식과 채권을 비교해보면 둘 중 무엇이 더 우수한지 판단할 수 있다. 그림 14.3은 1871~2002년 기간에서 각

그림 14.3 채권과 비교한 주식 수익률: 10년 구간의 연 수익률

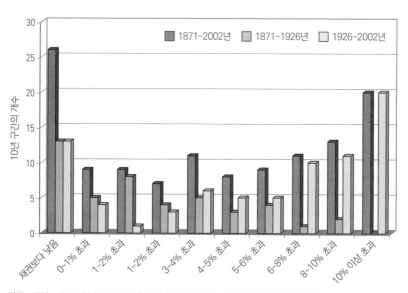

자료: 실러. 1871~2002년 기간에서 각 10년의 주식 수익률에서 채권 수익률을 빼서 표시.

10년의 수익률을 비교해 주식이 얼마나 자주 채권을 이겼는지 표시했다.

1871~2002년 기간의 10년 구간 중 95회에서 주식이 채권을 이겼고, 26회에서 채권이 주식을 이겼다. 26회 중 13회는 1871~1926년에 발생했다. 1945년 이후로는 1970년대 단 한 번의 연속된 구간[5]에서만 주식이 채권을 하회했다.

요약하자면 미국에서 주식이 국채보다 장기간 좋은 성과를 보였다는 것은 충분히 증거로 뒷받침된다. 그러나 보장은 없다. 1871년까지 확장해서 주식과 채권의 수익률을 본다면 10년 동안 투자하더라도 주식이 채권을 하회하는 경우가 20%나 된다.

마켓 타이밍 지표

대부분의 주식 투자자는 여전히 시장의 타이밍을 맞힐 수 있다고 믿는다. 매일매일 쏟아지는 금융 매체 대부분은 증시의 향방에 대한 전략 애널리스트와 전문가들의 견해에 지면을 할애한다. 여기에 더해 마켓 타이밍 지표 수십 가지가 존재해서, 투자자는 이 지표들을 살펴보면서 시장의 향방에 대해 어렴풋하게라도 힌트를 얻고자 한다. 이번에는 마켓 타이밍 지표들의 증거를 확인해보고 그들이 실제로 작동하는지, 그리고 마켓 타이밍을 한다고 알려진 자들(펀드 매니저와 전략 애널리스트, 투자 뉴스레터들)의 성과가 어떤지 검증해본다.

마켓 타이밍 지표는 각자의 영역이 있다. 스펙트럼의 한쪽 끝에서는 금융시장과 상관없는 지표, 예를 들어 슈퍼볼 우승팀 등을 이용해 시장을 예측한다. 다른 한쪽 끝에는 PER과 같은 개별 주식의 가치 평가에 사용하는 지표를 전체 시장에 적용하는 모델이 존재한다. 그 중간에서는 거래량과 가격 패턴('차티스트'가 사용하는)으로 증시의 움직임을 예측하려고 한다.

비금융 지표

수십 년간 투자자 사이에서는 시장의 미래를 알려준다고 주장하는, 금융과 관계없는 지표가 존재해왔다. 슈퍼볼에서 NFC와 AFC 중 어떤 팀이 우승할 것인가 하는 것은 명백히 뜬금없는 가짜 지표(spurious indicator) 항목으로 분류되어야 할 것이다. 치마 밑단의 길이가 주가와 연관된다고 주장하는 치마 밑단 지수(hemline index) 등은 '정서 지표(feel good indicator)' 에 포함할 수 있다. 이러한 지표는 경제에 참여하는 사람의 전반적인 분위기를 측정하는데, 이 시장 참여자는 소비자로서 경제의 엔진이 되는 동시에 주식의 가격을 결정하는 투자자가 된다. 마지막으로 '과열 지표(hype indicator)'가 있는데, 시장 가격이 실제 현실과 얼마나 동떨어져 있는지를 측정한다.

① 가짜 지표

수백만 명의 투자자는 매일같이 시장과 보유 종목의 동향을 확인한다. 따라서 시장이 미래에 어떻게 흘러갈지를 알려주는 듯한 이벤트를 몇 가지 찾아내는 것은 놀랄 일이 아니다. 아주 널리 알려진 지표 중 하나인 슈퍼볼 우승팀에 대해서 이야기해보자.[6] 1966년에서 2001년까지 슈퍼볼이 시행된 35년 동안 NFL의 팀(혹은 합병 전 NFL의 팀)이 25번 우승했고, 그 25년 중 22년에 증시가 상승했다. AFC가 우승한 10년 중 7년은 증시가 하락했다. 실제로 이 현상의 적중률 83%는 우연으로 보기에는 지나치게

높다고 주장하는 학계의 연구도 있다.[7]

슈퍼볼 우승팀을 보고 투자에 나서지 않을 이유가 없다는 생각이 들 수 있다. 여기에는 여러 가지 문제가 있다. 첫째, 확률적으로 설명 불가능하다는 주장은 사실이 아니다. 마켓 타이밍을 측정하기 위한 잠재적인 지표가 100개 있다고 했을 때, 순수하게 우연에 의해서라도 비정상적으로 높은 상관관계를 보이는 지표가 존재할 수 있다. 둘째, 시장의 방향(상승 혹은 하락)을 예측하는 것은 실제로는 마켓 타이밍에 도움이 안 된다. 시장이 얼마나 상승할 것인가가 실질적인 차이를 만들어내기 때문이다. 셋째, 마켓 타이밍 지표와 시장 사이에 아무런 경제적인 관계를 찾아낼 수 없을 때는 언제나 조심해야 한다. 슈퍼볼 우승팀이 경제적 현상에 어떻게 영향을 미치는지, 혹은 어떻게 연관되어 있는지에 대해서는 설명 가능한 이론이 없다. 이들 지표는 파티에서 우스개로 떠들기에는 좋지만 포트폴리오의 마켓 타이밍 지표로 진지하게 고려할 경우 치명적인 타격을 입을 수 있다.

② 정서 지표

사람들이 미래를 낙관할 때의 낙천적인 분위기는 주식시장 이외의 영역에도 영향을 미친다. 투자자와 소비자가 경제를 좋게 느낄 때는 스타일이나 사회적 관습 등 사회 현상도 영향을 받는다. 《위대한 개츠비》와 흥청망청 시대(go-go years)로 대표되는 1920년대에 사람들은 파티를 즐겼고 증시는 급등했다. 1980년대는 또 다른 대세 상승장이었고, 월스트리트의 과열 양상을 다루는 《라이어스 포커(Liar's Poker)》 같은 책과 〈월스트리트〉 같은 영화가 나왔다.

사람들이 사회적 현상과 월가의 연결 고리를 찾아내는 것은 자연스러운 일이다. 예를 들어 수십 년간 회자되는 치마 밑단 지수를 생각해보자. 이는 여성의 치마 밑단 길이와 증시의 관계를 의미한다. '정치적 올바름'이 결여된 이 지수에 의하면 짧은 드레스와 스커트는 증시 상승을, 긴 드레스는 증시 하락을 예견한다. 이 지수가 말이 된다고 믿는 사람은 동일한 현상을 현재에도 목격하고 있다고 주장할 수도 있다. 사람들이 더 낙관적일수록 의상이 좀 더 과감해지고(치마 밑단이 짧아지고) 증시도 상승하는 것처럼 보인다는 말이다. 아마도 이와 유사한 지수를 누구든 어렵지 않게 만들어낼 수 있을 것이다. 예를 들어 뉴욕 시티 레스토랑(혹은 젊은 투자 은행가나 트레이더가 축하 파티를 하러 가는 어딘가)의 가격이 상승하는 것과 증시가 높은 상관관계를 가질 거라 기대할 수 있다.

정서 지표의 전반적인 문제는, 이들이 선행 지표가 아니라 동행 혹은 후행 지표라는 것이다. 다시 말해 치마 밑단은 증시가 꺾이기 전에 다시 길어지는 것이 아니라 증시가 꺾이면서 혹은 꺾인 이후에 길어진다. 투자자에게 이러한 지표는 쓸모가 없다. 투자자가 원하는 바는 시장이 꺾이기 전에 탈출했다가 반등하기 전에 다시 뛰어드는 것이기 때문이다.

③ 과열 지표

조지프 케네디Joseph Kennedy는 여유 시간에 주식 투자를 즐긴 것으로 유명한데, "구두닦이 소년이 주식을 입에 담으면 시장에서 빠져나와야 할 때"라는 말을 한 것으로 전해진다. 요즘 시대로 보면 금융 채널인 CNBC의 시청률이 장수 드라마의 시청률을 넘어서는 것을 증시 고점의 신호로 삼는 격이다. 실제로 '칵테일파티 대화'라 불리는 지표는 세 가지 요소(파티에서 화제가 주식으로 넘어가는 데 걸린 시간, 주식을 논하는 사람의 평균 연령, 최근 소식이 포함된 정도)를 측정한다. 이 지표에서는 대화 주제가 주식으로 넘어가는 데 걸린 시간이 짧을수록, 주식 관련 대화에 참여하는 사람의 평균 연령이 어릴수록, 대화에 최신 정보가 많이 포함되어 있을수록 증시가 하락할 가능성이 높다고 본다.

주식시장에 어떻게 거품이 끼는지를 생각해보자. 버블의 핵심 요소는 전파다. 미디어의 세계에서는 출력물, 텔레비전, 인터넷을 통해서, 일상에서는 매일의 대화를 통해서 전파가 이루어진다. 따라서 증시가 과열일 때는 직장에서 정수기 앞 잡담 주제가 축구나 다른 일상적인(그리고 더 정상적인) 취미 생활보다 주식 투자일 가능성이 높다.

과열 지표가 다른 비금융 지표에 비해서 가장 현실성 있는 전망을 제시한다 하더라도 여러 제약 사항이 존재한다. 한 가지를 꼽자면, 표준과 취향이 변화하는 세계에서 비정상이 무엇인지를 정의하는 것은 까다로울 수 있다는 점이다. CNBC의 시청률이 높아지는 현상은 증시의 과열을 의미할 수도 있지만 시청자가 틀에 박힌 드라마보다 예측 불가능한 금융시장이 더 재미있다고 느끼기 시작했기 때문일 수도 있다.

주식시장에 비정상적으로 관심이 쏠려 있고, (나름의 판단 기준으로) 주식이 고평가되어 있다고 결론 내렸다 하더라도 증시가 조정받기 전에 더 과열되지 않는다는 보장은 없다. 다시 말해 과열 지표는 증시가 고평가되어 있다는 것을 이야기해줄 수는 있지만 언제 조정이 올지를 알려주지는 않는다.

기술적 지표

애널리스트가 주식의 고평가와 저평가를 판단하는 데 사용하는 수많은 차트 패턴과 기술적 지표가 있다. 여기서는 이들 지표 중 몇 개를 살펴보겠다.

① 과거 주가

주가 움직임 간 장기적인 상관관계가 마이너스인 경우, 직전 구간에 가장 많이 상승한 주식은 미래 구간에 하락할 가능성이 더 높다. 그런데 전체 시장에서 이러한 경우는 나타나지 않는 것으로 보인다. 최근 해에 시장이 유의미하게 상승했다 해서 다음 해에 하락한다는 증거는 없다.

1871~2001년 전체 시장 수익률을 모아서 5년 구간으로 나누어 보면 각 구간 간에 0.2085의 상관계수를 구할 수 있다. 다시 말해 직전 5년간 주가가 상승했다면 다음 5년간은 주가가 하락할 가능성보다 상승할 가능성이 더 높다는 뜻이다. 표 14.1에 상승한 해와 하락한 해의 다음 해에 수익률이 어떻게 되는지를 표시해보았다. 1871~2001년 자료를 사용해 2년 연속으로 하락한 해부터 2년 연속으로 상승한 해까지 살펴보았다.

시장이 2년 연속 상승한 경우 다음 해에 주가가 하락할 가능성이 다른

표 14.1 전체 시장 수익률(1871~2001년)

직전	발생 빈도	다음 해	
		증시 상승 확률	증시 수익률
2년 연속 하락	19	57.90%	2.95%
1년 하락	30	60.00%	7.76%
1년 상승	30	83.33%	10.92%
2년 연속 상승	51	50.98%	2.79%

경우보다 상대적으로 높기는 하다. 그러나 직전 해에 시장이 상승한 경우 그다음 해에 시장이 상승할 확률이 높기 때문에 이는 오히려 가격 모멘텀의 증거가 되기도 한다. 이 자료를 근거로 증시가 2년 연속 상승한 이후에는 주식을 다 팔아야 할까? 그럴 필요는 없다. 두 가지 이유가 있다. 첫째, 상승과 하락 확률이 달라지기는 하지만 두 해 연속 상승한 다음 해에도 상승 확률은 여전히 50% 이상이다. 둘째, 전체 시장이 고평가되었다 해서 모든 주식이 고평가되었다는 뜻은 아니다. 종목을 잘 선정해 고평가된 시장에서도 저평가된 주식을 골라낼 수 있다.

새해가 시작될 때마다 미디어에서 한 번씩은 다루는 가격 기초 지표로 1월 지표가 있다. 이 지표는 1월이 흘러가는 대로 1년이 흘러간다고 가정한다. 1월에 증시가 오르면 그해의 증시도 오르고, 1월에 증시가 내리면 그해 증시도 내린다는 것이다.[8] 예일 허시Yale Hirsch가 매년 발행하는 유서 깊은 《주식 거래 연감(Stock Trader's Almanac)》에 따르면 이 지표는 20세기에 88%의 적중률을 보였다. 하지만 그해 수익률에서 1월의 수익률을 제하고 나머지 11개월의 수익률만 계산해보면 이 신호는 훨씬 약해지며, 1월이 마이너스였던 경우는 단지 50%만이 마이너스 수익률을 보였다. 따라서 1월에 증시가 하락한 이후에 주식을 팔아봤자 주가 하락에서 보호해주는 효과는 없을 수 있다.

② 거래량

미래 예측에 과거 주가 변동보다 거래량이 더 나은 지표라고 믿는 애널리스트가 있다. 거래량 지표는 시장의 향방을 전망하는 데 광범위하게 쓰인다. 실제로 거래량 증가를 동반하지 않은 가격 상승은 거래량 증가를 동반한 경우에 비해서 주가 상승을 전망하는 신호로서 더 약하다고 해석한다.

한편 아주 많은 거래량은 시장의 반전 지표로 해석하기도 한다. 예를 들어 대량의 거래량과 함께 주가가 하락하는 경우를 매도 절정(selling climax)이라 부르는데, 시장이 바닥을 쳤다는 신호로 볼 수 있다. 이는 아마도 주식 보유자 중에서 비관적인 견해를 가진 투자자 대부분이 빠져나가고 좀 더 낙관적인 투자자가 들어오는 길을 열어준 것일 수 있다. 반대로 대량의 거래량과 함께 주가가 상승하면 하락 반전의 신호로 해석할 수 있다.

또 다른 거래량 지표로는 주식의 풋 옵션과 콜 옵션 거래량을 비교하는 수치가 있다. 이 비율을 풋-콜 비율(put-call ratio)이라고 하는데 반전 지표로 자주 쓰인다. 투자자가 비관적일수록 풋 비율이 늘어나고 이는 (반전 지표가 대체로 그러하듯이) 향후 주가에 긍정적인 신호로 본다.

기술적 분석가는 머니 플로(money flow)라는 지표도 사용한다. 이 지표는 주가가 상승할 때의 거래량(uptick volume)과 하락할 때의 거래량(downtick volume)의 차이로 시장의 움직임을 전망한다. 머니 플로가 증가할 때는 주가가 상승할 가능성이 높고, 감소할 때는 주가가 하락할 가능성이 높다고 본다.

1997년 7월부터 1998년 6월까지 매일의 머니 플로를 이용한 연구에서는 머니 플로가 증가하는 구간에서 주가가 상승하는 경향이 있음을 밝혔는데, 별로 놀라운 일은 아니다.[9] 짧은 구간에서는 예측 가능성을 발견하지 못했지만(직전 5일간의 머니 플로와 다음 5일간의 수익률은 상관관계가 없었음) 좀 더 긴 구간에서는 예측 가능성을 발견했다. 예를 들면 직전 40일간의 머니 플로와 이후 40일간의 수익률 사이에는 높은 머니 플로 지표가 양의 수익률로 이어지는 관계가 있었다.

전 세계 주식시장으로 이 분석을 확장해보면 증시에 모멘텀이 존재함을 발견할 수 있다. 직전 구간에 수익률이 좋았으면 다음 구간에도 수익률이 좋을 확률이 높고, 직전에 성과가 나빴으면 다음에도 성과가 나쁠 가능성이 높다.[10] 한편 모멘텀 효과는 거래량이 많은 시장에서 강하고 거래량이 적은 시장에서는 약하다.

③ 변동성

시장 변동성의 변화와 향후 수익률의 관계를 밝힌 많은 연구가 있었다. 한 연구에서는 시장의 변동성이 증가하면 즉각적인 주가 하락을 불러일으키지만 다음 구간에서는 수익률이 좋아지는 것을 발견했다.[11] 연구자는 1897~1988년 일간 주가 변동성을 측정하고 이전 구간 대비 변동성이 유의미하게 증가하거나 감소한 구간을 찾는 방식으로 연구를 수행했다.[12] 변동성이 늘어난 주간과 줄어든 주간에 대해서 해당 시점과 그 이후 시점의 수익률을 그림 14.4에 요약했다.

변동성 증가는 주가 하락을 불러오지만 이후 4주간 주가는 상승한다. 변동성이 감소할 때는 주가가 상승하며 이후 4주간도 상승세를 지속하지만 그 폭은 줄어든다.

그렇다면 우리는 변동성이 증가한 이후에 주식을 사야 하는 것일까? 그럴 필요는 없다. 변동성 증가 이후에 주가가 상승하는 것은 단지 주식이 더 위험하다는 현실을 반영한 것일 수 있다. 그러나 변동성 증가가 일시적이며 주식의 변동성은 정상 수준으로 돌아오게 마련이라고 믿는다

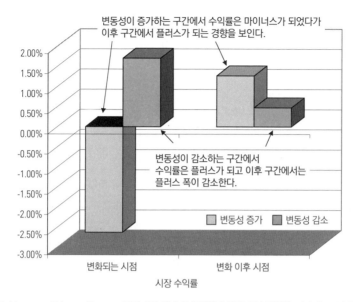

그림 14.4 변동성 변화 부근의 수익률

변동성이 증가하는 구간에서 수익률은 마이너스가 되었다가
이후 구간에서 플러스가 되는 경향을 보인다.

변동성이 감소하는 구간에서
수익률은 플러스가 되고 이후 구간에서는
플러스 폭이 감소한다.

변동성 증가   변동성 감소

변화되는 시점   변화 이후 시점
시장 수익률

자료: Haugen, Talmor, Torous. 직전 4주 대비 유의미하게 변동성이 변화한 시점과 그 이후의 수익률을 계산.

면, 주식시장의 변동성이 증가한 이후에 주식을 사서 과실을 얻을 수도 있을 것이다.

④ 기타 기술적 지표

애널리스트가 증시를 예측할 때 사용하는 비가격 지표는 이 외에도 많다. 주식에 특화된 기술적 지표와 마찬가지로 전체 시장에 관한 지표도 모멘텀 분석가와 역발상 분석가가 모순되는 방식으로 해석하는 경우가 종종 있다. 어떤 지표가 올라가면 한쪽에서는 시장이 상승하는 신호로 해석하고 다른 쪽에서는 하락하는 지표로 해석한다.

가격 지표에는 '차티스트'가 개별 주식을 분석할 때 사용하는 주가 패턴이 포함되어 있다. 저항선과 지지선, 추세선 등을 개별 주식의 매수와 매도 신호로 사용하듯이 이들 지표를 전체 시장에 대한 진입과 탈출 신호로 사용할 수 있다.

심리 지표는 시장의 분위기를 측정하고자 한다. 널리 쓰이는 지표 중 하나는 신뢰도 지수(confidence index)다. 이 지수는 BBB등급 채권의 수익률과 AAA등급 채권의 수익률 비율로 정의한다. 이 비율이 상승하면 투자자의 리스크 회피 성향이 강해지고 리스크를 수용할 때 요구하는 수익률이 커져서 주식에는 부정적인 신호가 된다. 강세장을 전망하는 또 다른 지표로 총 내부자 매수(aggregate insider buying of stocks)가 있다. 이 지표의 지지자는 이 지표가 상승하면 주가가 상승할 가능성이 높은 것으로 본다.[13] 다른 심리 지표로는 뮤추얼 펀드의 현금 비중, 투자 자문과 뉴스레터의 추천 강도 등이 있다. 이들은 종종 반전 지표로 쓰인다. 뮤추얼 펀드의 현금 보유가 늘어나고 부정적인 시장 전망이 늘어나면 향후 주가가 상승할 신호로 본다.[14]

이러한 지표 대부분이 널리 쓰이고는 있지만, 대부분 실증적 증거보다는 일화적 증거로 뒷받침된다.

정상 범위(평균 회귀)

많은 투자자가 가격에 정상 범위라고 부르는 것이 존재하며 가격은 이러한 균형 상태에서 멀어졌다가 시간이 지나면 정상 범위로 회귀한다고 믿는다. 주식시장에서 이러한 정상 범위는 보통 PER로 표현된다. PER이 12 아래로 떨어지면 주식을 사고 18 이상으로 올라가면 파는 식이다. 여러 마켓 타이밍 뉴스레터에서 이러한 기준의 다양한 버전을 확인할 수 있다.

　좀 더 학술적인 버전으로는 캠벨John Campbell과 실러Robert Shiller가 1871년부터 현재까지 PER을 연구한 자료가 있는데, 주식의 PER은 표준화된 순이익의 16배 수준으로 회귀하는 경향이 있다고 결론 내렸다. 여기서 표준화된 순이익이란 지난 10년간의 순이익 평균이다. 이 연구에는 PER에 정상적인 범위가 존재하고 PER이 범위의 상단을 넘어가면 고평가되었을 가능성이 높고 범위의 하단을 넘어가면 저평가되었을 가능성이 높다는 믿음이 깔려 있다. 이러한 접근법은 쉽게 이해된다. 그런데 정상적인 PER의 범위라는 것은 어떻게 정하는가? 대부분 과거 데이터를 보고 상단과 하단에 대한 주관적인 판단을 내리는 방식으로 이루어진다.

　그림 14.5는 1960년부터 2001년까지 S&P500의 PER을 나타낸다.

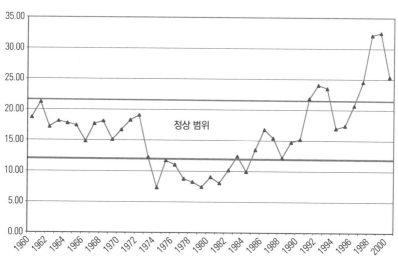

그림 14.5 S&P500의 PER(1960~2001년)

정상 범위

자료: 밸류 라인. 연말 S&P500지수와 이 지수에 포함된 기업의 순이익 합계를 사용해 PER을 계산.

과거 자료를 토대로 정상 범위를 그려보았는데, 이 과정에서 주관적인 판단을 해야만 했다. 이 밴드에 따르자면 주식의 PER이 22보다 높을 때는 고평가되어 있고 12보다 낮을 때는 저평가되어 있다고 판단할 것이다.

이 접근법의 한계는 명확하다. 역사가 반복될 것이라는 믿음 외에도 두 가지 가정을 더 해야 한다. 첫째는 과거 자료를 검토해 정상 범위를 판단할 수 있다는 가정이다. 이 그림에서 알 수 있듯이 여기에는 어떤 합의점도 존재하지 않는다. 누군가는 이 차트를 보고 다른 밴드를 설정할 수 있을 것이다. 둘째는 해당 기간에 펀더멘털이 유의미하게 변하지 않는다는 가정이다. 만약 현재의 금리가 과거보다 현저하게 낮다면 주식의 PER이 과거보다 훨씬 높아야 한다. 이러한 상황에서 정상 범위보다 PER이 높거나 낮다는 이유로 마켓 타이밍과 투자 의사 결정을 하는 것은 위험하다.

시장 펀더멘털

개별 주식의 가격이 해당 기업의 현금흐름, 성장 잠재력, 위험 등을 반영하듯이 (주식, 채권, 부동산) 전체 시장 또한 그 자산의 펀더멘털을 반영해야 한다. 만약 그렇지 않다면 누군가 가격이 잘못 책정되었다고 주장할 것이다. 따라서 경제 상황이나 금리 수준 등에 기초한 신호를 이용해 마켓 타이밍을 정할 필요가 있다. 여기서는 펀드 매니저가 마켓 타이밍을 잴 때 사용하는 신호(일부는 오래되었고 일부는 새로운)를 검토해보겠다.

① 단기 금리

단기 금리(재무부 단기 국채의 이자율)가 낮을 때 주식을 사고 단기 금리가 높을 때 주식을 파는 전략은 거의 관습적으로 전해 내려왔다. 이러한 전략의 토대는 무엇일까? 역사를 돌이켜보면 금리 수준은 아무런 예측력이 없다. 단기 금리가 낮을 때 주가가 상승할 가능성이 높은 만큼 단기 금리가 높을 때 주가가 상승할 가능성도 높다.

그런데 단기 금리가 하락할 때 주가가 상승할 가능성이 단기 금리가 상승할 때보다 높다는 증거가 일부 존재한다. 1928~2001년 기간에 금리가 하락한 해는 34년이었고, 그다음 해 주식의 수익률은 평균적으로 약 12%였다. 금리가 상승한 해는 39년이었는데, 그다음 해 평균 주식 수익률은 약 10.75%였다. 이러한 결과는 연구로도 증명되었다.[15]

관련 자료를 좀 더 상세히 살펴보면 몇 가지 주의 사항이 발견된다. 한 연구에서는 1929~2000년 기간을 몇 개의 하위 구간으로 나누어 단기 국채의 이자율과 주식시장 수익률의 상관관계를 검증해보았다.[16] 연구 결과 주식시장 수익률에 대한 예측 가능성은 대부분 1950~1975년 구간에 집중되어 있었고, 1975년 이후로 단기 금리는 거의 아무런 예측력이 없었다. 또한 단기 금리는 전체 시장보다는 내구재 업종과 소형주에서 좀 더 예측력이 높았다.

② 장기 금리

직관적으로 보면 재무부 장기 국채의 이자율(장기 무위험 이자율)은 주식 가격에 훨씬 큰 영향을 미쳐야 한다. 장기 국채는 장기 투자 대상으로서 주식의 직접적인 대체재이기 때문이다. 장기 국채에 투자해 향후 30년간 연 8% 수익률을 거둘 수 있는 상황에서, 주식에 투자해 그보다 낮은 수익률에 만족할 수 있는가? 따라서 장기 국채의 이자율이 낮을 때는 주식

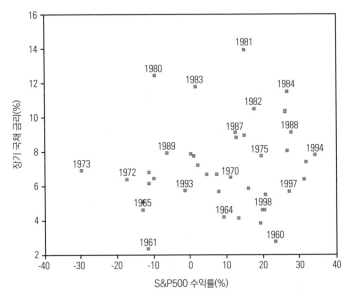

그림 14.6 장기 국채 금리와 주식 수익률(1960~2001년)

자료: 연준. 각 점은 해당 연도의 주식(S&P500) 수익률과 연초 시점 장기 국채 금리를 나타냄.

가격이 상승하고 이자율이 높을 때는 하락하리라고 기대할 수 있다. 그림 14.6에 연도별 주식의 수익률과 매해 연초의 장기 국채 금리를 표시해보았다.

둘의 관계는 아무리 좋게 보려 해도 명확하지 않다. 예를 들어 1981년은 연초의 장기 국채 금리가 14%였는데 증시는 15% 상승하면서 매우 활황이었다. 1961년은 장기 국채 금리 2%로 출발했지만 주가는 11% 하락했다. 연초의 장기 국채 금리와 그해의 주식 수익률은 거의 아무런 관계가 없다.

장기 국채 금리와 주식 수익률은 어쩌면 주식으로 벌 수 있는 잠재 수익률과 관련이 있을지도 모른다. 이 수익률을 협소하게 정의해 전체 시장의 배당 수익률(주당 배당금/주식 가격)이라고 할 수도 있고, 넓게 정의해 이익 수익률(earnings yield)이라고 할 수도 있다. 이익 수익률이란 지수에 포함된 전체 주식의 시가총액 대비 전체 주식의 순이익이다. PER의 역수로, 전략 애널리스트가 주식의 가격과 이익의 수준을 논할 때 많이 사용한다.

일부 전략 애널리스트는 장기 국채 금리의 절대적인 수준에 집중하기보다 이익 수익률과 장기 국채 금리의 차이에 주목한다. 이들은 이익 수익률이 장기 국채 금리보다 높을 때가 주식에 투자하기 가장 좋은 때라고 믿는다. 이 명제를 검증하기 위해 1960~2001년 기간에서 연말의 이익 수익률과 장기 국채 금리의 차이를 구하고 그다음 해의 S&P500 수익률과 비교해보았다(표 14.2).

이익 수익률이 장기 국채 금리를 2% 이상 넘긴 경우는 전체 41년 중 8년이었고, 다음 해 S&P500의 수익률은 평균 11.33%였다. 그러나 이 수

표 14.2 이익 수익률, 장기 국채 금리, 주식 수익률(1960~2001년)

이익 수익률 - 장기 국채 금리	발생 햇수	다음 해 주식 수익률			
		평균	표준편차	최고	최저
> 2%	8	11.33%	16.89%	31.55%	-11.81%
1~2%	5	-0.38%	20.38%	18.89%	-29.72%
0~1%	2	19.71%	0.79%	20.26%	19.15%
-1~0%	6	11.21%	12.93%	27.25%	-11.36%
-2~-1%	15	9.81%	17.33%	34.11%	-17.37%
< -2%	5	3.04%	8.40%	12.40%	-10.14%

익률은 이익 수익률이 장기 국채 금리보다 0~1% 정도 더 낮을 때도 비슷하게 좋았다. 이익 수익률이 장기 국채 금리보다 2% 이상 낮았던 5년의 경우에는 다음 해 수익률이 평균 3.04%에 그쳤던 것이 사실이다. 그러나 이익 수익률이 장기 국채 금리보다 1~2%가량 높았던 5년의 경우를 보면 오히려 수익률이 마이너스였다. 따라서 과거 자료로는 이익 수익률과 장기 국채 금리의 차이로 주식의 향방을 예측할 수 있다는 명제를 뒷받침할 수 없다.

③ 경기 주기

장기 국채와 마찬가지로 경제 성장과 주식 가격의 관계는 직관적으로 관련이 있어 보인다. 경기가 호황일 때는 침체기보다 주식의 수익률이 좋을 것이라고 기대할 수 있다. 양자 간의 관계에는 간과하기 쉬운 요소가 있는데, 시장의 움직임은 경제의 현재 수준보다는 미래에 경제가 어떻게 바뀔 것인가에 대한 예측에 기초한다는 것이다. 다시 말해 경제가 향후 몇 개월 이내에 회복되기 시작할 것이라고 투자자가 믿는다면 침체의 한복판에서도 주가가 상승하는 광경을 목격할 수 있다. 반대로 경제가 빠르게 성장하는 와중에도 성장 속도가 기대에 미치지 못하면 주가가 하락할 수 있다. 그림 14.7에 1930년부터 2001년까지 S&P500의 수익률과 실질 GDP 성장률을 표시해보았다.

한 해의 GDP 성장률과 주식 수익률 사이에 양의 관계가 있기는 하지만 소음이 상당히 많다. 예를 들어 GDP가 7% 하락한 1931년은 주식의 성과가 가장 나쁜 해였다. 그런데 GDP가 소폭 하락한 1954년은 주식 수익률이 가장 좋은 해였다. 이러한 모순적인 상황은 GDP 성장률이 플러

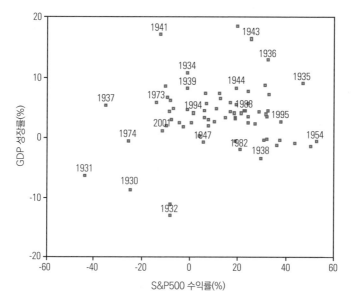

그림 14.7 GDP 성장률과 주식 수익률(1930~2001년)

자료: 연준. 각 점은 해당 연도의 주식(S&P500) 수익률과 GDP 성장률을 나타냄.

스인 해에서도 찾을 수 있다. 1941년은 경제가 매우 빠르게 성장했지만 주식은 하락했고, GDP가 4%가량 성장한 1995년은 주식의 수익률이 매우 좋았다.

통계적 유의성을 보일 정도로 관계가 강하다 하더라도 마켓 타이밍 지표로 사용하기 위해서는 실물 경제의 성장률을 예측해야 한다. 그러므로 진짜 던져야 할 질문은, 지나간 한 해의 경제 성장을 보고 그다음 해의 주식시장을 예측할 수 있느냐는 것이다. 직전 해의 경제 성장률을 사용해서 다음 해의 수익률을 예측할 수 있는지 검증해보고자, 1929~2001년 매해의 경제 성장률과 다음 해의 주식 수익률 관계를 표 14.3에 표시해보

표 14.3 주식시장 전망 지표로서 실질 경제 성장률(1929~2001년)

연간 GDP 성장률	발생 햇수	다음 해 주식 수익률			
		평균	표준편차	최고	최저
> 5%	23	10.84%	21.37%	46.74%	-35.34%
3.5~5%	22	14.60%	16.63%	52.56%	-11.85%
2~3.5%	6	12.37%	13.95%	26.64%	-8.81%
0~2%	5	19.43%	23.29%	43.72%	-10.46%
< 0%	16	9.94%	22.68%	49.98%	-43.84%
전체	72	12.42%	19.50%	52.56%	-43.84%

았다.

한 해의 GDP 성장률과 다음 해의 주식 수익률 사이에 눈에 띄는 관계를 발견하기 어렵다. GDP 성장률이 마이너스였던 해의 다음 해 수익률이 가장 낮기는 하지만, 경제 성장률이 가장 높았던 시기(5% 초과)의 다음 해에 주식을 샀다 하더라도 얻을 수 있는 평균 수익률은 이보다 아주 약간 높을 뿐이다.

미래의 경제 성장률을 예측할 수 있다면 매우 유용할 것이다. 우선 마켓 타이밍에 전반적으로 도움을 줄 것이다. 경제가 시장의 예상치보다 더 빠르게 성장할 것 같을 때 미리 주식을 사두고, 경기가 예상보다 안 좋을 것 같을 때 남보다 더 빨리 시장에서 빠져나올 수 있으니 말이다. 또한 경기의 전환점이 임박했을 때 좀 더 경기 주기에 민감한 업종(자동차나 건설 등)에 투자할 수 있다.

마켓 타이머

지금까지 투자자가 마켓 타이밍을 잴 때 사용하는 많은 방법을 검토해보았다. 이제 가장 근본적인 질문을 던져볼 때가 되었다. 마켓 타이밍을 잴 수 있다고 주장하는 이들은 실제로 성공했는가? 여기서는 마켓 타이밍을 추구하는 투자자의 다양한 양상과 실제 성공 여부를 검증해보겠다.

뮤추얼 펀드 매니저

대부분의 주식형 뮤추얼 펀드는 마켓 타이밍을 시도한다고 주장하지 않지만 현금 비중을 조정하는 방식으로 어느 정도 타이밍을 잰다. 이들이 평균적으로 마켓 타이밍에 성공하는지 살펴보자. 일부 뮤추얼 펀드는 마켓 타이밍이 자신의 주요 강점이라고 주장하는데, 이러한 펀드를 전술적 자산 배분 펀드라고 부른다. 이러한 펀드의 트랙 레코드 또한 살펴볼 테니, 이들이 주장하는 대로 능력이 있는지 판단해보자.

뮤추얼 펀드가 마켓 타이밍을 시도하는지 어떻게 알 수 있을까? 모든 주식형 뮤추얼 펀드는 환매 요구에 대응하거나 매일 일어나는 오퍼레이션을 위해 약간의 현금(국채, 기업 어음 등을 포함)을 보유할 필요가 있지만, 전체적으로 보면 필요한 것보다 더 많은 현금을 보유한다. 뮤추얼 펀드가 필요 이상으로 현금을 보유하는 현상에 대한 유일한 설명은 이들 펀드가 시장의 향방에 대한 의견을 현금 비중의 형태로 반영한다는 것이다. 즉 시장을 안 좋게 보면 현금 비중을 늘리고 시장을 좋게 보면 현금 비중을 줄인다. 그림 14.8에 1981~2001년 기간의 각 해 뮤추얼 펀드의 평균 현금 비중과 S&P500 수익률을 표시했다.

현금 비중은 시장이 안 좋았던 해의 다음 해에 상승하고 좋았던 해의

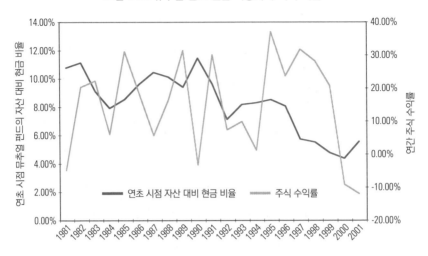

그림 14.8 뮤추얼 펀드 현금 비중과 주식 수익률

다음 해에 감소하지만, 이러한 사후적 현금 비중은 미래 시장에 대한 예측력이 거의 없다. 이 외에도 뮤추얼 펀드가 마켓 타이밍에 성공했는지에 대해서 40년간 폭넓은 연구가 이루어졌다. 다른 연구에서는 뮤추얼 펀드가 증시 급등 이전에 고베타 주식으로 옮겨 가는지[17], 증시가 활황일 때 더 높은 수익률을 올리는지 등을 살펴보았는데, 뮤추얼 펀드가 이러한 역량을 갖추었다는 증거는 거의 발견하지 못했다.[18]

전술적 자산 배분 펀드와 기타 마켓 타이밍 펀드

1987년의 충격이 지나간 후, 주식시장이 붕괴되기 전에 시장에서 빠져나와 투자자를 보호할 수 있었다고 주장하는 펀드가 넘쳐나기 시작했다. 이러한 펀드를 전술적 자산 배분 펀드라 부르는데, 이들은 개별 종목 선정을 하지 않는 대신 시장의 주요한 변동이 있기 전에 주식과 채권으로

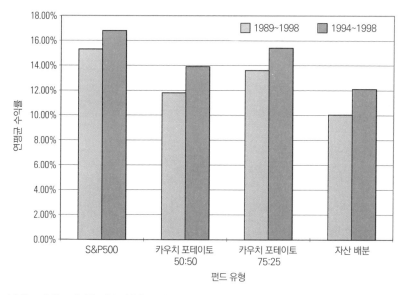

그림 14.9 별생각 없는 전략과 자산 배분 펀드의 성과

카우치 포테이토 전략은 배분 비율을 고정(50:50은 언제나 주식 50%와 채권 50%)한 전략. 자산 배분 펀드
의 평균 수익률을 카우치 포테이토 전략과 비교.

옮겨 다니면서 고수익을 안겨줄 수 있다고 주장했다. 그러나 1987년 이
후 이들 펀드가 내놓은 수익률은 약속에 훨씬 못 미쳤다.

그림 14.9에 10여 개 대형 전술적 자산 배분 펀드의 5년과 10년
(1989~1998년) 성과를 전체 시장, 주식과 채권의 자산 배분 비율을
50%:50%, 75%:25%로 고정했을 때의 성과와 비교해 표시했다. 마지막
두 포트폴리오를 '카우치 포테이토(couch potato)'*라고 부르는데, 시장의
타이밍을 재려는 시도를 전혀 하지 않는다는 뜻이다.

―――――

* 카우치(소파)에 누워 포테이토칩을 먹는 사람, 즉 집에서 빈둥거리는 사람을 뜻하는 속어다.

비판적인 시각으로 보자면 소수의 전술적 자산 배분 펀드에만 초점을 맞춘 것 아니냐고 할 수도 있겠다. 1998년의 연구[19]는 1990~1995년에 100개 이상의 자산 배분 펀드를 대상으로 성과를 검증해보았는데, 마찬가지로 이들 펀드가 마켓 타이밍에 성공했다는 증거는 거의 찾을 수 없었다.

투자 뉴스레터

투자자가 '현인'의 조언을 듣고자 구독하는 뉴스레터는 수백 개다. 어떤 뉴스레터는 종목 추천에 집중하는가 하면 일부는 마켓 타이밍을 직접 제시한다. 몇백 달러만 내면 여러분은 시장의 움직임에 대해서 남들은 모르는 특별한 정보를 얻을 수 있는 것이다!

한 연구[20]에서 1980~1992년 기간에 뉴스레터 237종이 내놓은 추천에 따라 주식과 현금의 비율을 바꾸어가면서 마켓 타이밍 능력을 검증해보았다. 투자 뉴스레터가 좋은 마켓 타이머라면 증시가 상승하기 전에 주식 비중을 높였을 것이다. 뉴스레터의 추천을 반영해 자산을 배분한 포트폴리오의 수익률과 단순한 매수 후 보유 전략의 수익률을 비교한 결과 237개 중 183개(77%)의 뉴스레터가 매수 후 보유 전략보다 낮은 성과를 냈다. 시장이 상승하기 전에 주식 비중을 늘린 경우가 58%였는데, 시장이 하락하기 전에 주식 비중을 늘린 경우도 53%나 되었다.

성과가 지속 가능하다는 증거는 일부 확인되었는데, 좋은 성과보다는 나쁜 성과의 지속 가능성이 더 높은 것으로 나타났다. 다시 말해 마켓 타이밍에 대해서 좋은 조언을 한 뉴스레터가 다음에도 좋은 조언을 할 가능성보다는 나쁜 조언을 한 뉴스레터가 다음에도 나쁜 조언을 할 가능성

이 더 높다는 뜻이다.[21]

유일한 희망은 마켓 타이밍을 전문으로 하는 투자 자문 업자에 대한 연구 결과에서 찾을 수 있다. 이들은 고객에게만 마켓 타이밍에 대한 조언을 제공하고, 긍정적일 때는 주식 비중을 늘리고 부정적일 때는 줄이는 방식으로 포트폴리오를 조정한다. 투자 자문 업자의 성과를 모니터링하는 서비스를 제공하는 모니리서치MoniResearch Corporation에서 구할 수 있는 전문 마켓 타이머 30곳의 의견을 검증해본 결과, 마켓 타이밍 능력에 대한 약간의 증거를 확인할 수 있었다.[22] 그런데 타이밍에 대한 의견이 짧고 잦다는 점에 유의해야 한다. 어떤 마켓 타이머는 1989~1994년에 총 303회 조언했고, 전체 마켓 타이머는 평균적으로 연 15회 조언했다. 이들의 타이밍 신호에 따라 매매했을 경우 높은 거래 비용이 발생하기는 하지만, 이를 감안하더라도 초과수익을 얻을 수 있었다.[23]

전략 애널리스트

주요 투자 은행에 근무하는 전략 애널리스트는 아마도 마켓 타이밍에서 가장 눈에 띄는 전문가일 것이다. 시장에 대한 이들의 전망은 소속 투자 은행뿐 아니라 미디어를 통해서도 광범위하게 전파된다. 애비 코헨(Abby Cohen, 골드만 삭스 소속), 더그 클리곳(Doug Cliggott, 모건 체이스 소속), 바이런 빈(Byron Wien, 모건 스탠리 소속) 등이 널리 알려진 전략가다. 전략 애널리스트의 시장에 대한 전망을 낙관 혹은 비관으로 분류하기는 쉽지 않다. 즉 표면적인 전망으로 좋은 전략가를 가려내기는 어렵지만, 이들은 〈월스트리트 저널〉에 자신이 선호하는 자산 배분 비율을 명시적으로 언급한다. 표 14.4는 2002년 6월 주요 투자 은행의 전략 애널리스트가 제

표 14.4 자산 배분 비율 - 투자 은행별 전략 애널리스트(2002년 6월)

기업명	전략 애널리스트	주식	채권	현금
A.G. Edwards	Mark Keller	65%	20%	15%
Banc of America	Tom McManus	55%	40%	5%
Bear Stearns & Co.	Liz MacKay	65%	30%	5%
CIBC World Markets	Subodh Kumar	75%	20%	2%
Credit Suisse	Tom Galvin	70%	20%	10%
Goldman Sach & Co.	Abby Joseph Cohen	75%	22%	0%
J.P. Morgan	Douglas Cliggott	50%	25%	25%
Legg Mason	Richard Cripps	60%	40%	0%
Lehman Brothers	Jeffrey Applegate	80%	10%	10%
Merrill Lynch & Co.	Richard Bernstein	50%	30%	20%
Morgan Stanley	Steve Galbraith	70%	25%	5%
Prudential	Edward Yardeni	70%	30%	0%
Raymond James	Jeffrey Saut	65%	15%	10%
Salomon Smith	John Manley	75%	20%	5%
UBS Warburg	Edward Kerschner	80%	20%	0%
Wachovia	Rod Smyth	75%	15%	0%

시한 자산 배분 비율이다.

이 비율로 시장에 대한 예측력을 평가할 수 있을까? 한 가지 방법은 주식에 대한 배분 비율을 살펴보는 것이다. 증시를 낙관적으로 전망한다면 주식 비율을 높게 제안할 것이고, 비관적으로 전망한다면 현금과 채권 비중을 높게 제안할 것이다. 다른 방법은 동일한 애널리스트에 대해서 구간별로 추천 비율이 어떻게 변하는지를 살펴보는 것이다. 주식 비율을 늘리는 것은 시장을 긍정적으로 본다는 의미로 해석할 수 있다.

두 방법을 모두 적용해본 결과 전략 애널리스트의 마켓 타이밍 역량은 의문스럽다. 〈월스트리트 저널〉에서는 전략 애널리스트의 자산 배분 비율을 제공하는 것에 더해 이들의 조언대로 투자했을 때의 수익률과 주식에만 전부 투자했을 때의 수익률을 1년, 5년, 10년 구간으로 분석해 보여준다. 100% 주식 포트폴리오와 비교하는 것은 부당하다는 비판에 대응하기 위해서 〈월스트리트 저널〉은 주식, 채권, 현금 비율을 고정한 깡통 비율(robot mix)의 성과도 제공한다. 그림 14.10에 이 세 가지 포트폴리오, 최고 성과를 낸 애널리스트와 최악 성과를 낸 애널리스트의 수익률을 함께 요약해 표시했다.

깡통 비율의 수익률이 애널리스트의 평균 수익률보다 높다는 점에 주

그림 14.10 전략 애널리스트 자산 배분 비율의 연 수익률(1992~2001년)

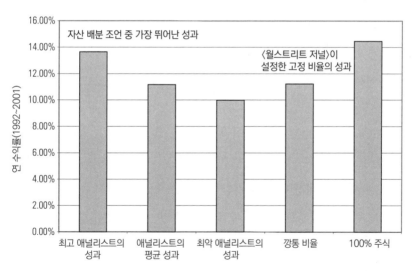

자료: 〈월스트리트 저널〉. 1992~2001년 주요 투자 은행의 전략 애널리스트가 권장한 자산 배분 비율을 따라 투자했을 때 얻을 수 있는 연 수익률을 표시.

목하자. 〈월스트리트 저널〉이 다루는 16개의 투자 은행 중 5곳만 분석 기간 중 깡통 비율보다 높은 수익률을 거두었고, 그 수치조차 통계적으로 허용 오차 범위 이내였다. 가장 뛰어난 애널리스트의 성과도 그냥 주식에 전부 다 투자했을 때의 성과보다 낮았다. 이 결과는 손꼽히는 전략 애널리스트가 대단히 과대평가를 받고 있다는 것을 보여준다.

추가할 이야기

주식시장에서 마켓 타이밍이 가능한지에 대한 증거는 혼재되어 있다. 일부 타이밍 지표는 시장의 향방을 예측할 수 있는 것처럼 보이지만 그 지표를 사용하더라도 초과수익을 얻지는 못한다. 이러한 모순을 어떻게 설명할 것인가? 여기서는 주식시장의 장기 성과에 대한 일관된 믿음이 위험한 이유와, 마켓 타이밍 지표가 대다수 투자자의 수익을 올려주지 않는 이유를 살펴보겠다.

주식은 장기적으로 무위험이 아니다

약세장에서는 큰 힘을 들이지 않고도 주식 투자의 위험을 납득시킬 수 있다. 하지만 강세장이 오랜 기간 이어지고 나면 주식이 최소한 장기적으로는 위험하지 않은 자산이라고 결론 내리는 투자자가 상당히 많아진다. 14장의 서두에서 그 근거를 확인해보았는데, 주로 1926년 이후 미국 시장의 자료가 이러한 주장을 뒷받침한다. 여기서는 다른 나라 주식시장에서도 미국과 비슷한 증거를 찾을 수 있는지 살펴보겠다.

시장의 생존 편향

 20세기 미국 주식시장에서 확인된 것을 그 밖의 범위로 확대 적용할 때의 문제 중 하나는, 미국이 20세기에 가장 성공적인 경제와 주식시장의 사례였다는 점이다. 다시 말해 선택 편향이 있다는 뜻이다. 개별 주식으로 비유해서 설명해보면, 현재 미국 시장에서 시가총액이 가장 큰 10개 기업을 골라서 투자했을 때 돈을 벌 수 있는지 확인해보는 것과 같다. 결과는 당연히 '그렇다'라고 나올 것이다. 이들 기업은 시장에서 장기간 좋은 성과를 내서 시가총액이 그렇게 커졌을 것이기 때문이다.

 균형 잡힌 시각을 가지려면 다른 나라의 (좀 덜 성공적인) 주식시장을 살펴보아야 한다. 가장 상세한 자료로는 1900~2001년 14개국 시장에 대

그림 14.11 국가별 주식 위험 프리미엄(1900~2001년)

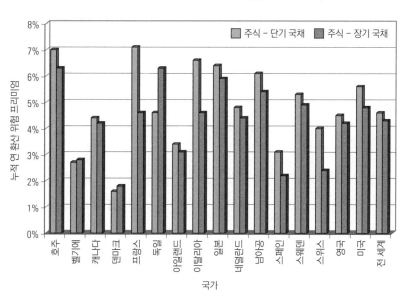

해서 주식과 채권의 수익률을 비교한 연구가 있다.[24] 그림 14.11에 14개 시장에서 같은 기간 채권 대비 주식의 위험 프리미엄(즉 초과수익)을 표시했다.

분석 대상이 된 여러 나라에서 주식의 수익률이 단기 국채나 장기 국채보다 높기는 하지만 국가별 편차가 크다. 예를 들어 스페인에서 주식에 투자했을 경우 연 환산 초과수익이 단기 국채 대비 3%, 장기 국채 대비 2%뿐이었다. 대조적으로 프랑스에서는 초과수익 수치가 각각 7.1%와 4.6%였다. 40~50년 구간을 본다면 높은 확률로 주식의 수익률이 채권의 수익률을 하회하는 시장이 최소한 몇 개는 있을 것이다.

주식 투자자는 지금 투자하고 있는 시장이 (20세기 미국이 그랬던 것처럼) 우월한 시장이 될 것인가, 혹은 (1989년 이후의 일본 시장처럼) 부진한 시장이 될 것인가 고민해보아야 한다. (오늘날의 미국 증시를 포함한) 모든 시장은 향후 수십 년간 부진한 성과를 낼 가능성이 있으므로, 특정 시장의 주식에 지나치게 많은 비중을 할애할 때는 주의해야 한다. 글로벌 주식형 펀드에 투자해 성공 가능성을 높일 수는 있지만, 이 또한 장기 구간에서 여전히 위험에 노출된다.

얼마나 길어야 장기인가?

장기적으로는 주식이 이긴다고 주장하는 금융 전문가와 자문업자는 자신이 말하는 장기가 어느 정도인지에 대해서는 말을 흐리는 경우가 많고, 투자자마다 장기간의 의미를 아주 다르게 받아들이고는 한다. 느긋한 투자자에게 20년은 장기일 수 있지만 조급한 투자자에게는 1년이 장기일 수도 있다.

1년 구간에서 주식이 무위험이 아닌 것은 명백하다. 그러나 투자 기간이 20년이라고 해서 무위험에 가까워질까? 꼭 그렇지는 않은데, 여기에는 몇 가지 이유가 있다.

- 길었던 투자 기간이 예상치 못한 사건으로 인해 짧아질 수 있다: 35세 여성의 연금 펀드 투자에 대해 조언한다고 생각해보자. 퇴직까지 30년 정도가 남았으므로 장기 투자가 최적인 것으로 보인다. 그 기간에 그가 계속 건강을 유지하고 일할 수 있다고 믿기 때문이다. 만약 그가 건강 문제로 빨리 은퇴하거나 직업을 잃게 된다면 연금 펀드에 넣어둔 돈을 예상보다 훨씬 이른 시기에 인출해야 할 수도 있다.

- 투자자는 일생 동안 저축하는데, 강세장일 때 그리고 생의 후반부에 더 많이 한다: 현재 35세이고 은퇴까지 30년이 남았다고 해보자. 은퇴할 때까지 저축할 텐데, 나이를 먹고 (은퇴 시기가 가까워질수록) 연금 펀드에 납입하는 금액이 더욱 커지는 경향이 있다. 이는 투자금의 유효 투자 기간을 줄이는 효과를 낸다. 또한 사람들은 증시가 활황일 때 저축과 주식 투자를 늘리고 불황일 때는 줄이는 경향이 있다. 이는 주식이 고평가되어 있을 때 주식에 과다하게 투자하고, 주식이 싸게 팔리고 있을 때는 투자금을 줄이는 결과가 된다.

- 주식의 수익률에 대한 과거 데이터를 아무리 낙관적으로 평가한다 하더라도, 주식이 덜 위험한 다른 자산보다 장기적으로 나은 성과를 낼 가능성이 높다는 결론을 낼 수 있을 뿐, 그 성과를 보장할 수는 없다: 실제로 미국과 다른 나라의 주식시장을 좀 더 현실적으로 평가한 결과, 주식이 국채를 장기적으로 하회할 가능성은 너무 높

다. 주식이 장기간 채권을 하회할 가능성이 단 5%만 되더라도 위험 회피 성향이 강한 투자자는 주식을 줄이고 채권을 늘릴 수 있다.

주식에 장기 투자했을 때의 위험을 느껴보고 싶다면 지난 15년 동안의 일본 주식시장을 보자. 니케이지수가 거의 40,000포인트로 최고점이었던 1989년에 투자에 나선 사람이라면 2003년까지 자산의 80%가 사라졌을 것이고, 그의 생애에 재산이 회복될 가능성은 지극히 낮다.[*]

마켓 타이밍은 드물게 작동한다

적어도 이론적으로는 돈을 벌 수 있게 해주는 마켓 타이밍 지표가 이렇게나 많은데 왜 마켓 타이머가 실제로 성공하는 사례는 그렇게 드문 것일까? 여기서는 마켓 타이밍을 시도할 때, 그리고 마켓 타이밍 현자의 조언을 따를 때의 위험을 알아보겠다.

사후 확신 편향(hindsight bias)

지나간 일을 돌아보면 언제나 마켓 타이밍이 쉬워 보인다. 과거를 돌이켜보면 강세장이 약세장으로 바뀌거나 그 반대의 상황이 일어날 것을 예측하게 하는 명백한 반전 신호를 얼마든지 찾을 수 있다. 2001년 시점에서 1999년을 돌아보며 그해의 마지막에 시장이 꼭지일 때 주식을 다 팔고 나왔어야 했다고 탄식하는 투자자가 있었다. 그러나 그때로 돌아가면 고점의 신호는 그다지 명확하지 않았다. 당시에 시장이 고평가되어 있으며 이를 지지하는 지표를 제시하는 애널리스트가 있기는 했지만, 그

---

[*] 니케이225지수는 1989년 12월 29일 38,957.44의 장중 사상 최고치, 38,915.87의 종가 최고치를 기록했다. 2021년 8월 31일 현재 이 지수는 27,690.77이며 1989년의 최고점에 단 한 번도 도달하지 못했다.

들 못지않게 많은 애널리스트가 시장의 상승이 계속될 것으로 보았고 그 근거가 되는 모델도 가지고 있었다.

실제로 바닥과 고점을 통과하는 시점에는 투자자 사이에서 시장이 바닥을 쳤다거나 고점을 찍었다거나 하는 합의가 절대로 이루어지지 않는다. 낙관적인 전망이 최고조일 때 시장은 고점을 찍고 하락하고, 전망이 가장 어두울 때 시장이 돌아서기 시작한다는 점은 참 흥미롭다. 마켓 타이밍에 성공하려면 바닥이 다져질 때까지 매수를 늦추어서도 안 되고, 고점을 지난 것을 확인하고 팔아서도 안 된다. 그렇게 할 경우 커다란 잠재 이익을 놓치게 된다.

정보가 나오는 시점

인플레이션이나 경제 성장률 같은 거시 경제 지표를 사용해 시장의 타이밍을 재려고 한다면 이러한 정보를 얻는 데 걸리는 시간과 그로 인한 시차를 생각해보아야 한다. GDP 성장률이 높았던 분기 이후에 주가가 상승한다는 연구 결과가 있다고 해보자. GDP 성장률이 높은 분기 이후에 주식을 사고, 낮거나 마이너스인 분기 이후에 주식을 파는 전략을 손쉽게 떠올릴 수 있다. 문제는 GDP 성장률에 대한 정보가 그다음 분기가 두 달 정도 지나서야 발표된다는 것이다.

금리 수준 등의 변수를 사용해 시장을 예측한다면, 이러한 지표는 그때그때 구할 수 있으므로 좀 더 나은 모양새가 될 것이다. 이러한 모델을 만들 때는 주식시장을 전망하기 위해 미래의 이자율을 전망해야 하는 모델을 만드는 것이 아닌지 주의 깊게 확인해야 한다. 금리 수준과 증시 움직임 간의 관계를 테스트하려면 각 해 시작 시점의 금리와 그해 1년의 주식 수익률을 비교하는 방식이어야 한다. 둘 사이의 상관관계를 발견했다면 투자 의사 결정 전에 전자의 지표를 확인할 수 있으니 실행 가능한 토대를 갖추었다고 볼 수 있다. 한 해 연말 시점의 금리와 그해 1년의 주식 수익률 간 관계를 구했다면, 양자 사이의 상관관계를 발견했다 하더라도 실제로 전략을 실행할 때는 올해 연말의 금리 수준을 예측해야 하는 문제가 생긴다.

예측의 불확실성

앞에서 명확히 밝혔듯이, 어떤 마켓 타이밍 지표도 완벽하지 않았고 심지어 그 근처에도 갈 수 없었다. 실제로 최고의 마켓 타이머라 하더라도 60~65% 정도의 적중률을 보였고, 그마저도 방향에 대한 예측이었지, 크기에 대한 것이 아니었다. 다시 말해 특정 지표, 즉 1월의 수익률이든 이자율의 수준이든, 시장이 상승하거나 하락할 가능성에 대해 약간의 힌트를 줄 수는 있을지언정 얼마나 큰 폭으로 움직일지를 알려주지는 않는다.

마켓 타이밍 지표의 이러한 속성(방향성 예측이 대체로 틀리고 변화의 크기는 아예 알려주지 않는) 탓에 이들 지표를 사용해 만들 수 있는 마켓 타이밍 전략은 제한적이다. 주가지수 선물과 옵션 같은 파생상품은 매우 높은 수익을 낼 수 있게 해주지만 틀릴 경우 감수해야 할 손실이 너무 크기 때문에 피하는 것이 마땅하다.

일관성 부족

마켓 타이머는 투자의 세계에서 유성 같은 존재다. 반짝거리며 빛날 때는 커다란 이목을 끌다가 삽시간에 사라진다. 오랜 시간 추앙받았던 마켓 타이머(market guru, 시장의 현자)를 살펴보면, 20세기 초반의 제시 리버모어Jesse Livermore부터 1990년대를 뜨겁게 달군 푸르덴셜Prudential의 전략 애널리스트 랠프 아캄포라Ralph Acampora까지 다양한 부류를 발견할 수 있다.[25] 일부는 차티스트였고, 일부는 펀더멘털 지표를 사용했으며, 일부는 어떤 방법을 사용했는지 미스터리로 남아 있다. 그러나 이들 사이에는 세 가지 공통점이 있다.

- 세상을 흑백으로 구분하는 능력: 시장의 현자는 연막을 치지 않는다. 시장이 6개월이나 1년 후 어떻게 될 것 같으냐는 질문을 받으면 확고한 태도로 어마어마한 대답을 내놓는다. 아캄포라를 예로 들면, 그는 다우지수가 3,500일 때 7,000을 찍을 것이라고 예측하면서 명성을 얻었다.

- 큰 움직임에 대한 올바른 예측: 명성을 얻은 마켓 타이머는 반드시 한 번은 거대한 시장 변화를 예측한 적이 있다. 리버모어는 1929년의 붕괴를 예측했고, 아캄포라는 1990년대의 강세장을 맞혔다.

- 외향적 성격: 시장의 현자는 태생적으로 남 앞에 나서기를 좋아한다. 이들이 미디어에 나올 때면 단지 시장에 대한 전망을 말할 뿐 아니라, 자신이 얼마나 성공적으로 예측했는지 또한 만방에 알린다. 실제로 이들의 성공은 부분적으로 다른 투자자가 자신의 예측을 따라 움직이게 하는 능력에서 비롯되었다. 최소한 단기적으로라도 이것이 가능하다면 이들의 예측은 자기실현적 예언이 된다.

그렇다면 시장의 현자는 왜 무너지는가? 이들을 성공으로 이끈 요인이 실패의 원인으로 작용한 것 같다. 마켓 타이밍 능력에 대한 절대적인 확신과 과거의 성공이 점점 더 대담한 예측으로 이어지면서 종국에는 평판을 무너뜨린 것으로 보인다. 1970년대 후반 시장의 현자 중 한 명이었던 조 그랜빌Joe Granville은 1980년대 내내 주식을 팔고 금을 사라고 추천했다. 그의 뉴스레터는 그 10년간 최악의 성과를 냈다.

거래 비용, 기회비용, 세금

마켓 타이밍에 비용이 들지 않는다면 맞혔을 때의 이득이 크니 한 번쯤은 시도해볼 만하지 않으냐고 주장할 수도 있다. 그러나 마켓 타이밍에는 커다란 비용이 있다(그리고 그 비용은 점점 커지고 있다).

주식을 현금화했다가 다시 돌아오는 과정에서 최고의 강세장을 놓칠 수 있다. '주식 마켓 타이밍의 어리석음(The Folly of Stock Market Timing)'이라는 논문에서는 1926~1982년 기간에서 매년 주식과 현금 사이를 왔다 갔다 하는 전략을 검증해보았는데, 잠재적 손실이 잠재적 이익보다 어마어마하게 크다고 결론 내렸다.[26] 빌 샤프Bill Sharpe는 마켓 타이밍에 대한 분석에서, 10번 중 7번 이상 강세장과 약세장을 맞힐 능력이 없다면 마켓 타이밍을 시도하지 않는 게 낫다고 했다.[27] 캐나다 시장에서 몬테카를로 시뮬레이션(Monte Carlo simulation)*을 실행한 결과도 위 결론을 뒷받침하는데, 성공률이 70~80% 수준이 되어야 손익 분기점에 도달한다고 했다.[28]

이들 연구는 마켓 타이밍 전략을 수행할 때 필연적으로 따라오는 큰 거래 비용을 고려하지 않았다. 마켓 타이밍 전략을 실행하려면 보통 수

---

* 난수를 이용해 함수의 값을 확률적으로 계산하는 알고리즘. 결괏값을 계산하기 복잡할 때 무작위 시행을 다수 반복해 근삿값을 추론하는 방법으로 쓰인다.

준보다 훨씬 많은 양의 거래를 해야 한다. 주식·현금 스위칭 전략의 극단적인 버전에서는 현금으로 전환할 때 주식 포트폴리오 전체를 매도해야 하고 다음에 다시 주식을 살 때는 주식 포트폴리오를 처음부터 다시 짜야 한다.

마켓 타이밍 전략은 또한 잠재적인 세금의 크기를 키운다. 예를 들어 시장이 2년간 좋았으면 다음 해는 안 좋을 확률이 높다는 것을 실증적인 증거로 확인했으니 이제 주식을 팔겠다고 해보자. 주식을 팔면서 자본 이득에 대한 세금을 내야 하는데, 이러한 식으로 세금을 계속 내면 전반적인 투자 기간에 지불해야 할 세금이 큰 폭으로 늘어난다.**

투자자에게 주는 교훈

시장의 타이밍을 재는 일은 개별 주식을 고르는 일보다 훨씬 어렵다. 모든 투자자는 시장의 타이밍을 재고자 하지만 지속적으로 성공하는 사람은 극히 소수인 것으로 보인다. 역사적으로 거의 모두가 실패했는데도 마켓 타이밍을 시도하기로 결정했다면 다음을 따르는 것이 좋다.

- 투자 기간을 정한다: 마켓 타이밍 지표 중에는 차트 패턴이나 거래량 같은 단기 시장 전망에 쓰이는 지표가 있는가 하면 표준화된 PER 등 시장의 장기 전망에 쓰이는 지표도 있다. 마켓 타이밍 전략을 선정하기 전에 자신의 투자 기간이 얼마인가를 명확히 해야 한

** 주식을 장기 보유할 때 받을 수 있는 세제 혜택을 포기해야 하고, 손실 난 주식을 팔아서 자본 이득을 상쇄하는 등의 미세 조정을 할 수 없다. 한국에서는 2023년에 주식에 양도 소득세가 도입될 예정이다.

다. 이를 결정하는 과정에서 전략의 결과가 나오기까지 얼마나 오래 기다릴 의향이 있는지(혹은 없는지), 그리고 투자 포트폴리오에서 나오는 현금흐름이 생활비로 얼마나 필요한지도 확인해야 한다. 직업 안정성이 떨어지고 소득의 변동성이 크다면 투자 기간은 짧아질 것이다.

- 증거를 검증한다: 마켓 타이밍을 지지하는 사람은 하나같이 자신의 전략이 작동한다고 주장하면서 그 전략을 따랐을 때 얻을 수 있는 어마어마한 수익률을 실증적인 증거라며 들이댈 것이다. 앞에서 살펴본 모든 주의 사항을 고려해 다음과 같은 질문을 던지며 증거를 따져보아야 한다.
  - 전략이 추출된 바로 그 데이터에만 딱 끼워 맞춘 것이 아닌가? 경제적인 근거나 합리성이 결여된 정교한 매매 전략(가격 모멘텀이 있는 소형주를 매주 목요일 오후 3시에 사서 다음 날 오후 1시에 팔라는 등)은 의심스럽게 바라보아야 한다. 거대한 데이터베이스에서 수천 가지 전략을 테스트하다 보면 이러한 전략이 하나쯤은 나온다. 다양한 구간(홀드아웃 구간이라 부른다)에서 수익률을 검증해보아야 좋은 테스트다.
  - 실현 가능한 전략인가? 어떤 전략은 엄청나게 좋아 보이지만 막상 실제로 매매를 진행하려는 시점에서 기초 정보를 입수할 수 없어 실현 불가능하게 되기도 한다. 예를 들어 뮤추얼 펀드 자금 순유입이 많은 달의 마지막 날에 주식을 사면 (최소한 서류상으로는) 돈을 벌 수 있음을 발견했다고 해보자. 다음 달이 되기 전까지는 이 정보를 얻을 수 없다는 문제가 발생한다.

- 주문 집행 과정의 비용 및 여러 다른 문제를 고려했는가? 단기적인 마켓 타이밍 전략은 대부분 잦은 매매를 요한다. 거래 비용과 세금이 어마어마하게 발생할 수 있으므로 이러한 비용을 차감하기 전 수익률이 매수 후 보유 전략의 수익률보다 훨씬 높아야 한다.

- 종목 선정과 마켓 타이밍을 병행한다: 많은 투자자가 마켓 타이밍과 종목 선정을 상호 배타적이라 생각하는데, 그럴 필요가 없다. 전반적인 전략에 양자를 녹여 넣을 수 있고, 또 그래야만 한다. 예를 들어 거래량 지표를 사용해 주식을 사고파는 타이밍을 결정한 다음 저평가되어 있을 가능성이 높은 저PER 주식을 골라서 투자하는 방식이 있다.

결론

시장의 타이밍을 잴 수 있다면 엄청난 부를 거머쥘 수 있을 것이다. 이 때문에 모든 투자자가 마켓 타이머가 되기를 원한다. 어떤 투자자는 기술적 지표와 펀더멘털 지표를 사용해 명시적으로 시장의 타이밍을 재려고 하는 한편, 어떤 투자자는 자산 배분 의사 결정에 시장에 대한 의견을 반영해 강세장일 것 같을 때 주식 비율을 높인다. 그러나 증거를 살펴보면 지속 가능하면서 유의미한 수익을 거둘 수 있는 마켓 타이밍 지표는 존재하지 않는다. 마켓 타이밍의 전문가(전략 애널리스트, 뮤추얼 펀드, 투자 뉴스레터 등)가 그 시도를 성공시켰다는 증거 또한 거의 없다.

증거가 희박한데도 투자자는 계속해서 시장의 타이밍을 재려고 할 것이다. 여러분도 그럴 생각이라면 각자의 투자 기간에 맞는 마켓 타이밍 전략을 선정하고, 성공의 증거를 면밀히 검토하며, 효과적인 종목 선정 전략과 병행하기를 바란다.

15장

열 가지 교훈

이 책에서 논한 투자 전략은 아주 다양한 범주의 투자 철학을 반영하고 있고 이를 채택하는 투자자의 유형도 광범위하다. 그러나 이들 전략에는 몇 가지 공통된 교훈이 있다. 15장에서는 여러 투자 전략에 광범위하게 적용할 수 있는 조언을 제시해보겠다. 언젠가 열정 가득한 영업 사원이 이야기하는 어마어마한 투자 전략에 마음이 흔들릴 때, 이 교훈이 든든한 조언자가 되기를 바란다.

교훈 1: 많은 것이 변할수록 많은 것은 변하지 않는다

이 책에서 나열한 각 투자 전략은 금융시장이 존재할 때부터 우리와 함께 해 왔다. 현실이 그런데도 투자 자문가는 주기적으로 이들 전략을 다시 발굴해 자신만의 것인 듯 제시한다. 참신한 느낌을 주기 위해서 이들은 전략에 (주로 그리스 문자를 동원해) 새롭고 세련된 이름을 붙인다. 저 PER 주식을 사는 전략을 오메가 혹은 알파 전략이라고 부르는 것은 외관만 뜯어고쳐서 낡은 것을 매력적이게 만들려는 시도로 보인다.

투자자가 사용할 수 있는 주식 관련 데이터가 점점 많아지면서 그 데이터를 활용하는 방안도 다양해졌다. 낮은 PER, 높은 성장성과 모멘텀 등 복수의 기준으로 주식을 선별하기가 간편해지면서 몇몇 사람은 여러 선별 기준을 조합해 고유한 것으로 보이는 이름을 붙인다.

▶ 조언 1: 세련된 이름의 복잡한 투자 전략이 등장해서 기존과 다른 전략이라고 주장하면 조심하라.

교훈 2: 확실한 수익을 원한다면 주식에 투자하지 말라

누가 어떤 투자 전략을 이야기하더라도 주식 투자에서 확실하게 수익을 보장할 수 있는 전략은 없다. 주식은 변동성이 크고 수백 가지 변수에 영향을 받는다. 전체 경제와 연결되기도 하고 회사에서 나온 고유의 정보에 영향을 받기도 한다. 가장 정교하게 짜인 전략이라 하더라도 예상치 못한 사건으로 계획에서 벗어날 수 있다.

▶ 조언 2: 주식에 대해서 예측할 수 있는 단 한 가지는 주식의 예측 불가능성이다.

교훈 3: 고통이 없으면 이익도 없다

위험을 감내하지 않고 높은 이익을 기대해서는 안 된다는 격언은 아마도 투자에서 가장 오래된 조언일 것이다. 그러나 이 교훈은 자주 무시당한다. 모든 투자 전략은 투자자를 위험에 노출시키며 고수익 전략은 저위험이 될 수 없다. 위험에 많이 노출되기 싫어하는 투자자라면 전략이 서류상으로 얼마나 매력적이건 간에 고위험 전략은 피해야 한다. 왜 몇몇 투자자는 많은 위험을 감수하지 않고도 높은 수익을 얻을 수 있다고 스스로를 속이는가? 아마도 위험이 숨겨져 있거나 산발적으로 드러나기 때문일 수도 있겠다. 이러한 전략은 대부분의 경우 성공해서 괜찮은 수익을 안겨주지만 실패했을 때 커다란 손실을 안겨준다.

▶ 조언 3: 고수익 전략에서 위험을 발견할 수 없다면 충분히 살펴보지

않은 것이다.

교훈 4: 기본을 기억하라

사업의 가치는 현재 보유한 자산에서 창출할 수 있는 현금흐름의 크기, 향후에 증가시킬 수 있는 현금흐름, 이에 수반하는 불확실성의 함수다. 모든 강세장에서 투자자는 가치를 결정하는 기본 요소들(현금흐름, 예상 성장, 위험)을 잊어버리고 높이 치솟은 가격을 설명할 수 있는 새로운 패러다임을 찾아 나선다. 1990년대 후반의 기술 붐이 이러한 경우다. 신경제 기업의 주가가 우주까지 올라가서 기존 접근법으로 더 이상 설명할수 없게 되자 투자자는 매출액 성장률이 이익을 대체하고 현금흐름은 어찌 되든 상관없는 모델을 개발했다. 모든 강세장의 끝에서 투자자는 기본이 중요하다는 진실을 깨닫는다. 회사는 돈을 벌어야 하고 그 이익을 가치 있는 형태로 키워나가야 한다.

▶ 조언 4: 기본을 무시하면 재앙이 찾아온다.

교훈 5: 싸 보이는 주식은 대부분 싼 이유가 있다

이 책의 모든 투자 전략에는 싸다고 규정할 수 있는 주식 그룹이 나온다. 이 책의 초반을 예로 들면 순이익 대비 혹은 장부가치 대비 낮은 배수에 거래되는 주식을 싸다고 간주했다. '프로 반대쟁이(professional naysayer)'로 비칠 위험을 감수하고 이야기하자면, 이들 주식 대부분은 단지 싸 보일 뿐임을 알아야 한다. 이들 주식이 낮은 가격에 거래되는 데는 대체로 하나 혹은 그 이상의 이유가 있다. 장부가치 이하로 거래되는 기업 대부분은 낼 수 있는 이익이 부족하거나 위험이 크고, 낮은 PER에 거래되는 기업은 성장 가능성이 희박하다.

▶ 조언 5: 싼 주식이 반드시 할인된 주식은 아니다.

교훈 6: 모든 것에는 가격이 있다

투자자는 자신이 투자한 회사를 특별하게 만들어주는 어떤 속성(뛰어난 경영진, 브랜드 가치, 이익의 고성장, 훌륭한 제품, 기타 마음에 드는 모든 것)을 끊임없이 찾아다닌다. 이러한 요소가 좋은 회사의 특징이라는 점에 이의를 제기하지는 않겠지만, 시장은 이러한 장점에 높은 가격을 매긴다는 사실은 잊지 말아야 한다. 강력한 브랜드를 가진 회사는 고성장 기업과 마찬가지로 높은 배수에 거래된다. 투자자로서 대답해야 할 질문은 강한 브랜드를 가진 기업이 더 가치 있는가가 아니라, 그 브랜드에 시장이 부여한 가격이 지나치게 높은가 혹은 지나치게 낮은가다.

▶ 조언 6: 좋은 회사가 좋은 주식은 아닐 수 있다.

교훈 7: 숫자는 속일 수 있다

일화적 증거와 말뿐인 이야기에 지친 투자자에게 숫자는 안정감을 준다. 숫자는 객관성이라는 환상을 제공한다. 고배당 기업에 투자하면 지난 5년간 시장 대비 4%의 초과수익을 얻을 수 있었다는 연구 자료를 제시하는 것이 어떤 주식을 5년 전에 샀을 때 얼마를 벌 수 있었는지 이야기하는 것보다 설득력이 있다. 대량의 자료와 장기간에 걸쳐서 전략을 검증해보는 것이 의미 있기는 하지만 여기에도 함정이 있다.

아무리 장기간에 걸친 세심한 연구라 하더라도 그 결론은 확정적이지 않고 확률적이다. 예를 들어 지난 5년간 고배당 주식의 성과를 측정하고

90% 확률로 저배당 주식보다 높은 수익을 낸다는 결론을 내릴 수는 있지만, 이 성과를 보장할 수는 없다.

어떤 연구도 시장이 변한다는 사실에서 자유로울 수 없다. 완전히 동일한 두 시기는 존재하지 않으며, 바로 다음 시기에 그동안 전혀 본 적 없는 이벤트가 발생할 수 있고 이 이벤트로 인해 그간 구축한 전략이 무위로 돌아갈 수 있다.

▶ 조언 7: 숫자는 거짓말을 할 수 있다.

교훈 8: 시장을 존중하라

모든 투자 전략은 시장에 대항한 베팅이다. 이 베팅은 단지 내가 옳고 시장이 틀렸다는 데 그치지 않고, 시장이 오류를 알아채고 내 생각에 동의하는 것까지 포함한다. 예를 들어 장부가치 이하에서 거래되는 주식을 사는 전략을 생각해보자. 투자자는 이 주식이 저평가되어 있고 시장이 주식의 가격을 잘못 책정하고 있다고 믿을 것이다. 돈을 벌기 위해서는 이 믿음이 올바를 뿐만 아니라, 시장이 오류를 눈치채고 이를 수정해야만 한다. 이 과정에서 주가는 상승하고 투자자는 돈을 번다. 시장이 진짜로 틀렸을 수도 있지만, 일단은 시장의 시각을 존중하는 것이 신중한 접근법이다.

시장이 때때로 주식 가격 책정에서 큰 실수를 저지르고 (뒤늦게) 투자자의 주의를 끌고는 하지만 대부분의 경우에 다양한 정보와 견해를 가진 여러 투자자의 의견을 종합해 합의된 가격을 잘 도출해낸다. 시장이 가격을 잘못 책정해 투자 기회인 것 같은 상황을 발견했다면, 일단 시장 가격이 옳고 내가 뭔가 중요한 요인을 놓치고 있다고 가정해야 한다. 가격이 잘못 책정된 것이 아니라는 설명을 모두 기각한 다음에 잘못된 가격 책정에서 수익을 취하는 것을 고려해야 한다.

▶ 조언 8: 시장은 틀릴 때보다 맞을 때가 더 많다.

교훈 9: 자신을 알라

아무리 심사숙고해서 설계된 전략이라 하더라도 투자자의 선호도와 성향에 맞지 않으면 좋은 전략이 될 수 없다. 꾸준히 높은 배당을 주는 주식에 투자하는 전략은 투자 기간이 길고 세금을 많이 내지 않는 위험 회피 성향의 투자자에게는 멋진 전략이지만, 투자 기간이 짧고 세금을 많이 내는 투자자에게는 그렇지 못하다. 어떤 투자 전략이든 자신에게 맞는 전략인지 고민해보고 채택해야 한다. 어떤 전략을 채택했다면 그 전략은 다음의 두 테스트를 통과해야 한다.

- 독성 테스트: 포트폴리오가 계속 걱정되고 그 변동성 때문에 밤에 잠들 수 없다면 몸에 맞지 않는, 지나치게 위험한 전략을 채택했다는 신호로 보아야 한다.
- 인내심 테스트: 많은 투자 전략은 장기 투자 용도로 개발되었다. 이러한 전략 중 하나를 채택하고는 계속 딴생각을 하면서 포트폴리오를 미세 조정하는 모습을 자각했다면, 그 전략을 수행해서 결과를 보기에는 지나치게 조급하다는 뜻이다.

이러한 상황에서는 장기적으로 좋은 결과(육체적으로나 재정적으로나)가 나오지 않는다.

▶ 조언 9: 모든 투자자에게 적합한 단 하나의 최고 투자 전략은 없다.

교훈 10: 운이 기술을 압도한다(최소한 단기적으로는)

금융시장에서 가장 씁쓸한 교훈은 성실함, 인내, 철저한 대비 같은 덕목이 항상 좋은 결과로 돌아오지는 않는다는 것이다. 포트폴리오가 돈을 벌어주고 말고는 결국 운에 좌우되며 투자자가 통제할 수 있는 영역은 아주 제한적이다. 지난해 가장 성적이 좋았던 펀드 매니저는 가장 뛰어난 전략을 가진 사람이 아니라 그저 (우연히) 적절한 시기에 적절한 자리에 있었던 사람이다. 투자 기간이 길어질수록 운의 영향은 상쇄되어 줄어들고 진정한 기술이 모습을 보인다. 지난 10년간 가장 성과가 좋은 펀드 매니저를 뽑는다면 운이 좋아서 그 자리에 있는 사람이 아닐 가능성이 높다.

투자자라면 성공과 실패를 모두 액면 그대로 받아들여서는 안 된다. 둘 중 어느 것도 투자자의 강점이나 약점 혹은 사용한 전략의 품질을 온전히 드러내지 않는다. 행운을 빚어낼 수는 없겠지만 행운이 눈앞에 왔을 때 잡을 준비가 되어 있어야 한다.

▶ 조언 10: 운은 일단 좋고 볼 일이다.

결론

시장을 이기는 것은 어렵고 고통스러운 일이다. 금융시장에서 인간은 많은 결함을 지닌 채 정보를 수집하고 처리해 어떤 자산이 가치 있는지 최선의 판단을 내리려 시도한다. 당연히 인간은 실수를 한다. 시장이 효율적이라고 믿는 사람도 이러한 현실은 인정할 것이다. 이제 질문은 당신이 이러한 실수를 평균적인 투자자보다 더 잘 활용할 수 있는가다. 해야 할 숙제를 하고 자신이 지닌 투자 전략의 약점을 파악한 다음 그 약점에서 스스로를 지키고자 노력해야 한다. 단기간에 승부를 내고자 한다면 행운도 따라야 한다.

주석

1장. 실패하지 않는 투자 전략은 없다

1. 2000년대 초까지 합법이었던 지분 풀링법(pooling accounting)을 적용하면 주식을 이용해 다른 기업을 인수한 경우 피인수 기업의 자산을 장부가치대로 인식해 인수 비용을 재무제표에 드러내지 않을 수 있다(다른 방법으로는 매수법(purchase accounting)이 있는데, 이 경우 지불한 가격 전체를 피인수 기업의 자산으로 인식하고 장부가치 이상의 금액을 영업권으로 계상한 후 매년 상각해나가야 한다. 국제회계기준(IFRS)에서는 지분 풀링법을 인정하지 않으며, 영업권의 적정 가치를 매년 판단해 상각 여부를 결정한다. – 역자 주).

2장. 고배당주는 가격이 상승하는 채권?

1. Miller, M. and F. Modigliani, "Dividend Policy, Growth and the Valuation of Shares", *Journal of Business*, v34, 411 – 433, 1961.
2. 2003년 초 부시 대통령은 배당에 대해 본질적으로 개인의 세금을 면제하는 세제 개혁을 실행했다.
3. 한 주주가 시가 20달러짜리 주식 100주를 보유하면서 배당금 50달러(주당 0.5달러)를 받고 있었다고 가정하자. 만일 회사가 배당을 지급하지 않아서 주주가 50달러를 현금화하려면 주식 2.5주를 매도해야 한다.
4. McQueen, G., K. Shields and S. R. Thorley, "Does the Dow-10 Investment Strategy beat the Dow statistically and economically?", *Financial Analysts Journal*, July/August, 66 – 72, 1997. 이 연구에서 내린 결론에 의하면, 고배당주 투자 전략에서 나오는 초과수익은 위험과 세금을 고려하면 모두 사라진다. Hirschey, M., 2000, "The "Dogs of the Dow" Myth", *Financial Review*, v35, 1 – 15, 2000. 이 연구에서도 위험을 고려하면 고배당주 투자 전략에서 초과수익이 나오지 않는다고 밝혔다.
5. Aharony, J., and I. Swary, "Quarterly Dividends and Earnings Announcements and Stockholders' Returns: An Empirical Analysis", *Journal of Finance*, v36, 1 – 12, 1981.

6. Michaely, R., R. H. Thaler and K. L. Womack, "Price Reactions to Dividend Initiations and Omissions: Overreaction or Drift?", *Journal of Finance*, v50, 573 – 608, 19995. 이 연구에 의하면, 배당을 인상하면 주식의 수익률이 수개월 동안 계속 상승하고 배당을 인하하면 수익률이 하락한다.
7. 부동산투자신탁은 법인세를 납부하지 않지만 반드시 고배당을 지급해야 한다.
8. 신주 발행을 통해서 이익 성장률을 높게 유지하는 방법도 있지만 그러면 유통 주식 수가 증가한다.
9. 예를 들면 1996년 모든 주식의 배당 평균은 3.20%였고 투자 총수익은 23.82%였다. 배당 수익률이 시장의 절반인 포트폴리오는 배당 수익률이 1.60%이고 주가 상승률은 22.22%여서 투자 총수익이 23.82%였다. 배당 수익률이 시장의 두 배인 포트폴리오는 배당 수익률이 6.40%이고 주가 상승률은 17.42%여서 투자 총수익이 23.82%였다.

3장. 이 주식 정말 싸다! 저PER주 이야기

1. 특정 매출과 대응시키기 어려운 비용(예컨대 관리비)은 일반적으로 지출이 발생한 기간에 비용으로 인식한다.
2. 4~5%가 높아 보이는 것은 명목 성장률로 표시되었기 때문이다. 실질 성장률 기준으로는 2~2.5%에 불과하다.
3. 고성장 기업의 PER 결정 요소에 관심이 있다면 Damodaran, A., 《Investment Valuation》, John Wiley and Sons 참조.
4. Graham, B., and D. Dodd, 《증권분석(Security Analysis)》, McGraw Hill, 1934.
5. 순유형자산은 총순자산에서 영업권 등 무형 자산을 차감해 산출한다.
6. Oppenheimer, H. R., "A Test of Ben Graham's Stock Selection Criteria", *Financial Analysts Journal* (September/October): v40(5), 68 – 74, 1984.
7. 이익을 수정한 기업은 수정 재무제표를 미국 증권거래위원회(Securities Exchange Commission, SEC)에 제출해야 한다. 반복적으로 수정한 기업을 쉽게 찾는 방법은 인터넷에서 SEC 보고 자료를 보면서 일정 기간(3~5년)의 수정 횟수를 확인하는 것이다.
8. 이익을 수정한 기업은 수정 재무제표(10K)를 SEC에 제출해야 한다. PER, 성장률, 위험 기준을 통과한 기업의 최근 5년 이익 수정 횟수는 SEC 웹 사이트에서 확인했다.
9. 여기서 대규모는 기업 이익의 20%가 넘는 비용이다. 예컨대 비용 차감 전 이익이 10억 달러일 때 구조 조정 비용이 2억 달러를 초과하면 대규모 비용으로 볼 수 있다.

4장. 장부가치보다 싸다고? 저PBR주 이야기

1. Rosenberg, B., K. Reid and R. Lanstein, "Persuasive Evidence of Market Inefficiency", *Journal of Portfolio Management*, v11, 9 - 17, 1985.
2. Fama, E. F., and K. R. French, "The Cross-Section of Expected Returns", *Journal of Finance*, v47, 427 - 466, 1992. 다양한 위험 수익 모형의 효과성을 조사한 연구다. 이 연구에 의하면 PBR은 시가총액 등 다른 어떤 펀더멘털 변수보다 주식의 수익률을 잘 설명한다.
3. Dennis, Patrick, Steven B. Perfect, Karl N. Snow, and Kenneth W. Wiles, "The Effects of Rebalancing on Size and Book-to-Market Ratio Portfolio Returns", *Financial Analysts Journal*, May/June, 47 - 57, 1995.
4. Chan, L. K., Y. Hamao, and J. Lakonishok, 1991, "Fundamentals and Stock Returns in Japan", *Journal of Finance*, v46, 1739 - 1789. 일본에서 저PBR주의 수익률이 고PBR주보다 훨씬 높았다고 결론지었다.
5. Capaul, C., I. Rowley and W. F. Sharpe, "International Value and Growth Stock Returns", *Financial Analysts Journal*, v49, 27 - 36, 1993.
6. Mukherji, Sandip, Manjeet S. Dhatt, and Yong H. Kim, "A Fundamental Analysis of Korean Stock Returns", *Financial Analysts Journal*, May/June, v53, 75 - 80, 1997.

5장. 이익이 안정적인 회사가 더 유리할까?

1. 예컨대 최근 3년 이익 변동률이 '+5%, −5%, +5%'인 기업을 '+5%, +15%, +25%'인 기업보다 더 안정적이라고 평가한다.
2. Lang, Larry H. P., and René M. Stulz, "Tobin's q, corporate diversification, and firm performance", *Journal of Political Economy*, v102, 1248 - 1280, 1994.
3. Pramborg, B., Derivatives Hedging, "Geographical Diversification and Firm Value", Working Paper, Stockholm University.
4. Allayannis, G., J. Ihrig and J. P. Weston, "Exchange Rate Hedging: Financial versus Operational Strategies", *American Economic Review*, v91, 391 - 395, 2001.
5. Allayannis, G., and J. P. Weston, "Exchange Rate Hedging: Financial versus Operational Strategies", *American Economic Review*, 2000.
6. Allayannis와 Weston은 값을 표준화하려고 시장 가격을 장부가치로 나눈 백분율을 사용했다. 이 백분율은 파생상품을 이용해서 외환 위험을 헤지한 기업이 그렇게 하지 않은 기업보다 높은 것으로 나왔다.
7. Pramborg, B., "Derivatives Hedging, Geographical Diversification and Firm Value", Working Paper,

Stockholm University, 2002.

8. I/B/E/S 추정치. I/B/E/S는 애널리스트의 이익 추정치를 집계해서 제공하는 회사다.

9. 마이크로소프트는 애널리스트의 추정치가 지나치게 낮을 때에도 이 사실을 알려주어 애널리스트의 신뢰를 유지했다. 애널리스트의 추정치가 지나치게 높다는 주장만 고집하는 기업은 이들의 신뢰를 상실하게 되므로 이익 관리를 효과적으로 하기 어렵다.

10. 1995년에 판매된 윈도 95(Windows 95)에는 1996~1997년 업그레이드와 지원 옵션도 포함되어 있었다. 마이크로소프트는 1995년 판매분을 모두 수익으로 인식할 수도 있었다.

11. 다음은 2000년 3월 6일 〈포브스〉에 실린 마이크로스트래티지 관련 기사 요약이다. "10월 4일 마이크로스트래티지와 NCR은 5,250만 달러 규모의 거래에 합의했다고 발표했다. NCR은 마이크로스트래티지의 소프트웨어 사용료로 2,750만 달러를 지급하기로 했고 마이크로스트래티지는 당시 경쟁사였던 NCR 데이터 웨어하우징 시스템 사업부를 인수하는 대가로 주식 1,400만 달러와 현금 1,100만 달러를 지급하기로 했다. 마이크로스트래티지는 소프트웨어 사용료로 받은 금액 중 1,750만 달러를 이미 4일이나 지나간 3분기의 수익으로 발표했다."

12. 10년 전인 1980~1989년에는 '외부 조달 연구 개발비'로 상각한 기업이 3개뿐이었다.

13. Barnes, R., "Earnings Volatility and Market Valuation", Working Paper, London Business School, 2001.

6장. 우량 기업이 투자에 유리할까?

1. Kramer, J. R., and G. Pushner, "An Empirical Analysis of Economic Value Added as a Proxy for Market Value Added", *Financial Practice and Education*, v7, 41 – 49, 1997. 이 연구에 의하면 '영업 이익의 차이'가 '경제적 부가가치의 차이'보다 '시장 가격 변동'을 더 잘 설명한다. 그러나 1996년 논문 O'Byrne, S. F., "EVA and Market Value", *Journal of Applied Corporate Finance*, v9(1), 116-125에 의하면 '경제적 부가가치의 변동'이 '5년 시장 가격 변동'을 55% 더 설명한다.

2. 다음을 참조하라. "Quantitative Viewpoint", Merrill Lynch, December 19, 1997.

3. 다음을 참조하라. "Quantitative Viewpoint", Merrill Lynch, February 3, 1998.

4. Price Waterhouse, "The Opacity Index", www.pricewaterhouse.com.

5. Bauer, R., K. Koedijk and R. Otten, "International Evidence on Ethical Mutual Fund Performance and Investment Style", Working paper, SSRN, 2002.

6. Peters, T., 《초우량 기업의 조건(In Search of Excellence: Lessons from America's Best Run Companies)》, Warner Books, 1988.

7. Clayman, Michelle, "Excellence Revisited", *Financial Analysts Journal*, May/June, 61 – 66, 1994.

7장. 아가야, 무럭무럭 자라라! 성장주 이야기

1. Malkiel, B. G., "Returns from Investing in Equity Mutual Funds 1971 to 1991", *Journal of Finance*, v50, 549 – 572, 1995.
2. 내년 성장률을 높게 추정해서 내년 이익이 증가하고 이후 5년 성장률 추정치가 높아진다면 PEG를 과도하게 낮추는 셈이 된다.
3. Little, I. M. D., 《Higgledy Piggledy Growth》, Institute of Statistics, Oxford, 1962.
4. 상관계수가 1이면 지난 기간의 높은 성장률이 다음 기간에도 확실히 이어진다는 뜻이다. 상관계수가 0이면 상관관계가 없다는 뜻이다. 상관계수가 마이너스면 지난 기간의 높은 성장률이 다음 기간에는 낮아지기 쉽다는 뜻이다.

8장. 최악은 지나갔다! 역발상 투자

1. 새 정보가 악재일 확률보다 호재일 확률이 높으면 새 정보가 나오기 전에 주가가 상승한다. 그러므로 새 정보의 기대 가치는 제로가 된다.
2. Alexander, S. S., "Price Movements in Speculative Markets: Trends or Random Walks", in 《The Random Character of Stock Market Prices》, MIT Press, 1964. Cootner, P. H., "Stock Prices: Random versus Systematic Changes," *Industrial Management Review*, v3, 24 – 45, 1962. Fama, E. F., "The Behavior of Stock Market Prices", *Journal of Business*, v38, 34 – 105, 1965. 세 연구 모두 주가의 계열 상관을 분석했다. 데이터를 구하기가 어려워서 단기간의 소규모 표본으로 분석했다.
3. Rouwenhorst, G. K., "International Momentum Strategies," *Journal of Finance*, v53, 267 – 284, 1998. 저자는 유럽 12개 시장을 연구해 각 시장에 모멘텀이 존재한다는 증거를 발견했다. 1999년에는 신흥 시장에 모멘텀이 존재한다는 증거를 제시했다.
   Bekaert, G., C. B. Erb, C. R. Harvey and T. E. Viskanta, "What Matters for Emerging Market Equity Investments," *Emerging Markets Quarterly*(Summer 1997), 17 – 46, 1997. 이 연구에 의하면 신흥 시장에서 모멘텀 투자가 항상 수익을 내는 것은 아니다.
4. Grinblatt, M., S. Titman and R. Wermers, "Momentum Investment Strategies, Portfolio Performance, and Herding: A Study of Mutual Fund Behavior", *American Economic Review*, v85, 1088 – 1105, 1995.
5. Fama, E. F., and K. R. French, "The Cross-Section of Expected Returns," *Journal of Finance*, v47, 427 – 466, 1992.
6. DeBondt, W. F. M., and R. Thaler, "Does the Stock Market Overreact?" *Journal of Finance*, v40, 793 – 805, 1985.

7. Zarowin, P., "Size, Seasonality and Stock Market Overreaction", *Journal of Financial and Quantitative Analysis*, v25, 113 – 125, 1990.

8. Jegadeesh, N., and S. Titman, "Returns to Buying Winners and Selling Losers: Implications for Stock Market Efficiency", *Journal of Finance*, 48(1), 65 – 91, 1993.

9. 이 연구에서 정의한 승자 포트폴리오와 패자 포트폴리오는 그림 8.6과 다소 다르다. 포트폴리오 구성 6개월 전의 종목 수익률을 기준으로 포트폴리오를 구성했다.

10. Kothare, M., and P. A. Laux, "Trading Costs and the Trading Systems for NASDAQ Stocks", *Financial Analysts Journal*, March/April, v51, 42 – 53, 1995.

11. 일반적으로 20달러짜리 주식보다 2달러짜리 주식의 주가 변동성과 수익률 변동성이 더 높다. 이론적 근거는 없지만 실제로 나타나는 현상이다.

12. 어떤 기업의 부채와 자기자본이 각각 10억 달러라고 가정하자. 이 기업의 자기자본 장부 가격이 80% 감소하면 부채 비율은 50%보다 훨씬 더 상승한다. 부채의 장부 가격은 자기자본 장부 가격만큼 감소하지 않기 때문이다. 부채의 장부 가격이 감소하지 않는다면 부채 비율은 83.33%가 된다(12억 달러 중 10억 달러).

9장. 다음 대박을 노려라! 신성장 산업과 신생 회사

1. 여기서 연 수익률은 파마·프렌치가 관리하는 시가총액 분류 자료의 연 수익률을 사용했다.

2. Siegel, J., 1998, 《주식에 장기 투자하라(Stocks for the Long Run)》, McGraw Hill, New York, 1998.

3. Pradhuman, S., 《Small Cap Dynamics》, Bloomberg Press, 2000.

4. Chopra, N, and J. Ritter, "Portfolio Rebalancing and the Turn-of-the-year Effect", *Journal of Finance*, v44. 149-166, 1989.

5. Dimson, E. and P. R. Marsh, "Event Studies and the Size Effect: The Case of UK Press Recommendations", *Journal of Financial Economics*, v17, 113-142, 1986.

6. Fama, E. F. and K. R. French, "Value versus Growth: The International Evidence", *Journal of Finance*, v53, 1975-1999, 1998.

7. Chan, L. K., Y. Hamao and J. Lakonishok, "Fundamentals and Stock Returns in Japan", *Journal of Finance*, v46, 1739-1789, 1991.

8. 이러한 비용은 이중으로 발생한다. 하나는 정보를 생산하고 공공에 알리는 것 자체의 비용이고, 다른 하나는 정보를 언제 얼마나 공개할지 결정할 권한을 잃는 비용이다.

9. 주로 비교 대상 상장 기업의 PER이나 PSR의 평균치를 구한다.

10. Lee, I., S. Lockhead, J. R. Ritter and Q. Zhao, "The Costs of Raising Capital", *Journal of Financial Research*, v19, 59-74, 1996.

11. Ritter, J. R., "Initial Public Offerings", *Contemporary Finance Digest*, v2, 5-31, 1998.

12. Loughran, T. and J. R. Ritter, "The New Issues Puzzle", *Journal of Finance*, v50, 23-51, 1995.

13. 〈월스트리트(Wall Street)〉, 〈타인의 돈(Other People's Money)〉 등의 영화와 《문 앞의 야만인들 (Barbarians at the Gate)》 등의 책이 레버리지 바이아웃을 업으로 삼는 기업 사냥꾼(raiders)을 소재로 한 작품이다.

14. 이 주장의 문제는 추정 위험이 두 가지 모두 감소한다는 사실(일부 베타 값은 과소평가되고 일부는 과대평가될 것)을 허용하지 않으며 다양화되어야 한다는 것이다.

15. 그런데도 1990년대 투자 은행은 공모주 배정 수량을 고객과 다른 비즈니스 관계를 개척하는 도구로 사용했다. 그 결과 대형 펀드 매니저는 정당한 몫보다 더 많은 수량을 배정받고는 했다.

16. Ritter, J. R., "Initial Public Offerings", *Contemporary Finance Digest*, v2, 5-31, 1998.

10장. 다 집어삼켜라! 인수 합병 거물

1. 풀링을 인정하기 위한 조건 중 하나는 인수 자금이 주식을 통해서만 조달되어야 한다는 것이다. 또 다른 조건은 대상 회사 취득 바로 다음 해에 팔 수 없다는 제약이다.

2. 새로운 회계 준칙에서는 영업권의 실제 가치에 따라서 감모상각을 달리한다. 영업권의 가치가 명백히 손상되었다면 빠르게 상각해야 할 수 있다.

3. 인수 발표 시점 부근의 초과수익은 너무나 커서 어떤 위험-수익 모형을 사용하더라도 결과는 별반 다르지 않다.

4. Jensen, M.C. and R.S. Ruback, "The Market for Corporate Control", *Journal of Financial Economics*, v11, 5-50, 1983.

5. Jarrell, G. A., J. A. Brickley and J.M. Netter, "The Market for Corporate Control: The Empirical Evidence since 1980", *Journal of Economic Perspectives*, v2, 49-68, 1988.

6. See Dennis and McConnell, "Corporate Mergers and Security Returns", *Journal of Financial Economics*, v16, 143-188, 1986.

7. Huang and Walkling, "Acquisition Announcements and Abnormal Returns", *Journal of Financial Economic*, v19, 329-350, 1987.

8. Jensen, M. C. and R. S. Ruback, "The Market for Corporate Control", *Journal of Financial Economics*, v11, 5-50, 1983.

9. Jarrell, G.A., J.A. Brickley and J.M. Netter, "The Market for Corporate Control: The Empirical Evidence since 1980", *Journal of Economic Perspectives*, v2, 49-68, 1988.

10. Bhide, A., "The Causes and Consequences of Hostile Takeovers", *Journal of Applied Corporate Finance*, v2, 36-59, 1989.

11. Bradley, M., A. Desai and E. H. Kim, "Synergistic Gains from Corporate Acquisitions and their

Division between the Stockholders of Target and Acquiring Firms", *Journal of Financial Economics*, v21, 3-40, 1988.

12. Bradley, M., A. Desai and E. H. Kim, "The Rationale behind Interfirm Tender Offers", *Journal of Financial Economics*, v11, 183-206, 1983.

13. Mitchell, M., and T. Pulvino, "Characteristics of risk in risk arbitrage", *Journal of Finance*, v56, 2135-2175, 2011.

14. 1998년 4월 20일 자 〈배런스〉의 "아수라장이 된 인수 합병(Merger Mayhem)"이라는 기사에서 연구 결과를 확인할 수 있다.

15. KPMG는 거래 성사 이후 1년간의 주가 변동을 산업 전체의 주가 변동과 비교하는 방법으로 가치 창출 성공 여부를 측정했다.

16. 투자 은행 KBW(Keefe, Bruyette & Woods)가 수행한 연구이며, 1998년 4월 20일 자 〈배런스〉의 "아수라장이 된 인수 합병"에서 참조했다.

17. Sirower, M. L., 《The Synergy Trap》, Simon & Schuster, 1996.

18. Mitchell, M. L. and K. Lehn, "Do Bad Bidders make Good Targets?" *Journal of Applied Corporate Finance*, Vol 3, 60-69, 1990.

19. Kaplan, S. and M. S. Weisbach, "The Success of Acquisitions: The Evidence from Divestitures", *Journal of Finance*, v47, 107-138, 1992.

20. 이는 동등 합병 실패 비율이 상이한 규모의 기업 간 합병 실패 비율보다 높다는 사실에도 부합한다.

21. KPMG, 《Unlocking Shareholder Value: The Keys to Success》, *KPMG Global Research Report*, 1999.

22. 힐리(Healy), 팔레푸(Palepu), 루박(Ruback)의 1989년 연구에서 1979~1983년 50개의 대형 합병 건에 대해 합병 후 성과를 검토했는데, 합병 기업의 운영 성과(EBITDA/매출액으로 정의)가 개선되었다고 결론 내렸다.

23. Healy, P.M., K.G. Palepu and R.S. Ruback, 1992, "Does Corporate Performance improve after Mergers?" *Journal of Financial Economics*, v31, 135-176.

24. Parrino, J. D. and R. S. Harris, "Takeovers, Management Replacement and Post-Acquisition Operating Performance: Some Evidence from the 1980s", *Journal of Applied Corporate Finance*, v11, 88-97.

25. Michel, A. and I. Shaked, "Does Business Diversification affect Performance?", *Financial Management*, Vol 13, 5-14, 1984. Dubofsky, P. and P. R. Varadarajan, "Diversification and Measures of Performance: Additional Empirical Evidence", *Academy of Management Journal*, 597-608, 1987. 이들 연구는 다각화 기반 합병이 시너지 기반 합병보다 위험 조정 수익률 측면에서 뛰어난 성과를 냈음을 밝혔다. Varadarajan, P. R., and V. Ramanujam, "Diversification and Performance: A Reexamination using a new two-dimensional conceptualization of diversity in

firms", *Academy of Management Journal*, Vol 30, 369-380, 1987.의 증거는 이와 상반된다.

26. Nail, L. A., W. L. Megginson and C. Maquieira, "Wealth Creation versus Wealth Redistributions in Pure Stock-for-Stock Mergers", *Journal of Financial Economics*, v48, 3-33, 1998.

27. Bhide, A., "The Causes and Consequences of Hostile Takeovers", *Journal of Applied Corporate Finance*, v2, 36-59, 1989.

28. 이러한 관점이 대중적인 견해가 아닐 수는 있지만 〈월스트리트〉, 〈문 앞의 야만인들〉, 〈타인의 돈〉 등의 영화를 보면 할리우드에서는 이것이 대중에게 먹히는 시각이라고 믿는다.

11장. 확실한 한 방! 무위험 절대 수익

1. Black, F. and M. Scholes, "The Valuation of Option Contracts and a Test of Market Efficiency", *Journal of Finance*, Vol 27, 399-417, 1972.

2. Garbade, K.D. and W.L. Silber, "Price Movements and Price Discovery in Futures and Cash Markets", *The Review of Economics and Statistics*, v115, 289-297, 1983.

3. 한 연구에서는 S&P500 선물에서 발생한 차익 거래 기회 835건의 평균 수익률은 단지 0.30%에 불과했다고 밝혔다.

4. 지수 선물의 경우 배당금이 선물 가격에 어떻게 영향을 미치는지 파악하는 데 시간이 걸렸다. 국채의 경우 와일드카드(가장 싼 형태로 채권을 인도할 수 있는 권리)라는 옵션 때문에 초기에 선물 가격의 왜곡이 있었다.

5. Grinblatt, M. and F.A. Longstaff, "Financial innovation and the role of derivative securities: An empirical analysis of the U.S. treasury's strips program", *Journal of Finance*, 2000.

6. Alejandro Balbás and Susana López, "Financial innovation and arbitrage in the Spanish bond market", Working Paper, SSRN, 2001.

7. Swaicki, J. and J. Hric, "Arbitrage Opportunities in Parallel Markets: The Case of the Czech Republic", Working Paper, SSRN, 2001.

8. Kin, M. A.C. Szakmary and I. Mathur, "Price Transmission Dynamics between ADRs and Their Underlying Foreign Securities", *Journal of Banking and Finance*, v24, 1359-1382, 2000.

9. Dimson, E. and C. Minio-Kozerski, "Closed-end Funds, A Survey", Working Paper, London Business School, 1998.

10. Thompson, Rex, "The Information Content of Discounts and Premiums on Closed-End Fund Shares", *Journal of Financial Economics* 6, 151-186, 1978.

11. Pontiff, Jeffrey, "Excess Volatility and Closed-End Funds", *American Economic Review* 87, 155-169, 1997.

12. Minio-Paluello, Carolina, "The UK Closed-End Fund Discount", PhD thesis, London Business

School, 1998.

13. Gatev, E.G., W.N.Goetzmann and K.G. Rouwenhorst, "Pairs Trading, Performance of a Relative Value Arbitrage Rule", Working Paper, SSRN, 1999.

14. 이러한 주식을 찾기 위해서 두 주식 수익률의 최소 제곱 차이(minimum squared difference)를 구했다. 두 주식이 완전히 동일하게 움직인다면 이 수치는 0이다.

12장. 달리는 말에 올라타라! 모멘텀 투자

1. Conrad, J. S., A. Hameed and C. Niden, "Volume and Autocovariances in Short-Horizon Individual Security Returns", *Journal of Finance*, v49, 1305-1330, 1994.

2. Rendleman, R. J., C. P. Jones and H.A. Latene, "Empirical Anomalies based on Unexpected Earnings and the Importance of Risk Adjustments", *Journal of Financial Economics*, 1982.

3. LaPorta, R., J. Lakonishok, A. Shleifer and R. Vishny, "Good news for Value Stocks: Further Evidence of Market Inefficiency", NBER Working Paper.

4. Fama, Fisher, Jensen and Roll, "The adjustment of stock price to new information", *International Economic Review*, 10, 1-21, 1969.

5. Charest, G., "Split Information, Stock Returns and Market Efficiency-I", *Journal of Financial Economics*, v6, 265-296, 1978. and Grinblatt, M. S., R. W. Masulis and S. Titman, "The Valuation Effects of Stock Splits and Stock Dividends", *Journal of Financial Economics*, v13, 461-490, 1984.

6. Ikenberry, D. L., G. Rankine and E. K., Stice, "What Do Stock Splits Really Signal?", *Journal of Financial and Quantitative Analysis*, v31, 357-375, 1996. 해당 주식은 분할 이후 2년간 계속 상승해 첫해에는 7.93%, 두 번째 해에는 12.15% 초과수익을 냈다.

7. Copeland, T. E. "Liquidity Changes Following Stock Splits", *Journal of Finance*, v34(1), 115-141, 1979.

8. 주식 병합에 대한 광범위한 연구는 아직 없지만 기초적인 연구를 보면 주식 병합은 시장에 악재로 작용한다. 즉 주식 병합을 실행하는 회사는 근시일 내에 이익과 펀더멘털이 좋아지지 않을 것이라고 믿는다는 신호로 해석한다.

9. Aharony, J. and I. Swary, "Quarterly Dividends and Earnings Announcements and Stockholders' Returns: An Empirical Analysis", *Journal of Finance*, Vol 36, 1-12, 1981.

10. Michaely, R, R. H. Thaler and K.L. Womack, "Price Reactions to Dividend Initiations and Omissions: Overreaction or Drift?", *Journal of Finance*, v50, 573-608, 1995.

11. Datar, V., N. Naik and R. Radcliffe, "Liquidity and Asset Returns: An alternative test", *Journal of Financial Markets*, 1998.

12. Lee, C. M. C and B. Swaminathan, "Price Momentum and Trading Volume", Working Paper, Social

Science Research Network, 1998.

13. Stickel and Verecchia, "Evidence that trading volume sustains stock price changes", *Financial Analysts Journal*, Nov-Dec, 57-67, 1994.

14. Grinblatt, M. and S. Titman, "The persistence of mutual fund performance", *Journal of Finance*, v42, 1992. Goetzmann, W. N. and R. Ibbotson, "Do winners repeat? Patterns in mutual fund performance", *Journal of Portfolio Management*, v20, 9-18, 1994. Hendricks, Patel and Zeckhauser, "Hot Hands in Mutual Funds: Short run persistence in performance, 1974-1987", *Journal of Finance*, v48, 93-130, 1995. 등을 보라.

13장. 전문가를 따르라

1. Jaffe, J., "Special Information and Insider Trading", *Journal of Business*, v47, pp 410-428, 1974.

2. Finnerty, J. E, "Insiders and Market Efficiency", *Journal of Finance*, v31, 1141-1148, Rozeff, 1998. M. Zaman, "Market Efficiency and Insider Trading: New Evidence", *Journal of Business* 61, 25-44. 1976. Seyhun, H. N., 《Investment Intelligence from Insider Trading》, MIT Press, Cambridge, 1988.

3. Lakonishok, J. and I. Lee, "Are insiders' trades informative?", Working Paper, Social Sciences Research Network, 1998.

4. Bettis, J., Vickrey, D., and Donn Vickrey, "Mimickers of Corporate Insiders Who Make Large Volume Trades", *Financial Analyst Journal* 53, 57-66, 1997.

5. Bettis, J. C., J. M. Bizjak and M. L. Lemmon, "Insider Trading in Derivative Securities: An Empirical Investigation of Zero cost collars and Equity Swaps by Corporate Insiders", Working Paper, Social Sciences Research Network, 2002.

6. 이러한 이유로 SEC는 거래량을 추적한다. 거래량이 급증했다는 이유로 회사에 대한 조사가 시작되기도 한다.

7. Ke, B., S. Huddart and K. Petroni, "What insiders know about future earnings and how they use it: evidence from insider trades", Working Paper, Social Sciences Research Network, 2002.

8. 뉴스 공시 1분기나 2분기 전에 주식을 매도하면 대체로 법적인 문제를 겪게 된다.

9. 증권사와 투자 은행에 소속된 셀사이드(sell side) 애널리스트의 리서치 자료는 그들의 고객에게 제공된다. 이와 달리 기관투자가로 일하는 바이 사이드(buy side) 애널리스트의 리서치 자료는 대부분 외부에 공개되지 않는다.

10. Crichfield, T., T. Dyckman and J. Lakonishok, "An Evaluation of Security Analysts Forecasts", *Accounting Review*, 1978.

11. O'Brien, P., "Analyst's Forecasts as Earnings Expectations", *Journal of Accounting and Economics*, 1988.

12. Dreman, D. N. and M. Berry, "Analyst Forecasting Errors and their Implications for Security Analysis", *Financial Analysts Journal*, May/June, 30–41, 1995.

13. Chopra, V. K., "Why so much error in analyst forecasts?", *Financial Analysts Journal*, Nov–Dec, 35–42, 1998.

14. Higgins, H. N., "Analyst Forecasting Performance in Seven Countries", *Financial Analysts Journal*, May/June, v54, 58–62, 1998.

15. Cragg, J. G., and B. G. Malkiel, "The Consensus and Accuracy of Predictions of the Growth of Corporate Earnings", *Journal of Finance*, v23, 67–84, 1968.

16. Vander Weide, J. H., and W. T. Carleton, "Investor Growth Expectations: Analysts Vs. History", *Journal of Portfolio Management*, v14, 78–83, 1988.

17. Givoly. D. and J. Lakonishok, "The Quality of Analysts' Forecasts of Earnings", *Financial Analysts Journal*, v40, 40–47, 1984.

18. Hawkins, E. H., S. C. Chamberlin, W. E. Daniel, "Earnings Expectations and Security Prices", *Financial Analysts Journal*, September/October, 20–38, 1984.

19. Cooper, R. A., T. E. Day and C. M. Lewis, "Following the Leader: A Study of Individual Analysts Earnings Forecasts", Working Paper, SSRN, 1999.

20. Capstaff, J., K. Paudyal and W. Rees, *Revisions of Earnings Forecasts and Security Returns:Evidence from Three Countries*, Working Paper, SSRN, 2000.

21. Womack, K., "Do brokerage analysts' recommendations have investment value?" *Journal of Finance*, v51, 137–167, 1996.

22. 이는 중요한 요인이 될 수 있다. 〈월스트리트 저널〉은 〈다트보드 칼럼(Dartboard column)〉을 발간하면서 애널리스트의 추천 종목을 수록한다. 여기에 선정된 주식은 이후 2일 동안 주가가 약 4% 상승했다가 다음 몇 주간 되돌아온다.

23. Metrick, A., "Performance Evaluation with Transactions Data: The Stock Selection of Investment Newsletters", *Journal of Finance*, v54, 1743–1775, 1999. 이 연구에서는 이들 뉴스레터에 있는 투자 조언을 따라 그대로 투자했을 때의 수익률을 조사했다. 위험을 보정하는 다양한 모델을 사용했는데, 모든 모델에서 (뉴스레터의 조언을 따랐을 때 수익을 낼 수 없다는) 동일한 결론에 이르렀다.

24. 가장 초창기의 연구 중 하나는 Fischer Black. "Yes, Virginia, There is Hope: Tests of the Value Line Ranking System", *Financial Analysts Journal*, v29, 10–14.이다. 효율적 시장 가설의 열렬한 추종자로서, 그는 밸류 라인의 등급을 따랐을 때 초과수익이 나는 것을 보고 깜짝 놀랐다. 좀 더 최근의 연구는 Choi가 수행한 것인데, 밸류 라인의 등급이 초과수익을 내기는 하지만 거래 비용을 감안하면 그 수익은 사라진다고 결론 내렸다(Choi, J. J., "The Value Line Enigma: The Sum of the Known Parts", *Journal of Financial and Quantitative Analysis*, v35.).

25. 밸류 라인은 주식을 '적시성' 기준 다섯 단계로 분류한다. 1이 가장 좋고 5가 가장 나쁘다.

26. Desai, H. and P. C. Jain, "An Analysis of the Recommendations of the Superstar Money Managers at the Barron's Roundtable", *Journal of Finance*, v50, 1257-1273, 1995. 1968~1991년 〈배런스〉 라운드테이블에서 나온 매수 추천 종목 1599개를 검토했다.

27. 어떤 기업을 다루는 애널리스트가 5명 있다고 하자. 3명은 강력 매수 의견이고 2명은 매수 의견이라면, 강력 매수에 1점씩을 주고 그냥 매수에 2점씩을 부여할 수 있다. 이 주식의 가중 점수는 1.4점이다. 가중 점수 = (1×3 + 2×2) / 5 = 1.4. 이 주식은 강력 매수 범주에 들어간다. 만약 가중 점수가 1.6점이라면 매수 범주에 들어간다.

28. 앞에서 언급한 Seyhun(1986), Rozeff and Zaman(1988)의 연구 결과도 같은 결론이다.

29. Michaely, R. and K. L. Womack, "Conflicts of Interests and the Credibility of Underwriter Analysts Recommendation", *Review of Financial Studies*, Winter, 635-686.

30. 2002년 6월 메릴린치는 자사의 유명한 인터넷 애널리스트인 헨리 블로젯(Henry Blodgett)이 외부 고객에게 매수 추천을 한 주식을 폄하하는 듯한 평가가 담긴 이메일을 내부적으로 보낸 건에 대해 합의금으로 뉴욕주에 1억 달러를 지불하기로 했다. 이들 주식 중 다수가 상장될 때 메릴린치가 관여했기 때문에 사태는 불에 기름을 부은 격이 되었다. 메릴린치는 자사 애널리스트가 관리하는 회사와 관련해 발생할 수 있는 잠재적인 이해 상충 문제를 전부 공개하기로 합의했다.

31. 이는 선택 사항이 아닐 수 있다. 애널리스트는 투자 의견을 고객에게 먼저 제공한다. 고객이 아닌 투자자는 고객이 주식을 매매한 이후에야 그 의견을 받아 보는 경우가 생긴다(한국은 증권사 애널리스트가 특정 고객에게 보고서를 먼저 제공하는 것이 불법이다. - 역자 주).

14장. 장기적으로는 말이야… 전체 시장에 대한 미션

1. Brinson, G. L. R. Hood, and G. Beebower, "Determinants of portfolio performance", *Financial Analysts Journal*, July-August, 39-44, 1986.

2. 이는 상당히 자주 잘못 인용되는 연구 결과다. 너트올(Nuttall)의 조사에 의하면 이 논문을 인용한 저자 50명 중 37명이 '총 수익의 93%가 자산 배분에서 비롯되었다'고 잘못 인용했다(Nuttall, J. A. and J. Nuttall, "Asset Allocation Claims - Truth or Fiction?", Working Paper, 1998).

3. Shilling, A. Gary, "Market Timing: Better Than a Buy-And-Hold Strategy", *Financial Analysts Journal*, vol. 48, no. 2 (March/April 1992): 46-50.

4. Ibbotson, R. and Kaplan, P., "Does asset allocation explain 40, 90, or 100 per cent of performance?", *Financial Analysts Journal*, January-February, 2000.

5. 1970년대 후반의 종료 시점인 10년 구간(1974~1980)에서 주식의 연 수익률이 채권의 연 수익률을 하회했다.

6. 슈퍼볼에 익숙하지 않은 독자를 위해 설명하자면, 아메리칸 풋볼 콘퍼런스(AFC)의 우승팀과 내셔널 풋볼 콘퍼런스(NFC)의 우승팀이 겨루는 경기다. 1월의 마지막 일요일에 경기가 열린다.

7. Krueger, T. and W. Kennedy, "An examination of the Super bowl stock market predictor", *Journal of Finance*, v45, 691-697, 1991. (이 논문은 1991년 발간되었고, 1967~1988년의 자료를 바탕으로 통계적 유의성을 검증했다. 따라서 저자가 제시한 83%의 수치를 직접 연구한 자료는 아니다. - 역자 주)

8. 1월 지표의 좀 더 협소한 버전도 있는데 1월의 첫 5일 혹은 10일만을 사용한다.

9. Bennett J. A. and R. W. Sias, "Can Money Flows predict stock returns?", *Financial Analysts Journal*, Nov/Dec, 2001.

10. Chan, K., A. Hameed and W. Tong, "Profitability of Momentum Strategies in the International Equity Markets", *Journal of Financial and Quantitative Analysis*, v35, 153-172, 2000.

11. Haugen, R. A., E. Talmor and W. N. Torous, "The Effect of Volatility Changes on the Level of Stock Prices and Subsequent Expected Returns", *Journal of Finance*, v46, 985-1007, 1991.

12. 일간 주가 변동성은 4주씩의 구간으로 추정했다. 어떤 4주간의 변동성이 직전 4주간의 변동성보다 (99% 통계적 유의 수준으로) 커지면(줄어들면) 변동성 증가(감소)로 분류된다.

13. Chowdhury, M., J. S. Howe and J. C. Lin, "The Relation between Aggregate Insider Transactions and Stock Market Returns", *Journal of Financial and Quantitative Analysis*, v28, 431-437, 1993. 연구자는 총 내부자 매수와 시장 수익률 사이에 상관관계가 플러스로 나온 것을 밝혔다. 그러나 이 지표에 기초한 투자 전략은 거래 비용을 커버할 정도의 수익을 내기가 어렵다고 했다.

14. "Investor sentiment and Stock Returns" by Fisher and Statman, *Financial Analysts Journal*, March/april 2000. 연구진은 세 종류의 심리 지표(월스트리트 전략 애널리스트, 투자 뉴스레터, 개인 투자자의 견해)를 사용했으며 이 지표를 역발상 투자 전략에 사용할 수 있다고 결론 내렸다.

15. Ang, A. and G. Bekaert, "Stock Return Predictability: Is it there?", Working Paper, Columbia Business School, 2001. 연구자는 재무부 단기 국채의 이자율이 증시의 단기 움직임을 예측하는 데 다른 변수보다 우월하다고 했다. Breen, W., L. R. Glosten and R. Jagannathan, "Economic Significance of Predictable Variations in Stock Index Returns", *Journal of Finance*, v44, 1177-1189, 1989. 이 연구에서 재무부 단기 국채의 이자율에 따라 주식과 현금을 왕복하는 전략을 평가해 보았는데, 적극적으로 운용되는 포트폴리오에 비해 약 2%의 초과수익을 거두었다.

16. Abhyankar, A. and P. R. Davies, "Return Predictability, Market Timing and Volatility: Evidence from the Short Rate Revisited", Working paper, SSRN, 2002.

17. Treynor, Jack L., and Kay Mazuy, "Can mutual funds outguess the market?" *Harvard Business Review* 44, 131-136, 1966. 연구자는 만약 뮤추얼 펀드가 마켓 타이밍 기술을 가지고 있다면 증시가 상승하기 전에 고베타 주식, 즉 시장보다 더 많이 상승할 수 있는 주식을 편입했을 것

이라고 가정했다. 결론은 정반대였다. 뮤추얼 펀드는 증시가 하락하기 직전에 고베타 주식으로 갈아탔다.

18. Henriksson, Roy D. and Robert C. Merton, "On market timing and investment performance. II. Statistical procedures for evaluating forecasting skills", *Journal of Business*, v54, 513-533, 1981.

19. Beckers, C., W. Ferson D. Myers, M. Schill, "Conditional Market Timing with Benchmark Investors", *Journal of Financial Economics* 52, 119-148, 1999.

20. Graham, John R. and Campbell R. Harvey, "Market timing ability and volatility implied in investment newsletters' asset allocation recommendations", *Journal of Financial Economics* 42, 397-421, 1996.

21. 좋은 마켓 타이밍 뉴스레터가 성공을 반복할 확률은 약 50%였고, 나쁜 마켓 타이밍 뉴스레터가 나쁜 조언을 반복할 확률은 70%였다.

22. Chance, D. M. and M. L. Hemler, "The performance of professional market timers: Daily evidence from executed strategies", *Journal of Financial Economics*, v62, 377-411, 2001.

23. 이 연구는 거래 비용 차감 후 초과수익을 측정했지만 세금은 고려하지 않았다. 이 전략에서 발생하는 수익은 거의 대부분 일반 세율을 적용받기 때문에 태생적으로 세금 부담이 크다.

24. Dimson, E., P. March, M. Staunton, 《Triumph of the Optimists》, Princeton University Press, 2002.

25. 리버모어에 대한 훌륭한 책 중 하나로, 고전이 된 《어느 주식투자자의 회상(Reminiscences of a Stock Market Operator)》을 꼽을 수 있다.

26. Jeffrey, R., "The Folly of Stock Market Timing", *Financial Analysts Journal*, July-August, 102-110, 1984.

27. Sharpe, W. F., "Are Gains Likely From Market Timing", *Financial Analysts Journal*, vol. 31, no. 2, March/April, 60-69, 1975.

28. Chua, J. H., R. S. Woodward, E. C. To. "Potential Gains From Stock Market Timing in Canada", *Financial Analysts Journal*, September/October, vol. 43, no. 5, 50-56, 1987.

다모다란의 투자 전략 바이블

초판 1쇄 | 2021년 11월 20일

지은이 | 애스워드 다모다란
옮긴이 | 이건, 홍진채
펴낸곳 | 에프엔미디어
펴낸이 | 김기호
편집 | 김형렬, 양은희
마케팅 | 박강희
기획·관리 | 문성조
디자인 | 채홍디자인

신고 | 2016년 1월 26일 제2018-000082호
주소 | 서울시 용산구 한강대로 109, 601호
전화 | 02-322-9792
팩스 | 0303-3445-3030
이메일 | fnmedia@fnmedia.co.kr
홈페이지 | http://www.fnmedia.co.kr
ISBN | 979-11-88754-52-6 (03320)